Dieter Richter

Das fremde Kind

Zur Entstehung der Kindheitsbilder
des bürgerlichen Zeitalters

S. Fischer

© 1987 S. Fischer Verlag GmbH, Frankfurt am Main
Alle Rechte vorbehalten
Die Arbeit an diesem Buch wurde
von der Stiftung Volkswagenwerk gefördert.
Umschlaggestaltung: Buchholz/Hinsch/Walch,
unter Verwendung eines Gemäldes
von Jean Baptiste Siméon Chardin, ›L'enfant au Toton‹ (Ausschnitt)
Satz und Druck: Wagner GmbH, Nördlingen
Bindung: Lachenmaier, Reutlingen
Printed in Germany 1987
ISBN 3-10-065502-8

»Da ich ein Kind war, da redete ich wie ein Kind
und war klug wie ein Kind und hatte kindische Anschläge.«

1. Korinther 13,11

»Man kennt die Kindheit durchaus nicht.«

Rousseau, *Émile*

»Von Kindheit haben wir keine Begriffe.«

Hölderlin, *Hyperion*

Inhalt

ZWEITER TEIL

Die kleinen Wilden
Der ethnologische Blick auf die Kindheit

ANHANG

Vorwort

Das vorliegende Buch ist in mehreren, immer wieder unterbrochenen Arbeitsphasen entstanden. Die Beschäftigung mit dem Thema begann um das Jahr 1975. Sie war bestimmt nicht nur von der damals neu einsetzenden Debatte über die Geschichte der Kindheit und der literarischen Sozialisation, sondern auch von dem Verlangen, historisch über Erfahrungen nachzudenken, die wir in jenen Jahren und den Jahren zuvor mit den »fremden Kindern« um und in uns gemacht haben. Die Arbeit dann voranzubringen und in dieser Form abzuschließen, half mir ein Akademie-Stipendium der Stiftung Volkswagenwerk, der ich dafür auch an dieser Stelle danken möchte. Die vier Teile des Buches sind als weitgehend in sich abgeschlossene Studien angelegt. In jedem Fall sollten sich Texte und Theorien wechselseitig ergänzen, sollten Erzählen und Deuten zueinanderfinden – nicht zuletzt in der Hoffnung, daß sich die Sprache der Texte in den Köpfen der Leser zu immer wieder neuen Zeichen und Bildern fügt.

D. R.

Einführung

Ein Kinderkult in der Toskana: die Heilige Fina von San Gimignano

Am 12. März des Jahres 1253 läuteten in der kleinen toskanischen Bergstadt San Gimignano die Kirchenglocken, ohne daß Menschenhand sie berührt hätte. Kein Zweifel, Wunderbares mußte sich ereignet haben. Ein Kind war gestorben.

Das Kind, Fina dei Ciardi[1], stammte aus verarmter adeliger Familie. Für kindliche Spiele und Vergnügungen hatte es bei Lebzeiten nichts übrig gehabt. Obgleich schön von Gestalt, mied es die Gesellschaft der Menschen. Am liebsten blieb es im Haus, und wenn es über die Straße gehen mußte, hielt es den Blick gesenkt. Eines Tages hatte es damit begonnen, sich in eine rauhe Ziegenhaardecke zu kleiden und seinen Körper mit Fastenübungen zu kasteien. Dann, vielleicht im Alter von zehn Jahren, verfiel das Mädchen in eine merkwürdige Krankheit, eine Starre, die alle Glieder lähmte. Nur den Kopf konnte es noch bewegen. Die kleine Fina ließ sich auf ein blankes Holzbrett legen, gestattete nicht, daß man sie umbettete oder auch nur ihre Lage veränderte. So lag das Kind fünf Jahre. Der Körper ging, wo er auflag, allmählich in Fäulnis über, wurde von Würmern heimgesucht; die Mäuse machten sich an dem verfallenden Leib zu schaffen. Doch die kleine Fina blieb bei alledem fröhlich und geduldig. Acht Tage vor ihrem Tod kündigte ihr der Heilige Gregorius die Aufnahme in den Himmel an. An dem Tag, an dem sie starb, wuchsen aus ihrem Leidenslager duftende Veilchen.

Schon am Leichnam des Mädchens sollen sich Wunderzeichen ereignet haben, und bereits kurz nach seinem Tod werden durch seine Fürbitte Kranke wieder gesund. Ein verunglücktes Knäblein wird durch das Eingreifen Finas wieder zum Leben erweckt. In kurzer Zeit wird Finas Grab Ziel von Wallfahrten; Spenden und Opfergaben werden niedergelegt, weitere Wunder geschehen.[2] Fina wird eine Heilige.

Besonders wichtig für die Verehrung des Mädchens wird eine neue kommunale Einrichtung der Stadt: In den Jahren nach 1255, der Blütezeit der freien Stadtrepublik San Gimignano, beschließen die Bürger die Gründung eines städtischen Krankenhauses.[3] Es soll die kranken und armen Bürger der Stadt versorgen. Und es will Heilung bringen – anders als das ältere Leprosorium steht es nicht allein den Todgeweihten offen. Wer hier eingeliefert wird, darf hoffen, den Schreckensort lebendig, gesund wieder zu verlassen. Der Kranke wird jetzt zum *Patienten*, und *patientia*, Geduld, zur Tugend des Kranken: eben jene *laeta patientia*[4], die »fröhliche Geduld«, deren *exemplum* die kleine Fina war.

Santa Fina wird zur Patronin des neuen städtischen Hospitals in San Gimignano. Die hölzerne Tafel der Legende, die ihr fünf Jahre lang als Krankenlager gedient hatte, taucht als Reliquie im Krankenhaus auf (sie ist noch heute dort zu sehen). Auch die älteste Fassung der Fina-Legende, von einem ortsansässigen Dominikaner um 1310 niedergeschrieben, entsteht auf Bitten und Veranlassung des *rector hospitalis S. Finae*: eine Auftragsarbeit des Vorstehers des Krankenhauses.[5] Das Patronat der wundertätigen kleinen Heiligen hat dem Hospital in der Folgezeit nicht nur Ruhm und Ansehen, sondern auch – durch Spenden, Schenkungen und testamentarische Nachlässe – Wohlstand und zahlreiche Besitzungen eingebracht.

Im späten Mittelalter ist der Fina-Kult dann schon zum festen Bestandteil des öffentlichen Lebens in San Gimignano geworden. Im 14. Jahrhundert erscheint das Bild der Heiligen mehrfach in der lokalen Freskomalerei.[6] Ein um 1402 entstandenes Altarbild zeigt, daß das wundertätige Kind längst nicht mehr nur als Krankheits-Heilige verehrt wird: Die dargestellten Wundertaten beziehen sich jetzt sehr viel allgemeiner auf Handel und Wandel in der Stadt und die hier drohenden Gefahren – die Heilige Fina hilft bei einem Brand, sie rettet einen während der Arbeit abgestürzten Dachdecker und sie befreit ein Kauffahrteischiff aus Seenot.[7]

Auch das Stadtregiment erweist der kleinen Heiligen inzwischen seine Reverenz. 1374 richtet der Magistrat ein jährliches Hochamt und ein Wachsopfer am Fina-Grab im Dom ein.[8] Um 1400 erscheint Fina bereits als *Patrona urbis*: In der Rolle der Stadtheiligen hat sie jetzt den alten Namenspatron der Stadt, den wenig populären Heiligen Gimignano, aus dem Feld geschlagen. Ein zeitgenössisches Tafelbild zeigt sie, wie sie mit schützender Ge-

Abb. 1. Die Heilige Fina von San Gimignano. Fresko von Domenico Ghirlandaio (1475)

bärde die Stadt in den Falten ihres Gewandes birgt.[9] In den sechziger und siebziger Jahren des 15. Jahrhunderts – die Stadt hatte seit über 100 Jahren ihre politische Selbständigkeit an Florenz verloren – findet die lokale Fina-Verehrung dann ihren künstlerischen Höhepunkt. Benedetto da Maiano und Domenico Ghirlandaio schaffen mit der Ausgestaltung der neuen Fina-Kapelle im Dom ein vielbewundertes Hauptwerk der toskanischen Renaissance. Längst ist Fina nicht mehr nur Geduldsheilige: *decus, exemplum, praesidium* (Zier, Beispiel, Schirm) – so bezeichnet sie die Inschrift auf dem prächtigen Sarkophag. Die Karriere des Kindes hat ihren Gipfel erreicht.

Auch in den Jahrhunderten der Neuzeit bleibt der Fina-Kult in San Gimignano lebendig. Als 1630/31 die Pest im Land grassiert, wird Fina als Nothelferin angerufen, und sie bringt die Epidemie zum Stillstand.[10] Bis heute wird das Fest der »Heiligen der Veilchen« jährlich in San Gimignano gefeiert, als religiöse Zeremonie und als Volksfest. »Und alle Jahre erneuert sich das Wunder der Veilchenbüschel Santa Finas auf den Türmen von San Gimignano.«[11] Außerhalb des Ortes ist die Heilige so gut wie unbekannt.

Kinderkult. Ein Grundmuster

Ich habe die Geschichte der Heiligen Fina von San Gimignano hier
vorgestellt, weil ihr, trotz allen lokal-, frömmigkeits- und kulturhi-
storischen Besonderheiten, ein variables Grundmuster der europäischen Geistes- und Kulturgeschichte eigen ist: die Verehrung
von Kindern, ihre Stilisierung zum Exempel.
Die Verallgemeinerung erscheint vielleicht überraschend. Seit der
Veröffentlichung und mehr noch seit der vehementen »Populari-
sierung« des Buches von Philippe Ariès hat sich die Auffassung
verbreitet, ein Bewußtsein für Kindheit habe es im Mittelalter
nicht gegeben oder, vergröbert gesagt, Kindheit sei eine Erfindung
der Neuzeit.[12] Auch die psychohistorischen Untersuchungen von
Lloyd de Mause – in ihrem progressistischen Ansatz dem von
Ariès durchaus entgegengesetzt – nehmen ihren Ausgang von der
Theorie einer unterentwickelten oder gar fehlenden Sensibilität
gegenüber Kindern in früheren Jahrhunderten.[13] Kritik an Ariès'
Auffassung wurde – eher im engeren Kreis von Fachdisziplinen –
vor allem von »mikrohistorisch« orientierten Forschern vorge-
bracht, die sich sehr genau auf einen fest umschriebenen Zusammenhang der mittelalterlichen Kulturgeschichte bezogen. Emmanuel Le Roy Ladurie beispielsweise, der aus dem umfangreichen
Material der Inquisitionsprotokolle das dörfliche Leben einer kleinen südfranzösischen Ortschaft bis in die Details des Alltags
hinein rekonstruiert hat, fand dort auch zahlreiche Zeugnisse einer
hohen individuellen Zuneigung zu Kindern. Und er polemisiert:
»Aus alledem ergibt sich, daß die namentlich von Philippe Ariès,
aber auch von anderen gemachte Behauptung, derzufolge Kinder-
liebe eine vergleichsweise neue Erfindung der bürgerlichen Kultur
wäre, wenigstens nicht in dem simplistischen Verstande wahr ist,
den viele Leser dieser Schriftsteller davon haben.«[14] Was Le Roy
Ladurie 1975 exemplarisch für die Sozialgeschichte beschreibt,
registriert der französische Kulturhistoriker Jean-Claude Schmitt
1979 in einem anderen Bereich: dem der historischen Volkskultur.
In seiner Analyse eines mittelalterlichen Kinder-Nothelferkultes
weist er darauf hin, daß die historische Popularkultur (Volksfrömmigkeit, Kult, Legende, Volkserzählung) auch in vor- oder außer-
bürgerlichem Milieu ein ausgesprochen »nahes« Verhältnis zum
Kind gehabt habe: »In Texten über folkloristische Kultur [taucht]

plötzlich das Kind auf: es weint, strampelt, wird geschaukelt, gepflegt, gestillt und geliebt, mit einem Wort – es wird anerkannt.«[15] Schließlich hat – ebenfalls in Auseinandersetzung mit Ariès – der Mittelalterhistoriker Klaus Arnold 1980 eine Fülle von Zeugnissen aus mittelalterlichen Quellen zusammengetragen, die die soziale und kulturelle Wirklichkeit des Kindes in dieser Epoche höchst differenziert erscheinen lassen.[16]

Das Bild, das Ariès von der Geschichte der Kindheit gezeichnet hat, scheint also in manchem Punkt korrektur- und ergänzungsbedürftig zu sein. Trotzdem wird man Ariès, was die generelle Linie seiner Untersuchungsführung betrifft (wachsende Bedeutung des sozialen und kulturellen Status Kindheit im historischen Prozeß der Neuzeit), nach wie vor beipflichten müssen. Vor allem aber bleibt sein methodischer Ansatz – die Frage nach der Geschichtlichkeit der Kategorie Kindheit – bedeutsam.

In die Diskussion hat sich bisweilen eine Begriffsverwirrung eingeschlichen, an deren Zustandekommen Ariès selber nicht ganz schuldlos ist: das Verständnis von Kindheit als *Kinderleben* und von Kindheit als *Kindheitsbild*. »Kinderleben« meint die gesellschaftliche Wirklichkeit von Kindern, ihr Leben und Treiben in einer bestimmten Epoche und an einem bestimmten Ort; »Kindheitsbild« meint die Entwürfe und Vorstellungen, die sich eine Epoche, eine soziale Gruppe oder auch ein Einzelner von Kindern macht (und die individuell und gesellschaftlich außerordentlich wirksam sein und das Verhalten gegenüber ›wirklichen‹ Kindern durchaus beeinflussen können).[17] Wie jeder historisch forschende Wissenschaftler ist auch der an Kindheit interessierte auf Quellen angewiesen: Geschichten, Bilder, Urkunden, Grabsteine, Museumsbestände etc., sie alle reden von Kindern, sie stehen der Wirklichkeit, von der sie berichten, ferner oder näher; niemals sind sie freilich mit ihr identisch. Dieser hermeneutisch an und für sich selbstverständliche Sachverhalt scheint, wo es um Kinder geht, besonders leicht vergessen zu werden. Ein Sujet wie das der Kinderdarstellungen (in historischen ebenso wie in zeitgenössischen Zeugnissen) verleitet offenbar in ganz besonderer Weise zur vorschnellen Identifikation des Dargestellten mit der »Realität«: Projektion im Freudschen Sinne scheint dabei im Spiel zu sein.

Ich will den Unterschied an einem Beispiel illustrieren: Im Jahre 1488 hat der elsässische Prediger Geiler von Kaisersberg einen

Predigtzyklus ›Von der artt der kind‹ gehalten, in dem er 15 »Eigenschaften der Kinder« aufzählt und geistlich deutet.[18] Dürfen wir Geilers Charakterisierungen der »artt der kind« für einen Beitrag zur Zustandsbeschreibung elsässischen Kinderlebens am Ende des Mittelalters nehmen? Nur mit Einschränkungen. Der Prediger bietet ein bestimmtes Bild von Kindheit an, und wir können nicht ausschließen, daß es Züge eines Wunschbildes trägt. (Auch hier sind die Kinder Vorbilder, immerhin ist der Predigttext das bekannte »So ihr nicht werdet wie die Kinder…«) Ganz sicher aber ist Geilers Predigtzyklus – ähnlich wie seine ›Kinderspiele‹-Serie – ein Indiz dafür, daß die detaillierte Darstellung des Kinderlebens kanzelwürdig, predigtfähig geworden ist. Die Kinderwelt drängt in die geistliche Rede, die Welt des Populären mischt sich mit der Hochkultur. Darin bekundet sich zweifellos eine geschärfte Aufmerksamkeit des Predigers und der Zeit für »die Kindheit«, ob auch für die lebendigen Kinder selber sei dahingestellt.

Auch in der vorliegenden Arbeit geht es um Kindheits*bilder*, im engeren Sinn um bürgerliche Kindheitsbilder der Zeit um 1800. Ich suche sie aus literatur- und kulturhistorischer Interpretation zu gewinnen, wobei die *Genese* dieser Kindheitsbilder durch charakteristische Verwandlung älterer, vorbürgerlicher Muster den historischen Faden der Untersuchung bildet.

Ariès ist durchaus zuzustimmen, wenn er von der geringeren Ausprägung des sozialen *Status* Kindheit in der Zeit vor dem 17./18. Jahrhundert spricht. Dennoch ist die abendländische Kultur seit der Spätantike geprägt von den *Bildern von Kindern*. Sie mögen uns wenig »kindlich« (in modernem Verständnis) erscheinen, und sie werden dies tatsächlich erst zunehmend im Spätmittelalter und in der Renaissance. Gleichwohl sind es Bilder von Kindern. Die Verehrung dieser Kinder, ihre Stilisierung zum *Vorbild*, zum *Exempel*, zum *Heiligen* ist ein charakteristisches Muster, obschon es ursprünglich nicht das (wiederum im modernen Sinne) spezifisch »Kindliche« dieser Kinder war, was Gegenstand der Verehrung wurde.

Die *Verehrung des Kindes* hat alte religionsgeschichtliche Wurzeln. Im Hellenismus, einer Epoche, die über ausgeprägte Kindheitsbilder verfügte[19], verdichten sie sich in der Vorstellung von der Erneuerung der Welt und der Menschheit durch Erscheinen des »göttlichen Kindes«.[20] Vergils 4. Ekloge prophezeit die Wiederkehr des Goldenen Zeitalters mit der Ankunft des *parvus puer*; die *interpretatio christiana* dieser Ekloge und ihre Verbindung mit der alttestamentarischen Ankündigung des Messiaskindes (*Jesaja* 9,5) transponieren die Vorstellung in christlicher Form ins Mittelalter.[21]

Kult des Kindes ist das Christentum wie keine andere Religion. Neben dem Bild des toten Mannes am Kreuz steht das der Geburt des Knaben im Mittelpunkt der Verehrung. Ikonographisch ist die Geburtsszene Familienszene, wobei das weibliche, das mütterliche Element (Maria) dominiert. Im Motiv der Anbetung der Hirten und der Könige wird in den Darstellungen seit dem späten Mittelalter die Devotion nochmals hervorgehoben – auch die Alten und die Mächtigen der Erde beugen ihre Knie vor dem Kind. In der »Flucht nach Ägypten« wird dem Kind wunderbare Rettung zuteil. Gleichzeitig fallen die »unschuldigen Kindlein« dem Herodianischen Blutbad zum Opfer. Ihr Gedenktag gibt im Mittelalter alljährlich Anlaß zu einer Reihe von Festen, in denen Kinder und junge Leute im Mittelpunkt stehen, die Ordnung der Welt auf den Kopf stellen und damit wieder ins Gleichgewicht bringen.[22]

Ab etwa 1200 unterliegen die »Kinderszenen« der christlichen Tradition einem auffallenden Prozeß der »Individualisierung« und »Emotionalisierung«. Charakteristisch dafür ist der Bericht von der Feier des Weihnachtsfestes in Greccio durch Franz von Assisi – eine Szene, die auch in die bildende Kunst eingeht und für die Volksfrömmigkeit (Krippenfest, Kindelwiegen) folgenreich wird.[23] Die »Verpersönlichung« der Devotion zieht sich als Leitmotiv durch die religiösen und mystischen Bewegungen des späten Mittelalters. Im nervösen spirituellen Klima der geistlichen Frauengemeinschaften entwickelt sich neben der Passionsmystik auch eine »Weihnachtsmystik«: die Verzückung vor dem Kind durch die innige Versenkung in das Ereignis.[24] Christkind- und Marienpuppen tauchen als Objekte der Devotion in den Klöstern auf.[25] Um Christkind-Puppen entwickeln sich eigentümliche Kulte, so der bis heute existierende des *Santo Bambino* in der Kirche Aracoeli auf dem Kapitol in Rom.[26] Seit dem Barock werden wundertätige Jesuskind-Figuren vielerorts Ziel lokaler Wallfahrten und Nothelferkulte (Salzburger Loretokindl, Sarner Jesuskind, Prager Jesuskind).[27] In der Literatur nehmen die »Kindheit-Jesu«-Darstellun-

gen seit dem späten Mittelalter stärker »alltags-realistische« Züge
an.[28] Die »Geburts«-Darstellungen der Tafel- und Fresko-Malerei
werden detaillierter und drücken unverkennbar die Verinner-
lichung der Devotion aus. Ähnliches gilt bekanntlich für die
Darstellungen der »Mutter mit dem Kind«[29], wobei in der mystischen Ekstase auch hier das Kind »lebendig« werden kann.[30]
Verehrungswürdige Kinder gibt es nicht zuletzt unter den christlichen *Heiligen*. Schon eine ganze Reihe der »alten«, d. h. aus
frühchristlicher Zeit herrührenden Heiligen waren Kinder oder
junge Heranwachsende (Agnes, Susanna, Vitus, Sebastian u. a.).
Aber bezeichnenderweise spielt ihr »biologischer Status« in ihrer
Verehrung so gut wie keine Rolle: als »Kinder« werden sie nicht
dargestellt; die Ikonographie hat für sie die Pose der *Virgo* oder
des *Martyr*. Auch hier bringt die Zeit ab 1200 einen Wandel. Bis
ins Barockzeitalter hinein entstehen vielerorts – meist lokal eng
begrenzte – Kulte heiliger Kinder, die mehr und mehr als »Kinder«
(im modernen Sinne) wahrgenommen werden. Zu diesen Kinderheiligen gehören beispielsweise in der Toskana außer der Heiligen
Fina in San Gimignano auch die dreijährige Orsina in Siena[31], im
Alpenraum der zweijährige Simon von Trient (1475), die vierjäh-
rige Ursula in Lienz (1442), der zweijährige Andreas in Rinn bei
Hall (1462)[32], am Niederrhein der Heilige Werner von Oberwesel
(1287).[33] Der Kult der vier Letztgenannten entstand im Zusammenhang mit Judenpogromen (es geht um angebliche Kindsmorde
durch Juden) – offensichtlich ließ sich die verstärkte »affektive
Besetzung« von Kindern jetzt trefflich auch für soziale Auseinandersetzungen instrumentalisieren.[34]
Auch das Kinderleben (erwachsener) Heiliger findet in den Jahrhunderten des späten Mittelalters und der frühen Neuzeit vermehrt Beachtung. Das gilt für die Darstellungen des Marienlebens
und das Johannes des Täufers ebenso wie für die Viten »kleinerer«
Heiliger. Biographien »vorbildlicher Kinder« spielen bis auf unsere Tage in der Schul- und Kinderlektüre eine Rolle – sind es in
der religiösen Erziehung vornehmlich die Heiligenlegenden, so in
der weltlichen die Viten »tüchtiger« Kinder.[35]
Zu den »Kinderszenen« der Legende zählt eine Episode, die seit
dem 12. Jahrhundert belegt ist und die zeigt, daß selbst das *tö-
richte* Verhalten des Kindes – ein anderes vorbürgerliches »Kindheitsmuster«[36] – zum Gegenstand der Devotion werden kann: die

Abb. 2. Der *Santo Bambino* in der Kirche *Aracoeli* auf dem Kapitol in Rom.

Geschichte von Augustinus und dem Knäblein.[37] Sie erzählt, wie
der über das Wunder der Dreifaltigkeit nachgrübelnde Heilige von
einem am Meer spielenden Kind[38] darüber belehrt wird, daß man
eher das Meer mit einem Löffelchen ausschöpfen als das Wunder
der Dreieinigkeit ergründen könne. Die Szene erlebt seit dem
späten Mittelalter zahlreiche literarische und künstlerische Bearbeitungen und erfreut sich bis ins 19. Jahrhundert großer Beliebtheit in Volkserzählungen und Volksliedern.

»Kinderkult« als ein Grundmuster der abendländischen Tradition
– wie ist dieser Sachverhalt für vor- und außerbürgerliche Gesellschaften zu erklären, in denen es bekanntlich einen entwickelten
sozialen Status Kindheit noch nicht gab und in denen die Sensibilität für das Eigenleben des Kindes relativ schwach ausgebildet war?
Ich denke, daß wir auch im Hinblick auf die vorbürgerliche
Epoche bereits von einer Erfahrung der Distanz des Erwachsenen
gegenüber dem Kind sprechen müssen, einer Haltung, die im Kind
das andere, das fremde Wesen erblickt. In der voraufgeklärten
Gesellschaft figuriert dieses fremde Wesen, wie alles Fremde, noch
in einem sehr religiösen Sinne als Faszinosum. In einer Studie zur
Moralliteratur des Mittelalters handelt Jean Batany von der »moralischen Ambiguität der jugendlichen Unvollkommenheit«:

»Trotz der bekannten Darstellung des Kindes als kleiner Erwachsener hat das
Mittelalter in dem noch nicht entwickelten menschlichen Wesen eine bestimmte Besonderheit wahrgenommen, die es nicht gut zu fassen wußte und die
ihm ein tiefes Unbehagen bereitet hat. Man mißtraut dem Kind: in seinem Alter
kann eine scheinbare Vollkommenheit kaum etwas anderes als Täuschung sein.
[...] Indessen hat die Unbestimmtheit des Kindes eine widersprüchliche Funktion: wie alles, was die Harmonie stört, was die Gewohnheiten durcheinander-
bringt, kann sie als Einmischung des Übernatürlichen erscheinen. Die ›andersartige‹ Aufführung des Kindes kann das Einfallstor des Teufels in die Welt sein
(vor allem für die zweite Kindheit), möglicherweise aber auch das Einfallstor
Gottes (vor allem für die erste Kindheit): durch Wunder oder etwas, was ihnen
sehr nahe kommt.«[39]

Die Erfahrung des Kindes als eines fremden Wesens, im Prozeß der
Zivilisation verstärkt und im Verlauf der Säkularisation gesellschaftlich verallgemeinert, wird zum entscheidenden Konstitu-
tionsmerkmal der Kindheitsbilder der bürgerlichen Epoche.

Der Bruch zwischen Erwachsenen und Kindern

Die zunehmende Beachtung, die Kindern und dem Status Kindheit während der Jahrhunderte der Neuzeit geschenkt wird, ist – so die These – nicht wachsender Nähe, sondern wachsender Distanz zwischen Erwachsenen und Kindern geschuldet. Durch den Prozeß der Zivilisation und im Kontext neuer, durch die bürgerliche Produktions- und Lebensweise bestimmter Vergesellschaftungsformen kommt es zu einer sich verstärkenden *Desintegration* von Kindern und Erwachsenen; es entsteht das für die industriellen Gesellschaften typische »Erwachsenen-Kind-Verhältnis«.[40] In der Entwicklung dieses Verhältnisses wiederholt sich der Vorgang sozialer Distinktion, der seit der Renaissance das Verhältnis der Oberschichten zum Volk bestimmt. So wie im Prozeß der Zivilisation, das heißt mit der Ausbildung »kunstreicher« Verhaltensstandards, mit der erhöhten Affektregulierung, der wachsenden Rolle der Intellektualität, der zunehmenden Entfernung von der Natur, die Oberschichten mit *Abgrenzung* auf die Triebnatur und die Verhaltensmuster der Unterschichten reagieren[41], so die Erwachsenen auf jene der Kinder. Die Geschichte der Kindheit und der Prozeß der Zivilisation verlaufen parallel. In vielen Punkten damit parallel verläuft auch der Prozeß der »europäisch-überseeischen Begegnung«. Ähnlich wie die Ethnologie sich konstituiert als Reflex der Erfahrung fremder, außereuropäischer Kulturen, der »Wildheit« und »Unzivilisiertheit« der Eingeborenen, so entstehen die Kindheitsbilder der bürgerlichen Gesellschaft im Gefolge einer »ethnologischen Erfahrung im eigenen Land«. Gemessen an den Verhaltensstandards der (»gebildeten«) Erwachsenen erscheinen Kinder zunehmend als unzivilisiert, als *kleine Wilde*, und dies in der doppelten Bedeutung des Wortes.

»Wild« meint: ungebildet und roh. Das Kind, vom Erwachsenen (der Mittel- und Oberschichten) durch den Prozeß der Zivilisation mehr und mehr getrennt, erscheint als noch nicht fertiger Mensch. Mit der »Erfindung der Erziehung« (Katharina Rutschky) versucht die Gesellschaft, den stärker fühlbar werdenden *Bruch* zwischen Erwachsenen und Kindern zu heilen, *normativ* zu überbrükken. Das Kinderbild der pädagogischen Bewegung des 18. und 19. Jahrhunderts trägt also Züge einer gigantischen Projektion: Alles, was die Menschheit an gesellschaftlichem Fortschritt erzielt hat und noch erreichen soll, wird an den Kindern exerziert. Sie scheinen unbegrenzt lernfähig, Wachs in des Schöpfers Hand. An ihnen wird täglich aufs neue die Natur in Zivilisation gemodelt. Das, was den Erzieher an diesen Kindern interessiert, ist nicht ihr Eigen-Sinn, ihr Eigen-Leben, sondern die Tatsache, daß dieses Leben verwandelt, geläutert, veredelt werden kann. Im Zirkel der entstehenden bürgerlichen Öffentlichkeit der schreibenden Zunft werden diese Kinderbilder ausgestellt: zum *Exempel* statuiert, zum *exemplum eruditionis*. Das Wunder der Erziehung tritt an die Stelle des Wunders der Gnade. Gegenstand der Verehrung bleiben auch diese Kinder: Sie demonstrieren den Triumph der Zivilisation über die Natur. Und noch dort, wo dieses Kinderleben tödlich endet – in den Geschichten vom Unglückskind –, werden Kinder zum *exemplum* stilisiert: Sie sterben, wie die Kinderheiligen vergangener Zeiten, einen Vorbildtod.

Dabei gibt – und das ist historisch neu – gerade das »Kindliche« dieser Kinder für ihren Status als kleine Heilige des bürgerlichen Zeitalters den Ausschlag. *Kinder*kult verwandelt sich in *Kindheits*-kult.[42] Das »Tugendsystem«, das etwa die Heilige Fina in ihrer Person verkörpert und mit ihrem Tod bestätigt hatte, war das einer Gesellschaft, die zwischen Erwachsenen und Kindern noch wenig trennte. Das *Kind* konnte hier für die Tugend der *Geduld* stehen – eine ganz und gar »unkindliche« Eigenschaft. Denn die heiligen Kinder der religiösen Tradition repräsentierten Tugenden, die von allen, »kindlichen« *und* »erwachsenen«, Mitgliedern der Gemeinschaft verlangt wurden. Anders im bürgerlichen Zeitalter – daß es Wundertaten der Lernfähigkeit vollbringt, ist an den »kindlichen«, den »rohen« und »unzivilisierten« Status des Kindes gebunden; allenfalls Bauern oder Eingeborene würden sich als *Erwachsene* ähnlich auszeichnen können.

Das Faszinosum der Kindheit hat in der bürgerlichen Gesellschaft aber auch eine komplementäre Seite. Gerade der (scheinbar) natürliche, »wilde« Status des Kindes prädestinierte es zur romantischen Projektion des Ursprünglichen, des Reinen und Heilen. »Wild« meinte hier nicht *ungebildet*, sondern *unverbildet*. Ist das Kind in der pädagogischen Bewegung Chiffre des *Noch-nicht-Menschen*, so im romantischen Verständnis Chiffre des *besseren Menschen*. Auch dieses Schicksal teilt das Kind mit dem Volk und den »Eingeborenen« (»edler Wilder«). Während das Volk einerseits als ungeschlacht diffamiert wird, wird es andererseits als Gegen-Welt zum herrschenden kulturellen System entdeckt – zusammen mit den Kindern und »ihrer« Poesie (Volkskultur).

Das romantische Kinderbild der bürgerlichen Gesellschaft trägt also ebenfalls Züge eines Wunschbildes. Eigen-Sinn und Eigen-Leben der Kinder interessieren auch hier nicht für sich. Die Erwachsenen weben aus ihnen ihre Traumbilder vom besseren Leben. »Wo Kinder sind, da ist ein goldnes Zeitalter« (Novalis)[43] – in säkularisierter Form bindet sich erneut messianische Endzeit-Hoffnung an das Kind. Auch das romantische Kindheitsbild stilisiert das Kind zum *Exemplum.* Verweltlicht kehrt die alte religiöse Figur wieder: Das Kind wird zum kleinen Heiligen. Immer wieder muß es die Menschheit erlösen und die Welt retten, von Brentanos Fanferlieschen bis zu Michael Endes Momo.

Man sollte dabei nicht einfach von purer Idealisierung sprechen. Das Bild vom Kind als alternativer Entwurf zur herrschenden Ordnung enthält ja immer auch die Kritik an dieser Ordnung, das Leiden an ihren Zwängen und, manchmal jedenfalls, das Signal, sich ihnen zu widersetzen. Die »Entdeckung« der Kindheit als der »einzig unverstümmelte[n] Natur« (Schiller)[44] verweist zugleich auf die Verstümmelung der Erwachsenen in der Gesellschaft. Wo dieser Zusammenhang kritisch reflektiert wird, da kann das alte »So ihr nicht werdet wie die Kinder ...« Moment gesellschaftlicher Utopie werden. Für Novalis ist das Kind Zeichen der Synthese von Intellekt und Phantasie, in Schlegels *Lucinde* erscheint es als Aufhebung des Gegensatzes männlich/weiblich und Inbegriff einer libertären Sittlichkeit, bei Jean Paul artikuliert sich an ihm Skepsis gegenüber dem System Pädagogik, bei Hölderlin erinnert es an die uneingelösten Versprechungen der bürgerlichen Revolution.

»Aufgeklärtes« und »romantisches« Kindheitsbild sind also genetisch zwei Seiten ein und derselben Medaille. Beide Male geht es um den Wunsch, die stärker spürbar gewordene Distanz zwischen Kindern und Erwachsenen zu überbrücken. Doch die »Bewegungsrichtung« ist unterschiedlich. Stellt sich im einen Fall die Lebenslinie als wachsende Entfernung von der Kindheit dar, so im andern Fall als Versuch der Verschmelzung mit dem Verlorenen, als *Rückkehr* in die Kindheit.

Die *Reise in die eigene Kindheit* ist im bürgerlichen Zeitalter

vielfältiges Thema der Literatur (und Praxis des »gelebten Lebens«). In Eichendorffs Roman *Ahnung und Gegenwart* steht eine
solche Kindheitsreise im Mittelpunkt: Dem jungen Grafen Friedrich, der sich anschickt, nach Abschluß seiner Studien den Schritt
ins Leben zu tun, mißlingt an einem bestimmten Punkt der Erzählung die Erinnerung der eigenen Kindheit; ein »blinder Fleck«
trübt die Wahrnehmung der persönlichen Vergangenheit. Die
Reise des Helden entwickelt sich zur »Lebensreise« in die Kindheit, führt zur Wiederentdeckung des Verdrängten. Erst nachdem
er den Weg in die eigene Kindheit noch einmal gegangen ist, kann
der Held, an der Schwelle zum Erwachsenenalter, seinen Lebensweg fortsetzen. Die Nähe zur Psychoanalyse ist evident; in der Tat
beginnt hier, in der Zeit um 1800, deren Frühgeschichte.
Überhaupt wird die Erinnerung an die eigene Kindheit eine Art
»Erkenntnismuster« des bürgerlichen Zeitalters, wird Kindheit
eines der zentralen Themen der Literatur seit der zweiten Hälfte
des 18. Jahrhunderts. In der Autobiographie ist seit der Renaissance die Aufmerksamkeit für die Phase der Kindheit gewachsen –
im anfangenden Leben werden die Bedingungen des künftigen
gesucht. Hatte der wissenschaftliche Blick der Renaissance diese
Bedingungen in der Konstellation der Planeten zum Zeitpunkt der
Geburt zu finden gemeint, so setzt das 18. Jahrhundert eher auf
Prägung durch Herkunft und Umstände. Daß aber in der Kindheit
»die Keime dessen, was uns begegnen wird« (Goethe, *Wilhelm
Meister*)[45] schon gelegt seien, macht Kindheit zum lebensgeschichtlich bedeutsamen Terrain forschender Neugier. Erinnerungsarbeit wird zur notwendigen Voraussetzung gelingenden Lebens, zum wichtigen Faktor der Ausbildung der bürgerlichen
Persönlichkeit: Erinnerte Kindheit wird ein Konstitutionsmoment
von Identität. *Anamnesis*, die Wieder-Erinnerung des Gewesenen,
kann dabei entweder den qualvollen Versuch bezeichnen, in der
eigenen Kindheit die Wurzeln künftiger Leiden freizulegen, oder
die Lust, hier die ersten Anlagen künftiger reicher Entfaltung
aufzudecken. In der Form des Bildungsromans findet die Anstrengung, das eigene Leben aus der Kindheit zu verstehen, seine
klassische Gestalt. »Daß die Kindheit schon ein Vorspiel des
ganzen Lebens ist und bis zu ihrem Abschlusse schon die Haupt-
züge der menschlichen Zerwürfnisse im kleinen abspiegele, so daß
später nur wenige Erlebnisse vorkommen mögen, deren Umriß

nicht wie ein Traum schon in unserem Wissen vorhanden« – diese
Erkenntnis des Grünen Heinrich rechtfertigt, wie er bekennt, daß
»ich mich [...] so weitläufig mit den kleinen Dingen jener Zeit
beschäftige«.[46]

Mignon und ihr Mörder

In keiner literarischen Kinderfigur der Zeit um 1800 kommt die
Ambivalenz in der Einstellung gegenüber Kindheit besser zum
Ausdruck als in Goethes Mignon.
Mignon, »das wunderbare Kind«[47], ist das Kind aus der *Fremde*.
In der Gesellschaft der fahrenden »Seiltänzer, Springer und Gauk-
ler«[48] ist es zugleich das Kind aus dem *Volk*. Schon die erste
Begegnung mit Wilhelm macht deutlich, daß alles, was ihn, den
werdenden bürgerlichen Charakter, auszeichnet, diesem Kind
fremd ist. Anders als Wilhelm kann Mignon ihre Lebensgeschichte
nicht erzählen, kennt ihre Herkunft nicht – kaum, daß sie ihren
Namen anzugeben weiß.[49] Überhaupt wird es von ihr heißen:
»Mit Worten konnte sie sich nicht recht ausdrücken«[50] – der
stärkste Gegensatz zu dem beredten Helden des Romans. Mignons
Ausdrucksmittel ist ihr *Körper*; im Tanz findet sie ihre Sprache,
und Wilhelm ist »verwundert, wie in diesem Tanze sich ihr
Charakter vorzüglich entwickelte«.[51] Auch im gesungenen Lied
vermag sie sich mitzuteilen, ihre geheimnisvolle Herkunft wenigstens anzudeuten. Mignons Körperkünste und szenischen Darstel-
lungen kommen, zusammen mit den Darbietungen der Schauspie-
lertruppe, aus einer anderen Welt als der Wilhelms. Während
Wilhelm davon träumt, »das Gute, Edle, Große durch das Schauspiel zu versinnlichen«[52], sind die niederen Künste Unterhaltung
und elementare Darstellungsformen eines noch »ungebildeten«
Lebens.
Der Bildungsprozeß, den Wilhelm Meister durchläuft, ist eine
Auseinandersetzung des werdenden Bürgers mit der Welt des
Populären. Diese Welt schreckt ihn ab – in ihren männlich-rohen
Komponenten (der Impresario der Seiltänzergesellschaft!); und sie
fasziniert ihn in ihren weiblich-kindlichen Anteilen. »Ihre bräun-
liche Gesichtsfarbe konnte man durch die Schminke kaum erken-
nen. Diese Gestalt prägte sich Wilhelmen sehr tief ein; er sah sie

noch immer an, schwieg und vergaß der Gegenwärtigen über seinen Betrachtungen. Philine weckte ihn aus seinem Halbtraume.«[53]

Bereits hier, im Augenblick der ersten Begegnung mit Mignon, wird deutlich, wohin das geheimnisvolle Wesen Wilhelm locken wird: in den »Halbtraum«, in die Grenzbereiche der Realität, in die Schächte des Selbst und der eigenen Vergangenheit. Von Mignon, von dem Kind, geht die »Lockung aus, das Ich zu verlieren« (Horkheimer/Adorno)[54] – und es wird, auch für Wilhelm, der Anstrengung bedürfen, es »zusammenzuhalten«. Denn die Natur, die mit Mignon auf ihn einstürmt, bedroht Wilhelm. Wenn er bei einem ihrer Anfälle fürchtet, »sie werde in seinen Armen zerschmelzen, und er nichts von ihr übrigbehalten«[55], dann spiegelt diese Furcht auch die Angst, sich selbst zu verlieren.

Mitgefühl veranlaßt Wilhelm, »das interessante Kind«[56] der Seiltänzertruppe abzukaufen; so wird es dem Vagantenmilieu entzogen und kommt ins Haus. Dort führt es sich zunächst noch ganz als wildes Wesen auf: »In alle seinem Tun und Lassen hatte das Kind etwas Sonderbares. Es ging die Treppe weder auf noch ab, sondern sprang; es stieg auf den Geländern der Gänge weg, und eh' man sich's versah, saß es oben auf dem Schranke und blieb eine Weile ruhig.«[57]

Mit der Beschreibung eines solchen Verhaltens könnte in der zeitgenössischen Literatur die Zeichnung eines Kindes beginnen, das es zu bilden, zu zivilisieren gilt. In der Tat ist Mignons Leben mit Wilhelm auch der Prozeß ihrer Domestizierung, schließlich Familiarisierung. Wilhelm, zunächst des Kindes Herr, figuriert mehr und mehr als ihr *Vater*[58], gemeinsam mit Friedrich und dem Harfner bilden sie bald eine »wunderbare Familie«.[59]

Dies ist freilich nur die eine Seite der Mignon-Geschichte. Schon von Beginn an gerät der »Vaterwunsch« Wilhelms (und der daran anknüpfende »Familiarisierungwunsch« Mignons) in Widerspruch mit jener anderen Anziehung, die dieses Kind in seiner Fremdheit und Andersartigkeit auf Wilhelm ausübt. In die Vaterrolle mischt sich sein erotisches Begehren. In der Welt, aus der Mignon kommt, ist das Ineinander beider Beziehungsstrukturen (der »familialen« und der »erotischen«) ganz und gar nicht unvereinbar – und entsprechend ist das Verhalten des Kindes Wilhelm

Abb. 3. Der Hl. Augustinus wird von einem spielenden Kind am Meer über das Geheimnis der Dreieinigkeit belehrt. (Sandro Botticelli, Barnabas-Altar, Ausschnitt)

gegenüber. In Wilhelms Welt hingegen gibt es das Inzest- und das Päderastie-Tabu, das strengste Mittel der Scheidung von Erwachsenen und Kindern. So wird in der Nacht nach der *Hamlet*-Aufführung die von Mignon eingeleitete Begegnung für Wilhelm eine phantasmagorierte Liebesnacht. Wirklich verbracht hat er sie unwissentlich mit Philine, doch Mignon war heimlich gegenwärtig, und daß sie es auch für ihn war, zeigt seine spätere Reaktion, es sei »um's Himmels willen doch nicht Mignon« gewesen.[60]
Mit dieser Nacht verändert sich Mignon, und es »klären« sich die bislang »chaotischen« libidinösen Verhältnisse. Am Morgen ist Mignon kein Kind mehr, »mit einem hohen edlen Anstand« tritt sie vor Wilhelm hin, nennt ihn jetzt »Meister«[61]; erotische Zärtlichkeit ihm gegenüber beweist sie nicht mehr. Auch zu ihrer »Geschlechtsrolle« hat sie gefunden. War sie vorher in Kleidung und Verhalten ein Mischwesen, geprägt von männlichen und

weiblichen Komponenten, so geht sie jetzt in Frauenkleidern.
Wilhelm trennt sich von ihr, bricht den einmal geschlossenen Bund
fürs Leben. Bei Therese soll sich Mignons Bildung vervollständi-
gen. Gleichzeitig findet Wilhelm seine neue Familie (den Knaben
Felix und die mütterliche Natalie) – und dieses »geordnete«
Beziehungsgefüge löst die alte »wunderbare Familie« mit Mignon
und dem Harfner ab.
Aber an dem, was Wilhelm gelingt, zerbricht Mignon. Den ihr
zugemuteten Weg der »Frauenbildung«, des »Töchterlebens« wird
sie nicht gehen. Ihre eingeschnürte Natur richtet sich jetzt gegen
sich selber. Wilhelms Schrei »Lassen sie mich das Kind sehen, das
ich getötet habe«[62] verrät, über den unmittelbaren Anlaß hinaus,
Schuld und Einsicht. Mignon, das Kind, ist ein Opfer am Weg von
Wilhelms Bildungsprozeß. Die Trennung von ihr ist die Abtren-
nung der präzivilisierten Bestandteile seiner eigenen Person.
Auch Mignon wird eine Heilige. Im »Saal der Vergangenheit«
werden ihre Exequien zelebriert. Was sie wirklich war, bleibt noch
immer fremd: »Von dem Kinde, das wir hier bestatten, wissen wir
wenig zu sagen.«[63] Ihre äußere Erscheinung, »das Wunder der
Kunst und Sorgfalt«, ist dem Gewohnten nachempfunden. »Seht
die mächtigen Flügel doch an! seht das leichte reine Gewand! wie
blinkt die goldene Binde vom Haupt! seht die schöne, die würdige
Ruh'!«[64] Natalie hat Mignon jetzt endgültig als den *Engel* präpa-
riert, den sie schon zu Lebzeiten einmal spielen mußte.[65] Im Stande
der Unschuld, als das heilige Kind, darf das fremde Kind überle-
ben. Und die versammelte Trauergesellschaft darf sich trösten:
»Auf! kehren wir ins Leben zurück. Gebe der Tag uns Arbeit und
Lust, bis der Abend uns Ruhe bringt, und der nächtliche Schlaf uns
erquickt.«[56] *Arbeit* und *Lust* waren und sind hart erkauft:
»Furchtbares hat die Menschheit sich antun müssen, bis das
Selbst, der identische, zweckgerichtete, männliche Charakter des
Menschen geschaffen war, und etwas davon wird noch in jeder
Kindheit wiederholt.«[67]

Anmerkungen

zur: Einführung

1 Die Legende nach: *Acta Sanctorum*, Martii, tom. III, S. 235–242. Vgl. auch *Bibliotheca hagiographica latina*, ed. socii Bollandiani, Brüssel 1898/ 1901, S. 2978.

2 Zur Geschichte des Fina-Kultes, der sich bis in die zweite Hälfte des 13. Jahrhunderts zurückverfolgen läßt, vgl. L. Pecori, *Storia della terra di San Gimignano*, Florenz 1853, S. 367–371; J. Vichi Imberciadori, *Fina dei Ciardi. Un simbolo nella realtà storica e sociale di San Gimignano*, ebd., 1979.

3 Zur Geschichte des Krankenhauses von San Gimignano vgl. G. Pinto, ›Lo spedale di Santa Fina nel contesto cittadino‹, in: *Una farmacia preindustriale in Valdelsa. La spezieria e lo spedale di Santa Fina nella città di San Gimignano*, ebd. 1981, S. 19–36; J. Vichi Imberciadori, a.a.O., S. 41–56.

4 *Acta Sanctorum*, a.a.O., S. 237. – Daß sie ihr Leiden geduldig, ja fröhlich ertragen habe, wird in der Legende in immer neuen Wendungen zum Ausdruck gebracht. Santa Fina erscheint als *Sancta Patientiae*.

5 *Acta Sanctorum*, a.a.O., S. 236. Zur Person des Verfassers, Johannes de S. Geminiano, vgl. J. Vichi Imberciadori, a.a.O., S. 10–15.

6 Fresko (anonym) auf der ersten Arkade des rechten Seitenschiffs, Dom, San Gimignano; Fresko (Schule des Niccolò di Segna) in der Lünette gegenüber der Fina-Kapelle: Der Heilige Gregorius erscheint Fina. Fresko (anonym), Kirche Sant' Agostino, rechtes Seitenschiff. – Unsicher ist das Bild Finas auf dem Fresko von Lippo Memmi im Palazzo del Popolo von 1317: Die Figur der Heiligen (2. v. links) neben der thronenden *Maestà* entstammt möglicherweise erst der Restaurierung des Bildes durch Benozzo Gozzoli von 1467. Vgl. E. Cecchi, *Trecentisti senesi*, Milano 1948, S. 176–177.

7 Lorenzo di Niccolò Gerini (1342–1411), Tafelbild in der Pinacoteca civica, San Gimignano.

8 I. Malenotti, *Vita di Santa Fina vergine di San Gimignano*, ebd. 1818, S. 84.

9 Lorenzo di Niccolò Gerini (wie Anm. 7). Der Heilige Gimignano in gleicher Funktion auf einem Tafelbild von Taddeo di Bartolo (Ende 14. Jh.) in der Pinacoteca civica.

10 G. Giapponesi, ›I santi e il culto della peste‹, in: *Una farmacia preindustriale in Valdelsa*, a.a.O., S. 204–206; T. Ferroni, *Vita della B. Fina da San Gimignano*, Firenze 1644, S. 232 (Pestwunder).

11 M. Mazzoni, *S. Gimignano. Notizie storiche, artistiche, letterarie*, Siena 1954, S. 24.

12 Philippe Ariès, *L'enfant et la vie familiale sous l'Ancien Régime*, Paris 1960
    (2. Aufl. 1973), dt.: *Geschichte der Kindheit*, München/Wien 1975. Zur
    Rezeption von Ariès in Europa und in Übersee verweise ich nur auf
    K. Arnold, a.a.O. (Anm. 16), S. 10–16 (›Ariès und die Folgen‹).

13 Lloyd de Mause (ed.), *The History of Childhood*, New York 1974/75, dt.:
    *Hört ihr die Kinder weinen? Eine psychogenetische Geschichte der Kind-
    heit*, Frankfurt 1977.

14 E. Le Roy Ladurie, *Montaillou, village occitan de 1294 à 1324*, Paris 1975,
    dt.: *Montaillou. Ein Dorf vor dem Inquisitor 1294 bis 1324*, Frankfurt/
    Berlin/Wien 1980, S. 232. Zur Einstellung gegenüber Kindern dort
    S. 226–239. Schon der unter dem Thema *Enfant et societés* 1971 ab-
    gehaltene Kongreß der »Société de démographie historique« war, im
    Hinblick auf die Bewertung der Kindheit im Mittelalter, zu der Einschät-
    zung gekommen, daß »eine allzu pessimistische Bewertung nuanciert
    worden sei« (*Annales de démographie historique* 1973, 63, vgl. auch
    S. 129).

15 J.-C. Schmitt, *Le Saint Lévrier. Guinefort, guerisseur d'enfants depuis le
    XIIIe siècle*, Paris 1979, dt.: *Der heilige Windhund. Die Geschichte eines
    unheiligen Kults*, Stuttgart 1982, S. 119.

16 K. Arnold, *Kind und Gesellschaft in Mittelalter und Renaissance. Beiträge
    und Texte zur Geschichte der Kindheit*, Paderborn 1980.

17 W. Pape spricht analog von »Kindheitsmythen« (*Das literarische Kinder-
    buch*, Berlin 1981, S. 29 ff.), Chombart de Lauwe vom Kind als »person-
    nage symbolique« (*Un monde autre: l'enfance*, Paris 1979, S. 34); P. Cove-
    ney vom *Image of childhood* (London 1967).

18 L. Pfleger, ››Von der artt der kind‹. Eine unedierte Predigt Geilers von
    Kaysersberg‹, in: *Archiv für elsässische Kirchengeschichte* 15 (1941/42),
    S. 129 ff.

19 Man vergegenwärtige sich den Reichtum der hellenistischen Kinderplastik
    (Vatikanische Museen Rom) oder die Kinderbilder auf pompejanischen
    Wandmalereien. Die Kunst kennt die anatomischen Proportionen des
    Kindes und zeigt sie in charakteristischen Posen. Vgl. H. Rühfel, *Das Kind
    in der griechischen Kunst. Von der minoisch-mykenischen Zeit bis zum
    Hellenismus*, Mainz 1984. – Zur Deutung literarischer Darstellungen vgl.
    R. B. Lyman, ›Barbarei und Religion. Kindheit in spätrömischer und früh-
    mittelalterlicher Zeit‹, in: Lloyd de Mause, a.a.O., S. 118–124; J. Leipoldt,
    ›Vom Kinde in der alten Welt‹, in: *Festschrift für A. D. Müller*, Heidelberg
    1961, S. 343–351; H. Herter, ›Das unschuldige Kind‹, in: *Jahrbuch für
    Antike und Christentum* 4 (1961), S. 146–162; J. Overbeck, ›Die Entdek-
    kung des Kindes im 1. Jahrhundert nach Chr.‹, in: *Neue Jahrbücher für das
    klassische Altertum* 54 (1924), S. 1–8.

20 Vgl. E. Norden, *Die Geburt des Kindes. Geschichte einer religiösen Idee*,
    Leipzig/Berlin 1924; C. G. Jung/K. Kerényi, *Einführung in das Wesen des
    Mythologie*, Hildesheim 1980.

21 Vgl. außer Norden (Anm. 20) auch S. Benko, ›Virgil's Fourth Eclogue in

Christian Interpretation‹, in: W. Haase (Hrsg.), *Aufstieg und Niedergang der römischen Welt*, II, 31/1, Berlin/New York 1980, S. 646–705.

22 L. Lefèbvre, *L'Évêque des fous et la fête des Innocents à Lille du XIVe au XVIe siècle*, Lille 1902; F. F. J. Lecouvet, ›L'instruction publique au moyenâge. Fétes des Innocents à Tournai‹, in: *Message des sciences historiques*, Gand 1856.

23 Nach der Legende (Bonaventura, *Legenda Maior*, cap. X) gestaltet Franz die Krippenszene des Weihnachtsfestes in der Kirche zu Greccio; seine fromme Versenkung ist dabei so innig, daß einer der Anwesenden sieht, wie er das Christkind selber in seinen Armen wiegt. Giotto hat die Szene in der Oberkirche von Assisi gemalt. Vgl. auch Fioretti, XLII.

24 *Offenbarungen der Schwester Mechthild von Magdeburg*, hrsg. v. G. Morel, Regensburg 1869 (Reprint Darmstadt 1963), VII, cap. 60; Margarete Ebner, ›Offenbarungen‹, in: Ph. Strauch, *M. Ebner und Heinrich von Nördlingen*, Freiburg 1882, S. 40 f., 87 u. ö.; Elsbeth Stagel, *Das Leben der Schwestern zu Töss*, hrsg. v. M. Weinhandl, München 1921. Vgl. allgemein S. Shahar, *Die Frau im Mittelalter*, Königstein 1981, S. 64–71 (›Mystikerinnen‹).

25 Aus Museumsbesitz sei verwiesen auf: Berlin-Dahlem, Inv. Nr. 11/68 (Jesusknabe, Siena um 1320); Salzburg, Dommuseum, Kat. Nr. 42 (Jesusknabe, Salzburg, 2. Drittel 15. Jahrhundert).

26 Die Verehrung des *Santo Bambino* in Aracoeli ist, wenn ich recht sehe, seit dem 15. Jahrhundert bezeugt. Die alte Sitte der an den Feiertagen stattfindenden Verkehrungsfeste (die Kinder ergreifen das Regiment) hat sich später zu dem Brauch gewandelt, daß die Kinder hier an bestimmten Tagen kleine Predigten halten (Beschreibung aus der Mitte des 19. Jahrhunderts bei F. Gregorovius, *Wanderjahre in Italien*, Bd. I, 4. Aufl., Leipzig 1874, S. 224–229: ›Römische Figuren‹). Der Kult des *Santo Bambino* existiert noch heute; das Kind ist Briefadresse für Kinder aus aller Welt. – Ein prachtvolles barockes »Weihnachtskind« nördlich der Alpen kann man z. B. im Neumünster in Würzburg sehen.

27 Vgl. *Salzburgs Wallfahrten in Kult und Brauch*. Katalog. Salzburg 1986, S. 167–204 (Mirakelbuch des Loretokindls von 1662–1985) und Nr. 207–224; I. Luthold-Minder, *Das Sarner Jesuskind und die Benediktinerinnen von St. Andreas*, Sarnen 1967 (Der Kult besteht bis heute); A. Legner, ›Vom Prager Jesuskind, vom Salzburger Loretokindl und vom Kleinen Andachtsbild‹, in: Museum der Stadt Köln, *Bulletin* 1 (1984), S. 15 ff. – Auch in Filzmoos/Pongau gibt es seit etwa 1700 eine Kindl-Wallfahrt (*Salzburgs Wallfahrten*, a.a.O., S. 276–283 und Nr. 300–7). Um eine Jesuskind-Erscheinung rankt sich die Entstehungsgeschichte der Wallfahrt Vierzehnheiligen in Franken.

28 U. Gray, *Das Bild des Kindes im Spiegel der altdeutschen Dichtung und Literatur*, Bern/Frankfurt 1974.

29 Ph. Ariès, a.a.O., S. 94–96; K. Arnold, a.a.O., S. 59–63; A. Masser, *Bibel, Apokryphen und Legenden. Geburt und Kindheit Jesu in der reli-*

giösen Epik des deutschen Mittelalters, Berlin 1969. Mit dem ausgehenden Mittelalter erscheint in der bildenden Kunst auch das Motiv des auf
dem Kreuz und neben den Marterwerkzeugen schlummernden Jesuskna-
ben.

30 Eine solche Szene beschreibt der Mystiker Heinrich Seuse: ›Von dem
    anfangenden Menschen‹ I, 8, in: *Das Leben des seligen Heinrich Seuse*,
    Düsseldorf 1966, S. 76–77.

31 Die Ikonographie der Heiligen Fina läßt sich in San Gimignano über rund
    500 Jahre hinweg gut studieren. Dabei fällt eine zunehmende Verjüngung
    der Figur auf. Während die Fresken des 14. Jahrhunderts (siehe Anm. 6)
    Fina eher als junge Frau darstellen, erscheint sie ausgeprägt kindlich zum
    ersten Mal auf einem Fresko von Benozzo Gozzoli von 1465 (Dom). Ganz
    »verniedlicht« ist sie dann auf einem Ölgemälde des 18. Jahrhunderts (San
    Lorenzo). – Die Reliquien der *S. Orsina Vergine Martire* werden in Siena
    gezeigt.

32 *Simon von Trient:* W. Theopold, *Das Kind in der Votivmalerei*, München
    1981, S. 134 ff. Votivtafeln mit dem »kindlichen« Heiligen dort S. 135 ff.
    (aus dem 15. und 18. Jahrhundert). *Ursula von Lienz:* F. Rohracher, *Ursula
    von Lienz*, Brixen 1905 (Verehrung bis ins 20. Jahrhundert). *Andreas von
    Rinn:* F. Hattler, *Das selige Kind Andreas von Rinn, Patron der Kinder*,
    Innsbruck 1887. Votivtafeln bei W. Theopold, a.a.O., S. 135–140. Der
    Kult des Andreas von Rinn hat 1985 Schlagzeilen gemacht: er wurde wegen
    seiner antisemitischen Genese vom Vatikan verboten.

33 F. Pauly, ›Zur Vita des Werner von Oberwesel‹, in: *Archiv für Mittelrheini-
    sche Kirchengeschichte* 16 (1964), S. 94–109; E. Iserlohn, ›Werner von
    Oberwesel‹, in: *Trierer Theologische Zeitschrift* 72 (1963), S. 270–285. –
    Für den Hinweis danke ich H. Lichtenberger, Tübingen.

34 Auch im Freskenzyklus des »Bolsena-Wunders« in der *Cappella del Corpo-
    rale* im Dom zu Orvieto findet sich eine antisemitische Kinderszene: Ein
    jüdischer Vater will seinen christlich gewordenen kleinen Sohn verbrennen
    (14. Jahrhundert).

35 Vgl. Ariès, a.a.O., S. 205–206, sowie hier Teil 3 B Anm. 3.

36 Schon im Neuen Testament erscheint – vor allem in der paulinischen
    Theologie (1. Kor. 13, 11; 1 Kor. 14, 20 u. ö.) das Kind auch als Inbegriff
    des »unreifen«, zu überwindenden Zustands. Vgl. G. Haufe, ›Das Kind im
    Neuen Testament‹, in: *Theologische Literaturzeitung* 104 (1979),
    S. 626–638. Auch in der mittelhochdeutschen Literatur wird das Lachen,
    Plappern und Spielen der Kinder gern als Inbegriff törichten Verhaltens
    zitiert (z. B. Thomasin von Zerclaere, *Der wälsche Gast*, V. 527 ff., 711 ff.).
    Kinderspiel = Torheit ist auch ein Grundmuster frühneuzeitlicher »Kinder-
    spiel«-Darstellung in Malerei und Druckgraphik.

37 J. Bolte, ›Die Legende von Augustinus und dem Knäblein am Meer‹, in:
    Zeitschrift für Volkskunde 16 (1906), S. 90–95; H.-W. Nörtersheuser:
    Art. ›Augustinus und das Knäblein‹, in: *Enzyklopädie des Märchens* I,
    Sp. 1017–1019.

38 Das am Meer spielende Knäblein gehört zu den ältesten ›Kinderszenen‹ der Weltliteratur: vgl. *Ilias* XV, 362—364.

39 J. Batany, ›L'enfance dans la littérature moralisante‹, in: *Annales de démographie historique* 1973 (›Enfant et Sociétés‹), S. 125.

40 Vgl. dazu K. Rutschky, *Schwarze Pädagogik*, Frankfurt 1977, S. XXXII ff.

41 N. Elias, *Über den Prozeß der Zivilisation. Soziogenetische und psychogenetische Untersuchungen*, 6. Aufl. Frankfurt 1979. – Elias selber hat auf die Parallelität hingewiesen, vgl. Bd. I, S. 172 f. Vgl. auch D. Elschenbroich, *Kinder werden nicht geboren*, Frankfurt 1977, S. 115 f.

42 Vgl. G. Boas, *The Cult of Childhood*, London 1966.

43 Novalis, *Werke, Tagebücher und Briefe*, Bd. II, hrsg. v. J.-J. Mähl und R. Samuel, München 1978, S. 273.

44 F. Schiller, *Sämtliche Werke*, hrsg. v. G. Fricke und H. G. Göpfert, Bd. V, München 1965, S. 710.

45 Goethe, ›Wilhelm Meister‹, in: *Werke*, Hamburger Ausgabe, Bd. 7, S. 235 (= IV, 9).

46 Gottfried Keller, *Der Grüne Heinrich*, I, 9.

47 Goethe, ›Wilhelm Meisters Lehrjahre‹, in: *Werke*, Hamburger Ausgabe, Bd. 7, Hamburg 1959, S. 98.

48 Ebd., S. 90.

49 Ebd., S. 98.

50 Ebd., S. 587.

51 Ebd., S. 116.

52 Ebd., S. 106.

53 Ebd., S. 99.

54 Vgl. M. Horkheimer/Th. W. Adorno, *Dialektik der Aufklärung*, Frankfurt 1969, S. 40.

55 Goethe, a.a.O., S. 143.

56 Ebd., S. 103.

57 Ebd., S. 110.

58 Ebd., S. 143.

59 Ebd., S. 187.

60 Ebd., S. 523.

61 Ebd., S. 328.

62 Ebd., S. 545.

63 Ebd., S. 576.

64 Ebd., S. 577 und 575.

65 Ebd., S. 577 und 514.

66 Ebd., S. 576.

67 Horkheimer/Adorno, a.a.O., S. 40.

ERSTER TEIL

Unglückskinder
Kinderunglücks-Geschichten und
das Ende des Nothelfers

A. Fritz der Näscher und seine Gesellen.
Moralische Exempel aus der Literatur des aufgeklärten Zeitalters

> »Du mußt nicht über die Felsen hinunterfallen,
> der Öhi hat's verboten.«
>
> Johanna Spyri, *Heidi*

Friz der Näscher

»Friz war ein herzenguter Junge,
Und Lernen war ihm nur ein Spiel;
Doch auf den Wohlschmak seiner Zunge
Hielt leider! Frizchen gar zu viel.

Ihm that's im Erd- und Himbeersuchen
Von allen Jungen keiner nach,
Und traun! er wär' um ein Stük Kuchen
Geklettert auf das Rathhausdach.

Mit Diebstahl hätt' er sein Gewissen
Um alle Welt zwar nicht beschwert,
Allein im Punkt der Lekkerbissen
War's doch nicht so ganz unversehrt.

Selbst ein Paar Kirschen oder Pflaumen
Zu stehlen hielt er für erlaubt;
Denn ach! ihm hatte schon sein Gaumen
Die Herschaft über sich geraubt.

Die Speisekammer zu bemausen
Stieg er ins Fenster einst hinein.
Da, dacht' er, gibt es was zu schmausen:
Da wird gewiß noch Torte sein!

Doch dismahl fand der gute Schlukker
Sich sehr betrogen. Wie er sah,
Stand nichts, als nur ein wenig Zukker
In einem irdnen Näpfchen da.

Mit seinem nassen Finger düpfte
Der Lekkermund das Näpfchen aus,
Und aus dem ofnen Fenster schlüpfte
Der Dieb gleich einer Kaz hinaus.

Doch bald fing er sich an zu krümmen,
Gleich einem Wurm, und ächzt' und schrie;
Denn solch ein Brennen, solch ein Grimmen
In den Gedärmen fühlt' er nie.

Vergebens war's, um Hülfe flehen;
Sein Naschen bracht ihn mördrisch um.
Was er für Zukker angesehen,
War größtentheils Arsenikum.«

Die Geschichte von Fritz dem Näscher steht in Joachim Heinrich
Campes *Kleiner Kinderbibliothek*, einem zwischen 1779 und 1830
in zahlreichen Auflagen erschienenen Lesebuch.[1] Mit Gedichten,
Erzählungen, Fabeln und Dialogszenen verschiedener Autoren war
dieses Werk als ein nach Altersstufen gegliederter Lektürekursus
für Kinder bis 12 Jahren[2] gedacht, dem sich – für ältere Kinder
und Jugendliche – eine *Seelenlehre*, ein *Sittenbüchlein*, Campes
Robinson-Bearbeitung[3], *Die Entdekkung von Amerika*, ein *Geschichtliches Bilderbüchlein*, *Klugheitslehren für Jünglinge*, 19
Bände *Merkwürdiger Reisebeschreibungen* sowie zwei *Rathgeber*
(jeweils einer für Mädchen und Knaben) anschlossen – insgesamt
37 Bände und das erste literarisch-pädagogische Monumentalpro-
jekt der damals neu entstehenden Kinder- und Jugendliteratur.
In dieser Literatur spielen Stoffe wie jener vom Näscherknaben
eine große Rolle.[4] Als *moralische Geschichten* bilden sie von den
Anfängen in der zweiten Hälfte des 18. bis gegen Ende des
19. Jahrhunderts eine ihrer am weitesten verbreiteten Gattungen.
Getreu der Maxime »Das Exempel wirkt mehr als alle Ermahnungen«[5] erzählen die kleinen Geschichten von den guten oder bösen

Folgen kindlichen Verhaltens, und als »kindgemäß« hat diese Geschichten, jenseits aller Lehrhaftigkeit, wohl vor allem eines empfohlen: Sie sind die erste literarische Gattung, deren Held ein Kind ist.

Nicht selten wird dieser Held, kaum daß er den Schauplatz der Literatur betreten hat, vom Unglück oder gar vom Tod ereilt. Das wird, in unterschiedlicher Weise, auch künftig das Schicksal vieler literarischer Kinderfiguren sein: Kinderleben mit tödlichem Ausgang.

Obgleich ehemals verbreiteter Lesestoff, sind Geschichtenbücher mit moralischen Erzählungen – ähnlich wie der größte Teil der Gebrauchsliteratur für Kinder – heute so gut wie unbekannt. Dennoch mögen uns die alten Kinderunglücks-Geschichten merkwürdig bekannt erscheinen – sei es, weil ihre Spur in die eigene Kindheit führt, sei es, weil sich in der den Geschichten eigenen *Struktur* ein immer noch vertrautes Bild von Kindheit ausdrückt.

Denn Fritz der Näscher hat viele Brüder und Schwestern. Seine Leidensgefährten säumen, auf der Strecke gebliebene Opfer, die Karawanenstraße in die schöne neue Welt des aufgeklärten Zeitalters:

Der verwegene Roland, ein ziemlich artiger Knabe, jedoch so unbändig und unbesonnen, daß er immer und überall herumklettert, lehnt sich allzuweit aus dem Fenster hinaus, stürzt hinunter und zerschmettert sich den Kopf.[6]

Der kleine Jacob, der immer ›Warum?‹ fragen muß und sich nicht warnen läßt, wagt sich aufs dünne Eis, bricht ein und ertrinkt.[7]

Luzie steigt nach dem Essen mit der Gabel in der Hand auf einen Stuhl, tut einen Fehltritt und stürzt mit dem Auge in die Gabel.[8]

Die wilde Emma läßt sich, vom Spiel erhitzt, kaltes Wasser über den Kopf pumpen und stirbt drei Wochen später am Nervenfieber.[9]

Der achtjährige Sohn des Gastwirts zu R*** streichelt einen fremden Hund, der fällt ihn an und beißt ihm die linke Backe ab.[10]

Bertha hat dem Dienstmädchen die Unart abgeschaut, beim Ankleiden Stecknadeln in den Mund zu nehmen; eines Tages stößt eine Windbö das Fenster auf, das Kind schreit, verschluckt dabei eine Nadel und stirbt daran.[11]

Franz hat auf dem Jahrmarkt einen Affenführer getroffen, schneidet mit dem Tier um die Wette Fratzen und behält bis ins Alter eine alberne Miene.[12]

Fritz, der jede Angewohnheit nachahmt, bald durch die Nase schnaubt, bald mit der Schulter zuckt, bald ein Bein nachzieht, sieht einen Schielenden, gewöhnt sich das Schielen an und verliert die Herrschaft über seine Augen.[13]

Jakobine, die sich angewöhnt hatte, die Gießkanne und das Holz nur mit einer Hand zu tragen, statt, der Mutter folgend, mit rechts und links abzuwechseln, wird verkrüppelt und bleibt lebenslang unansehnlich.[14]

In solchen Geschichten, in denen es um die Verstümmelung und Zerstörung kindlicher Körper geht, scheinen sadistische Phantasien ihre literarische Gestalt gefunden zu haben. Allerdings, die Bücher, in denen solche Geschichten stehen, tragen schmeichelnde Titel wie *Kinderfreund, Mädchenfreund, Das allerliebste Buch für gute kleine Kinder* oder auch *Bitte! Bitte! liebe Mutter! lieber Vater! guter Onkel! beste Tante! schenke mir dies allerliebste Buch mit den schönen ausgemalten Kupfern und den vielen hübschen Erzählungen.*[15] Überhaupt sind es durchweg »Menschenfreunde«, die hier fabulieren. Die Geschichten entstehen in unmittelbarem Zusammenhang mit einer gesellschaftlichen und einer pädagogischen Fortschrittsbewegung, die sich die Entfaltung aller Kräfte und Fähigkeiten des Menschen auf ihre Fahnen geschrieben hat. Und in den pädagogischen Deklarationen – wir würden heute sagen: in den Lernziel-Katalogen – kann man es immer wieder nachlesen, daß Erziehung dazu verhelfen solle, »den Kindern das wichtig [zu machen], was die Summe ihrer Glückseligkeit vermehrt und die Qualität derselben erhöht«.[16]

Um *Glück* und *Unglück* geht es, in der Tat, in den kleinen Geschichten, also um einen der ältesten Erzählstoffe der Menschheit überhaupt. Aber um Glück zu stiften, wird hier vom Unglück erzählt – dieser Widerspruch zwischen dem pädagogischen *Programm* und den literarischen *Bildern* konstituiert die moralischen Geschichten, und er ist, genau besehen, sämtlichen Projekten literarischer Sozialisation im bürgerlichen Zeitalter eigen. Bevor ich im zweiten Kapitel die formgeschichtlichen Wandlungen der Kinderunglücks-Geschichte und ihr neues Verständnis von Unglück darstelle, möchte ich, ausgehend vom Beispiel der Nä-

So gehts wenn man lügt.

Abb. 4.

schergeschichte, die Struktur dieses Typus und ihr Bild vom Kind
untersuchen.

Fritz der Näscher, der böse Musterknabe aus Campes *Kinderbibliothek* – das Stück stammt nach Campe von Leopold Friedrich Goeckingk und taucht auch in Jakob Glatz' *Kleinem Sittenbüchlein* (1809) und Friedrich Ludwig Wagners *Lehren der
Weisheit und Tugend* (15. Aufl., 1831)[17] auf –, repräsentiert
durchaus kein tragisches Einzelschicksal in der moralischen Ge-
schichtenwelt des 18. und 19. Jahrhunderts. Albert V... in Cöln
zum Beispiel hat in der Speisekammer Mäusegift für Zucker
gegessen und ist daran gestorben.[18] Ähnlich ist es andernorts
drei naschhaften Studenten ergangen: »Ihre Hausfrau hatte in
einem offenen Schächtelchen Mausegift auf dem Kasten stehen;
einer davon hielt es für Zucker, und weil er eine Pomeranze
aufgeschnitten hatte, so fand er ihn ganz gelegen, bestreute dieselbe, so stark er konnte, damit, und theilte jedem seiner Stu-
benkameraden davon mit.«[19] Die sozialgeschichtliche Erklärung,

daß die Warnung der Kinder vor dem zuckergleichen Arsenik, auch »Mäusebutter« genannt, in einer Zeit notwendig war, in der infolge solcher Verwechslung auch die leichtgläubigen Opfer prominenter Giftmörderinnen verschieden[20], trifft nur die halbe Wahrheit. Schon der Autor der Unglücksgeschichte von den drei Studenten weiß es besser:

»Gesetzt nun auch, es wäre Zucker gewesen, was er auf seine Pomeranze streute, so wäre er für diesesmal mit seinen Kameraden für seine Nascherei freilich nicht so hart gestraft worden; aber über kurz oder lang würde es doch ein ganz übles Ende mit ihm genommen haben: denn ein Mensch, der, wenn er seine gesunde Kost hat, morgens und Abends mit dergleichen Süßigkeiten noch obendrein seinen Magen überhäuft, mit seinem Geld auf keine andere Weise zu Wirthschaften lernt, und lieber mit zerlumpten Schuhen und Strümpfen herumgeht, als seine Begierde unerfüllt läßt, verderbt nicht nur seine Gesundheit; denn man hat Beispiele, daß solchen Leuten der Magen und die Eingeweide im lebendigen Leibe verfaulet sind ...«[21]

Mit anderen Worten: Es ist nicht das Arsenik, vor dem gewarnt wird, sondern das Naschen. Der »naschhafte Heinrich« in Regensburg, der auf Biskuits, Makronen und Konfekt erpicht ist, wird vom Zuckerschlecken krank und muß 8 Tage lang das Bett hüten; schließlich stirbt er, weil er Tinte für Wein trinkt.[22] Der Appetit auf süßes Biskuit zwingt auch den kleinen »Alexander« aufs Krankenlager.[22a] Der »heißhungrige Fritz« findet den Tod, weil er zu viel gebackenes Obst gegessen hat.[23] Das »naschhafte Röschen« wird, ebenso wie »Karolinchen« und »Mienchen«, für ihre Unart von Bienen zerstochen[24], »Ernst der Näscher« muß erbrechen[25], und ein Kind, das sich täglich von seinem Taschengelde Rosinen, Mandeln und Zuckerwerk kauft, bestiehlt schließlich, älter geworden, seinen Herrn und muß auf einem Schiff nach Ostindien fliehen.[26] Wie die Geschichten versichern, sei das Naschen auch moralisch häufig der Anfang vom Ende:

»Es war einmal ein Dieb, der sollte gehangen werden. Da er schon unter dem Galgen war, sah er seine Mutter, die erbärmlich weinte. Da sagte er zu dem Scharfrichter, er möchte ihm doch erlauben, erst noch ein Wort mit seiner Mutter zu sprechen; und der Scharfrichter sagte, das könnte er thun. Da ging er hin zu seiner Mutter, und that, als wenn er ihr etwas ins Ohr sagen wollte, und da biß er sie auf einmal so gewaltig ins Ohr, daß die alte Frau laut zu schreyen anfing. Da sagten alle Leute, die zugegen waren: Das muß doch wohl ein rechter Bösewicht seyn, der kurz vor seinem Tode seine Mutter ins Ohr beißen kann. Aber der Dieb antwortete: Ihr lieben Leute, wundert euch nicht darüber. Wisset, daß diese meine Mutter die Ursache meiner Schande und meines Todes ist. Da ich noch ein Kind war, gewöhnte ich mir das Naschen an, und meine Mutter strafte mich nicht darüber.«[27]

Der Biß ins mütterliche Ohr – der letzte Leckerbissen einer süßen Kindheit.

Von Heim und Herd: synthetische Umwelten.
Die Warngeschichte als Lustgeschichte

Wie krude, konstruiert oder »kinderfeindlich« solche Unglücksgeschichten heutigen Lesern auch erscheinen mögen, sie sind gleichwohl, widersprüchlich genug, Ausdruck jener historisch neuen, »vertraulichen« Zuwendung zum Kind, wie sie sich im Gefolge der neuen Vergesellschaftung von Kindern in der Bürgerfamilie des 18. und 19. Jahrhunderts ausbildet.[28] *Kinderliteratur* als Form suggeriert ja bereits besondere Nähe zum Kind und seinen Bedürfnissen; die kindlichen Protagonisten dieser Literatur bieten sich als Identifikationsfiguren an, und schon ihre *Namen* sind oft bedeutsam. Denn mit der Verwendung von Kurzformen (Fritz, Hans) oder Diminutiven (Julchen, Malchen etc.) drückt sich in einer Zeit, in der traditionellerweise die Kinder feiner Herrschaften mit dem zeremoniellen »Sie« oder »Monsieur« angeredet wurden, das neue Verhältnis zum Kind aus, das mehr Vertraulichkeit im gegenseitigen Umgang verspricht, dabei die Kinder jedoch gerade auf ihre vermeintliche Kindlichkeit fixiert und damit die Kluft zwischen Erwachsenen und Kindern verbreitert. In seiner ›Nöthigen Erinnerung, daß die Kinder Kinder sind und als solche behandelt werden sollten‹, kritisiert Campe: »Man läßt die Kinder zu frühzeitig die äußerlichen Zeichen der Kindheit ablegen, indem man sie wie Erwachsene kleidet, wie Erwachsene der Mode nach frisiert und putzt, sie bei Tisch und in Gesellschaften unter Erwachsenen sitzen und über alles mitreden und urteilen läßt.«[29] Und er kritisiert im gleichen Zusammenhang, daß man Kinder wie Erwachsene *anredet*. Die neue pädagogische Kinderliteratur hingegen enthält oft schon in der Namengebung die Geste des »Sich-Herablassens« zum Kind; nicht zufällig ist »Fritz« (»Fritzchen«) *der* Modename der Kinderliteratur des ausgehenden 18. Jahrhunderts.[30] Im übrigen ist Fritz gegen Friedrich, wie andere entsprechende Kurzformen (Kunz gegen Konrad, Hans gegen Johannes etc.), aus einem ehemaligen *Knechts*namen zum *Kinderkose*namen geworden[31], auch dies nicht zufällig. Denn *Bauern* und *Kinder* erscheinen ja im Prozeß der neuzeitlichen Zivilisationsentwicklung zunehmend als verwandt, gemessen am Affektstandard des Erwachsenen aus den Oberschichten. In der »Bauernaufklärung«[32] spielen Exempelgeschichten eine ebenso wichtige Rolle wie bei der Kindererziehung, und in diesen Geschichten teilen übrigens die Kinder mit den Angehörigen der Unterschichten den Appetit auf Süßigkeiten (und andere »Unarten«).[33]

Was in Campe/Goeckingks Fritz-der-Näscher-Exempel der Name andeutet, bestätigt dann das Szenario: Es geht um eine Geschichte aus vertrautem Milieu. Ihr Schauplatz ist die zeitgenössische Stadt und darin das Bürgerhaus. Vom »Rathausdach« bis zum »irdnen Näpfchen« fügen sich die Details zum Genrebild bürgerlichen Kinderalltags. Das gilt grundsätzlich für die moralischen Exempelgeschichten der frühen Kinderliteratur. Wie monströs auch immer ihr Ausgang erscheinen mag, in der Milieuschilderung sind es durchaus »realistische« Geschichten. Ihr Schauplatz ist die zeitgenössische Umwelt des Bürgerkindes: das Haus mit der Speisekammer, den Treppen, Böden und Kellern, die Obstgärten mit den Bäumen, der gefrorene Fluß, Wald und Wiesen in der Umgebung der Stadt.

Aufgeklärte Erziehung setzt auf den »Realismus« der »Umweltgeschichte«. Die *Allgemeine Revision des gesammten Schul- und Erziehungswesens*, jene von einer reformpädagogischen Erzieherrunde unter Joachim Heinrich Campes Leitung abgefaßte pädagogische Summa des neuen Zeitalters[34], befaßt sich in einem Abschnitt auch mit der »Nothwendigkeit, Kinder frühzeitig zu anschauender und lebendiger Erkenntniß zu verhelfen«.[35] Unter »anschauender Erkenntniß« wird dabei verstanden: »daß man nur in so fern etwas anschauend erkenne, als die Vorstellung davon sich auf *eigene* Empfindung gründet«.[36] Formuliert ist damit eine subjektive Erkenntnistheorie, das Recht und die Pflicht, sich der eigenen Sinne ohne Leitung eines anderen zu bedienen. Gegen die spekulative Wahrheitsfindung des religiösen Zeitalters, die »leere Worterkenntniß«[37], meint »anschauende Erkenntniß« als sinnliche Wahrnehmung: »eine freie angestrengte Aufmerksamkeit und ein ausschließliches Heften der sinnlichen Werkzeuge auf die Gegenstände unserer Vorstellung«.[38]

Solche anschauende Erkenntnis nun – so die *Allgemeine Revision* weiter – sei, sofern es um die »geistige Natur des Menschen« gehe, Kindern am besten über *Erzählungen* zu vermitteln: »Man kann Kindern nicht immer die nöthigen und zweckmäßigen Gesellschaften verschaffen, man kann sie nicht immer in Thätigkeit versetzen, und ihnen für das unmittelbare Anschauen Stoff und zwar solchen Stoff, der ihnen dienlich ist, geben – sie verlangen und bedürfen Unterhaltung durch Rede und Gespräch. Aus sehr begreiflichen Gründen aber ist unter allen mündlichen und wörtlichen Unterhaltungen keine für sie anziehender und lehrreicher als die Erzählung.«[39] Hier kommt die neue »mediale« Sozialisationsform des bürgerlichen Zeitalters in den Blick: An die Stelle von »Gesellschaft«, »Thätigkeit« und »unmittelbarer Anschauung« tritt jetzt zunehmend Lernen durch *Rede, Gespräch* und pädagogisch aufbereitete *Erzählung*. Dabei solle man »wirkliche Geschichten von Personen, die dem Kinde bekannt sind, den Erdichtungen und Erzählungen von unbekannten Personen vorziehen«; das »Wunderbare, Außerordentliche und eben dadurch Interessierende« solle dem Platz machen, was »aus dem Kreise der [...] nahe gelegenen Wirklichkeit und Erfahrung«[40] genommen sei. Soweit das »Programm«.
Die literarische Struktur der moralischen Beispielerzählungen offenbart allerdings die Widersprüche eines solchen Programms. Die Kinder, die in ihnen auftreten, bewegen sich nur scheinbar im Ambiente des bürgerlichen Alltags; in Wahrheit ist ihre Umwelt eine durch und durch künstliche. »Fritz« ist allein, keine Freunde, keine Eltern sind um ihn, vergebens fleht er sogar um Hilfe, als er das Arsenik bereits im Leib spürt – die pädagogisch-literarische Versuchsanordnung isoliert ihn, erst dadurch wird er zum Exempel.
Zu dieser Versuchsanordnung gehört auch, daß die Kinderfiguren der Exempelgeschichten, so sehr sie »aus dem Kreise der nahe gelegenen Wirklichkeit und Erfahrung« geschöpft scheinen, im Grunde auf eine einzige Eigenschaft konzentriert, reduziert sind. Fritz ist genäschig, Bertha nimmt Nadeln in den Mund, Jakobine trägt nur mit einer Hand. Oft genug machen das schon die Überschriften der kleinen Geschichten (›Das neugierige Kind‹ etc.) deutlich. Eine eindimensionale lineare Handlungsführung, der es allein um diese eine Eigenschaft geht, treibt die Kinder einem

unvermeidlichen Ende mit Schrecken entgegen. In ihrer Fragmen-
tarisierung der Körperorgane und Verhaltensweisen sind die moralischen Geschichten Teil jener »pädagogischen Synthetisierung
des Menschen« (K. Rutschky)[41], die zunächst den Körper zerlegt,
um dann ein umfassendes Trainingsprogramm für die einzelnen
Teile zu entwickeln. Die große aufklärerische Utopie von der
Entfaltung aller Kräfte und Sinne des Menschen verkehrt sich im
pädagogischen Programmentwurf zur Drohung: Was hülfe es dem
Menschen, wenn er *fast* alle seine Fähigkeiten entwickelt hätte und
nähme doch Schaden an einem einzigen kleinen Laster? Der Fritz
der Näschergeschichte ist, wie viele seiner literarischen Gesellen,
beinahe ein vollkommenes Kind – ein einziges kleines Organ, seine
Zunge, wird ihm zum Verhängnis.

Noch klarer erscheint dieses Verlaufsschema in der Geschichte von
dem kleinen Albert:

»Er war der liebenswürdigste Knabe, und gerade in euerem Alter. Sein Lehrer
liebte ihn ungemein, denn er war der beste in seiner Schule, und wenn einer auf
eine Frage nicht antworten konnte, so rief er nur ihn, und er wußte es gewiß.
Die seinem Verstand angemessenen lateinischen Klassiker erklärte er mit der
reinsten Genauigkeit, übersezte schöne Stellen daraus, und wo er sonst was
schönes sah oder hörte, so schrieb er es auf, und zeigte es seinen Eltern oder
Lehrmeistern. Überdieß war er sehr still und bescheiden, und so ein gutherziger
Knabe, daß er alles, was er einem nur in den Augen angesehen hätte, gethan
haben würde: wenn er einem Armen nichts geben konnte, so traten ihm die
Thränen in die Augen, und er eilte davon, daß er nicht von ihm bemerkt
werden sollte: ja keinen Wurm, der ihm unter die Füße kam, that er muthwillig
was zu Leide. Seine Kameraden liebten ihn recht herzlich, und wo er war,
wollten auch sie sein, und jeder wollte näher bei ihm sein. Mit einem Worte,
wer ihn nur ansah, liebte ihn: denn er war eben so gut gewachsen als schöne
Eigenschaften er hatte, und jeder sagte bei sich selbst: Albert wird noch ein
großer Mann werden.«

Besser kann man wohl nicht sein als dieser Junge, aber der Autor
singt die Tugendlitanei des Musterknaben nur deshalb so ausführlich, weil so die Drohung noch wirksamer in Szene gesetzt werden
kann: Auch dieser Albert kam zu Fall, auch er war nicht vollkommen. Der Warnung seiner Lehrer nicht eingedenk, trinkt er eines
Tages, vom Ballspiel erhitzt, kaltes Wasser aus dem Brunnen und
stirbt an Lungenentzündung.[42]
Zur pädagogisch-literarischen Versuchsanordnung der aufgeklärten Kinderunglücks-Geschichte gehört auch der *Erzähler*. Er

nimmt vor allem die Rolle des Warners oder Kommentators wahr. In ›Friz der Näscher‹ begleitet er mit moralischen Emphasen (»leider!« »ach!«) eine Handlung, auf deren Fortgang er ohne Einfluß ist; in anderen Geschichten versteckt er sich in den Warnworten der Eltern (»Sei aber nicht so wild, wie gewöhnlich!, sagte Konrads Mutter, als sie ihm erlaubte, mit seinen Kameraden in den Wald zu gehen ...«[43]); in *Struwwelpeter*-Hoffmanns Geschichte von ›Paulinchen mit dem Feuerzeug‹ spricht er mit der Stimme der beiden Katzen. Der warnende oder kommentierende Erzähler hat insbesondere die Funktion, Eindeutigkeit in der Bewertung der Verhaltensweise des Unglückskindes herzustellen – weil er dem kindlichen Leser der Geschichte mißtrauen muß. Und dazu hat er allen Grund. Wie soll ein Kind auch wissen, daß einer, der auf den »Wohlgeschmack seiner Zunge« hält oder der im Wald »wild« ist oder der gern »mit Feuer spielt«, verloren ist? Denn die Geschichten schmeicheln sich bei ihren kleinen Hörern oder Lesern auch dadurch ein, daß sie das Verbotene, das Gefährliche, das Tödliche, kurz, daß sie die Genüsse des Kinderlebens zunächst einmal ausbreiten, zumindest andeuten, jedenfalls benennen müssen, um jene Aufmerksamkeit erregen zu können, die für die Warnung erforderlich ist – ein Widerspruch, der bei den gegen das Onanieren und die sexuellen Genüsse gerichteten Exempelgeschichten besonders gravierend ist.[44] Auch die Geschichte von ›Friz dem Näscher‹ muß dem Leser »Erdbeer«-, »Himbeer«-, »Kirschen«-, »Pflaumen«-, »Kuchen«- und »Torten«-Geschmack auf die Zunge zaubern, bevor sie am Ende den kleinen Fritz auf der Suche nach solchen süßen Genüssen lehrreich sterben lassen kann. Von den Erziehern als Warngeschichten gemeint, mußten diese Erzählungen immer auch Lustgeschichten sein, mußten sie jene Wünsche, die schließlich als unbotmäßige verdammt werden sollten, gleichsam gegen den Willen ihrer Autoren auch inszenieren. Damit eröffneten sie der kindlichen Phantasie allerdings einen Spielraum, der die Schranken der intendierten Botschaft zu sprengen drohte, und vieles spricht dafür, daß die Kinder derlei Unglücksgeschichten mit ihrer fatalen Mischung aus Lust und Angst bisweilen gegen den pädagogischen Strich gelesen haben.[45] Gerade hier setzt die Funktion des von der moralischen Meta-Ebene aus argumentierenden Erzählers an: Gegen die identifikatorischen Lüste des lesenden Kindes verbündet er sich mit dessen

Über-Ich. Daß es böse enden wird, haben beide, Erzähler und Über-Ich, schon immer gewußt. Es endet freilich nur deshalb böse, weil die literarische Erzählform hermetisch abgeriegelt ist gegenüber einer Realität, aus der dem Kind Hilfe kommen könnte.

Gebranntes Kind scheut das Feuer. Wandel der Strafen, neue Gewalt

Die Unglücksgeschichten sind auf ein Ende mit Schrecken hin erzählt. Dieses Ende erscheint jedoch immer als gleichsam *natürliche* Folge des kindlichen (Fehl-)Verhaltens. Wer, wie Fritz der Näscher, Arsen ißt, muß sterben oder jedenfalls Schmerzen leiden. Hier kommt ein neuer Begriff von Strafe zum Vorschein, wie er aufgeklärte Erziehung bis heute bestimmt. Rousseau hat ihn als Erziehungsmaxime folgendermaßen formuliert: »Erhaltet die Kinder bloß in der Abhängigkeit von den Dingen, so werdet ihr die Ordnung der Natur im Fortschreiten mit seiner Erziehung befolgt haben. Setzet seinen unartigen Begehrungen nur physische Hindernisse entgegen oder Strafen, die aus der Handlung des Kindes selbst entspringen und die ihm bei Gelegenheit wieder einfallen müssen.«[46] Die Unglücksgeschichten der aufgeklärten Kinderliteratur sind also gerade nicht »autoritär« oder »repressiv« (wie sie heutigen Lesern vielleicht erscheinen mögen), im Gegenteil. Am bösen Schicksal ihrer Kinderfiguren wollen sie die *Einsicht* in die »Ordnung der Natur« wecken, die der Strafe ihre neue Legitimität gibt. Sie wird dem Opfer auf den Leib geschrieben, wie in Kafkas Geschichte ›In der Strafkolonie‹, wo über der Einsicht »Jetzt geschieht Gerechtigkeit« ein »Ausdruck der Verklärung von dem gemarterten Gesicht« leuchtet und wo unter den Zuschauern an der Strafmaschine »vor allem die Kinder berücksichtigt werden sollten«.[47] Der aufgeklärte Erzieher weiß sich mit der Natur im Bunde: Die »natürliche Strafe« tritt an die Stelle der autoritären Bestrafung.[48] Das gilt sogar für einen Geschichtentypus wie ›Wilhelm der Selbstverderber‹, der uns heute besonders »repressiv« vorkommt; gerade die Anti-Onanie-Didaktik beruft sich in ihrer Argumentation immer wieder auf die zeitgenössische Medizin und ihre »moderne« naturwissenschaftliche Grundlage: die Körpersäfte-Lehre.[49]

Selbstverständlich ist auch das Walten der Natur in den moralischen Exempla keineswegs so »natürlich«, wie es erscheinen soll. Das Ende der Unglücksgeschichte ergibt sich mit Folgerichtigkeit ja nur in der künstlichen Wirklichkeit des literarischen Arrangements. Daß man, wenn man Arsen gegessen hat, stirbt, ist wohl ›natürlich‹. Daß ein erwachsener Dummkopf in einem Haushalt mit kleinen Kindern Arsen mit Zucker vermischt in die Speisekammer stellt, ist jedoch keineswegs ›natürlich‹. Aber das ist eben nicht Gegenstand der Geschichte. Hier zeigt sich an den literarischen Bildern, daß die Theorie aufgeklärter Pädagogik nicht aufgeht; das, was ihr als Natur erscheint, ist allemal inszenierte Natur. Gelegentlich kommt dieses Wissen in pädagogischen Reflexionen der Zeit zum Vorschein, so beispielsweise in der Rede des Pfarrers an den neuen Schullehrer in Salzmanns ›Conrad Kiefer‹: »Lieber Herr Kantor! Der Mensch hat eine natürliche Abneigung gegen alle Befehle und Vorschriften. Da aber doch die Ordnung erfordert, daß er Befehle annehmen muß, so muß Er die Befehle und Vorschriften immer so einrichten, daß der, dem sie gegeben werden, erst von ihrer Güte überzeugt wird und glaubt, daß er sie freiwillig befolge.«[50]

Im Wandel der Strafen, wie sie die Kinderunglücks-Geschichten mit der Inszenierung der »Strafinstanz Natur« vorführen, bekundet sich ein sich wandelndes Gewaltverhältnis der Gesellschaft gegenüber den Heranwachsenden. In der alten, der vorbürgerlichen Gesellschaft wurde die Verletzung der herrschenden Normen durch unmittelbaren Gebrauch von Körpergewalt (Schläge, Stäupen, Verstümmelung, Hinrichtung) geahndet und öffentlich bestraft.[51] Diese Gewalt richtete sich praktisch in den gleichen Formen gegen Heranwachsende wie gegen Erwachsene. Daß auch »Kinder« und »Jugendliche« (im heutigen Altersverständnis) das Opfer solcher Härte wurden, belegen die verschiedensten sozialgeschichtlichen Quellen. So notiert etwa das Tagebuch des Nürnberger Scharfrichters 1594 die Hinrichtung von zwei 16jährigen, des Diebstahls bezichtigten Jungen[52]; die Solothurnischen Hexenprozeßakten berichten 1713 von der Auspeitschung und anschließenden Landesverweisung eines 6jährigen Knaben wegen Schadenzaubers (Mäuse und Graswürmer machen)[53]; Musäus' *Moralische Kinderklapper* (eine Sammlung moralischer Beispielgeschichten) erzählt 1788 von der Hinrichtung des 13jährigen Dieterle, Mit-

glied einer im Württembergischen ausgehobenen Räuberbande.[54]
Das »Schont ihn, er ist noch ein Kind!« ist ein in traditionellen
Gesellschaften wenig gekannter und kaum beherzigter Grund-
satz.

Erst mit der zunehmenden Distanz zwischen Erwachsenen und
Kindern entwickelt sich allmählich jene Haltung, die körperliche
Attacken gegen Kinder nach Möglichkeit zu vermeiden trachtet.
Denn das pädagogische Verhältnis muß Kindern ein gewisses Maß
an Schonung gewähren, sind sie doch Objekt eines kollektiven
Experiments: des kalkulierten Versuchs der Menschenproduktion
durch Erziehung. »Es gehöret ohnstreitig mit zu den Vorzügen
unsers Zeitalters, daß man die Jugend mehr durch Vorstellungen,
Gelindigkeit und lebhafte Beschreibung der allezeit nüzlichen und
ehrwürdigen Tugend als durch rohe Härte und verächtliche Behandlung zu bilden sucht«, schreibt Johann Peter Voit im Vorwort
zu seinem Anstandsbuch *Der höfliche Schüler* von 1780.[55] Verzicht auf *rohe Härte* (im folgenden spricht Voit von körperlichen
Züchtigungen) gilt hier als Merkmal des »neuen Zeitalters«. Iro-
nisch-skeptisch reimt Musäus:

> »Drum hat die neue Pädagogik
> Die Birke ganz aus ihrer Dynastie verbannt.«[56]

Die Philanthropen lehnten die Prügelstrafe als Erziehungs*prinzip*
ab (obschon sie sie im einzelnen praktizierten[57]), und in der
Polemik gegen harte körperliche Züchtigung von Kindern sind
sich »fortschrittliche« Erzieher in der Folgezeit einig. Das heißt
allerdings nicht, daß unmittelbare Körpergewalt gegen Kinder in
der bürgerlichen Gesellschaft nicht mehr ausgeübt werde.[58] Die
nicht zu den oberen und mittleren Schichten gehörenden Kinder –
von Bauern, Proletariern, Vagabunden, behinderte oder Außensei-
ter-Kinder – sind nach wie vor und in anderer Weise sogar
verstärkt Opfer direkten körperlichen Zwangs; dessen Institutionen heißen Fabrik, Industrieschule, Findelanstalt, Waisenhaus
oder Pflegeheim.[59] Dennoch setzt sich das neue Gewaltparadigma
im Verlauf der Entwicklung im 19. und 20. Jahrhundert allmählich auch »nach unten« durch.

Die Exempelgeschichten der frühen Kinderliteratur lassen dieses
neue Gewaltparadigma beispielhaft erkennen. Die strafende, ver-

letzende, tötende Gewalt wird in ihnen nicht mehr durch personale
Autoritäten exekutiert. Die Gewalt verbirgt sich in der Herrschaft
der Natur oder dem Sachzwang der Verhältnisse. Außengewalt
soll dabei in Innengewalt, Fremdzwang in Selbstzwang [60] verwandelt werden. Die pädagogische Kinder- und Jugendliteratur, nicht
zuletzt die Exempelgeschichten, sind wesentlicher Teil einer Erziehung zur Ausbildung solcher *Herrschaft über sich selbst*. Das
Funktionieren dieser neuen, verinnerlichten Gewalt beschreibt
anschaulich der 1802 geborene Wilhelm von Kügelgen an einer
Stelle seiner weitverbreiteten Autobiographie:

»Nur selten strafte meine Mutter, suchte mich aber immer zur Einsicht meines
Unrechts zu bringen und war ein so geschickter Bußprediger, daß ich mich stets
beschämt und ganz geneigt fand, Abbitte zu tun. Für dies Verfahren danke ich
ihr noch heute, denn es lehrte mich, jene Reste im Gewissen tilgen, die der
Offenheit des Charakters so schädlich werden können. Mußte ein Vergehen
ernstlicher gesühnt werden, so wurde ich auf ein Stündchen oder darüber an
ein Tisch- oder Stuhlbein angekettet, zwar nur mit einem Zwirnsfaden, den ich
aber nimmer zu zerreißen wagte, so groß war der Respekt vor meiner Mutter.« [61]

Freilich funktioniert der Selbstzwang nur deshalb, weil die Gewalt
des Fremdzwangs als Drohung stets hinter ihm steht. Und was,
wenn auf Dauer die erwünschte Einsicht in die Notwendigkeit, in
die »Ordnung der Natur«, sich nicht einstellen mag? Was geschieht mit dem »uneinsichtigen« Kind, das durch *Vorstellung* und
Beispiel sich nicht »bessern« mag? »Ich hatte mir fest vorgenom-
men, ihn ganz ohne Schläge zu erziehen«, sagt der aufgeklärte
Vater in Salzmanns pädagogischem Roman *Conrad Kiefer*, »[...]
dies ging aber nicht so, wie ich wünschte; bald kam ich in
Notwendigkeit, einmal die Rute zu gebrauchen.« [62] Diese »Notwendigkeit« ergibt sich, wenn in einer bestimmten Situation (Kon-
rädchen will Christelchen ihre Puppe nicht mehr zurückgeben) das
Instrumentarium der Überzeugungs- und Beispielpädagogik versagt, das Kind bei »seinem Willen« bleibt. Dann tritt die nackte
Gewalt wieder in Erscheinung, sei es als Züchtigung, sei es – vor
allem gegenüber Kindern aus den Unterschichten – als Kasernie-
rung der nicht »Einsichtigen«. In Ausnahmefällen gibt es die
pädagogische Strategie der ›Kindesaussetzung‹ auch in den Exempelgeschichten – so geschieht es beispielsweise mit der »mürri-
schen Katharine« in Turin, die immer nur schreit und weint: »Ihr
Vater und ihre Mutter ließen ihr öfters die Ruthe fühlen, und

sahen sich bisweilen wider ihren Willen genöthigt, ihr manches
Gute zu entziehen, das sie ihr recht gerne gegönnt hätten, wenn sie
nur nicht immer so mürrisch gewesen wäre. Da sie sich denn aber
doch nicht bessern wollte, so schikten sie sie endlich in das
Arbeitshaus, um sie verständiger zu machen.«[63]
Die andere Strategie besteht darin, das dem aufgeklärten Programm widerstrebende Kind zum *kranken* Kind zu erklären, ein
Verfahren, das schon Johann Bernhard Basedow an seinem Dessauer Philanthropin im Umgang mit widerspenstigen Kindern
empfohlen hat.[64] Auch die Methode einer demonstrativen *Re-
Infantilisierung* ungehorsamer Zöglinge gehörte dort zu den »gewöhnlichen Bestrafungen für Fehler und Laster«. Man pflegte
ihnen einen »Fallhut« (eine gepolsterte Kleinkinder-Mütze) zu
verpassen, sie auf einen Kinderstuhl zu setzen und ihnen bei Tisch
»hölzernes Gerät« zu geben.[65] In symbolischer Form wird so am
»bösen Kind« der Prozeß des Großwerdens vorübergehend ausgesetzt; Kindheit erscheint als Strafe.

Blaubart als Erzieher. Von den Gefahren des Alleinseins

»In ziemlich weiter Entfernung von einem ansehnlichen Land-
hause spielte Theodor, der Sohn eines wohlhabenden Kauf-
manns.« Mit einem solchen Erzählanfang wird schon Gefahr
signalisiert. Tatsächlich widerfährt dem kleinen Theodor Schlim-
mes: Er wird von durchreisenden Zigeunern geraubt. Am Ende hat
er gelernt, daß es für ein Kind gut ist, »sich nicht zu weit vom Haus
zu entfernen«.[66]
Das *Haus* steht, vor allem in den Geschichten des 19. Jahrhunderts[67], für jenen umhegten, geschützten, nach »draußen«, zur
sozialen Wirklichkeit hin, abgeschirmten Binnenraum der Bürgerfamilie, in der die Heranwachsenden jene liebevolle Zuwendung
erfahren, die zugleich *Überwachung* ist: der Versuch einer Abwehr
jener Gefahren, die dem Kind von äußerer und innerer Natur
drohen und von Kontakten mit Angehörigen der sozialen Unterschichten, deren »Roheit« und »Wildheit« den zu erlernenden
Codex bürgerlicher Verhaltensmodellierung und Affektregulierung immer wieder erschüttern.[68] Aber auch im Hause lauern
Gefahren. Speisekammer und Bett, wo orale und sexuelle Genüsse

locken, sind besondere Risiko-Orte. Doch die Gefahrensituation *par excellence* in den moralischen Geschichten ist das *Alleinsein*. Die Kinder in den aufklärerischen Exempla werden zumeist dann vom Unglück ereilt, wenn sie alleine sind oder, sofern Kinder zusammen spielen, wenn sie sich ohne Aufsicht durch Erwachsene bewegen. Das Alleinsein der Kinder ist nicht zufällig, sondern gehört zum literarischen Arrangement der Geschichten. Wo es von der Situation her eher unwahrscheinlich wäre, kann es eigens hergestellt werden: »Luzie aß einmal allein zu Mittag, weil ihre Aeltern verreiset waren ...«[69]

Im Bürger-Kind der Exempelgeschichte, das allein, das heißt ohne autoritative, sein Verhalten unmittelbar steuernde Aufsicht ist — dem Kind im Bett, im Spielzimmer, auf dem Dachboden, verborgen im Garten oder mit seinen Gespielen am Fluß oder im Wald, dem Kind allein auch mit seinen Gedanken und Phantasien —, erscheint eine neue Figur des bürgerlichen Zeitalters: der Mensch »in Einsamkeit und Freiheit«. Das *Individuum* in der Masse der Konkurrenten ist die notwendige Voraussetzung der warenproduzierenden Gesellschaft: Mit der allmählichen Trennung von Arbeits- und Wohnbereich, der Veränderung des »ganzen Hauses« hin zur »Kernfamilie« und der zunehmenden Unterscheidung zwischen »Öffentlichkeit« und »Privatheit«[70] wird *Alleinsein* (als Einsamkeit bisweilen empfindsam genossen) zur wichtigen Lebensform. Zum ersten Mal in der Neuzeit hat jetzt eine wachsende Zahl vor allem von Frauen und Kindern in den Städten die Möglichkeit, sich zeitweilig zurückzuziehen. Sofern es sich um Kinder der oberen und der gehobenen Mittelschichten handelt, geht die Entwicklung dahin, daß sie ihr *Bett* nicht mehr mit anderen Kindern teilen müssen, daß ihnen mit dem »Kinderzimmer« ein eigener *Raum* im Haus zur Verfügung steht, daß sie, weil vom Arbeitsprozeß freigesetzt, mehr Zeit zum *Spielen* haben, wobei sie dann ohne unmittelbare Aufsicht sein können, und daß sich mit der Einrichtung öffentlicher *Schulen* für sie die Möglichkeit ergibt, das Haus gelegentlich zu verlassen. »Hab ein wachsames Auge auf deiner Kinder Einsamkeit!« — dieser Elternrat Salzmanns[71] bezeugt die Verunsicherung der Erzieher in einer gesellschaftlichen Umbruchsituation, wo Kinder nicht mehr in traditioneller Weise in den Lebens- und Arbeitszusammenhang der Erwachsenen eingebunden sind. Denn mit der Möglichkeit des

zeitweiligen Rückzugs aus der »Gesellschaft« der anderen eröffnen
sich für den Einzelnen, nicht zuletzt für das Kind, Freiräume, in
denen er sich der gesellschaftlichen Kontrolle jedenfalls teilweise
oder befristet entziehen kann. Verstärkte Überwachung, insbesondere durch die Ausbildung einer internalisierten Kontrollinstanz:
des *Gewissens* (Über-Ich), ist die Kehrseite des Individuationspro-
zesses. Die pädagogische Kinderliteratur des 18. Jahrhunderts reagiert auf diesen Vorgang: Literaturpädagogik entsteht als Element
des neuen Überwachungssystems, um die Privatsphäre der Kinder,
einschließlich ihrer Phantasien, besser unter Kontrolle zu bringen.
Das von den Erziehern immer wieder erörterte »richtige Lesen«
wird zum Musterfall der Einübung des »richtigen Alleinseins«.[72]
Aber auch inhaltlich antwortet die neue Kinder- und Jugendliteratur auf die neue Vergesellschaftung der Kinder. Die Exempelgeschichte ist dabei der Musterfall der neuen literarischen Sozialisation. Nicht nur sind die Werte, die sie vermitteln will, die zentralen
Tugenden des bürgerlichen Sozialcharakters und der im Prozeß
der Zivilisation notwendigen Affektregulierung (Hemmung der
motorischen Regungen, Restriktion der Begierden, Reinlichkeit,
Gehorsam, Fleiß, Respekt vor dem Eigentum etc.) – sie präsentiert
in ihrer Sonderform des ›negativen Beispiels‹, der Unglücksgeschichte, auch strukturell sehr häufig jene *Situation*, in der sich alle
diese Fähigkeiten bewähren müssen: die Situation, in der das
Individuum »auf sich« gestellt ist und ohne autoritativen Beistand
zu entscheiden hat, wie es sich verhalten soll.
»Jettchen war sanft und gelassen, gehorsam, bescheiden und fleißig, kurz! das beßte Kind von der Welt, sobald seine Aeltern oder
Lehrer zugegen waren. Allein sobald es allein war, oder glaubte,
man beobachte sie nicht, war es ganz umgekehrt, und gerade das
Gegenteil.«[73] Im Grunde ist dies der Kindertypus, dem die Exempelgeschichten gelten: das Kind der älteren, traditionsgelenkten
Sozialisation nämlich, das sein jeweiliges Verhalten aus dem unmittelbaren sozialen Kontext, aus persönlichem Gehorsam und
Anpassung an die Verhaltensweisen der Erwachsenen gewinnt.
Was diesem Kind fehlt, ist eine funktionierende Innenlenkung, die
es ihm erst ermöglichte, sich unter den neuen Bedingungen des
bürgerlichen Lebens »richtig« zu verhalten. Denn Salzmanns Rat
»Hab ein wachsames Auge auf deiner Kinder Einsamkeit!« ist
natürlich, langfristig gesehen, anachronistisch. Schon die Mutter

der »ungehorsamen Jakobine« weiß es besser. Als sie dem Mädchen die Blumenpflege im Garten überträgt, sagt sie: »Du darfst ja nicht alle Tage die Gießkanne und das Holz mit einerley Hand tragen. Den Mondtag trägst du mit der rechten, den Dienstag mit der linken Hand. So wechselst du die ganze Woche hindurch mit den Händen um. Liebe Jakobine! ich bin nicht immer bey dir, und kann nicht sehen, wie du meine Erinnerung befolgest; Gott ist aber bey dir. Wolltest du ungehorsam seyn, so könnte er dich leicht damit bestrafen, daß er dich krumm wachsen ließe.«[74] Mit dem *Ich bin nicht immer bey dir* brechen die Fundamente der traditionalen Sozialisation zusammen. Die neuen Medien, zunächst vorwiegend die Kinder- und Jugendliteratur, übernehmen eine zunehmend wichtiger werdende Aufgabe bei der Ausbildung einer »innengeleiteten« Persönlichkeitsstruktur.

Johann Caspar Lavater legt in seinem *Sittenbüchlein für die Kinder des Landvolks* die literarische Kinderbelehrung einem alten Mann in den Mund; die Ankündigung, mit der er die Erzählsituation eröffnet, läßt sich verallgemeinern – es geht um das Ende der personalen Erziehung:

»Ich werde nun nicht lange mehr leben, ich werde auch nicht immer bei euch seyn; denn ihr kommt vielleicht in einigen Jahren bald hier, bald dahin. Auch eure Eltern werden nicht immer bei euch seyn; denn auch sie können sterben, und wann ihr einmal heranwachst, so kommt ihr in eure Freiheit, und seid ihr dann nicht klug und keine gute Menschen, so macht ihr euch gewiß selbst unglücklich.«[75]

So vermittelt der alte Mann seine Kinderbelehrung – als *mediale* Erziehung – in dem Wissen, daß die »Freiheit« der Kinder den Abschied von den Eltern zur Bedingung hat.

Von der geglückten Ausbildung der Innenlenkung erzählt eine Näschergeschichte mit »gutem« Ausgang, sie heißt ›Das Gewissen‹. Das kleine Hannchen fragt die Mutter, was »das Gewissen« sei. Der Erzähler exemplifiziert die Definition mit einer Geschichte:

»Als sie [Hannchen] eines Morgens in das Wohnzimmer ihrer Mutter trat, sah sie das Frühstück schon auf dem Tische stehen, doch kam es ihr viel schöner, als gewöhnlich vor, denn ihre Mutter erwartete Besuch, und der Tisch war nicht allein mit Thee und Butterbrod, sondern auch mit Früchten, einer Schüssel Confekt und einem großen Butterkuchen besetzt. Da Hannchen ganz allein war, kam ihr gleich die Lust an, von den schönen Sachen etwas zu kosten; kaum aber hatte sie die Hand nach einer Birne und nach einem Stücke Kuchen ausgestreckt, als sie ganz deutlich die Stimme in sich zu hören glaubte, von welcher die Mutter ihr gesagt hatte. ›Es ist wohl nicht recht, was ich thun will‹, dachte Hannchen, ›denn gewiß hat mein Gewissen mich in diesem Augenblick gewarnt.‹ Geschwind ließ sie den ausgestreckten Arm wieder sinken und erzählte ihrer Mutter, welche jetzt ins Zimmer trat, was sich zugetragen, und wie ihr Gewissen sie gewarnt hätte. Die Mutter verzieh dem lieben Kinde gern das Unrecht, was es hatte thun wollen, und gab Hannchen noch die Warnung, der Stimme ihres Gewissens immer so gleich und willig zu folgen, wie sie es heute gethan hatte.«[76]

Hannchen ist der positive Gegentypus zu Fritz dem Näscher. Was Fritz mit seinem bösen Exempel erst beim Leser der Geschichte bewirken soll, ist in der Hannchen-Geschichte der Erzählung selber integriert: Sie ist ein Exempel im Exempel. Denn hier hat sich das Kind in einer Situation »bewährt«, die der Struktur vieler Exempel eigentümlich ist und vor allem die Bedeutung der verbreiteten Onanie- und Näschergeschichten kennzeichnet: Sie zeigen die Kinder in der Versuchungs- und Bewährungssituation der Einsamkeit, »jener gefährlichen Klippe der Unschuld«.[77]

> »Sind Eltern und Geschwister fern,
> So naschen manche Kinder gern.«[78]

Das Alleinsein ist die Stunde, die dazu einlädt, den Geheimnissen nachzuspüren: den Geheimnissen des eigenen Körpers und jenen der verschlossenen Kammern, die, ginge es nach den Eltern, den Kindern verborgen bleiben sollen: »Nie soll das Kind den Schrank kennen, darin die Mutter die Leckerbissen verbirgt.«[79] Erziehung wird damit zur Variation der Szenerie des ›Blaubart‹-Märchens[80], wo mit der Aushändigung des Schlüssels zu der kleinen verbotenen Kammer das Unheil seinen Lauf nimmt. Der Schlüssel, jetzt vom Erzieher ausgehändigt, ist, selbst wo er als Mittel zur Prüfung gedacht ist, gleichzeitig das Verlockungsmittel, sich verführen zu lassen. Der Erzieher wird zum Kinderverführer.

»›Hör Julchen‹, sagte sie [die Mutter bei der Abreise], ›hier laß ich dir ein Kästchen zurück, und da hast du den Schlüssel dazu.‹ Julchen: ›Was soll ich damit, liebe Mutter?‹ Mutter: ›Du sollst das Kästchen hier auf dem Tische stehen lassen, und es nicht eher eröfnen, bis deine Hofmeisterin komt, um es aufzuschließen. Verstehst du, Kleine?‹«[81]

Ähnlich wie Campes Julchen wird auch Musäus' Mienchen auf die Probe gestellt:

»Im Weggehen küßte sie [die Mutter] die liebe Kleine: Lieb Mienchen, sprach sie, du bist ein verständiges Kind, merk auf, was ich dir sage. Hier dieser Schlüssel schließt die Speisekammer, gieb ihn der Marie, wenn sie kömmt. [...] Versuchs auch nicht, den Schlüssel zu probiren: der Kamm daran ist wandelbar.«[82]

Natürlich öffnen die Kinder das Verbotene und haben den Schaden davon.

In biographischer Erinnerung wird freilich von den Reizen des Verborgenen aus anderer Perspektive als der der Exempelgeschichten erzählt: aus der Perspektive des Kindes. Vergegenwärtigen wir uns die Speisekammer-Geschichte aus der Kindheit Wilhelm Meisters:

»›Die Kinder haben‹, fuhr Wilhelm fort, ›in wohleingerichteten und geordneten Häusern eine Empfindung, wie ungefähr Ratten und Mäuse haben mögen: sie sind aufmerksam auf alle Ritzen und Löcher, wo sie zu einem verbotenen Naschwerk gelangen können; sie genießen es mit einer solchen verstohlnen wollüstigen Furcht, die einen großen Teil des kindischen Glücks ausmacht. Ich war vor allen meinen Geschwistern aufmerksam, wenn irgendein Schlüssel steckenblieb. Je größer die Ehrfurcht war, die ich für die verschlossenen Türen in meinem Herzen herumtrug, an denen ich wochen- und monatelang vorbeigehen mußte, und in die ich nur manchmal, wenn die Mutter das Heiligtum öffnete, um etwas herauszuholen, einen verstohlnen Blick tat, desto schneller war ich, einen Augenblick zu benutzen, den mich die Nachlässigkeit der Wirtschafterinnen manchmal treffen ließ. Unter allen Türen war, wie man leicht erachten kann, die Türe der Speisekammer diejenige, auf die meine Sinne am schärfsten gerichtet waren.«[83]

An der Speisekammer des alten Bürgerhauses hängt noch ein Rest der Magie jener »kleinen Kammer« in Blaubarts Schloß, die als einzige nicht betreten werden darf und hinter deren verschlossener Tür beides lauert: die Lust und das Unheil. In den Exempelgeschichten ist Blaubart zum Erzieher geworden; mit der künstlich inszenierten Abwesenheit hat er die Falle gestellt. Das ›Blaubart‹-Märchen endet mit der Rettung der Neugierigen und der Bestrafung des Fallenstellers; die Moral des Exempels hingegen ist die Bestrafung der Neugier.

Süßwaren-Welt. Die Kinder des neuen Zeitalters

Die Kinder der moralischen Unglücksgeschichten sind »Natur«-
Kinder (wenn auch oft nur in einer einzigen Eigenschaft). Mit
motorischer Ungesteuertheit, ungehemmter Oralität, sexueller In-
abstinenz und mangelnder Selbstbeherrschung repräsentieren sie
eine Trieb- und Handlungsstruktur, die eher »präzivilisiertem«
Verhalten entspricht und die im Zeitalter stärkerer Affektregulierung sowie der Ausbildung eines restriktiven bürgerlichen Sozialcharakters getilgt werden soll, nicht zuletzt deshalb, weil von der
nicht gezähmten Natur der Kinder auch immer Bedrohung ausgeht
für jene großen oder kleinen Erwachsenen, die mühsam und unter
Opfern gelernt haben, die Wildheit in sich selber zu unterdrük-
ken.[84] Wer so lebt wie die Unglückskinder der moralischen Geschichten, der kann im bürgerlichen Zeitalter nicht ›Mensch‹
werden – oder einzig über den Umweg einer späten schmerzhaften
Einsicht. Wer so lebt, der erleidet Schaden, Schmerzen, Mangel,
wird krank oder verstümmelt oder muß sterben. Wo der Bruch
zwischen Kindern und Erwachsenen als Bruch zwischen Natur
und Zivilisation gefaßt ist, da muß Kindheit stets tödlich enden –
wenn schon nicht mit dem physischen Tod, dann doch so, daß der
Erwachsene das Kind in sich begräbt.
Die Polemik gegen das Naschen war in der pädagogischen Literatur des 18. und 19. Jahrhunderts – neben der Warnung vor
sexuellen Spielen – wohl deshalb besonders verbreitet, weil gerade
mit diesem Exempel mehrere für zeitgenössisches Kinderleben und
die Pädagogik bedeutsame Erziehungsziele und Situationen berührt wurden. Sie konnten in den einzelnen Geschichten unterschiedlich betont werden, bildeten aber sicher erst im Zusammen-
wirken den komplexen »Sinn« der Näscherexempel:

1. Marie Luise Könneker hat, am Beispiel von ›Suppenkaspar‹ und
›Daumenlutscher‹ im *Struwwelpeter*, darauf hingewiesen, daß, »sobald Eltern sich im Verlauf der Rationalisierung von Erziehungs-
methoden darauf einlassen, die oralen Bedürfnisse nicht mehr
spontan zu befriedigen, sondern die Nahrungszufuhr zu reglemen-
tieren [...], das Essen zur ersten Kraftprobe zwischen Erwachsenen und Kindern« gerät.[85] Demnach geht es in den Näschergeschichten immer auch um eine *Warnung vor dem Übertreten der*

elterlichen Gebote. Der resümierende Vierzeiler eines der Exempel lautet:

»So manches Kind fand schon den Tod,
Weil es nicht ehrte das Gebot
Der Mutter, welche warnend spricht:
Ich bitte dich, Kind, nasche nicht.«[86]

2. Gleichzeitig geht es um die *Restriktion spontaner oraler Befriedigung*, um das Erlernen von *Lustaufschub* und *Triebkontrolle*, wobei natürlich gerade orale und genitale als primäre Triebe der Kinder die besondere Aufmerksamkeit der Erzieher fanden. »Kinder sind genäschig; und wie könnte es anders seyn? Der Geschmack ist lange Zeit fast der einzige Sinn, von welchem sie ihr Wohlbehagen erhalten.«[87]
Die Reglementierung des Essens gehörte bekanntlich seit dem späten Mittelalter zu den zentralen Themen der Didaxe. Handelte es sich in den zahlreichen Tischzuchten[88] zunächst um das Erlernen eines eher an bestimmten »technischen« Regeln orientierten Comments für die *Mahlzeiten* (Nicht in die Schüssel greifen etc.), so wird im deutschen Bürgertum des 18. Jahrhunderts die Einstellung zum *Essen* zum Modell der Einstellung gegenüber Trieben und Leidenschaften generell. Daß man nicht zu viel, nicht unbeherrscht, nicht zu vieles durcheinander, nicht außer der Zeit esse, ist der immer wieder formulierte Konsens aufgeklärter Pädagogik.[89] Mäßigkeit ist eine Tugend, die exemplarisch am Essen erlernt werden soll, das, ähnlich wie die Sexualität, ausschließlich der Fortpflanzung[90], nur der »Erhaltung des Körpers« zu dienen habe. Der verbreitete *Gesundheitskatechismus zum Gebrauche in den Schulen und beym häuslichen Unterrichte* (1794) faßt das Programm in Frage und Anwort:

»149. In welcher Absicht sollte der Mensch Speisen genießen?
Um seinen Hunger zu stillen, und das Leben und den Körper zu erhalten und zu ernähren.
150. Welches sind die vorzüglichsten Speisen des Menschen?
Brod, Gemüse, Hülsen- und Samenfrüchte, Obst, Milch, Fische und Fleisch.
154. Wodurch bekommt man rechten Hunger, und wodurch gedeihen auch zugleich die Speisen?
Durch körperliche Bewegung und Arbeit, besonders wenn sie in freyer Luft geschehen.

156. Was muß man vorzüglich beim Essen beachten?
Ordnung und Mäßigkeit; und daß man die Speisen recht klein und mit dem Speichel zu einem weichen, süßen, milchartigen Breye kaue.
171. Kleinen Kindern Leckerbissen, Back-, Kuchen- und Zuckerwerk, und süße Speisen zu geben, ist das gut?
Nein, die Kinder werden dadurch zur Leckerhaftigkeit verwöhnt, sie werden selbstsüchtig und halsstarrisch, und können gar leicht mißrathen.«[91]

3. Auch um die *Eigentumsfrage*, den tragenden Pfeiler bürgerlicher Ökonomie und Moral, geht es in den Näscher-Exempeln. Fritz will die Speisekammer »bemausen«, und wenn er »gleich einer Katz« hinein- und heraus»schleicht«, treibt er es wie jene Tiere, die, zum Haus gehörig und doch nicht zähmbare Haustiere, an der Grenze des domestizierten Bereichs leben und die Vorräte der häuslichen Vorsorgewirtschaft immer wieder bedrohen. »Ja das Kätzchen hat gestohlen / Ja das Kätzchen wird ertränkt ...« – das Kindergedicht Friedrich Hebbels[92] wendet ins Niedliche, was manche Unglücksgeschichten am Kind vollstrecken, wenngleich in symbolischer Weise und durch »natürliche« Strafinstanz: die Todesstrafe. Daß kleine Unarten der Ursprung großer Laster sein und daß mit einer geringfügigen Abweichung ganze Lebensläufe in absteigender Linie konsequent ins Verderben führen können, ist ein Grundsatz aufgeklärter Pädagogik.[93] Das Naschen ist ein »Eigentumsdelikt«. Die Näscherexempel sind auch Geschichten über die Notwendigkeit, fremdes Eigentum zu respektieren.[94]

4. Mit der Polemik gegen das Naschen wird ferner gegen den üppigen Konsum Front gemacht, wobei mit Zucker, Konfekt, Marzipan, Biskuits etc. die Genußmittel der feinen Leute, insbesondere der verschwendungssüchtigen Aristokratie gebrandmarkt werden sollen.
Christian Gotthilf Salzmanns *Moralisches Elementarbuch* (1783) berichtet von einem Pfarrer, der, obgleich er zum Nebenerwerb Landwirtschaft betreibt, um sein kärgliches Salär aufzubessern, dennoch auf keinen grünen Zweig kommt. Der befreundete Amtmann läßt sich das Haushaltsbuch geben. Da stellt sich dann heraus, daß der Pfarrer neben seidenen Strümpfen und Taft für die Frau, neben Wein und Kaffee auch Zucker unter den Ausgaben hat. All das ist ein Luxus, den er sich nicht erlauben kann und soll.[95]

Pfui Naschen! ei das schadet sehr,
  Verderbet Blut und Magen.
Man lebt nicht lang, und ohngefähr
  Muß man zum Grab uns tragen;
Drum sei von mir das Naschen fern,
  Dann eff' ich jeden Mittag gern.

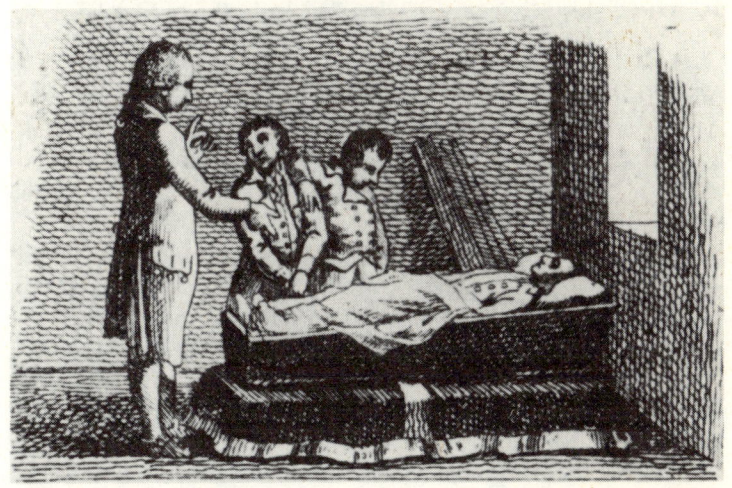

Abb. 5.

Freilich werden die aufklärerischen Polemiken gerade in einer Zeit geschrieben, in der sich der *soziale Charakter des Genußmittels Zucker* entscheidend zu ändern beginnt; nicht zuletzt als pädagogische Reaktion auf diese sozialgeschichtlich neue Tatsache und ihre Folgen für die Kindheit sind die überaus zahlreichen Warngeschichten vor den schädlichen Auswirkungen der Leckerhaftigkeit zu verstehen.

Zucker, als Rohrzucker seit dem Ende des 10. Jahrhunderts zunächst nur punktuell über die Handelsmetropolen und Residenzen in Europa verbreitet, war lange Zeit, weil überseeische Import-

ware, ein ausgesprochener Luxusgegenstand (als Süßstoff diente
gemeinhin der Honig). Zucker war Spezerei; die Herstellung von
Zuckerwaren fiel in den Städten noch lange Zeit in die Zuständig-
keit der Apotheker.[96] Vor allem aber waren Zucker und Süßwaren
aristokratische Genußmittel, Hauptstücke höfischer Bankette und
Feste, war die Zuckerbäckerei eine der angesehensten Hofkünste.
Zeitgenössische Berichte veranschaulichen den unvorstellbar ver-
schwenderischen Umgang mit dem teuren Kolonialgut in den
europäischen Residenzen[97] und machen damit die bürgerliche
Polemik gegen das »süße Leben« der Aristokratie wenigstens
teilweise plausibel. So erscheint etwa zu einem Fest in Wien 1749
eine gedruckte Beschreibung »bisher niemals gesehener Zucker-
werke«, darunter »eines herrlichen Triumphgebäudes, 42 Fuß
lang, 16 breit, 3 hoch, mit Schlössern, Gärten, Bäumen, Blumen,
Menschen, Tieren, allegorischen Figuren, [...] alles ganz aus Zukker«.[98] König August III. von Polen läßt um 1760 eine »Schlitten-
fahrt im Sommer« veranstalten, für die der Schloßhof und die
Heerstraße dicht mit Zucker bestreut wurden.[99] Zur selben Zeit
gelten Zucker und Zuckerwaren im Bürgertum für etwas besonders Feines und Kostbares[100], ärmeren Leuten sind sie ohnehin
unerschwinglich. Diese Konstellation ändert sich allerdings seit
dem Ende des 17. Jahrhunderts. Infolge wachsenden Handels,
Auspressung der Kolonien und Ablösung der zünftlerisch-hand-
werklich betriebenen Zuckersiedereien durch (in Preußen staatlich
geförderte) Manufakturen steigt die Zuckerproduktion im
18. Jahrhundert enorm an.[101] Auch als Begleiter der »bürgerlichen
Drogen« Kaffee und Tee[102] wird Zucker ein zunehmend populärer
Süßstoff. »Zucker, Kaffee und Thee gehören jetzt schon zu den
Bedürfnissen der Bettler«, stichelt Möser 1778.[103] Was bislang den
»feinen Kreisen« vorbehalten, als kostbare Spezerei außerhalb der
Höfe knapp und teuer war, wird nun zu einem »im Großbetriebe
erzeugten und für den Welthandel bedeutungsvollen Massenarti-
kel«[104], d. h. zu einem neuen Massengenußmittel. Diese Entwicklung setzte sich endgültig durch, nachdem es gelungen war, Zucker
aus Runkelrüben zu raffinieren, und mit Unterstützung des preußischen Königs die ersten Rübenzuckerfabriken (1802) errichtet
wurden.[105] Um 1800 bildete sich offensichtlich ein neues orales
Genußverhalten auch der Kinder aus. Waren früher der begehrte
Honigtopf[106] und die Früchte im Garten für die Kinder des Drit-

ten und Vierten Standes nahezu die einzige, seltene Quelle, die
»süßen Genuß« versprach, so erlaubten die Massenproduktion
von Zucker und die sich anschließende Verbreitung der Herstellung von Süßwaren jetzt die Befriedigung des »Süßhungers« in
einem vorher unvorstellbaren Grade. (Die Situation läßt sich
vielleicht verdeutlichen, wenn man sich an die kommerziell ge-
lenkte Veränderung des Süßwaren-Konsums bei Kindern erinnert, die sich – mit Lutschern, Gummibärchen, Eis, Kakaomus
etc. – in unserer Generation in den sechziger Jahren vollzogen
hat[107].)

Wie sich die »süßen Genüsse« einem Bürgerkind um 1800 dargestellt haben mögen, schildert E. T. A. Hoffmann in seinem phan-
tastischen Märchen ›Nußknacker und Mausekönig‹. Die kleine
Marie dringt des Nachts zusammen mit Nußknacker in das Ge-
heimnis des sonst (wie die Speisekammer) verschlossenen alten
Kleiderschranks ein. Sie klettern durch den Ärmel des väterlichen
Reisefuchspelzes empor – aber anders als Fritzens pädagogisierter
Speisekammer-Einbruch führt die phantastische Kinderreise hier
durch die abgelegte Garderobe der Vätergeneration nicht in den
Tod, sondern ins Schlaraffenland:

»Kaum sah sie zum Kragen heraus, als ein blendendes Licht ihr entgegen-
strahlte, und sie mit einemmal auf einer herrlich duftenden Wiese stand, von
der Millionen Funken, wie blinkende Edelsteine emporstrahlten. ›Wir befinden
uns auf der Kandiswiese‹, sprach Nußknacker, ›wollen aber alsbald jenes Tor
passieren.‹ Nun wurde Marie, indem sie aufblickte, erst das schöne Tor
gewahr, welches sich nur wenige Schritte vorwärts auf der Wiese erhob. Es
schien ganz von weiß, braun und rosinfarben gesprenkeltem Marmor erbaut zu
sein, aber als Marie näher kam, sah sie wohl, daß die ganze Masse aus
zusammengebackenen Zuckermandeln und Rosinen bestand.«

Marie und der Nußknacker gehen dann durch den Weihnachts-
wald, am flüsternden Orangenbach entlang, der sich gleich dem
Limonadenstrom in den Mandelmilchsee ergießt, wo Kinder Lam-
pertsnüsse angeln. Vorbei an Pfefferkuchenheim, welches am Ho-
nigstrome liegt, kommt man nach Bonbonshausen, wo soeben eine
Sendung des Schokoladenkönigs ausgepackt wird. Durch den
Konfitürenhain hindurch, in dem allerlei seltsame Früchte an den
Bäumen hängen, erreichen die beiden Eindringlinge die vom Mar-
zipanschloß überragte Hauptstadt Konfektburg. »Alle Häuser
ringsumher waren von durchbrochener Zuckerarbeit, Galerie über
Galerie getürmt, in der Mitte stand ein hoher überzuckerter Baum-

kuchen als Obelisk und um ihn her sprützten vier sehr künstliche
Fontänen Orsade, Limonade und andere herrliche süße Getränke
in die Luft; und in dem Becken sammelte sich lauter Creme, den
man gleich hätte auslöffeln mögen.«[108]

So mag die Süßwarenwelt des neuen Zeitalters sich vom Standpunkt eines Kindes ausgenommen haben. Die Eltern und Erzieher
haben den Süßwarenkonsum der Kinder wohl nur mit jener Abwehr beobachten können, die die pädagogische Einstellung immer
dann bestimmt, wenn aufgrund gesellschaftlicher Veränderungen
sich das Konsumverhalten der Kinder in einer der Erziehergenera-
tion befremdlichen Weise wandelt.[109] Die *Erziehung zur Abstinenz*
oder wenigstens zum *kontrollierten Genuß* ist daher ein weiterer
pädagogischer Zweck der Näscherexempel. Und die zeitgenössische Medizin liefert die Argumente gegen die neue Massendroge:
»Zuviel Zucker löset die Flüssigkeit zusehr auf und schwächet die
festen Theile [des Körpers] und ist daher insonderheit für Kinder
und junge Leute nicht zuträglich.«[110]

In sozialhistorischer Betrachtung der Genüsse und der Genußmittel ist also die in der Zeit um 1800 im pädagogischen Schrifttum
immer wieder erörterte Naschhaftigkeit zwar ihrer allgemeinen
Triebstruktur nach ein Moment »präzivilisierter Wildheit« (man-
gelnde Selbstkontrolle); polemisiert wird aber gleichzeitig gegen
die »wilde« Inanspruchnahme jener neuen Genüsse, die Technolo-
gie und soziale Organisation des bürgerlichen Zeitalters erst ermöglicht haben.

5. Schließlich legen die moralischen Beispielgeschichten von den
Näscherknaben und -mädchen noch eine andere Interpretation
nahe:

> »Männer suchen stets zu naschen,
> Läßt man sie allein.
> Leicht sind Mädchen zu erhaschen
> Weiß man sie zu überraschen,
> Soll das zu verwundern sein?
>
> Mädchen haben frisches Blut
> Und das Naschen schmeckt so gut.

Doch das Naschen vor dem Essen
Nimmt den Appetit.
Manche kam, die das vergessen
Um den Schatz, den sie besessen
Und um ihren Liebsten mit.

Väter laßt euch Warnung sein
Sperrt die Zuckerplätzchen ein
Sperrt die jungen Mädchen ein
Sperrt die jungen Mädchen, die Zuckerplätzchen ein
Sperrt sie ein, sperrt sie ein.«[111]

Der Zusammenhang zwischen Naschen und Lieben ist mehr als nur metaphorischer Art, jedenfalls im populären Sprachgebrauch der Zeit um 1800. Die zeitgenössische Physiologie schrieb dem Zucker die Eigenschaft zu, daß er »die festen Theile [des Körpers] *schwächet*, weshalb er insonderheit für Kinder und junge Leute nicht zuträglich ist«.[112] Zucker habe beim Manne die gleiche Wirkung wie der Verlust der Samenflüssigkeit, die »Selbst*schwächung*«.[113] Im übrigen wirkten der Körpersäfte-Lehre[114] zufolge süße Speisen auf das Blut »erhitzend«, weshalb in den sexuellen Ratgebern für Jungen vor ihrem Genuß gewarnt wurde: »Zu diesen sinnlichen Empfindungen, gegen die ihr täglich recht strenge zu seyn euch üben müßt, gehört auch ganz vorzüglich die Gewohnheit, leckerhafte Speisen und Getränke zu genießen. Der Mensch wird dadurch nicht allein immer sinnlicher und weichlicher, sondern auch würklich ungesund.«[115] Zucker galt also der zeitgenössischen Diätetik buchstäblich als Aphrodisiakum. Und so wie Naschen und Autoerotik »Laster« der Einsamkeit sind, so förderten sie ihrerseits wiederum, nach verbreiteter Meinung, Melancholie und Verschlossenheit. »Der Tischler gab mir neue Nachrichten von seinem Leben. Auch Onanie trug zu seiner Versunkenheit bei«, notierte Wilhelm Waiblinger in sein Tagebuch über Hölderlin.[116] Freilich, auch die Frauen könne man mit »süßen Sachen« »schwach machen«. Zucker galt als Verführungsmittel. So heißt es in der ›Vogelhändler-Arie‹ von Mozart/Schikaneders *Zauberflöte*:

»Wenn alle Mädchen wären mein,
Dann tauschte ich brav Zucker ein,
Die welche mir am liebsten wär,
Der gäb ich gleich den Zucker her,
Und küßte sie mich zärtlich dann,
Wär sie mein Weib und ich ihr Mann,
Sie schlief an meiner Seite ein,
Ich wiegte wie ein Kind sie ein.«

Derartig unbefangen konnte nur ein Halbmensch wie Papageno über den Zucker und die Liebe singen. Die Pädagogen des bürgerlichen Zeitalters jedenfalls deuteten Oralität und Sexualität als Einfallstore der Natur in die Körper der Kinder. Mit den Exempelgeschichten erzählten sie gegen die Genüsse der Sinnlichkeit und ihre spontane und unreglementierte Befriedigung. Die verschlossenen Kammern haben deshalb ihren Reiz noch lange Zeit bewahrt:

»Im Spalt des kaum geöffneten Speiseschranks drang meine Hand wie ein Liebender durch die Nacht vor. War sie dann in der Finsternis zu Hause, tastete sie nach Zucker oder Mandeln, nach Sultaninen oder Eingemachtem. Und wie ein Liebhaber, ehe er's küßt, sein Mädchen umarmt, hatte der Tastsinn mit ihnen ein Stelldichein, ehe der Mund ihre Süßigkeit kostete. Wie gab der Honig, gaben Haufen von Korinthen, gab sogar Reis sich schmeichelnd in die Hand. Wie leidenschaftlich dies Begegnen beider, die endlich nun dem Löffel entronnen waren. Dankbar und wild wie eine, die man aus dem Elternhause sich geraubt hat, gab hier die Erdbeermarmelade ohne Semmel und gleichsam unter Gottes freiem Himmel sich zu schmecken, und selbst die Butter erwiderte mit Zärtlichkeit die Kühnheit eines Werbers, der in die Mägdekammer vorstieß. Die Hand, der jugendliche Don Juan, war bald in alle Zellen und Gelasse eingedrungen, hinter sich rinnende Schichten und strömende Mengen: Jungfräulichkeit, die ohne Klagen sich erneuerte.«[117]

B. Das Ende des Nothelfers.
Formwandlungen der Kinderunglücks-Geschichte

> »Vom Unglück erst
> Zieh ab die Schuld;
> Was übrig ist
> Trag in Geduld!«
>
> Theodor Storm

Die Kinderunglücks-Geschichten der moralischen Erzählliteratur des 18. und 19. Jahrhunderts sind als literarische Gattung von einem Widerspruch bestimmt: Die stürzenden, ins Wasser fallenden, von Hunden gebissenen oder anderswie sich zugrunde richtenden Kinder sollen mit ihrem traurigen Schicksal nichts anderes vor Augen führen als dessen Vermeidbarkeit. Thema der Unglücksgeschichte ist nicht das Unglück, sondern die *Vermeidbarkeit des Unglücks*. Damit erscheint in jenen literarischen Bildern aus dem »Kinderalltag« der zentrale Mythos von Aufklärung überhaupt.

Nun sind Kinderunglücks-Geschichten im Sinne moralischer Geschichten *für* Kinder, als ein Teil der Kinderliteratur also, durchaus eine Novität des 18. Jahrhunderts. Sie haben allerdings außerhalb dieses engeren Gattungszusammenhangs eine lange Tradition. An deren formgeschichtlichem Wandel lassen sich die Besonderheiten des aufgeklärten Kinderbildes erkennen.

Kinderwunder in der mittelalterlichen Heiligenlegende

Kinderunglücks-Geschichten begegnen zunächst als verbreiteter Stoff von Mirakelerzählungen[1] in spätmittelalterlichen *Heiligenlegenden* und deren bildlicher Darstellung. Sie sollen hier am Beispiel von drei, z. T. auch kunstgeschichtlich belangvollen Kinderpatrozinien illustriert werden.

Simone Martini (1284—1344)[2] hat um 1328 für die Kirche S. Agostino Novello in Siena ein Altarbild gemalt, das sich heute

im dortigen Museo dell' Opera del Duomo befindet. Es zeigt im
Mittelfeld die Inspiration des Beato Agostino, eines 1309 gestorbe-
nen, in Siena verehrten Augustiner-Eremiten, der als Förderer des
dortigen Hospitals gerühmt wird[3]; in den Seitenfeldern sind vier
seiner Wunder dargestellt, drei davon sind Wunder an verunglückten Kindern. Im unteren rechten Feld hat der Maler eine Geschichte festgehalten, die die lateinische Legende des Heiligen aus
dem 14. Jahrhundert mit folgenden Worten erzählt:

»Ein Knäblein, Sohn der Donna Margarita, der Frau des Miguccio Don
Giovanni Paganelli aus Siena lag in der Wiege, und die Amme[4] schaukelte die
Wiege um ihn zur Ruhe zu bringen. Da geschah es, daß das Seil der Wiege[5] riß
und der Knabe mit dem Kopf an die Mauer schlug, sodaß sein Kopf wie ein
Fladen ward; denn der Knabe war kaum sechs Monate alt. Da jammerte die
Mutter sehr und schrie laut, als sie ihren Sohn so übel zugerichtet sah. Don
Giovanni Paganellis Donna Nera aber begann den Kopf des Knaben wieder zu
formen als wäre er aus Wachs[6]; dabei gelobte sie den Knaben dem Seligen
Agostino: wenn er ihn von jenem Schaden heile, werde sie ihn an seinem Altar
als Mönch gekleidet darbringen.[7] Kaum hatte sie in Demut dieses Gelübde
getan, begann der Knabe zu weinen, verlangte die Brust und war gerettet. Seine
Mutter aber trug ihn hin und tat wie versprochen.«[8]

Simone Martinis bildliche Darstellung folgt der Legende; seine
Malweise ist vor allem *erzählend*. Die Bildfläche ist mit einem
Haus besetzt, simultan kommen darin vier Szenen vor: Im Oberge-
schoß schaukelt die Amme mit großer Gebärde die Wiege, die
nach Art einer Hängematte mit zwei Seilen über dem Bett an der
Decke aufgehängt ist; das eine Seil reißt, die Wiege pendelt an die
Mauer. Die zweite Szene zeigt die Amme in der Türöffnung zum
Söller knieend, sie fleht Agostino an, der mit ausgestreckter Hand
vor dem Goldgrund des Himmels erscheint. Auf dem Söller liegt
das Wickelkind, blutend; eine Frau kniet (dritte Szene) neben ihm
und richtet mit der Hand das Köpfchen auf. Die vierte Szene, im
unteren Bildfeld, schildert die Darbringung: Vier Frauen sind aus
dem Hause getreten, die erste trägt auf dem Arm das Knäblein, das
im Habit eines Augustinermönchs gekleidet ist und eine Votiv-
kerze in der Hand hält.

Die beiden anderen Kinderwunder, die Simone Martini auf dem
Agostino-Altar gemalt hat (sie kommen in der Legendenfassung
der *Acta Sanctorum* nicht vor), spielen ebenfalls in der Stadt:
1. Ein tollwütiger Hund oder ein in die Stadt eingedrungener Wolf
hat ein Kind angefallen und ihm das Gesicht zerbissen; während

sich die Amme um das Kind kümmert, schlägt eine Frau, vermutlich die Mutter, mit einem Stock auf das Tier ein. Dann sitzt das Kind unversehrt auf dem Schoß der Amme, von der Mutter gestreichelt, zwei Bürger stehen mit gefalteten Händen daneben. Der heilige Agostino schwebt mit segnender Gebärde über den Häusern der Stadt.

2. Aus dem Balkon eines Hauses ist ein Brett herausgebrochen, ein Kind stürzt kopfüber auf die Straße, entsetzt blickt eine Frau, vermutlich die Amme, vom Balkon auf die Szene. Dann steht das Kind unversehrt im Kreis von drei Erwachsenen auf der Straße, sein Blick geht zu Agostino, der in das Bild einschwebt und die Linke unter das stürzende Brett hält (Abb. S. 109).

Die schriftliche Legende des Heiligen selber berichtet noch ein weiteres Kinderwunder: Die Tochter des Pächters Ugo war in einen Wassergraben gefallen und ertrunken, jedoch dank der Hilfe des Heiligen wieder zum Leben gebracht worden.[9]

Kinderunglücks-Geschichten erzählt auch die Legende eines anderen sienesischen Lokalheiligen aus dem späten Mittelalter. Es ist B. Giovacchino Piccolomini (1259–1305), der als Nothelfer der Kinder noch heute in der Kirche S. Maria dei Servi zu Siena verehrt wird:

»Ein Knabe von sechs Jahren, der ein Brot in der Hand hatte, das er nach Kinderart aß, begegnete einem riesigen Bauernhund, der hungrig und wild wie ein Wolf den Knaben plötzlich angriff, ihm das Brot entriß und zugleich einen Finger abbiß. Was nun? Die Eltern sahen, daß es kein Mittel zur Heilung der Verletzung gab und daß sowohl Ärzte als auch Gebete nicht fruchteten. Denn bisher hatte man noch nie gehört, daß jemand ein gänzlich abgetrenntes Glied wieder in den früheren Zustand versetzen konnte ohne daß der Vater aller Geschöpfe seine helfende Hand dazu gereicht hätte. Da nun zu dieser Zeit viel von Giovacchinos Wundern die Rede war, gingen die Eltern gläubig zu seinem Grab und flehten ihn, die Wangen mit Tränen netzend, an, er möge bei der Wiederherstellung des Fingers seine Hilfe leisten. Denn dieses Kind war ihnen als einziges geblieben, die anderen waren alle schon den Weg zur Mutter allen Fleisches gegangen. Kaum waren die Eltern nach Hause zurückgekehrt, konnte sich der Knabe der Heilung seines Daumens freuen; schöner und herrlicher als die übrigen Finger erschien er und wegen seiner Vortrefflichkeit mochte der Knabe nichts Unreines und Schmutziges mehr damit anrühren. Seine Eltern aber, die sich nicht der Undankbarkeit zeihen lassen wollten, brachten Giovacchino reichen Dank und stifteten einen Finger aus Silber, dem wiedergewonnenen gleich, am Grab des Heiligen.«[10]

An die Geschichte vom Balkonsturz erinnert das folgende Wunder:

»Es begab sich, daß in diesen Tagen ein prächtiges Fest auf dem Stadtplatz gefeiert werden sollte[11], zu dem Bürger wie Bauern zusammenströmten. Der fünfjährige Sohn eines Herrn Giacomo, der zusammen mit seinen Gespielen das Fest am Fenster betrachtete, stürzte kopfüber 30 Ellen in die Tiefe. Die Mutter, die ihn fallen sah, befahl ihn alsobald Giovacchino. Die Leute, die hinzuliefen und ihn im Sturz gesehen hatten und nun glaubten, sie würden ihn entseelt finden, sahen, daß er stand und vollkommen unversehrt war. Als sie ihn fragten, wie das zugegangen sei, antwortete er, er habe einen Bruder unseres Ordens[12] mit einem wunderschönen Kranz um den Kopf[13] gesehen; dieser habe ihn mit den Händen gehalten, sodaß er keinen Schaden nahm und dann habe er ihn sanft auf den Boden gesetzt. Als dann die Mutter kundtat, daß sie Giovacchino angerufen habe, wurde er von allen höchlichst verehrt.«[14]

Auch die Giovacchino-Legende erzählt von einem Wiegensturz: Eine Mutter ist zur Messe gegangen und hat den dreijährigen Knaben schlafend zurückgelassen; er erwacht, merkt, daß er allein ist, und versucht, aus der Wiege zu klettern. Dabei stürzt er und bricht sich Arm und Bein.[15]

Schließlich möchte ich auf das Legendarium eines dritten spätmittelalterlichen Heiligen hinweisen, der im Volksglauben seit dem 14. Jahrhundert in ganz Europa als Nothelfer besonderes Ansehen genoß: Antonius von Padua (1195−1231)[16]. Seine Legenden handeln von zahlreichen Wundern an kranken Kindern, darunter auch einigen Unglücksgeschichten:

»In der Gegend von Padua ging eine Frau zu einem Haus in der Nähe, um Feuer zu erbitten. Auf dem Heimweg fand sie ihre kleine Tochter, die ihr nachgelaufen war, in einem Graben voller Wasser und Schmutz mit dem Gesicht nach unten liegend. Schreiend lief die Mutter hinzu, zog die ertrunkene Tochter aus dem schmutzigen Wasser und legte sie am Rand des Grabens nieder. Viele kamen gelaufen, um die traurige Geschichte zu sehen und einer der umstehenden Männer hob das Kind auf – die Füße in die Höhe, den Kopf nach unten – und bemühte sich, das Wasser, das es geschluckt hatte, zu entfernen. Aber das Kind gab keine Lebenszeichen von sich; es hatte Lippen und Wangen zusammengepreßt, sodaß niemand mehr auf Rettung hoffen mochte. Dennoch tat die Mutter ein Gelübde: sie wolle am Grab des hl. Antonius ein Bild und eine Kerze stiften, wenn er gnädig sei und ihr die Tochter wieder lebend schenken würde. Bald danach sahen die Umstehenden, daß das Mädchen seine Lippen bewegte; auf der Stelle steckte man ihr einen Finger in den Mund, sie gab das verschluckte Wasser von sich und ihr Körper erwärmte sich, sodaß durch Verdienst des heiligen Vaters Antonius ihr das Leben wieder geschenkt wurde.«[17]

Andere Kinderunglücks-Geschichten der Antonius-Legende berichten von einem Knaben in Lissabon, der mit Freunden in einem Kahn spielt und dabei ins Wasser fällt[18]; von einem Neugeborenen, das in der Wiege zu Tode kommt, während die Mutter in der Kirche ist[19]; von einem Kleinkind, das von der Mutter während des Badens in die Heißwasserschüssel gelegt wird[20] – diese Szene hat Girolamo Tessari 1524 in Padua gemalt.

Mirakelerzählungen dieser Art tauchen in Heiligenlegenden seit dem späten Mittelalter überall in Europa auf, wobei lokale Traditionen und populäre Nothelfer- und Schutzheiligen-Figuren – in Deutschland etwa die der Heiligen Elisabeth von Thüringen[21] – eine große Rolle spielen. In einer Epoche immenser Kindersterblichkeit kommt der Wunsch, gerade die Kinder vor drohenden Gefahren zu schützen, insbesondere in der großen Zahl der *Kinderpatrone* zum Ausdruck.[22] Gattungsgeschichtlich sind die Mirakelerzählungen Teil der religiösen *Exempla*-Literatur.[23] Schon in Caesarius von Heisterbachs Sammlung *Dialogus miraculorum* findet sich ein Kindermirakel. (Ein spielendes Kind wird von einem Wolf angefallen, aber dank einem wundertätigen Marienbilde vom Tod errettet.[24]) Kindheitsgeschichtlich verdienen die Mirakelerzählungen hohe Aufmerksamkeit: Philippe Ariès' These von der Nicht-Existenz der Kindheit in Mittelalter und früher Neuzeit geht hier nicht auf. Im Gegenteil, in der von der populären Kultur geprägten Legenden- und Exempla-Literatur erscheint ein ausgesprochen farbiges Bild von »Kindheit« und »Kinderalltag« vergangener Jahrhunderte[25] – eine Beobachtung, die sich mit Ergebnissen anderer Arbeiten aus dem Bereich der europäischen Volkskultur deckt.[26]

Ex Voto. Kinderunfälle in Mirakelbüchern und auf Votivtafeln

Die Legenden stützen sich, was die mitgeteilten Wundertaten nach dem Tode des Heiligen betrifft, oft auf *Mirakelbücher*[27], die in den Kirchen geführt wurden. Am Grab, bei den Reliquien oder beim Gnadenbild des Heiligen wurden von den Gläubigen Wundertaten angezeigt, wobei recht häufige und prächtige Wunder bekanntlich im unterschiedlichen Interesse Vieler lagen – die Reputation des

Ordens stieg, der Opferstock der Kirche füllte sich, der Umsatz der lokalen Gastwirtschaften, Brauereien, Krämer, Kerzenzieher, Silberschmiede, Bildermaler und Devotionalienhändler wuchs, die Architekten, Bauleute und Handwerker bekamen Aufträge, und auch die Schausteller, Landfahrer, Bettler und Diebe hatten ihren Vorteil. Das Wunder war sozusagen ein zentraler ökonomischer Hebel in der Gesellschaft der sich entwickelnden Ware-Geld-Beziehungen.

Auch in den Mirakelbüchern spielen Kinderwunder eine beträchtliche Rolle. Formgeschichtlich knüpfen sie an die Legendenerzählungen an, wobei das wunderbare Eingreifen dem lokalen Schutzpatron zugeschrieben wird, so etwa in einem Mirakelbuch aus Radolfzell am Bodensee:

»Erhaltung eines Kinds in gefährlichem Fall. Im Jahr Christi 1511 ist dem Schulmeister ein Kind die Stiegen hinab gefallen daß man es für todt aufgehoben und herum getragen: als man aber es auf den Altar der Heiligen Hauß-Herren gelegt ist es von Stund an mit ihm besser: und nichts an seinem Leib von dem Fall gesehen worden.«[28]

Im Kontext lokaler Heiligenverehrung war seit dem späten Mittelalter das *Ex Voto* weit verbreitet, also die Sitte, sich in der Stunde der Not in Hoffnung auf Errettung einem Heiligen zu »verloben« oder zu »versprechen«.[29] Anlaß eines solchen *Votums* war in den meisten Fällen eine schwere Krankheit, ein Unfall oder ein sonstiges lebensbedrohliches oder eingreifendes Ereignis. Seinen äußeren Ausdruck fand das »Gelöbnis« in der Stiftung einer gemalten *Votivtafel*, auf der der Anlaß dargestellt war und die dann neben dem wundertätigen Bild des Heiligen, zumeist an einem Wallfahrtsort, aufgehängt wurde. Die Votivtafel vertrat gleichsam stellvertretend die »verlobte« Person[30] – d. h. in dem Brauch des Votivtafel-Stiftens lebt eine alte Form des magischen Denkens weiter.

Unter den unzähligen Geschichten von Rettungen aus Fährnissen aller Art, von denen die Votivtafeln erzählen, finden sich in großer Zahl Kinderunglücks-Geschichten. Sie lassen sich durchaus als Dokumente einer Geschichte des Kinderalltags und seiner Gefahren lesen[31], wobei sie anders als literarische oder autobiographische Zeugnisse vergangener Jahrhunderte über Schicksale von Kindern aus den sozialen Unterschichten berichten, kamen doch die Stifter der Bilder sehr häufig aus diesem Milieu.[32]

Auch auf Votivtafeln und in Mirakelbüchern spielen jene Kinderunfälle, die schon in den spätmittelalterlichen Legenden immer wieder vorkamen, eine bedeutende Rolle: Kinder, die aus der Wiege stürzen[33]; Tierattacken[34]; Kinder, die aus dem Hause fallen[35]; Wasserunfälle[36]. Hinzu treten Motive, die weniger »kindertypisch« sind: Feuersnot, Verletzungen bei der Feldarbeit, kriegerische Ereignisse. Der »Trostspiegelmeister« hat in einem Holzschnitt der zweiten Hälfte des 16. Jahrhunderts drei solcher Unfälle dargestellt – ein Kind fällt aus dem Fenster, ein anderes stürzt in den Brunnen, ein drittes wird von einem Soldaten malträtiert.[37]

In der Art der Darstellung der Kinderunfälle knüpfen Bild und Text der Votivtafeln deutlich an die Erzählstruktur der Heiligenlegenden an, d.h., sie rühmen über der Gnade der Errettung aus schier auswegloser Situation den Heiligen, der geholfen hat. Sein Gnadenbild steht, oft überdimensional groß, in aller Regel im Mittelpunkt der Szene.

»Anno 1641, 25 Juny ist Adam Kholbs Pürgers und Zimmermans Alhie Sohnlein bey drithalb Jahren alt aus einen Fenster 2 gaden hoch Auf ein Rinen thotgfarlich herabgeschossen, aß aber die Eltern daß Khind in augenscheinlicher gfar mit einer H.Meß zu Unser Lieben frauen auf den geirsperg verlobt, ist der Khnab aufgestanden Und der Muetter Zue geloffen sprechent eß habe ihn ein schene Weiße frau aufgehebt Und erhalten. Gott Und der Selligsten Jungfrau Himel Khinigin Lob ehr und Danckh.«

Das berichtet der Text einer Votivtafel vom Geiersberg bei Deggendorf (Niederbayern). In ihm kehrt eine vertraute Konstellation wieder – ähnlich wie in der Geschichte vom Fenstersturz in Siena aus der Giovacchino-Legende erblickt das Unglückskind in der Sekunde der höchsten Gefahr seinen Retter. Das Bild zeigt dazu in einer der mittelalterlichen Legendenmalerei verpflichteten Simultantechnik die Stationen dieses Ereignisses: das fallende Kind unter dem Fenster, hinter dem der Kopf einer weiblichen Person erscheint; die »weiße Frau«, die schützend ihr bauschiges Gewand lüftet; schließlich die Mutter mit dem unversehrten Kind.[38] Ganz ähnlich stellt ein Votivbild von 1776 aus der Wallfahrtskirche Sammerei (Niederbayern) den Fenstersturz eines Kindes dar. Im Vordergrund knien die Eltern mit dem unversehrten Kind, in den Wolken darüber erscheint das Gnadenbild der Madonna. Der Text im unteren Feld lautet: »Mir N. N. haben das Kind alhero verlobt wegen ein fahl 5½ Claffter, durch vorbitt Maria unverlezt erhalten Anno 1776.«[39]

Die große Bedeutung gerade der Kinderwunder in der populären Heiligenverehrung bezeugt der um 1660 gemalte Zyklus von Mirakelbildern in der Wallfahrtskirche Maria im Sande zu Dettelbach am Main. Er erzählt, anknüpfend an die Technik der Votivtafel-Malerei, gleichsam die offizielle Geschichte der Dettelbacher Wallfahrt und enthält zu mehr als einem Drittel Geschichten von verunglückten oder kranken Kindern. Aus dem nahe gelegenen Ochsenfurt wird berichtet: »A[nno] 1655 den 9. Augusti ist Georg Müllers von Ochsenfuhrt 11 Jähriges Töchterlein Anna Maria, welches von einer laitern fallent, 3 stundt für todt gehalten, aber nach beschechenem gelübt alhero zu unser lieben Frauen bald zu voriger gesundtheit khomen.« Das Bild (im rechten Seitenschiff) zeigt das Haus, am Oberstock lehnt die Leiter, das Mädchen liegt am Boden, daneben knien die Eltern im Gebet; das wundertätige Gnadenbild, eine Pietà, ist links oben in der Szene zu sehen.

Andere Bilder in Dettelbach handeln von einem einjährigen Mädchen, das von einer Bank gefallen ist, von einem dreieinhalbjährigen Mädchen, das sich verlaufen hat und im Feld bei einem Bildstock wiedergefunden wird; zwei weitere von Kindern, die in den Brunnen gefallen sind:

»1507 Bartholome Dilcken zu Effeldorf treyiehriges Sönlein Lorentz war in einen brunen gefallen und gantz erkhaltet und erstarret für todt heraus gezogen, entlich von seiner Mutter nach Dettlbach verlobt und volgenten tag alher getragen, hat gleich im eingang der khürchen sein natürliche werm und volgents die gesundheit erlanget.«

Dazu sieht man, wie vor der dörflichen Kulisse das Kind von der Mutter aus dem Brunnen gezogen wird, daneben kniet der Vater im Gebet; auch hier fehlt, natürlich, das Gnadenbild nicht.

Auch dieser »Typ« des Kinderunfalls, der im sozialen Leben der Vergangenheit sicher eine große Rolle gespielt hat, hat übrigens eine lange ikonographische Tradition. Schon Piero della Francesca hat auf einem kleinen Predella-Bild eines Franz- und Clara-Altars einen solchen Brunnensturz gemalt: Ein Mann mit Seil und Haken steht hier neben dem Brunnen, wohl um das Kind zu retten; die über die Szene schwebende Heilige macht deutlich, wem die Rettung zu verdanken ist (Perugia, Palazzo dei Priori).

Vom Baumsturz eines Mädchens, offenbar beim Obstpflücken,

berichtet eine Votivtafel aus der Wallfahrtskirche Maria Taferl in
Niederösterreich (und auch in der dortigen Wunderkammer kann
man noch verschiedene Kinderunglücks-Bilder sehen): »Maria
Bily stürzte am 9. Juli 1900 2mal vom Baume und wurde durch die
Gnade der gebenedeiten Gottesmutter gerettet«, heißt es dort
(Abb. S. 114).

Von einem dramatischen Wasserunfall berichtet eine Tafel von
1660 mit ausführlichem Text in der Wallfahrtskirche Gartlberg
bei Pfarrkirchen (Niederbayern):

»Den 23 Juny deß 1660 Jahr Verspricht Hanß Wenckh, Weber auß Neuhoffer
Pfarr sein khindt alhier Mit Namen Anna, Weillen Eß in ein Manßdiefe
grueben gefallen und Niemandt gewust, Wie lang solches khindt darin gelegen,
aber Weillen noch ein kleiners khindt, welches nit reden khunte, darbey ware
und sovil Zaichen geben, daß eß in die grueben gefallen sey, nach dem die
Muetter auf der Wißen geheigt, 25 schrit Zurückh gangen, ein geraumbe Zeit
gesuecht, entlich Mit rechn gefunden Und heraufgezogen. nach dem versprechen hat es wunderbarlicher weisen Zeichen von sich geben. Und nach dreyen
dagen widerumb Frisch Und gesundt worden.«[40]

Ebenfalls von einem Wasserunfall eines offensichtlich – in der
Sprache der Aufklärung – »unvorsichtig spielenden Kindes« handelt eine Tafel aus Morbihan/Frankreich:

»Vincent Grosan, 6 Jahre alt, welcher am 13. Juli 1833, nachdem er in den
Weiher der alten Mühle gefallen, unter dem Mühlrad durchgedrückt wurde
und ungefähr 20 Minuten im Wasser lag und von Pascal Guin für tot
herausgezogen wurde, ward durch Hilfe der heiligen Anna wieder zum Leben
erweckt. Aus Dankbarkeit hat seine Mutter diese Tafel machen lassen, welche
gemalt ist worden durch Le Roch 1834.«[41]

Von einem Kind, das sich verlaufen hat – die Aufklärer würden
wohl sagen: weil es sich zu weit von zu Hause entfernt hat –,
erzählt eine Votivtafel von 1843. Hier bemüht der gereimte Text
bereits die literarischen Mittel der »Einfühlung« in die Situation;
das Bild zeigt noch immer, in traditioneller Malweise, neben dem
verirrten Kind und seinem glücklichen Finder vor allem die Heiligen in der Wolkengloriole – die Retter:

»Den 26. May der Verhengnisvole Tag, da man das kleine Mädhen verloren
hat, die Nacht war kalt der Tag brach an, es kamen wieder die Leut zusamen.
Man ging von hause fort in Gottes namen und Rufen alle Heiligen an. Jakob
Hainzel dem das glück zuflog, fand das Mädchen bei einem alten Stock, die
Freid war groß der Schmerz ist aus, man trug das Mädichen mit Freiden nach
Hauß. EX VOTO 1843.«[42]

Fassen wir Erzählstruktur und Funktion solcher populären Kinderunglücks-Geschichten aus der älteren, vorbürgerlichen Tradition von Legenden, Mirakelbüchern und Votivtafeln zusammen:
Die Geschichten erzählen von wunderbarer Hilfe in schier auswegloser Lage; sie leben von der dramatischen Spannung zwischen der
Hoffnungslosigkeit einerseits, der wunderbaren Rettung andrer-
seits. Es sind also Geschichten mit *glücklichem Ausgang*; die
*Unglücks*geschichte wird als *Rettungs*geschichte präsentiert. Die
Darstellungsweise in Bild und Text läßt sich als gestisch-paräne-
tisch bezeichnen. Oft werden in Simultantechnik auf den Tafeln
die einzelnen Szenen des Geschehens nebeneinandermontiert – es
ist dies ein figuratives Prinzip, das dem »Erzählstil« verpflichtet ist
und das seinen Weg aus der mittelalterlichen Tafelmalerei über
populäre Drucke, Moritatentafeln bis in Bilderbogen und Bildgeschichten des 19. Jahrhunderts genommen hat. Im Zentrum der
Darstellung steht deutlich der *Retter*, der Heilige oder sein Gnadenbild. Denn zu seinem Lob wird die Geschichte berichtet (dies
jedenfalls weist die Bildsprache aus, in der Praxis mögen dabei
noch andere Erwägungen eine Rolle gespielt haben). Der flächi-
gen, auf Unfall und Errettung konzentrierten Darstellung im Bild
entspricht im Text eine Erzählweise, die an den Hintergründen des
Vorfalls nicht interessiert ist: *Warum* die Kinder vom Unglück
ereilt wurden, diese Frage zu stellen erschiene ganz und gar
unangemessen.

Spätestens an diesem Punkt möchte ich auf ein mögliches Mißver-
ständnis solcher »Rettungsgeschichten« hinweisen (ein Mißver-
ständnis, zu dem wahrscheinlich vor allem Protestanten und
Agnostiker neigen): daß nämlich jene Geschichten primär *christliche* Geschichten seien und dem zufolge der Herrschaft des Chri-
stentums über die Köpfe der Menschen – oder simpler: dem
Aberglauben – ihre Verbreitung und Wirkung verdankten. Demgegenüber ist mit Carlo Ginzburg festzuhalten, daß das Wunder
der Legende kein genuin christliches Thema ist, sondern Ausdruck
alten volkstümlich-magischen Denkens, das von der Kirche aufgenommen und in ihrem Sinne funktionalisiert wurde. »Der christliche Wundertäter der Heiligenlegende [...] stellte [...] eine direkte Konkurrenz für den volkstümlichen Wundertäter dar.«[43]
Und in der Figur des Wundertäters und in der von ihr lebenden
»Rettungsgeschichte« kommt die Alltagserfahrung zum Vor-

schein, daß das Leben vollsteckt von unkalkulierbaren Risiken. Oder jene Auffassung von Glück und Unglück, welche die »krumme Cecca«, eine der Märchenerzählerinnen in Giambattista Basiles *Pentamerone*, zu Beginn einer ihrer Geschichten so formuliert:

»Oftmals pflegt es sich zuzutragen, daß, je mehr der Mensch einem Unglück zu entfliehen glaubt, er demselben desto mehr entgegeneilt. Deswegen wird der Weise sein Schicksal stets der Fügung des Himmels überlassen und sich niemals um die Zirkel und Kreise der Zauberer und Sterndeuter kümmern; denn während er in seinem Klugheitsdünkel den Gefahren zuvorzukommen sucht, stürzt er wie ein Dummling gerade ins Verderben, und wie wahr dies sei, werdet ihr sogleich vernehmen ...«[44]

»Der Tod ist wie ein Vogelfänger.« Todesdrohung und Glücksversprechen in der moralischen Erzählung

Die Kinderunglücks-Geschichten der aufgeklärten Kinderliteratur des 18. und 19. Jahrhunderts schließen an die populäre Tradition von Legenden-, Mirakelbuch- und Votivtafel-Geschichten an. Erzählt werden Unglücksfälle aus dem Kinderalltag. Vom Motiv her finden sich darunter auch die gleichsam »typischen« Situationen der älteren Überlieferung (Abstürze, Ertrinken, Hundeattacken). Jedoch wird der »Motivbestand« jetzt erheblich erweitert um jene Gefahren, die zivilisatorischer Affektsteuerung und bürgerlicher Körper- und Charakterproduktion drohen. Hinzu treten Geschichten, die von den Gefahren spielender, vor allem unbeaufsichtigt spielender Kinder handeln.[45] Für die *literarische Erzählform* und die Dramaturgie der Geschichten entscheidend ist allerdings etwas anderes: Welche Unglücksfälle auch immer thematisiert werden, der *Begriff vom Unglück* hat sich entscheidend geändert.

In der Erzählform der vorbürgerlichen populären Tradition war das Unglück gleichsam unvermeidlicher Bestandteil des Lebens- und Kinderalltags. Nun, im Zeitalter der Aufklärung, erscheint es als *Folge eines Fehlverhaltens* und wird damit prinzipiell *vermeidbar*. Die alte Kinderunglücks-Geschichte war ihrer Struktur nach *Heiligenlob*; ihr Szenario schilderte die *Hoffnungslosigkeit* in einer plötzlich hereinbrechenden Katastrophe, die nur dank einem wunderbaren Eingreifen abgewendet werden konnte. In der »neuen«

Unglücksgeschichte hingegen tritt an die Stelle des *überraschenden glücklichen* Ausgangs das *vorhersehbare unglückliche*, oft tödliche Ende. Gleichzeitig tritt an die Stelle des *Nothelfers* der *Erzieher*.

Daß das Unglück vermeidbar sei — dies ist die grundlegende didaktische Prämisse eines Buches, das die neue Richtung des Erzählens schlimmer Geschichten schon im Titel deutlich werden läßt: Johann Baptist Strobls (1743−1805) *Unglücksgeschichten zur Warnung für die unerfahrene Jugend in rührenden Beyspielen, erläuternden Kupfern und Vignetten* (1790)[46]. Es erzählt auf 265 Seiten, von Dialogen begleitet, zahlreiche Kinderunfälle, die zumeist mit Tod, Verletzungen, Verstümmelungen oder Beschädigungen enden. In »Nachlässigkeit, Unachtsamkeit und eignem Muthwillen« sieht Strobl, für den »ein vollkommener Körper [...] der wichtigste Gegenstand der Erziehung« ist, die Hauptursachen körperlicher Mängel oder Schäden.[47] »Meidet, was euch unglücklich macht, denn ihr seid bestimmt, glücklich zu sein!« ruft er den Kindern zu und zeigt dazu einen Kupferstich, auf dem »ein paar Männer beschäftigt [sind], wie sie den Rest eines durch Unvorsichtigkeit im Spielen getödteten Kindes in die Grube verscharren«.[48] Und Strobl fährt fort:

»Der Tod ist wie ein Vogelfänger. Er lockt euch in Gefahren, und der Leichtsinn verblendet euch, daß ihr die vorhandene Gefahr nicht bemerkt. Ihr könnt ihm wohl auch öfter entgehen, und das mag euch noch leichtsinniger machen. Aber denkt daran! unversehens steckt der Tod seine kalte unerbittliche Hand gegen euch aus, und bald verlöscht die kleine Flamme eures Lebens, und ihr seid nicht mehr −.«[49]

Mit solcher Drastik wird man es später kaum noch sagen, dennoch bleibt die *Todesdrohung* (offen oder versteckt) der Hebel der aufgeklärten Pädagogik. (In Collodis *Pinocchio* wird sie sich noch einmal deutlich manifestieren: Als der kranke Pinocchio seine Medizin nicht nehmen will, geht die Tür auf und vier schwarze Kaninchen tragen einen Sarg herein.[50]) Dies nicht, weil die Erzieher Sadisten gewesen wären; die Todesdrohung ist nichts anderes als die notwendige Konsequenz des neuen Bewußtseins, *daß der Tod vermeidbar sei*, jedenfalls temporär. Die wissenschaftliche Pädagogik etabliert sich, ähnlich wie die wissenschaftliche Medizin des bürgerlichen Zeitalters, als Programm zur Verringerung des Todesrisikos.[51] »Der Tod ist wie ein Vogelfänger ...« — das meint ja, er ist gefährlich, er stellt euch nach, aber mit Vorsicht und Klugheit könnt ihr ihm entgehen. Hier wird das »Hüt dich, schöns Blümelein« des Volksliedes vom »Schnitter Todt«[52] aufgenommen und in eine Regel der Lebensklugheit, der Überlebenstechnik verkehrt. Eine solche war das »Hüt dich!« im alten Volkslied ja ganz und gar nicht; es bedeutete »Sei auf der Hut!«, denn »Bald wird er drein schneiden / Wir müssens nur leyden.« Das Lied handelte, in der Tat, von der Unvermeidlichkeit und Egalität des Todes für alle Stände. Wie sollte auch ein »Blümlein« sich vor dem »Schnitter« retten? Beim »Vöglein« und dem »Vogelfänger« ist das etwas anderes. Der Vogelfänger trägt Züge des *Rattenfängers*, dessen Geschichte später kinderliterarisch als Warnungsgeschichte moralisiert wird.[53] So auch der Tod: Im aufgeklärten Zeitalter verliert er seinen metaphysischen Schrecken *(post mortem nihil)*; gleichzeitig wird er dadurch in neuer Weise erst richtig bedrohlich: als Lebensangst.

»Daß die Kinder sich für etwas ganz anderem, als für Gespenstern zu fürchten haben.« Vom Wandel des Schreckens

Im hellen Licht der Aufklärung verblassen alle metaphysischen Kinderschreck-Figuren[54] der alten Gesellschaft – Werwolf, Kinderfresser, Kinderräuber, Butzenbercht, Gespenster, Schwarzer Mann etc. – und treten ihren pädagogischen Rang einer einzigen Figur ab: dem Tod.
Gegen die Furchtsamkeit vor solchen numinosen Personen der Angst (vgl. Abb. S. 85), wie sie auch in traditionellen Schreckmärchen[55] vorkommen, und ihren säkularen Substituten (wie dem Schornsteinfeger) polemisieren die moralischen Erzählungen mit dem Geschichtentypus vom *furchtsamen Kind*. Daneben gibt es eigene Sammlungen mit »Anti-Gespenstergeschichten«[56]. »Schrecken und Furcht hat grossen Einfluß auf die Gesundheit der Kinder«, schreibt Strobl[57]. Und Schrecken und Furcht werden, glaubt man der Botschaft der moralischen Erzählungen, vor allem durch die Vertreter der alten Gesellschaft in die bürgerliche Kinderstube getragen: durch die im Bürgerhaus tätigen Vertreter des *gemeinen Volks*. »Schnickschnack der Kindsmägde« (Strobl) sind all die Geschichten von »Klaubaufen, Gespänstermärchen und Geistererscheinungen«, »die dumme Eltern und Kindsmägde anwenden,

um ihre Kinder zum Schweigen zu bringen oder zum Guten aufzumuntern, oder vom Bösen abzuschrecken oder zu verhindern, daß sie sich nie zu weit aus ihren Augen entfernen, damit sie der schwarze Mann, oder die weiße Frau nicht erhasche, oder daß sie an kein Wasser sich zu nahe wagen, damit sie nicht der Wasserriese hineinreisse und verschlinge.«[58] Die Bedienten sind auch in Johann Sigmund Stoys moralischem Geschichtenbuch *Goldener Spiegel für Kinder* (1778)[59] schuld daran, daß ein Kind den ins Haus kommenden Schornsteinfeger für einen »bösen Geist« hält: »Mein Sohn, versetzte dagegen der Vater, hier siehest du fein, was daraus entstehet, wenn man sich mit den Bedienten zu sehr einläßt. Ich habe dich beherzt machen wollen, indem ich schon vor langer Zeit sagte: alles, was diese Leute von den bösen Geistern zu erzehlen pflegen, wären lauter läppische Mährgen. Nun solte ich, deinen Ungehorsam zu bestrafen, dich empfinden lassen, daß die Kinder sich für etwas ganz anderem, als für Gespenstern zu fürchten haben.«[60] Ähnlich heißt es in Heinrich Müllers[61] Erzählung ›Der schwarze Mann‹ (1811):

»Der kleine Wilhelm hatte das Unglück, eine alberne Wärterin zu haben, welche ihm, wenn er etwas unartig war, sogleich mit dem schwarzen Mann drohete, der ihn in einen Sack stecken und mitnehmen sollte. Eines Tages, als er eben auf der Diele spielte, kam ein Schornsteinfeger ins Haus, den er noch nie gesehen hatte. Bei dem Anblick dieses Menschen erschrak Wilhelm so heftig, daß er in voller Angst nach der Küche lief, um sich dort zu verstecken, denn ›gewiß‹, dachte er, ›ist dies der schwarze Mann, der mich holen soll‹.«[62]

Das Kind des säkularen Zeitalters brauche sich nicht zu fürchten, so lautet die frohe Botschaft der Geschichten. Oder genauer, in Stoys Worten, es soll an ihnen lernen, »daß die Kinder sich für etwas ganz anderem, als für Gespenstern zu fürchten haben«.[63] Die aufgeklärte Pädagogik etabliert, indem sie die alten numinosen Angstfiguren ausmustert[64] und als *Aberglauben* der Lächerlichkeit preisgibt, die neue Angst des nachreligiösen Zeitalters. Um Kinder beispielsweise zu veranlassen, »daß sie an kein Wasser sich zu nahe wagen«, wird ihnen jetzt nicht mehr die Geschichte vom »Wasserriesen« erzählt. Wirkungsvollen Schrecken erhofft sich der Erzieher nun von der Geschichte vom Tod des aus Unachtsamkeit ertrunkenen Kindes:

»Ich grif nach ihm, erhaschte ihn beim Haare, zog ihn heraus, und trug ihn selbst in das nächste Haus, schickte unterdessen meinen Fritz zum nächsten

Abb. 6. Kinderschreckfiguren auf niederländischen Bilderbogen

Bader, welcher mit den zur Erweckung der Ertrunknen gehörigen Instrumenten
herbeeilte, und mit mir sich so viel möglich bemühte, Spuren des Lebens an
dem Ertrunkenen zu erwecken. Allein alle unsere Mühe, alles Reiben mit
wollenen Tüchern, alle unsere Sorgfalt blieb ohne Wirkung, blieb unbe-
lohnt.«[65]

Auch der Liebe Gott bleibt nicht länger metaphysische Angstfigur.
Heinrich Müller erzählt die Geschichte vom furchtsamen Ludwig
(1811), der beim Weg über den nächtlichen Kirchhof eine weiße
Gestalt sieht, die er für ein Gespenst hält. Der Vater geht mit ihm
den Weg zurück und läßt Ludwig sich überzeugen, »daß es nichts
als ein großes Tischlaken war, welches ausgebreitet auf Stangen
vor dem Predigerhause zum Trocknen aufgehangen war.« Und der
Autor beschließt die Geschichte mit dem Reim:

> »Fühlst Du im Dunkeln Furcht und Grauen,
> So denke nur an dieses Wort:
> Gott kann Dich allenthalben schauen,
> Gott ist um Dich an jedem Ort.
> Sey nur im Herzen fromm und rein,
> So brauchst du kein Gespenst zu scheu'n.«[66]

Der Liebe Gott hilft also den Kindern gegen die Gespensterfurcht;
aber gleichzeitig verwandelt sich seine Gestalt in die eines unsichtbaren, unentrinnbaren Über-Ichs. Er *sieht alles*, er sieht die Kinder
auch dann, wenn sie *allein* sind. So wird er zur Maske einer neuen,
ebenso schlimmen Angst: der Gewissensqual.
Im Lichte der Aufklärung erscheinen deshalb mit dem Glauben der
alten Zeit auch deren Kinderfeste und -bräuche mit ihren monströ-
sen Masken und ihren wilden Umtrieben nicht nur als lächerlich,
sondern als gefährlich. Strobl warnt Kinder und Eltern vor dem
Brauch des »Nikolaus-Vorabends«; er erzählt die Geschichte von
dem Kind, das am großen Schrecken starb, als es der »Klaubauf«,
des Nikolaus Knecht, in den Sack stecken wollte.[67] Und er warnt
vor den bäuerlichen Sonnwend-Festen, vor allem vor der Sitte,
über das Feuer zu springen (»Weise Obrigkeiten haben diese Spiele
wegen den verwüstenden Folgen, welche oft daraus entstehen,
aufgehoben«); er schildert, wie aus diesem Brauch einmal ein
verheerender Brand entstand.[68] Die Ablehnung solcher traditionellen Volks- und Kinderfeste – sie begleitet den Prozeß der Zivilisa-

tion seit dem Ausgang des Mittelalters[69] – hat etwas mit der sich
wandelnden Einstellung gegenüber Tod und Gewalt zu tun. Denn
Tod und Gewalt waren Elemente dieser karnevalesken Feste[70],
und sie lebten in gestisch-symbolischer Form im »In-den-Sack-
Stecken« durch Nikolaus' Knecht Ruprecht (dem Nachfolger des
Kinderfressers[71]) und im Feuerritual des Johannistages[72] fort.
Derlei wirkt im aufgeklärten Zeitalter notwendigerweise roh und
ungeschlacht, geht es doch jetzt um die Durchsetzung eines neuen
Paradigmas von Gewalt und Tod: Gewalt rechtfertigt sich gegen-
über den Kindern als *Naturgewalt*, der Tod erscheint als temporär
vermeidbare Konsequenz individuellen Fehlverhaltens. So werden
mit ihrer Ausschaltung aus dem öffentlichen Bewußtsein Tod und
Gewalt zu Protagonisten im individuellen Schicksalsdrama.

Die neue Sprache der Bilder

Eine wichtige Rolle in Strobls Unglücksgeschichten-Buch spielen,
ebenso wie in anderen Kinderbüchern der Zeit, die *Bilder*. Es sind
hier ausklappbare Kupfertafeln am Ende des Bandes, von der
Hand des bekannten Münchener Kupferstechers Johann Mettenleiter.
Diese Bilder sind ebenso wie die Geschichten Glaubenszeugnisse
neuer Art; sie künden vom Glauben an die Vermeidbarkeit des
Unglücks durch dessen Veranschaulichung. Dabei hat sich die
bildliche Darstellungsweise des Unglücks entscheidend gewandelt:
Im Gegensatz zur Simultan- oder Ganztechnik der Legenden- und
Votivtafel-Bilder berichten die Kupferstiche (und andere vergleich-
bare zeitgenössische Illustrationen) den Hergang des Geschehens
nicht mehr selber; sie geben lediglich einen »Augenblicksaus-
schnitt« des Ereignisses. Das heißt, die Unglücksbilder sind jetzt
nur noch *Illustrationen* eines Vorgangs, nicht mehr, wie die Votivtafeln, magischer Bestandteil dieses Vorgangs selbst. Deshalb sind
sie, wie alle Illustrationen, notwendigerweise erklärungsbedürftig
und ohne Deutung durch den Text oder den »wissenden Erzieher«
für die Kinder nicht ohne weiteres verständlich (jedenfalls nicht so,
wie sie gedacht sind). Im Frontispiz des Buches hat Mettenleiter
dargestellt, wie man sich den wunschgemäßen Gebrauch solcher
Bilder zu denken hat: Einer um den Tisch versammelten Gruppe

von Kindern unterschiedlichen Alters wird von einer erwachsenen männlichen Person ein Bildblatt vorgelegt.[73] Auch andere zeitgenössische Autoren der pädagogischen Bewegung raten zu einem solchen Bildergebrauch und warnen z. T. ausdrücklich davor, Kinder Bilder allein betrachten zu lassen.[74] Diese »Sorge« ist, vom Standpunkt der Pädagogen aus, berechtigt: Wo das Bild nicht mehr aus sich verständlich ist, kann sich jeder eine andere Geschichte dazu erfinden – das Bild im Buch wird, sofern es nicht autoritativ gedeutet wird, tendenziell zur Illustration eigener, innerer Bilder. Hier berührt sich die Furcht der Erzieher vor dem unkontrollierten Umgang mit *Bildern* mit ihrer Furcht vor dem unkontrollierten Umgang mit *Texten*, wie sie in den Warnungen vor der *Lesesucht* zum Ausdruck kommt.[75] Die veränderte Funktion von Bild und Text ist es, die dieser Furcht zugrunde liegt.

Zwischen Bild und Betrachter beansprucht also der pädagogische Vermittler einen festen Platz. Aus einem Stich Mettenleiters, auf dem man drei Jungen unter einem Baum sieht, von denen der eine sich erbricht und die beiden anderen sich einander halb umschlingend im Gras knien, während ein schwarzer Mann aus dem Gebüsch tritt, kann man sehr viele Geschichten herauslesen, nicht nur die von drei naschhaften Knaben, die nach dem Genuß von Tollkirschen im Wald aufgefunden werden.

Auf diesem Stich erscheint auch der Retter im Bild. Hinter den drei Knaben tritt mit erhobenen Händen ein schwarzgekleideter Mann aus dem Wald. Es ist kein anderer als der Heilige Antonius des aufgeklärten Zeitalters: der Lehrer. Strobl erklärt die Kupfertafel folgendermaßen:

»Nun muß ich euch doch auch sagen, was die Kupfertafel für eine Geschichte enthält. Vorher müßt ihr aber wissen, daß es verschiedene Pflanzen, Beeren, und Schwämme giebt, welche giftig sind, und welche, wenn man sie geniesset, nicht nur allein Magenentzündungen, Krämpfe und Erbrechen, sondern auch den Tod verursachen. Ihr müßt euch also, wenn ihr allein spazieren geht, und dergleichen antreffet, wohl in Acht nehmen, daß ihr sie nicht für Erd- Moj- oder Heidelbeere haltet, und hineinesset. Allein wenn ihr nun naschhafte Jungen wäret, die alles, was auf der Zunge wohl thut, auch für den Magen dienlich halten, so würde euch diese kurze Warnung wohl nicht abhalten, eurer Leckerhaftigkeit Abbruch zu thun, und ihr würdet zehn für einmal in Gefahr kommen, euch selbst zu vergiften. So gieng es den drei naschhaften Knaben, welche ihr auf der Kupfertabelle in verschiedenen schmerzhaften Stellungen abgebildet sehet. Sie waren mit ihrem Lehrer spazieren gegangen: er erlaubte Ihnen, während er mit einem Buch in der Hand seinen Weg fortwandelte, hie und da in den Gebüschen und Gesträuchen herumzulaufen, nur sollten sie am Ende des Wäldchens auf ihn warten. Als er dahin gekommen war, und sie nicht sah, und nicht hörte, ward ihm das bedenklich; er pfiff, er rief ihnen; allein er bekam keine Antwort zurück. Nun gieng er sie aufzusuchen, und traf sie zu seinem größten Schrecken in jener traurigen Lage an, in welcher ihr sie vor euch sehet. Zwei sassen entkräftet und mit Krämpfungen behaftet auf dem Boden, und der dritte lehnte an einem Baum, und erbrach sich. Der gute Lehrer wußte sich in der Geschwindigkeit weder zu rathen noch zu helfen. Er fragte sie, was die Ursache ihres Schmerzens wäre; da erzählte ihm einer, daß sie von jenen schwarzen Beeren gegessen hätten, welche sie da an einer Pflanze so schön glänzend angetroffen haben, darauf wäre ihnen nun auf einmal so übel geworden, daß sie nicht mehr weiter kommen konnten. Der Lehrer merkte gleich, daß Gift in dieser Frucht gewesen sein müsse. Er lief zu einem Bauern, der am Ende des Wäldchens wohnte, ließ die Jungen dahin bringen, und schickte dessen Knecht gleich mit einem Billet nach einem Arzt in die Stadt, schrieb ihm darin so kurz als möglich den Vorfall, und daß er die Arzenei gleich mitnehmen sollte. Dieser kam, fand, daß die Knaben sich wirklich in sehr gefährlichen Umständen befanden, ließ sich die Frucht zeigen, von der sie gegessen hatten, und erstaunte nicht wenig, als er sah, daß es Wolfskirschen waren. Hier war nun, um die Knaben aus der augenscheinlichen Todesgefahr zu retten, kein anderes Mittel übrig, als durch Brechmittel, und durch erweichende und abführende Klystiren, das giftige Uebel aus ihrem Leibe zu treiben. Zum Glück gelang es ihm, sie wieder herzustellen, um eine Stunde später würde alle Arzenei vergebens gewesen sein. – Als sich die Knaben wieder besser fühlten, legte einer den andern die Schuld ihres Naschens bei: keiner wollte der erste gewesen sein, der von der Frucht gekostet hätte, und doch waren alle drei solche Leckmäuler, die alles, was ihren Gaumen kizelte, hineinaßen, und sicher auch, wenn ihr Lehrer nicht bei ihnen gewesen wäre, auf dem Platze gestorben, und für ihre Nascherei gebüßt haben würden, so sie zum Glücke derselbe noch zu rechter Zeit angetroffen hatte. Denn diese Wolfs- oder auch Tollkirschen genannt haben folgende Eigenschaften, die ich euch hiehersetzen will, damit ihr euch dafür in Acht nehmen könnt.«[76]

Die Sprache des zur Illustration gewordenen Bildes wird (jedenfalls in dem intendierten Sinne) erst durch die erläuternde Geschichte des Erzählers verständlich. Und diese Geschichte läuft auf ein Ende mit Schrecken hinaus, wenngleich hier durch das Bündnis von Lehrer und Arzt der Tod abgewehrt werden konnte. Die Todesdrohung bleibt freilich deutlich genug, hier wie in anderen Geschichten des Typus »Kind, das sich vergiftet«.[77] Und unschwer ist die Veränderung der dramatischen Spannung zu erkennen: Mündete sie in der alten wunderbaren Rettungsgeschichte in ein

»Alles vergeblich, aber Er hat geholfen«, so erscheint hier der
Unfall als Konsequenz eines schuldhaften Verhaltens der Kinder,
die Rettung als Ergebnis des überlegenen Wissens und des ent-
schlossenen Eingreifens der Helfer. Den *Hintergründen* des unglücklichen Ereignisses gilt daher das besondere Interesse des
Erzählers – *weil* sie *naschhaft* und *unwissend* waren, vergifteten
sich die Knaben.

Die Botschaft des neuen Heiligen.
Verschwinden des Schutzengels

In Strobls Geschichte von den drei Näscherknaben ist – auf der
Tafel und im Text – der Retter noch sichtbar. Das ist allerdings die
Ausnahme. Im allgemeinen sind die Kinder in den Unglücksgeschichten allein (so auch hier die drei Knaben, während sie von
den Tollkirschen essen), also in jener »gefährlichen« Situation, zu
deren angemessener Bewältigung Bücher für Kinder überhaupt
erst notwendig werden. Denn der neue Heilige des aufgeklärten
Zeitalters, der Erzieher, hilft mit seiner Realpräsenz nur *propädeu-
tisch,* und auch das unterscheidet ihn vom Heiligen Antonius und
seinen kinderfreundlichen älteren Nothelfer-Gefährten. Er bereitet
die Kinder auf gefährliche Situationen vor, *ehe* diese eintreten.
Und er tut das, indem er Geschichten von solchen Situationen
erzählt. Ist das Kind erst einmal in den Brunnen gefallen, kann er
nichts mehr machen, es sei denn die Geschichte vom Kind erzählen, das in den Brunnen gefallen ist.[78] Denn – so die Geschichten –
hat das Kind sich erst einmal auf den Weg des Unglücks begeben,
eilt es ihm in einer fast zwanghaften Konsequenz entgegen, in einer
Art *Selbstlauf,* wie er beispielsweise in Karl Philipp Moritz' Geschichte ›Der kleine Albert‹ beschrieben ist:

»Die Eltern des kleinen Albert wohnten auf einem Hügel, an dessen Fuß ein
tiefer Sumpf war. Der kleine Albert wurde sehr oft von seinen Eltern gewarnt,
daß er ja den Hügel nicht hinunter laufen solle. Endlich aber fügte es sich
einmal, daß er allein war, so daß ihn niemand sahe; da fiel ihm der Gedanke
ein, nur ein paar Schritte den Hügel hinunter zu laufen, und dann wieder
umzukehren. Er lief also zu, und als er ohngefähr in der Mitte des Abhanges
war, wollte er stehen bleiben, konnte aber nicht mehr, sondern mußte nun
einmal ganz herunter laufen, so daß er mit der größten Gewalt in den Sumpf
stürzte und ertrank.«[79]

Dort, wo der neue Heilige die Macht hat, hat es der alte Schutzengel schwer. Für den aus dem oberbayrischen Schrobenhausen
gebürtigen Strobl ist er durchaus noch Realität. Er hilft jedoch nur
den ehrbaren, wohlerzogenen und gesitteten Kindern, sagt Strobl.
»Den schuldigen und unehrbaren Jüngling aber flieht er, macht
ihn blind vor dem Abgrund, in den er sich stürzt und läßt ihn in
der Gefahr zu Grunde gehen.« Als Beispiel »dieser Art« zeigt
Strobl den Kindern ein Bild und erläutert:

»Ein nackter Jüngling springt von der Höhe eines Damms ins Wasser herab; er
sah und dachte nicht an die Gefahr, die im Verborgenen daselbst auf ihn
wartete, und zerschmetterte seine Brust an einem von einem ausgespülten alten
Damm stehengebliebenen Pfal, daß er sich lebendig spieste, und zum Schrecken
und Bestürzung der zwei übrigen todt im Wasser blieb.«[80]

Allenfalls bei den gemeinen Leuten tut der Schutzengel noch
Wirkung:

»Ich habe vornehme Leute oft sagen gehört, die gemeinen sogenannten Gassen-
kinder müßten einen besonderen Schutzengel haben, der sie bewachte, da sie
oft in den gewagtesten, gefahrvollen Spielen unversehrt davon kämen, ihre
Kinder hingegen, wenn sie nur einmal ohne Aufsicht in solche Gesellschaft
gerieten, weit leichter ein Unglück oder Merkzeichen davontrügen.«[81]

Die Botschaft des neuen Heiligen lautet, daß man es lernen könne,
ja lernen müsse, dem Unglück zu entgehen; schließlich sei es die
Bestimmung des Menschen, glücklich zu werden. Die Unglücksgeschichten sind Warngeschichten, böse Exempla, die zum guten
Beispiel werden sollen:

»Willst Du Dich Deines Lebens freun,
Mußt Du der Warnung folgsam seyn.
Wer nicht auf Rath und Warnung hört,
Hat oft sein Lebensglück zerstört.«

Dieser Vierzeiler beschließt Heinrich Müllers Geschichte vom
unachtsamen Johann, der beim Baden verunglückt ist. Wie in der
alten Legende unternehmen hinzugekommene Männer Wiederbe-
lebungsversuche. »Allein auch die sorgfältigste Behandlung war
nicht im Stande, den todten Knaben wieder ins Leben zurückzurufen.«[82] Das ist im Grunde bloß konsequent, denn Johanns Ende ist
gleichsam die Folge eines vergeblichen Rettungsversuchs, der be-
reits zu Lebzeiten des Knaben eingeleitet worden war: »Wie oft

hatte der Vater den unachtsamen Johann gewarnt, daß er sich
nicht unnötig in Gefahr wagen, daß er ohne Noth nichts thun
sollte, was ihm schädlich seyn könnte.« Das Geschehen erscheint
deshalb nicht als Katastrophe, sondern als logische Auswirkung
individuellen Verhaltens. Das Unglück war vorhersehbar.

Das gilt ebenfalls von den anderen verbreiteten Geschichtentypen
wie dem »Büblein auf dem Eis«[83], dem »Kletterbüblein«[84], dem
»Kind, das mit Feuer spielt[85], »erhitzt trinkt«[86] oder die verord-
nete »Arznei nicht nimmt«[87]. Sie alle verletzen sich, tragen Schäden davon oder müssen sterben; aber sie haben sich selber ins
Unglück gebracht. Wild, waghalsig, verwegen, leichtfertig, neugie-
rig, unvorsichtig, unwissend und ungehorsam wie sie sind, voll-
streckt die Natur an ihnen ein Urteil, das sie sich selber gesprochen
haben. Im Grunde sind diese Kinder das, was zum festen Begriff
der antimasturbatorischen Warngeschichte wurde: *Selbstverderber.*

Die Botschaft des neuen Heiligen, daß man es lernen kann und
lernen muß, dem Unglück zu entgehen, ist damit zugleich ein
Verdammnisurteil über alle Unglücklichen. Denn wo das Unglück
vermeidbar ist, trifft die Unglücksopfer auch noch die *Schuld* an
ihrem Schicksal. Die Kinder der pädagogischen Literatur sind
gerade daran, daß ihnen etwas zustößt, als *böse* zu erkennen.

Das gilt erst recht für einen besonders heiklen Typus der Kinderunglücks-Geschichte: die Hundeattacken. Denn mit dem Hund –
oft dem tollwütigen Hund – kommt ein Stück wilde Natur ins
Spiel, die, anders als Wassergräben, Eisflächen oder Kletterbäume,
nicht leicht zu meiden ist. Aber die moralischen Erzählungen
bleiben auch hier konsequent; selbst der Angriff eines tollwütigen
Hundes ist die vermeidbare Folge menschlichen Fehlverhaltens. In
der Typologie der zahlreichen Hundebiß-Geschichten erscheint
daher, bis hin zu *Struwwelpeter*-Hoffmanns *bösem Friederich*[88],
das gebissene Kind immer wieder als böses Kind, vor allem in der
Rolle des Hundequälers.[89] Ein Beispiel dafür ist François Baratiers
»boshafter Stephan« (1796):

»Er wollt nicht nur niemals etwas Gutes lernen, oder in die Schule oder zur
Kirche gehn, um einst ein frommer und verständiger Mensch zu werden, ob
man ihn schon durch die liebreichsten Vorstellungen dazu anzuhalten suchte;
sondern er bezeigte sich auch in allen anderen Dingen äußerst boshaft, äußerst
widerspänstig gegen seine Eltern und Vorgesetzten, und war ein so durchaus

Abb. 7. Schutzengel. Bildpostkarte 1901

verdorbener Knabe, daß er nur daran seine Freude fand, andere Leute zu
nekken, zu quälen, zu belügen, und lauter Dinge vorzunehmen, die ihnen
Verdruß und Ärgerniß machen konnten.«

Die Charakterisierung dieses Knaben ist so allgemein und unkon-
kret, daß sie »didaktisch« auf die Mehrheit der Kinder übertrag-
bar ist. Gleichzeitig wird der Knabe so sehr verteufelt, daß sein
Schicksal ganz »natürlich« erscheint. Er peitscht einen tollwütigen
Hund, wird von ihm gebissen und muß »nach einigen Tagen in
fürchterlicher Raserei seinen Geist aufgeben«.[90]

Erzähltypologie und Authentizitätsbeteuerung:
die Unglücksgeschichte als ›wahre‹ Geschichte

Natürlich verlangen die Unglücksgeschichten Glauben an die
Wahrheit des Erzählten. Zur Wahrheitsbeteuerung bedienen sich
zumindest die älteren Autoren gern jener Mittel, die schon zum
Formbestand der alten religiösen Wundergeschichten gehörten:
der *Namensnennung* und der *Ortszuweisung* (beides gelegentlich
in Abbreviatur).
»In der Stadt Petersburg an dem Newa-Fluß, der sich in den
finnischen Meerbusen ergießt, Hauptstadt des Rußischen Reichs,
und Residenz des Czaars oder Rußischen Kaisers; da war einmal
ein Knabe, den man den schmuzigen Nikolaus oder den Junker
Schweinikel nennte«, beginnt François Baratier die Geschichte
vom »unreinlichen Kind«, die in Campes *Kinderbibliothek* wie-
derauftaucht und von da auf unergründliche Weise zu Bertolt
Brecht gelangt ist, der sie in ›Es war einmal ein Kind, das wollte
sich nicht waschen ...‹ bearbeitet hat.[91]
Ähnliche Ortsangaben leiten viele der *Sittlichen Gemälde guter
und böser Kinder* ein, die kontrastive *Exempla* vorführen (so folgt
dem »unreinlichen Kind« die Geschichte vom »reinlichen Kind«).
Die 1796 in Neuauflage bearbeiteten Geschichten stammen von
dem Hugenottenprediger François Baratier (1682−1751)[92], der
sie »zum Gebrauch seines damals dreyjährigen Sohnes verfaßte«.
Dieser, Johann Philipp Baratier (1721−1740), wurde übrigens ein
berühmtes Wunderkind: durch väterlichen Unterricht schrieb und
sprach er bereits im vierten Lebensjahr geläufig französisch,
deutsch und lateinisch, im fünften und sechsten lernte er griechisch

und hebräisch, bis zum dreizehnten Lebensjahr rabbinisch (!),
syrisch, chaldäisch und arabisch. 1735 wird er dem Preußenkönig
Friedrich Wilhelm I. vorgestellt und von ihm examiniert. Im
14. Lebensjahr bezieht er die Universität Halle, wo er bereits nach
drei Tagen seine Magister-Disputation abhält. Im 20. Lebensjahr
stirbt er über einem Buch über die Ägyptischen Altertümer.[93]

»In N. lebte eine ansehnliche Familie ...« oder »Noch ein anderes
sehr tragisches Schauspiel trug sich unlängst auf einem herrschaft-
lichen Schlosse zu A** zu ...« – mit solchen Lokalisierungen
beginnt auch J. B. Strobl seine Unglücksgeschichten; er beruft sich
übrigens gern auf Augen- und Ohrenzeugenschaft, zum Beispiel
für eine Geschichte, in der der Schulknabe Alfons »aus Heckenho-
fen unweit der Stadt Eichach« aus einem schmutzigen Tümpel
trinkt, worauf ihm Frösche im Magen wachsen und sogar zum
Mund herauskriechen, bis er endlich unter schrecklichen Konvul-
sionen stirbt[94].

Auch in Johann Peter Voits (1747–1811)[95] *Höflichem Schüler* soll
durch (verkürzte) Namens- und Ortsangabe Authentizität vermit-
telt werden: »Christian Sp. in Kopenhagen« zersprengt sich beim
Klettern über ein Brunnengeländer den Bauch, »der junge A. in
Ulm« gewöhnt sich beim Reden den Fehler an, »nach einigen
Worten zu sagen ›nex nex‹« und wird darum überall verlacht –
und der Junge, der wie Campes Fritz der Näscher Mäusegift für
Zucker ißt, heißt bei Voit »Albert V... in Cöln«[96].

In scheinbarem Widerspruch zu solchen in Namens- und Ortsangaben ausgedrückten Authentizitätsbeteuerungen steht die strenge
formgeschichtliche Motivtypologie vieler dieser Geschichten. So
gibt es die Geschichte von dem Mädchen, das die »Unart« hat, bei
der Handarbeit oder beim Ankleiden Nadeln in den Mund zu
nehmen, sich dabei einmal erschrickt, eine Nadel verschluckt und
trotz ärztlicher Hilfe stirbt. Bacher erzählt diese Geschichte 1807
von einer kleinen Wilhelmine, Müller 1811 von einer Philippine,
Kerndörffer 1812 von einer Bertha, »Professor Zipser« 1833 von
einem »Fräulein, 17 Jahre alt«, Hoffmann 1842 (und in 15. Auflage 1876) von einer Meta – wobei, wie im Märchen, im Rahmen
des »Typus« die Einzelheiten variieren[97]. Merkwürdigerweise
habe ich diese Geschichte – hier von einem kleinen Giorgio
erzählt, der mit Nadeln im Mund von einem Pudel erschreckt wird
– auch in einem italienischen Kinderbuch gefunden.[98] Im Norden

läßt sie sich in Dänemark und Island nachweisen.[98a] Hier gewinnt ein bestimmtes kindliches »Fehlverhalten« seine Bedeutung offensichtlich im Kontext einer literarischen *Formtradition*, die den Gegenstand, von dem sie handelt, im Grunde erst produziert (wie dies etwa in der Motivtypologie der »Selbstschwächer«-Geschichten zu beobachten ist[99]). Form- und überlieferungsgeschichtlich ließe sich eine Reihe dieser Erzählungen durchaus als »pädagogische Märchen« klassifizieren, d. h. nach der bekannten Methode »Aarne/Thompson« untersuchen.

Die Schriftsteller schöpfen, von der Wahrheit der Geschichten überzeugt, immer wieder aus dem tradierten Fundus – mit und ohne Quellenangabe. So erzählt etwa Müller 1811 die Geschichte eines Mädchens, das einmal allein zu Mittag ißt, weil seine Eltern verreist waren; es steigt mit der Gabel in der Hand auf einen Stuhl, stürzt und sticht sich das rechte Auge aus. Die gleiche Geschichte steht, im Wortlaut fast identisch, vier Jahre früher schon in Bachers *Mädchenfreund*, nur daß Müllers Hannchen hier Luzie heißt.[100] Der Verfasser des *Mädchenfreunds* wiederum teilt im Vorwort mit, er habe »aus den beßten verschiedenen Kinder- und Jugendschriften, die mir zur Geboth standen, Materialien gesammelt, und sie so zu bearbeiten und einzurichten gesucht, wie ichs für Schülerinnen in Mädchenschulen nützlich hielt«. Möglicherweise gehörte dazu J. P. Voits *Höflicher Schüler* von 1780, worin die Gabelgeschichte in geänderter Version von »dem kleinen B. in Halberstadt« berichtet wird.[101]

Die Unglücksgeschichten bezeugen also das Ineinander von Authentizitätsbeteuerung und Formbestimmtheit, das die Wahrheit schon der alten Wundergeschichte ausmachte. Ich denke, daß wir diese ebenso wie jene ohnehin nur dann verstehen können, wenn wir unterstellen, daß sie buchstäblich wahr *sind* (ohne dabei allerdings jenem Begriff von Wahrheit aufzusitzen, den sie selber *formulieren*). An einer heute besonders »unwahr« wirkenden Geschichte will ich das verdeutlichen:

Mit dem bislang liebenswerten und gesunden elfjährigen Wilhelm gehen eines Tages merkwürdige Veränderungen vor. Er verliert die Lernbegierde, wird menschenscheu, schüchtern und verlegen; sein Gedächtnis läßt nach, die Wangen werden bleich, die Augen treten in die Höhlen zurück, seine Hände zittern. Während eines Landaufenthalts bei einem Prediger verschlimmert sich sein Zustand,

wilde Phantasien peinigen ihn, er sieht Schreckgestalten, schreit im
Schlaf. Der Prediger bringt ihn ins Pesthospital, wo er unter
Geisteskranken, Leprösen und Syphilitikern nach schrecklichen
Krämpfen und unter seelischen Qualen mit 15 Jahren stirbt.[102]
Daß die Lebensgeschichte eines Jungen so verlaufen sein mag,
braucht nicht bezweifelt zu werden. Wir können unterstellen,
daß dies eine, wie der Autor beteuert, »wahrhafte Geschichte«
ist. Als wahr unterstellen können wir auch, daß dieser Junge,
wie die meisten Jungen, autoerotische Spiele getrieben hat. Der
literarisch-pädagogische Typus dieser Geschichte entsteht jedoch
erst dadurch, daß der Autor diese beiden Sachverhalte miteinander verbindet und das Onanieren *ursächlich* für Wilhelms trauri-
ges Schicksal verantwortlich macht. Wilhelms Lebenslauf wird
so zur »wahrhaften Geschichte eines unglücklichen Selbstverder-
bers«[103].
Mit dergleichen Kausalitäten arbeiten alle Geschichten; die Kau-
salkonjunktion ist der strategische Hebel des aufklärerischen War-
nungsprogramms. Nanette bekommt die Schwindsucht und stirbt:
weil sie einmal erhitzt getrunken hat, sagt die Geschichte.[104]
Jakobinens Arm verkrüppelt: *weil* sie die Gießkanne nur mit einer
Hand getragen hat, statt mit rechts und links abzuwechseln, sagt
die Geschichte.[105] Leonorens artiges Hündchen bekommt die Toll-
wut und beißt das Kind, so daß es daran stirbt: *weil* Leonore dem
Tier einmal unvorsichtigerweise heiße Suppe zu essen gegeben hat,
sagt die Geschichte.[106]
Ähnlich prekär sind die »moralischen« Kausalitäten der Geschichten. Hat sich Peter wirklich deshalb mit dem Federmesser des
Vaters das Auge ausgestochen, weil er ein »eigensinniger Knabe«
war?[107] Ist Moritz deshalb in die Fuchsfalle getreten, weil er ein
»neugieriges Kind«[108] war? Mußte Jacob im Eis einbrechen und
ertrinken, weil er »immer erst die Ursache wissen [wollte], warum
ihm dieses oder jenes verboten würde«?[109] Konstruktionen dieser
Art erscheinen uns heute fragwürdig. Aber ich vermute, daß man
in zweihundert Jahren die heute zur Warnung erzählten Lebensläufe von drogensüchtigen Jugendlichen genauso lesen wird, wie
wir heute die alte Geschichte von Wilhelm dem Selbstschwächer
lesen.

Die Gefahr geht von den Menschen aus. Kindheit als Risiko

Daß das Unglück ein vermeidbarer, selbstverschuldeter Fall ist; daß es keine Katastrophen gibt, sondern nur Fehler; daß man das Böse überwinden kann – davon handeln, im Gegensatz zu den alten Heiligenlegenden, die neuen Unglücksgeschichten. Sollen Gefahrenrisiken eliminiert, wenigstens vermindert werden, so müssen sie zunächst einmal aufgespürt werden. Der pädagogische Spürsinn des Geschichtenerzählers entdeckt sie überall.

J. B. Strobl hat seinem Unglücksgeschichten-Buch ein »Sachenregister« nachgestellt, eine Art Lexikon der Kindergefährdungen. Da gibt es auf 21 Seiten neben vielen anderen die Stichwörter »Abkühlung, zu geschwinde«; »Baden«; »Bienen«; »Burzelbäume machen«; »Eisschleifen«; »sich Fürchten«; »Gabeln«; »Hausthiere«; »Lecken, an mit Eise überzogenem Eisen«; »Naschen«; »Pferde«; »Pulver«; »Schlittschuhschleifen«; »Springen«; »Steine, aus der Hand geschleudert«; »Vogelröhre«[110]. Das gesamte Kinderleben erscheint dem pädagogischen Blick als Risiko. So auch in Amadeus Ziehnerts[111] *Die spielenden Kinder* von 1816. Was an aufgeklärter Pädagogik von Aufklärern bis heute immer wieder hochgerühmt worden ist, findet sich auch in diesem Buch: der Blick für »die Eigenwelt des Kindes«. Einfühlsam und genau beschreibt der sächsische Pfarrer die *Belustigungen* der Kinder. Der »Vater« in diesem Buch schaut übrigens nicht nur zu; er spielt selber mit den Kindern, zeigt ihnen Neuigkeiten, bastelt Spielsachen. Aber der Blick für die Kinder kann in deren Welt immer nur Gefahren entdecken; er wird zum *strategischen Blick* in der großen Schlacht gegen das Unglück. Im Grunde spielt der Vater mit seinen Kindern nur deshalb, um Schaden von ihnen zu wenden, um die allerorten lauernden Bedrohungen abwehren zu helfen. Denn Kinderspiele bergen in jedem Falle Risiken, und unter diesem Gesichtspunkt werden sie von Ziehnert minutiös beschrieben: Der Vater hat den Kindern einen Ball mitgebracht. Mit den Knaben spielt er »Ballwerfen«, dann bricht er das Spiel ab, denn »Spiele, bei denen man immer aufwärts sehen muß, spielet nie lange, sonst schadet ihr leicht dem Halse und auch den Augen«. Auch die Mädchen sollen »Ballrollen« nicht lange spielen: »Spiele, bei denen ihr euch oft bücken müßt, spielt nie lange, sonst steigt das Blut zu häufig nach dem Kopfe und macht euch krank.« Für das »Wettlaufen« gilt:

»Der Luft entgegen muß man den Mund geschlossen, die Kleider auf der Brust zusammen, und den Kopf bedeckt halten,
wenigstens die ersten Tage.« Wer springt, sollte wissen: »Ihr
müßt aber eure Sprünge nicht zu schnell hintereinander wieder-
holen, damit ihr euch nicht zu sehr erhitzt.« Für das Schaukeln
heißt die Regel: »Schaukelt nie auf einem Querholze am einfachen Seile, auf Brettern, Balken, an Baumästen etc. Denn das
kann für eure Gesundheit und Sittlichkeit sehr gefährlich werden. Ihr Mädchen könnt, wenn ihr artig und sittsam sein wollt,
nie anders als im Sessel schaukeln.« Gefährlich geht es nicht
zuletzt beim Baden zu: »Eine Stunde vor dem Baden unterlaßt
alle starken Körperbewegungen.« Auch darf man »vor dem Baden [...] nicht singen, schreien oder sonst heftig sprechen«[112].
Das Kinderleben steckt nicht nur voller Gefahren, das Kinderleben
ist selber die Gefahr. Sie geht von dem aus, was an unkontrollierter
Tätigkeit in ihm ist. Der Nürnberger Pfarrer Johann Siegmund
Stoy erzählt vom »verwegenen Kind [...] das von Natur ein wenig
eigenwillig war«:

>»Gleich von seiner Kindheit an war es gewarnet worden, daß es nicht hurtig
>laufen sollte, weil es leicht fallen könnte. [...] Dergleichen hatte man ihm
>ausdrücklich verboten, sich ganz allein auf Treppen zu wagen. [...] Es war ihm
>zehenmal gesagt worden: es sollte von ferne bleiben, wenn es an Kellerthüren
>oder Löcher käme, es sollte nicht im Finstern gehen, nicht springen, nicht
>klettern.«

Das Kind kehrt sich nicht an die Warnungen und wird zum
Krüppel.[113] Die Geschichte zeigt, um welchen Preis die aufkläreri-
sche Rechnung aufgeht und das Unglück sich tatsächlich aus der
Welt schaffen läßt: um den Preis der gänzlichen Stillegung der
Individuen, der sorgfältigsten Überwachung ihrer Regungen. Ein-
zig das totale Programm führt in die schöne neue Welt.

Warnendes Schreckensbild.
Die Didaktisierung des eigenen Elends

Die moralischen Geschichten sind ein Stück Bekenntnisliteratur
besonderer Art: Das Opfer zeugt gegen sich selbst. So kann das
eigene Unglück noch zu fremder Leute Glück ausschlagen.

In Salzmanns *Moralischem Elementarbuch* taucht ein Bettler auf, dem der rechte Arm fehlt.

»Wie seyd ihr zu dem Unglükke gekommen?, fragte der Magister. Da richtete sich der Bettler mit vieler Mühe auf und sagte: wenn Sie mir erlauben wollen, daß ich Sie begleiten darf, so will ich Ihnen alles erzählen. Ich bin so gesund und gerade auf die Welt gekommen, als Sie. Aber, da ich jung war, war ich gar ein leichtfertiges, verwegenes Kind. Ich kletterte und stieg den ganzen Tag herum . . .«

Am Ende zieht der Magister das Resümee: Ihr habt zwar keinen rechten Arm mehr, sagt er, aber Ihr habt eine Zunge. Warnt damit die Kinder, die an gefährlichen Örtern herumklettern. »So werdet Ihr gewiß manchen Nutzen schaffen können.«[114]
Die Geschichte Salzmanns führt durchaus prototypisch vor, wie in einer Gesellschaft sich entwickelnder Industriosität der nicht am Produktionsprozeß Teilnehmende, der Bettler und Almosenempfänger, einen neuen Platz findet, der ihn, obgleich ökonomisch unnütz, dennoch moralisch nützlich macht – um den Preis permanenter Selbsterniedrigung, als Warner vor seinem eigenen Schicksal. Sie, die Unglücklichen, liefern die Geschichten, an denen die Glücklichen erkennen sollen, daß sie mit Grund glücklich sind. In der vorbürgerlichen Gesellschaft war der »Unglückliche« – der Bettler, der Krüppel – Teil einer Ordnung, die ihn duldete oder zum Anlaß eigener »Mildtätigkeit« nahm; jetzt wird er Teil einer Ordnung, die ihn als moralisches Demonstrationsobjekt einsetzt.
So wie Salzmanns Bettler treten auch die Unglückskinder gelegentlich als Warner auf, pointieren damit die Tendenz der Geschichte noch durch ihre eigene Deutung:

»Zu ihren Gespielen, die sie in ihrer Krankheit [der ›Auszehrung‹] fleißig besuchten, pflegte sie oft zu sagen: ›Wie geduldig wollte ich leiden und wie fröhlich sterben, wenn ich nur nicht selbst meine Krankheit und meinen Tod verschuldet hätte.‹ So oft diese Kinder in der Folge sich erhitzt hatten und großen Durst empfanden, so sprachen sie zu sich selbst: Denke an Mariens Krankheit und Tod und trinke nicht, wenn du erhitzt bist.«[115]

Das ist gewissermaßen die neue Version des seligen Sterbens. Die zu Schaden Gekommenen erkennen, daß sie sich schuldig gemacht haben, und verkünden diese Botschaft. Und selbst wo sie es nicht mit eigenen Worten tun, wird jedenfalls ihr Schicksal zum *Zeugnis*, das die leidenden oder sterbenden Kinder zu Märtyrern erhebt. Einem dieser Kinder widerfährt *in* der Geschichte selber, was *durch* die Geschichte insgesamt zum Ausdruck kommt: die Aufbereitung zum Exempel. Wilhelm, der sich durchs Onanieren zugrunde gerichtet hat, liegt im Pesthospital,

»als der Prediger mit seinen Kindern, die er schon mit Wilhelms Vergehen bekannt gemacht hatte und sie nun durch sein sichtbares Beispiel warnen wollte, nach G* reiste, den unglücklichen Jüngling zu sehen. Entsetzen überfiel ihn und seine Kinder, wie sie ihn da so liegen sahen. Er schien sie nicht zu kennen. Seine erstorbenen Augen verkannten alle Gegenstände, die um ihn waren. Ausser einigen Seufzern hörte man nichts von ihm, denn er konnte nicht vernehmlich reden. Seine Ausdünstungen waren so unleidlich, daß niemand gern bei ihm bleiben wollte. Ein Geruch der Verwesung scheuchte jeden Menschen von ihm zurück«.[116]

Wilhelms körperlicher Zustand erinnert an den der etwa gleichaltrigen Heiligen Fina in der alten Legende.[117] Einen Vorbild-Tod sterben sie beide: vorbildlich das Legendenkind in seinem Leiden und in seiner Geduld; ein ganz anderes Vorbild der kleine Wilhelm – mit seinem Schicksal beweist er den Gläubigen, daß es hätte vermieden werden können.

»Euer Grabstein hätte einst eure Tugend zum Beispiel rühmen und darstellen können, und nun zeigt er etwa das Unglück, das ihr euch unbesonnen selbst bereitet habt, und ihr werdet kein Beispiel der Tugend, sondern ein warnendes Schreckenbild.«[118]

Die Grabinschriften haben sich die Unglückskinder freilich nicht selber geschrieben.

Literarische Erzählsituation, Intimisierung des Erzählens, zunehmende »Verniedlichung«.
Zur weiteren Geschichte der Gattung

Die Formgeschichte der moralischen Erzählung im 18. und 19. Jahrhundert läßt den Wandel erkennen, den das Erzählen von Geschichten unter den neuen Bedingungen genommen hat. Man kann die Entwicklung als eine zunehmende Intimisierung der alten populären Kunst beschreiben. Geschichtenerzählen als öffentliches Ereignis hat sich lange in Moritat und Bänkelsang, vor allem jedoch auf der Kanzel erhalten (und auch von hier führen Verbindungslinien zur moralischen Geschichte der aufgeklärten Pädagogen). Ganz wesentlich aber verändert sich das

Geschichtenerzählen seit dem 18. Jahrhundert zum *Medium im
Erwachsenen-Kind-Verhältnis*. Die bürgerliche Kinderstube wird
zum Lieblingsplatz des Erzählers (wobei sich die moralischen
Erzählungen vornehmlich an jüngere Kinder wenden[119]). Viele
der moralischen Geschichtenbücher der neu entstehenden Kin-
der- und Jugendliteratur sind auch in ihrer literarischen Form
dieser Situation nachempfunden.
Im 18. Jahrhundert spielt dabei der Typus des »Gesprächsbuchs«
eine wichtige Rolle. Die moralischen Geschichten sind dort Teil
einer dialogisierten Rahmenhandlung, die nach dem Wunschbild
eines Gesprächs zwischen Erzieher und Zögling abgefaßt ist. Die
Erzähler sind so gut wie immer Männer, die Zuhörer können sehr
wohl andere als Kinder der eigenen Familie sein, und die Geschichten stehen neben Belehrungen, Gesprächen oder romanhaft-erzäh-
lenden Passagen. Johann Baptist Strobls Unglücksgeschichten-Buch ist von dieser Art. In der Ich-Form verfaßt, handelt es
von einem Vater, der seinen Kindern Bilder zeigt und ihnen
Geschichten dazu mitteilt, wobei sich die Situation häufig zu
ausgearbeiteten Dialogen entwickelt. In einen größeren romanhaf-
ten Zusammenhang bettet Christian Gotthilf Salzmann in seinem
Moralischen Elementarbuch die Geschichten ein. Sie sind hier
entweder Teil der Rahmenhandlung oder werden vom Vater oder
von Nebenfiguren der Handlung erzählt.
Im 19. Jahrhundert setzt sich dann ein anderer Buchtypus durch:
die Geschichtensammlung. Deren Autoren präsentieren die moralischen Exempla unter Verzicht auf einen lehrhaften Rahmen als
Sammlung von kurzen, in sich abgeschlossenen Erzählungen. Vor-
worte oder einzelne Geschichten thematisieren dabei immer wieder die Erzählsituation und lassen dadurch etwas von der den
Geschichten insgesamt zugedachten Funktion erkennen.
Verstand sich der ältere Typus des *Belehrungsbuches mit einge-
streuten Geschichten* hauptsächlich als Ratgeberschrift für die
erwachsenen (männlichen) Erzieher, als Buch nämlich, das – ähnlich wie Campes *Robinson der Jüngere* – mit dem Erzählstoff
zugleich die ideale Art des Umgangs mit Kindern vorstellen wollte,
so intendiert der jüngere Typus der Geschichtensammlung ohne
rahmende Zwischentexte eher den Gebrauch als Lesebuch in der
Hand der Kinder selber. Die Gegenüberstellung zweier Passagen
mag den Unterschied verdeutlichen. Strobl skizziert in der ›Vor-

erinnerung‹ seines Geschichtenbuches von 1788 dessen Gebrauch folgendermaßen:

»Sie [die Kinder] werden es mit Theilnahme durchblättern, sich natürlicherweise zuerst am längsten und geschäftigsten bei den Kupferstichen aufhalten, und dann zu den Erzählungen übergehen. Der Vater oder Lehrer tritt dann, wie von ohngefähr dazu, hilft ihnen im Lesen nach. Eine vortreffliche Übung; sie lassen sich die Zurechtweisungen und Wiederholungen um so lieber gefallen, weil sie ihr Buch gerne lesen. Ist dieses nicht nöthig, so erhält er von den Kindern selbst Gelegenheit zu dem fruchtbarsten Unterricht.«[120]

Ganz anders verfährt Amalia Schoppe in der ›Einleitung‹ zu ihrem 1836 erschienenen Buch *Hundert kleine Geschichten*:

»Gute kleine Kinder, die bereits lesen und verstehen können, mögen gern hübsche Geschichten hören oder lesen, und die Eltern sehen das gern. Wenn die Eltern Zeit haben und das Kind recht artig bittet: ›O, erzähle mir doch etwas!‹, so thun sie dies wohl; allein die Eltern haben nicht immer Zeit, weil sie noch viele andere Geschäfte haben, als ihren Kindern Geschichten zu erzählen, und dann geben sie ihnen ein hübsches Buch mit Bildern, worin solche Geschichten in Menge stehen.«[121]

Im ersten Fall war das Geschichtenbuch eher Unterrichtsmaterial (auch für den Leseunterricht), Teil des Austauschs zwischen Vater und Kind; im zweiten Fall ist es »Kinderbuch« im modernen Verständnis geworden: Lesestoff des Kindes. Die Gegenüberstellung macht zudem noch einmal deutlich, welches die generelle Bedingung ist, unter der Kinderliteratur entsteht: daß von den »Geschäften« der Erwachsenen die Kinder jetzt mehr und mehr ausgeschlossen sind. »Die Eltern haben nicht immer Zeit ...« Das Lesebuch tritt an die Stelle der persönlichen Erzählung.

Dem Muster mündlicher Erzählung sind die Geschichten verpflichtet, wobei im 19. Jahrhundert die *Mutter* als literarische Erzählfigur den Vater ablöst. *Die erzählende Mutter* heißt ein verbreitetes Geschichtenbuch von Franz Hoffmann; es beginnt mit folgender Schilderung:

»Herrn Brauners Familie [Herr Brauner ist ein reicher Kaufmann in einer großen Stadt] war eine glückliche Familie, und die Mutter schaltete und waltete wie ein guter Engel, so voll Sanftmuth, voll Güte, voll Liebe und Freundlichkeit im Kreise ihrer Kinder. Sie schlug nicht, sie eiferte nicht, und doch folgten die Kinder ihrem leisesten Winke, und ein ernster Blick ihres klaren blauen Auges genügte jederzeit, sie zum Gehorsam zurückzuführen.«

Sie tut das, indem sie den Kindern moralische Geschichten erzählt. Hier, wie in anderen Büchern, gibt sich das Geschichtenerzählen

als Medium einer pädagogisierten Mutter-Kind-Beziehung im
wohlhabenden städtischen Bürgerhaus zu erkennen. Erzählende
Mütter kommen in den Geschichten Franz Hoffmanns immer
wieder vor. So spiegelt sich die Erzählsituation in der Erzählung
selber: »Ganz erhitzt kam eines Nachmittags Max nach Hause,
warf hastig einige Bücher auf den Tisch und wollte dann rasch
wieder zur Stubentür hinaushuschen. Der Mutter Wink hielt ihn
aber zurück. ›Wo bist du gewesen, mein Sohn?‹, fragte sie.« — Max
hat die Schule geschwänzt, und er belügt die Mutter, aber weil er
einsichtig ist, wird er dafür nicht bestraft. »Damit du aber kennen
lernst, wie viel Unheil die Lüge anrichtet, und wie sehr der Lügner
sich selbst schadet, will ich dir heute Abend die Geschichte eines
lügenhaften Knaben erzählen.«[123] Und der kleinen Elise wird zum
Lohn für ihre Freigebigkeit nach dem Abendessen die Geschichte
vom geizigen Gustav erzählt.[124]

Auch die literarische Erzählfigur des Vaters nähert sich in Franz
Hoffmanns Geschichten der gewalttätigen Sanftmut der Mutter-
rolle an: Franziska hat ihr Brüderchen getröstet, das sein kleines
Pferd zerbrochen hatte.

»Der Vater hatte Alles mit angesehen und freute sich sehr, als Franziska ihren
kleinen Bruder so lieb hatte und so hübsch mit ihm spielte. Und als es Abend
wurde, rief er sie zu sich, setzte sie auf seinen Schooß und erzählte ihr ein
schönes Mährchen von einem Ritter und einem Löwen, was Franziska sehr
wohl gefiel. Sie sagte es dem Vater. Siehst du wohl, mein Kind, erwiederte
dieser freundlich, ein artiges Mädchen, das seine Geschwister lieb hat, haben
die Eltern auch lieb und erzählen ihm gern etwas.«[125]

Das Märchen von dem Ritter und dem Löwen wird im Buch
übrigens nicht wiedergegeben; es geht um eine Geschichte vom
Geschichtenerzählen.

Wo Geschichtenerzählen auf diese Weise zum zärtlichen Liebesbe-
weis in der Eltern-Kind-Beziehung der familiären abendlichen
Runde geworden ist, gibt es natürlich auch die Kehrseite: die
Angst des Kindes vor der Verweigerung des Erzählens als Angst
vor der Verweigerung der mütterlichen Liebe. *Geschichtenentzug*
— bereits in Campes *Robinson* einmal zur Übung der Fähigkeit der
Kinder, Begierden bändigen zu lernen, eingesetzt[126] — wird in einer
›Die Geschichte‹ überschriebenen Erzählung Hoffmanns zur An-
drohung von *Liebesentzug*:

»Wenn Franziska den Tag über artig gewesen war, und die Mutter des Abends ein wenig Zeit übrig hatte, erzählte sie dem Kind recht häufig allerlei Geschichten, die Franziska sehr gern anhörte. Sobald aber die Glocke acht Uhr schlug, mußte Franziska zu Bett gehen.«

Bereits in der genau kalkulierten Zeitzumessung steckt neben der Zuwendung zum Kind auch deren Begrenzung. Verständlich daher, daß Franziska mehr hören und nicht zu Bett gehen will:

»Als sie nun eines Abends wieder nicht zu Bette gehen wollte, wurde die Mutter ernstlich böse; sie holte die Ruthe und Franziska wurde bestraft. Zuletzt sagte sie: wenn du nun noch ein einziges Mal vor dem Schlafengehen weinst, erzähle ich dir nie eine Geschichte wieder.«

Die Drohung wirkt, vorerst. Das Zu-Bett-Gehen wird offensichtlich als Preis für die Lust des weiteren Geschichtenerzählens in Kauf genommen.

»Eines Abends aber, die Mutter erzählte ihr gerade ein schönes Märchen, schlug mitten im Erzählen die Uhr. Sogleich stand die Mutter auf und sagte: morgen Abend sollst du das Ende hören; jetzt mußt du zu Bett.«

Das Verhalten der Mutter ist pädagogisch durchaus folgerichtig. Denn das Kind soll mit der *Lust* zugleich den *Verzicht* lernen, und vor allem soll es lernen, daß die *Zeit* »Zeit der Uhren«, mechanische Zeit ist. Auch Geschichtenerzählen hat seine Zeit, sie wird jedoch nicht mehr, wie in der alten Gesellschaft, bestimmt durch die Länge der Geschichte oder die Bereitschaft des Publikums, zuzuhören, sondern durch den Schlag der Uhr, der ja nichts anderes repräsentiert als jenen neuen quantitativ-messenden Begriff von Zeit, mit dem die Industriegesellschaft sich etabliert[127]. Der Zeitbegriff des Kindes ist demgegenüber ein anderer. Es mißt die Zeit nicht nach der Uhr, sondern an dem Bedürfnis, der Geschichte weiter zuzuhören, die Mutter weiter um sich haben zu können. Doch es kommt, wie es in der Geschichte kommen muß:

»[Franziska] wurde trotz ihres Geschreies zu Bett gebracht, und die Mutter erzählte ihr in vielen Wochen nicht eine einzige Geschichte mehr. Da hatte sie denn jeden Abend die größte Langeweile, und oft bereute sie ihre Unart, und sagte: Ach, wär ich doch folgsam gewesen, wie vergnügt könnt ich dann sein.«[128]

So hat Franziska an der Geschichte ›Die Geschichte‹ gelernt, was sie und ihresgleichen auch an allen anderen moralischen Geschichten lernen sollen: daß das Vergnügen an ihnen teuer erkauft und jederzeit bedroht ist.

Im Zuge der Intimisierung der literarischen Erzählsituation wird auch die pädagogische Drastik der Geschichten allmählich gedämpft. Friedrich Gülls Liedersammlung *Kinderheimath in Bildern und Liedern* (1837) mit den Illustrationen von Franz Pocci charakterisiert die »biedermeierliche« Verniedlichung und Entlastung der alten Themen vielleicht am besten. Auch hier gibt es das »Büblein auf dem Eis«, doch anders als in der älteren Literatur endet das Geschehen jetzt nicht mehr tödlich. Ein Mann kommt hinzu:

> »Der packt es bei dem Schopfe
> Und zieht es dann heraus,
> Vom Fuße bis zum Kopfe
> Wie eine Wassermaus.
> Das Büblein hat getropfet,
> Der Vater hat geklopfet
>   Es aus,
>   Zu Haus.«[129]

Ähnlich stürzt sich das »Kletterbüblein« nicht mehr, wie früher, zu Tode oder zum Krüppel. Das alte Motiv wird bei Güll zum Lied aus der Kinderperspektive, von der Mutter als Kitzelspiel zu spielen, wobei Elemente der kindlichen Sprache aufgenommen werden:

> »Steigt das Büblein auf den Baum,
> Oh, so hoch, man sieht es kaum!
>   Schlüpft
>   von Ast zu Ästchen
>   Hüpft
> Zum Vogelnestchen,
>   Ui!
>   Da lacht es,
>   Hui!
>   Da kracht es,
> Plumps, da liegt es drunten.«[130]

Hier wird dem Kind nicht mehr mit dem Tod oder mit Verletzungen gedroht. Freilich, ließe sich hinzufügen, hier kommt auch kein Kind mehr ins Bild, das es überhaupt wagen würde, einen Baum zu

besteigen. Ähnlich wird in Heinrich Hoffmanns von Fallersleben
Kinderlied »Du kriegst ihn nicht! Du kriegst ihn nicht! Sei still,
daß ich nicht zanke! Der Honig ist für Kranke ...« dem *Näscher-
kind* zwar der süße Genuß versagt, dafür wird aber zwischen
Mutter und Kind sehr zärtlich darum gestritten.[131]

Am bekanntesten wird die Gattung Kinderunglücks-Geschichte in
Deutschland durch Heinrich Hoffmanns *Struwwelpeter*.[132] Was in
der Kinderliteratur-Forschung lange Zeit als originäre Leistung
des Frankfurter Nervenarztes galt, ist dies, soweit es die moralische Botschaft des Buchs betrifft, keineswegs. Im Gegenteil, mit
dem Thema der *bestraften Unart*, der Moral vom *selbstverschul-
deten Unglück* und von der *»natürlichen« Strafe* ist der *Struwwelpeter* ebenso wie in der Drastik des Handlungsverlaufs seiner
Episoden eher ein Endpunkt der Entwicklung. Einzelne Erzählmo-
tive (Feuerunglück, Wassersturz, Hundeattacke) gehören längst
zum festen Repertoire der moralischen Erzählung. Originär ist
Hoffmann allerdings in etwas anderem: Er verbindet die moralische Erzählung vom unglücklichen Kind mit der Form der karikie-
renden Bildgeschichte und bringt sie damit in einen neuen, unterhaltsamen Zusammenhang. Zusätzlich mischt er unbekümmert
andere Formen der Tradition ein: Mit dem »Schneider mit der
Scher« und dem großen Niklas, der die bösen Buben ins Tintenfaß
taucht, kehrt die alte, von den Aufklärern vehement bekämpfte
Figur des *Kinderschrecks* wieder. Auch mit dem Hasen, der den
Jäger jagt (›Die Geschichte vom wilden Jäger‹) taucht ein älterer,
populärer Traditionszusammenhang (»Verkehrte Welt«) wieder
auf. In dieser bunten Mischung gänzlich heterogener Elemente –
politische Karikatur, Flugblatt, zeitkritische Anspielung u. a. kommen hinzu – hat die Unglücksgeschichte in der Kinderliteratur
neues Terrain gewonnen.

In der zweiten Hälfte des 19. Jahrhunderts erscheint dann in der
Kinder- und Jugendliteratur, vor allem im Bilderbuch, ein Erzähl-
typus, in dem sich die moralische Unglücksgeschichte in eine neue
Form verwandelt: der *Kinderstreich*. In Wilhelm Buschs Bildgeschichten (besonders in ›Max und Moritz‹) hat er nicht nur seine
bekannteste, sondern zugleich seine gesellschaftlich und literarisch
prägnanteste Gestaltung gefunden.[133] Auch hier geht es um Kin-
der-»Unarten«, und auch hier – wie könnte es anders sein – wird
die Verletzung der Norm geahndet, sogar noch immer mit dem

Tod bestraft. Doch das Grundmuster des Erzählens hat sich
gewandelt: Vom Bösen wird jetzt mit Lust erzählt, die Verletzung
der Moral wird kräftig genossen. War, wie ich behaupte, bereits
die aufgeklärte Warngeschichte schon immer Lustgeschichte, so
darf nun das ehedem heimlich Genossene mit offener Freude
goutiert werden. Der Erzähler ergreift Partei für das »böse« Kind,
wenngleich er es am Ende dem gesellschaftlichen Normensystem
opfert, damit die Welt weiter im (labilen) Gleichgewicht bleiben
kann. »Unglückliche« Kinder bleiben Wilhelm Buschs Figuren
also durchaus; sie ruinieren sich durch das, was sie tun. Aber der
Erzähler weiß genau – und das unterscheidet ihn vom Erzähler des
moralischen Exempels –, daß diese Kinder nur um den Preis des
Unglücks ihr bißchen Lebensglück finden können – und im zerstö-
rerisch-selbstzerstörerischen Angriff auf jene Ruhe und jene Ordnung, jenes Behagen und jene Tugend, welche die Erwachsenen
ihren Kindern als »Glück« hatten schmackhaft machen wollen.
Die Bedrohung, die von diesen »unartigen« Kindern auf die gute
Gesellschaft zukommt, geht aufs Ganze; sie demaskiert den Optimismus, mit dem diese Gesellschaft gegenüber ihren Kindern einst
angetreten war.

Stürzende Kinder (Bilderfolge)

Abb. 8. Simone Martini: Wunder des Heiligen Agostino an einem vom Balkon gestürzten Kind. Tafelbild, um 1328. Siena, Museo dell'Opera del Duomo. Die einzelnen Etappen des dramatischen Geschehens erscheinen simultan im Bild: Aus dem Balkon eines Hauses ist ein Brett herausgebrochen, ein Kind stürzt kopfüber auf die Straße, entsetzt blickt eine Frau, vermutlich die Amme, auf die Szene. Aber der Heilige Agostino – ihm gilt das Gelübde oder der Dank der Frau im Hintergrund, wohl der Mutter – hat geholfen. Der Knabe steht unverletzt im Kreis von drei Erwachsenen. Sein Blick trifft den Heiligen, der mit segnender Gebärde einschwebt, die Linke unter das stürzende Brett haltend.

Abb. 9. Domenico Ghirlandaio: Der Heilige Franziskus erweckt ein aus dem Haus gefallenes Kind wieder zum Leben. Fresko 1483/86. Florenz, S. Trinita, Cappella Sassetti (Detail).

Die im Auftrag des Florentiner Bankiers Francesco Sassetti gemalte Szene enthält zwar noch die Elemente der traditionellen Mirakel-Darstellung (Fenstersturz, Heiligenbild, Danksagung). Sie treten freilich eher zurück gegenüber dem gesellschaftlichen Ereignis, als welches der Maler das Kinderwunder darstellt. Auf dem Platz vor der Kirche am Arno-Ufer haben sich Angehörige des zeitgenössischen Florentiner Patriziats um das gerettete Kind versammelt. Die Rettung des Kindes ist Anlaß gesellschaftlicher Repräsentation.

Abb. 10. Pieter Brueghel: Der Bauer und der Vogeldieb, 1568. Wien, Kunsthistorisches Museum.

Während der Bauer mit demonstrativer Geste auf den Knaben zeigt, der, waghalsig im Baum hängend, dabei ist, ein Vogelnest auszunehmen, jeden Augenblick in Gefahr, abzustürzen, steht er selber im Begriff, mit dem nächsten Schritt erhobenen Hauptes in das vor ihm liegende Sumpfwasser zu stürzen. Wie schon in Brueghels »Kinderspielen« ist auch hier kindlich-spielerisches Tun Gleichnis menschlicher Torheit. Das Kletterkind erscheint als Narr.

„In demſelben Augenblicke aber krachte es. Der Aſt, auf welchem die Neſträuber ſtanden, zerbrach, von Zweig zu Zweig polterten ſie herab und fielen hart auf die Erde."

Abb. 11. Die Nesträuber. Kupferstich aus: Franz Hoffmann, Geschichtenbuch für die Kinderstube, Erzählungen für Kinder von 5 bis 8 Jahren (1850). Das Bild ist Illustration einer moralischen Geschichte, in der die Beweggründe der beiden Knaben ebenso genau beschrieben werden wie der Vorfall selber. Daß es andere Kinder vor einem ähnlichen Schicksal bewahre, ist der erklärte Zweck des Exempels.

Steigt das Büblein auf den Baum,
Ei wie hoch, man sieht es kaum,
Schlüpft
Von Ast zu Aestchen,
Hüpft
Zum Vogelnestchen,
Ui —
Da lacht es,
Hui —
Da kracht es:
Pumps —
Da liegt es unten!

Abb. 12. Kletterbüblein. Lithographie aus: Franz Graf Pocci, Neues Spruch-büchlein mit Bildern (1844).

Der Sturz des Kindes ist nicht mehr Anlaß pädagogischer Warnung. Der kleine Lausbub wird belächelt, allenfalls bemitleidet. Die vignettenhaft-ornamentale Darstellung löst das Geschehen ins Spielerische auf; Friedrich Gülls Liedtext bezieht Elemente der Kindersprache ein. Durch Güll/Poccis Sammlung *Kinderheimat in Liedern und Bildern* und seine Vertonung ist das »Kletterbüblein« als Kinderlied populär geworden.

MariaBisy stürzte am 9.Juli 1900 2 mal vomBaume u. wurde durch die Gnade der gebenedeiten Gottesmutter gerettet.

Abb. 13. Baumsturz eines Kindes. Votivtafelbild aus Maria Taferl (Nieder-
österreich), 1900.
Das Gnadenbild über der Silhouette der Wallfahrtskirche beherrscht die Szene.
Bild und Text teilen nur das Notwendigste zum Verständnis des Vorfalls mit.
Beweggründe für das kindliche Verhalten und die näheren Umstände interessie-
ren nicht. Wichtig ist allein: Das Kind wurde durch Hilfe Marias gerettet.

Abb. 14. Titelblatt von: Kinder, das ist gefährlich! Unsere Jugend im Haus
und auf der Straße. Lese-Bilderbuch mit Schilderung zahlreicher gefahrbringen-
der Spielereien, Unachtsamkeiten, mutwilliger Streiche, fahrlässiger oder bös-
williger Gesetzesübertretungen unserer Knaben und Mädchen. Ein wohlmei-
nender Leitfaden für alle Erzieher beim Unterricht, in Schule und Elternhaus zu
möglichst wirksamer Verhütung von Unglücksfällen. Eine Zusammenstellung
wirklicher Tagesereignisse, wahrheitsgetreu erzählt und mit 160 Bildern veran-
schaulicht von Richard Frei. Bern (Neukomm u. Zimmermann) 1920.

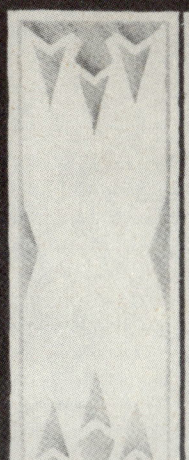

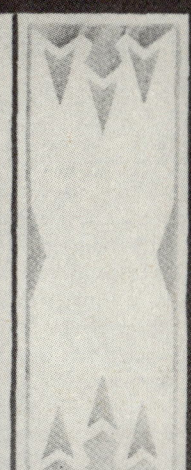

Kinder, das ist gefährlich!

UNSERE·JUGEND·IM·HAUS·UND AUF·DER·STRASSE

VON

Richard Frei

VERLAG·VON·NEUKOMM·&·ZIMMERMANN·BERN

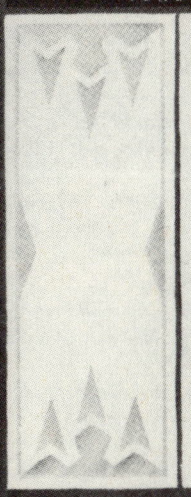

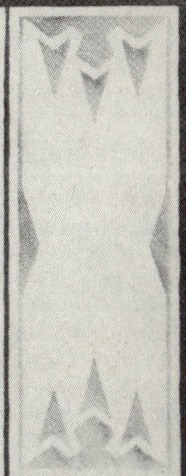

Quellentexte

Das folgende Titelverzeichnis umfaßt, in chronologischer Folge, die Werke der älteren Kinder- und Jugendliteratur, die ich für diesen Teil als hauptsächliche Quellen benutzt habe. Angegeben sind die jeweils herangezogenen Ausgaben mit Standortnachweisen. Jahreszahlen in eckigen Klammern beziehen sich auf die Erstausgabe. Bibliographische Hinweise auf spätere Auflagen sind gelegentlich beigefügt. »Unglücksgeschichten« stehen dabei, mit Ausnahme von Johann Baptist Strobls horrender Spezialität von 1788, unter anderen »moralischen Geschichten« oder sind Bestandteile anderer Gattungen. – Die Titel der folgenden Liste werden in den Anmerkungen mit Abkürzungen zitiert.
Erst nach Abschluß des Manuskripts dieses Teils erschien Th. Brüggemann/ H.-H. Ewers, *Handbuch zur Kinder- und Jugendliteratur, Von 1750–1800,* Stuttgart 1982, deren Angaben ich noch z. T. eingearbeitet habe.

Friedrich Eberhard von Rochow, *Der Kinderfreund. Ein Lesebuch zum Gebrauche für Landschulen* [1776]. 2 Theile, Bremen (G. Jöntzen) o. J. (um 1800) [Bremen].

Joachim Heinrich Campe, *Kleine Kinderbibliothek.* Bändchen 1–3. 1778–80, 3. Aufl., Hamburg/Wolfenbüttel 1782–86, Bändchen 4.9–12, Hamburg (Herold) 1780. 1783–85 [Braunschweig].

[Johann Siegmund Stoy] *Goldener Spiegel für Kinder.* 3 Bände, Nürnberg (Weigel) 1778–1781 [Frankfurt], 5. Aufl. 1831.

Christian Gotthilf Salzmann, *Moralisches Elementarbuch nebst einer Anleitung zum nützlichen Gebrauch desselben.* 2 Theile [1783], 2. Auflage, Leipzig (Crusius) 1785 [Harenberg-Reprint, Dortmund 1980].

Johann Peter Voit, *Der höfliche Schüler oder Regeln zu einem höflichen und artigen Betragen für junge Leute,* Nürnberg (Weigel u. Schneider) o. J. [1786] [Frankfurt].

Johann Friedrich Oest, *Höchstnöthige Belehrung und Warnung für Jünglinge und Knaben, die schon zu einigem Nachdenken gewöhnt sind,* Wolfenbüttel (Schulbuchhandlung) 1787, 6. Aufl. 1830 [Reprint *Sammlung alter Kinderbücher,* hg. v. J. Merkel und D. Richter, München (Weismann) 1977].

Johann Carl August Musäus, *Moralische Kinderklapper für Kinder und Nichtkinder.* Nach dem Französischen des Herrn Monget [1788], Neue Aufl., Gotha (Ettinger) 1794 [Braunschweig]. Neue Aufl. 1822 und 1843.

Johann Baptist Strobl, *Unglücksgeschichten zur Warnung für die unerfahrene Jugend, in rührenden Beÿspielen, erläuternden Kupfern und Vignetten* [1788], o. O. (Prag) 1790 [Frankfurt].

François Baratier, *Sittliche Gemälde guter und böser Kinder oder Unterhaltungen des Vaters Baratier mit seinem Sohn Philipp, nebst einer kurzen Lebensge-*

*schichte dieses berühmten Wunderkinds und einigen Auszügen aus dem Tage-
buch eines siebenjährigen Knaben.* 2. Aufl., Nürnberg (Schneider und Weigel)
1796 [Braunschweig]. Weitere Auflagen 1806, 1811.

B. Bacher, *Der Mädchenfreund. Ein Lehr- und Lesebuch für Mädchenschulen,*
2 Bände, München 1807 [Insel Reprint, Frankfurt 1977].

Jakob Glatz, *Die glückliche Jugend, dargestellt in Bildern und Erzählungen,*
Wien 1807 [Braunschweig].

Heinrich Müller, *Bitte! Bitte! liebe Mutter! lieber Vater! guter Onkel! beste
Tante! schenke mir dies allerliebste Buch mit den schönen ausgemalten Kupfern und den vielen hübschen Erzählungen. Ein verbessertes ABC- und Lesebuch nach Pestalozzis und Stephanis Lehrmethode,* [1811] 6. Aufl., Hamburg
(Herold) 1841 [Braunschweig].

[Heinrich August Kerndoerffer] *Wirtschaftliches ABC und Bilderbuch für
Mädchen, nebst einer Anweisung, Kindern leicht lesen zu lehren* [1812],
2. Aufl., Pirna (Friese) o. J. [Frankfurt].

Johann Ferdinand Schlez, *Sittenlehre in Beyspielen. Ein Lesebuch für Mädchenschulen* [1807], Gießen/Darmstadt 3. Aufl. 1815 [Braunschweig], 4. Aufl.
1824.

Chr. A. Zipser, *Erzählungen und Geschichten zur Belehrung und Unterhaltung
für Kinder von 8 bis 14 Jahren,* herausgegeben von Professor Zipser, Leipzig
(Wigand) 1833 [Sammlung D. Richter].

Jakob Glatz, *Kleines Sittenbüchlein für die zarte Jugend beyderley Geschlechts*
[1809] Neue Aufl. St. Petersburg 1819. Neue Aufl. 1820.

Sittenbüchlein für die Jugend in den Städten, Wien 1818 [Braunschweig].

Amalia Schoppe, *Hundert kleine Geschichten. Das allerliebste Buch für gute
kleine Kinder* [1836]. 6. Aufl. Konstanz/Emmishofen (C. Hirsch) o. J. (1884)
[Schleswig-Holsteinische Landesbibliothek Kiel], 7. Aufl. 1904.

Ernst Leyde, *Sittenlehre der Kinderstube, in Erzählungen, Denkversen und
Bibelsprüchen nach den heiligen zehn Geboten. Ein Buch für Kinder, Mütter
und Erzieherinnen,* Berlin (Winckelmann) 1839 [Braunschweig].

Franz Hoffmann, *Hundertfünfzig moralische Erzählungen für kleine Kinder.*
Mit 48 Bildern [1842], 2. Aufl. Stuttgart 1845. [Braunschweig]. Weitere Auflage u. d. Titel *150 Erzählungen für die Jugend,* Reutlingen (Enßlin u. Laiblin)
1934.

Franz Hoffmann, *Geschichtenbuch für die Kinderstube. Kleine moralische
Erzählungen für Kinder von 5–8 Jahren.* [1844], 2. Aufl. 1850 [Braunschweig],
7. Aufl. 1879.

Franz Hoffmann, *Die erzählende Mutter. Kleine moralische Erzählungen für
Kinder von 5–8 Jahren. Mit kolorierten Bildern* [1846], 8. Aufl. Stuttgart 1875
[Braunschweig].

*Johann Andreas Christian Löhrs Geschichten und Erzählungen aus der Kin-
derwelt,* neu bearbeitet und vermehrt von F. Hoffmann, 6. Aufl., Basel o. J.
(1854) [Braunschweig]. Bearbeitung von J. A. C. Loehr, *Kleine Geschichten
und Erzählungen für Kinder,* Leipzig 1799.

Anmerkungen

zu: Fritz der Näscher und seine Gesellen

1 *Kleine Kinderbibliothek,* herausgegeben von J. H. Campe, Eilftes Bändchen, Hamburg 1784, S. 9 f. Das Gedicht findet sich auch in der umgear-
beiteten Fassung der *Kinderbibliothek:* J. H. Campe, *Sämmtliche Kinder-
und Jugendschriften,* Ausgabe der letzten Hand, Bd. II, 1. Th., Braunschweig 1807, S. 200 f.
Zu der komplizierten Bibliographie der immer wieder in veränderten
Auflagen erschienenen Campeschen Kinderbücher (Campe war seit 1787
auch sein eigener Verleger) vgl. H. Wegehaupt/E. Fichtner, *Alte deutsche
Kinderbücher, Hamburg 1979, S. 40 ff., sowie jetzt Th. Brüggemann/
H.-H. Ewers, Handbuch zur Kinder- und Jugendliteratur. Von 1750–1800,*
Stuttgart 1982, Nr. 136 ff.; dort Sp. 196 ff. auch eine Charakterisierung
der (»Kleinen) Kinderbibliothek«.
Zu Campes Leben und Werk vgl. J. Leyser, J. H. Campe, *Ein Lebensbild
aus dem Zeitalter der Aufklärung,* 2 Bände, Braunschweig [2]1896;
H. W. Jäger (Hrsg.), *J. H. Campe, Briefe aus Paris, zur Zeit der Revolution
geschrieben,* Hildesheim 1977, Anhang S. 70 ff.; J. Merkel/D. Richter,
›J. H. Campe, ein Radikaler im Schuldienst‹, in: Robinson (wie Anm. 3),
S. 449 ff.

2 Im ›Vorbericht‹ zum 1. Bändchen schreibt Campe: »Ich theilte daher die
ganze Kindheit in drei Absätze, deren erster bis ans siebende, der andre bis
ans zehnte, und der dritte endlich bis ans zwölfte Jahr des Kindes und
darüber reicht. In Hinsicht auf diese so bestimten Stuffen, habe ich die
sämtlichen Stükke dieser Sammlung geordnet.« (*Kleine Kinderbibliothek*
I, S. 7) Nach der Plazierung des Gedichts war ›Fritz der Näscher‹ für die
jüngste der drei Altersstufen vorgesehen. – Das hier zum ersten Mal
erscheinende literaturpädagogische *Lesealter*-Konzept zeigt, wie aus der
differenzierteren Wahrnehmung kindlicher Altersunterschiede sogleich pe-
nible Abgrenzungsstrategien entstehen (jeder Altersstufe ihren Lesestoff).
Die ursprünglich 12 Bändchen umfassende *Kleine Kinderbibliothek* (For-
mat 9,5 × 11,5) wurde in späteren Auflagen von Campe auf sechs Bände
umgearbeitet. In der Vorrede zur neuen Ausgabe von 1804 schrieb der
Herausgeber: »Jetzt enthält jedes Bändchen lauter Stücke, welche für ein-
und ebendasselbe Alter bestimmt sind, von der untersten Stufe der Kindheit bis zur höchsten, wo sie an das Jünglingsalter grenzt« (*Sämmtliche
Kinder- und Jugendschriften,* Bd. 2, Braunschweig 1830, S. IV). Auch im
Vorwort zur ›Entdeckung von Amerika‹ (dass., Bd. 12, S. III) und zur
1. Sammlung der *Reisebeschreibungen* nimmt Campe auf sein Programm

einer umfassenden literarischen Altersstufendidaktik Bezug: »Die zwölf ersten Bändchen der Kinderbibliothek waren für drei Zeiträume der Kindheit, d. i. für sechs-, zehn- und zwölfjährige Kinder bestimmt.« (dass., Bd. 17, S. VII)

3 J. H. Campe, *Robinson der Jüngere. Ein Lesebuch für Kinder.* Mit einem Anhang neu hg. v. J. Merkel u. D. Richter, München 1978.

4 Schon 1828 spottet der deutsche Übersetzer einer italienischen Rührge-schichten-Sammlung, der Hanauer Lehrer H. G. Zehner, über die konkur-rierende Gattung: »Erzählungen für die Jugend, moralische Erzählungen, bilden bekanntlich eine bedeutende Rubrik in den Sündenregistern der deutschen Litteratur, in den Meßkatalogen. Sehr erklärlich! Schriftstelleri-sche Ruhr und Gedankenmarasmus sind ein schöpferisches Aeltern-paar...« (Franz Soave, *Moralische Erzählungen,* a. d. Italienischen über-setzt von H. G. Zehner, Hanau 1828, S. V.).

5 *Konrad Kiefer oder Anweisung zu einer vernünftigen Erziehung der Kinder. Ein Buch für's Volk.* Von Christian Gotthilf Salzmann [1796]. Hg. v. Th. Dietrich, Bad Heilbrunn 1961, S. 40 (= Kap. 15).

6 F. Baratier, *Sittliche Gemälde,* S. 47 f. (›Das verwegene Kind‹).

7 H. Müller, *Bitte bitte,* S. 34 f. (›Folgen des Ungehorsams‹).

8 B. Bacher, *Der Mädchenfreund,* I. S. 30 (›Das verunglückte Mädchen‹).

9 A. Schoppe, *Hundert kleine Geschichten,* Nr. 77 (›Schreckliche Folgen der Unvorsichtigkeit‹).

10 J. B. Strobl, *Unglücksgeschichten,* S. 245.

11 A. H. Kerndörffer, *Wirthschaftliches ABC,* S. 36 (›Das unachtsame Mäd-chen‹).

12 J. S. Stoy, *Goldener Spiegel,* S. 45 f. (›Der Knabe, der durch unanständige Gesichter Lachen zu erwecken suchte‹).

13 A. Schoppe, *Hundert kleine Geschichten,* Nr. 90 (›Üble Angewöhnun-gen‹).

14 Bacher, *Der Mädchenfreund,* S. 132 f. (›Die Strafe des Ungehorsams‹).

15 Zu den entsprechenden Titeln von Rochow, Bacher, Schoppe und Müller vgl. das Quellenverzeichnis, S. 116–117.

16 E. Trapp, *Versuch einer Pädagogik.* Nach: K. Rutschky, *Schwarze Päd-agogik, Quellen zur Naturgeschichte der bürgerlichen Erziehung,* Frank-furt 1977, S. 500.

17 J. Glatz, *Kleines Sittenbüchlein für die zarte Jugend beyderley Ge-schlechts,* S. 22 f. – Unter Glatz' Autorennamen ist das Gedicht abge-druckt bei M. L. Könneker (Hg.), *Kinderschaukel, Ein Lesebuch zur Geschichte der Kindheit in Deutschland 1745–1860,* Bd. 1, Darmstadt 1976, S. 36 f. – F. L. Wagner, *Lehren der Weisheit und Tugend in auserle-senen Fabeln, Erzählungen und Liedern,* Leipzig [15]1831, S. 18 (= Nr. 21a). – In Goeckingks Sammlung der Gedichte (4 Theile, Frankfurt 1821) findet sich das Stück nicht, wohl aber einige andere an seinen Sohn Fritz, »jetzt Esquadrons-Chef bei einem kgl. Preußischen Uhlanen-Regi-ment« (II, 107).

18 J. P. Voit, *Der höfliche Schüler*, S. 30.
19 J. B. Strobl, *Unglücksgeschichten*, S. 80.
20 Vgl. z. B. *Lebensgeschichte der Giftmörderin Gesche Margarethe Gott-
    fried, geborene Timm, nach erfolgtem Straferkenntnisse höchster Instanz
    herausgegeben von dem Defensor derselben*, Dr. F. L. Voget, Bremen
    1831.
21 Strobl, *Unglücksgeschichten*, S. 81 f.
22 F. Baratier, *Sittliche Gemälde*, S. 43 f.
22a J. Glatz, *Die erzählende Mutter oder kurze Geschichten für Kinder von
    zwei bis vier Jahren*. Bd. I. 2. Ausgabe, Leipzig (Fritzsche) o. J. S. 83–87.
23 *Sittenbüchlein für die Jugend*, S. 11.
24 F. Hoffmann, *150 moralische Erzählungen*, S. 263 (Röschen). *Das Gold-
    töchterchen. Ein unterhaltendes und belehrendes Bilderbuch für die frü-
    heste Jugend weiblichen Geschlechts*, Leipzig 1808, 3. Aufl. 1814, S. 24
    (Karolinchen). Die Geschichte geht auf Musäus, *Moralische Kinderklap-
    per*, S. 23 ff., zurück (Mienchen).
25 H. Müller, *Bitte bitte*, S. 105.
26 J. H. Campe, *Kinderbibliothek*, I, S. 60. – Weitere »Näscher«-Geschichten
    bei Strobl, *Unglücksgeschichten*, S. 82 ff.; F. Hoffmann, *150 moralische
    Erzählungen*, S. 127 ff., 289 ff., 306 ff.; ders., *Geschichtenbuch*, S. 65 ff.;
    E. Leyde, *Sittenlehre der Kinderstube*, S. 133 f.
27 *Sittenbüchlein für die Jugend in den Städten*, S. 47. – Ähnlich erzählt
    Ernst Leyde (*Sittenlehre der Kinderstube*, S. 125 ff.) die Geschichte von
    dem Knaben Erich, der zunächst an einem Kuchen nur eine einzige Rosine
    nascht, dann »in die Speisekammer einschleicht, folgend einen Groschen
    einbehält, später bei seinem Lehrherrn unterschlägt, schließlich Räuber-
    hauptmann wird und mit lebenslangem Zuchthaus endet. Die weiblichen
    »Folgen der Naschhaftigkeit« illustriert J. F. Schlez (*Sittenlehre in Bey-
    spielen*, S. 47 f.) an Evchen, die nach dem Tod der Mutter die Patin
    bestiehlt, weggejagt und von der Obrigkeit zum Gassenkehren verurteilt
    wird.
28 Vgl. H. Möller, *Die kleinbürgerliche Familie im 18. Jahrhundert*, Berlin
    1969; Ph. Ariès, *Geschichte der Kindheit*, a.a.O., S. 510 ff.; I. Weber-
    Kellermann, *Die Kindheit*, Frankfurt 1979.
29 Nach: K. Rutschky, *Schwarze Pädagogik*, a.a.O., S. 110; vgl. dort auch
    S. 102.
30 Hier sind vor allem zu nennen J. G. Schummels *Fritzens Reise nach
    Dessau*, Leipzig 1776, und Chr. A. Overbecks *Fritzchens Lieder*, Ham-
    burg 1781 (»In diesen Liedern hab ich versuchen wollen, wie weit ichs
    etwa im Kinderton treffen könnte«, S. 3). Fritz heißt der Protagonist in
    Karl Philipp Moritz’ *Versuch einer kleinen praktischen Kinderlogik* (Ber-
    lin 1793) und der Held einzelner Geschichten u. a. in Campes *Kinder-
    bibliothek* (z. B. II, 24, 56, 60, 106, 171, 172, 180), in Salzmanns *Ele-
    mentarbuch* (S. 119), Rochows *Kinderfreund* (I, S. 7, 11, 12, 18), K. Ph.
    Moritz’ *Lesebuch für Kinder* (S. 33), Stoys *Goldenem Spiegel* (S. 43).

31 Vgl. ›Ein schöner Dialogus Cunz und der Fritz‹ (1521), in: A. E. Breger, *Die Sturmtruppen der Reformation, Flugschriften der Jahre 1520–25,* Darmstadt 1974, S. 55 ff. und 161 ff. – Fritz ist noch Kinder- und Knechtsname zugleich in Rochows *Kinderfreund* (II, S. 31 f. und 106 f.).

32 Neben den Werken von Rudolph Zacharias Becker und Friedrich Eberhard von Rochow vgl. auch *Lesebuch für Schaffer und Knechte, beschrieben in lauter schönen Erzählungen und Beispielen,* Prag/Wien 1792.

33 Campe, *Kinderbibliothek,* I, S. 60 f. (Ein Junge hat sich das Naschen durch das schlechte Vorbild der einfältigen Amme angewöhnt); Rochow, *Kinderfreund,* I, S. 40 (Leckermaul bringt seinen Lohn mit Semmel, Kuchen und Kaffee durch); Salzmann, *Moralisches Elementarbuch,* S. 153 (Die naschhafte Köchin hat die eingemachten Kirschen aus der Speisekammer gestohlen).

34 *Allgemeine Revision des gesammten Schul- und Erziehungswesens, von einer Gesellschaft praktischer Erzieher,* 15 Bände, Hamburg 1785–91.

35 In: *Allgemeine Revision,* a.a.O., Bd. 10, S. 163 ff. Der Verfasser ist der braunschweigische Schuldirektor Johann Stuve.

36 Ebd., S. 168.

37 Ebd., S. 186.

38 Ebd., S. 170.

39 Ebd., S. 329.

40 A.a.O., S. 332–34.

41 K. Rutschky, a.a.O., S. 438.

42 J. B. Strobl, *Unglücksgeschichten,* S. 27 ff.

43 F. Hoffmann, *150 moralische Erzählungen,* S. 167 (Der Wildfang).

44 Vgl. dazu J. F. Oest, *Höchstnöthige Belehrung und Warnung für Jünglinge und Knaben,* Wolfenbüttel 1787, neu hg. v. J. Merkel u. D. Richter, München 1978, Anhang S. 184 f. – Ein schönes Beispiel dafür, daß die Warnung ihre Wirkung verfehlen kann, gibt aus neuerer Zeit Felix Mitterer, ›Wie das bei mir mit dem Lesen war‹, in: D. Larcher/Chr. Spiess (Hg.), *Lesebilder,* Reinbek 1980, S. 30.

45 Vgl. Dieter Richter, ›Die Kinder und ihre strengen Freunde‹, in: D. Larcher/Chr. Spiess (Hrsg.), *Lesebilder,* a.a.O., S. 153 ff.; ders., ›Mucki war mein frühestes Abbild‹. Über eine Kindheitserinnerung von Peter Weiss, in: B. Doppler (Hrsg.), *Kindheit – Kinderlektüre,* Wien 1984, S. 185–90.

46 J. J. Rousseau, *Émile,* in: *Œuvres complètes,* t. IV, Paris (Gallimard) 1969, S. 311 (= livre II). Deutsch nach J. J. Rousseau, *Emil,* Stuttgart/Berlin o. J., S. 83 (= Rousseau, *Ausgewählte Werke,* hrsg. v. J. H. G. Heusinger, S. 4).

47 Franz Kafka, ›In der Strafkolonie‹, in: *Die Erzählungen,* Frankfurt 1961, S. 108 f.

48 M. L. Könneker hat das Programm der ›natürlichen‹ Strafe an den Bildgeschichten des *Struwwelpeter* dargestellt: »Die Entpersonalisierung und Verdinglichung der Ware-Geld-Beziehungen wird so auf das Verhältnis zwischen Kindern und Erwachsenen übertragen: Das Kind soll die vom

Willen der Eltern scheinbar unabhängigen Auswirkungen seines unange-
paßten Verhaltens in ähnlicher Weise erfahren wie ein Warenproduzent,
der eine Fehlkalkulation mit wirtschaftlichem Mißerfolg bezahlen muß,
für die er nicht seine individuelle Geschäftspartner verantwortlich machen
kann. Daher heißt es, daß ein Bankerotteur *sich* ruiniert habe. [...]
Analog dazu wird das Kind veranlaßt, die Folgen seines Tuns als Selbst-
verletzung bzw. Selbstzerstörung zu erleben und die Ursachen in sich
selbst zu suchen.« (*Dr. Heinrich Hoffmanns ›Struwwelpeter‹*, Stuttgart
1977, S. 167).

49 Vgl. J. F. Oest, *Höchstnöthige Belehrung und Warnung*, S. 55 ff. u. ö.;
ders., *Höchstnöthige Belehrung und Warnung für junge Mädchen zur
frühen Bewahrung ihrer Unschuld, von einer erfahrenen Freundinn*,
Braunschweig, 5. Aufl. 1826, S. 30 ff.; P. Villaume, ›Von der Bildung des
Körpers‹, in: *Allgemeine Revision*, a.a.O., Bd. 8, S. 211 ff.; J. van Ussel,
Sexualunterdrückung. Geschichte der Sexualfeindschaft, Gießen 1977,
S. 41.

50 Chr. G. Salzmann, *Konrad Kiefer*, a.a.O., S. 76.

51 Vgl. M. Foucault, *Überwachen und Strafen. Die Geburt des Gefängnisses*,
Frankfurt 1976.

52 *Das Tagebuch des Meister Franz, Scharfrichter zu Nürnberg*, Nachdruck
der Buchausgabe von 1801, Dortmund 1980, S. 60.

53 M. Tramer, ›Kinder im Hexenglauben und Hexenprozeß des Mittelalters‹,
in: *Zeitschrift für Kinderpsychiatrie* 11 (1944/45), S. 181 f. – Weitere
Berichte über Hexenkinder bei W. Hertz, *Der Werwolf*, Stuttgart 1862,
S. 100; J. Diefenbach, *Der Hexenwahn vor und nach der Glaubensspal-
tung*, Mainz 1886, S. 20 ff.

54 Musäus, *Kinderklapper*, S. 105 ff. – Daneben entwickelt sich, schon in
vorbürgerlicher Zeit, die juristische Auffassung, daß jugendliches Alter zu
den Strafverschonungs- oder Strafmilderungsgründen gehöre; eine besondere Rolle spielte dabei die Rezeption des Römischen Rechts seit der
Renaissance. Vgl. W. Wackernagel, *Die Lebensalter. Ein Beitrag zur
vergleichenden Sitten- und Rechtsgeschichte*, Basel 1882; U. Helfenstein,
Beiträge zur Problematik der Lebensalter in der mittleren Geschichte,
Zürich 1962; F. Schaffstein, *Die allgemeinen Lehren vom Verbrechen in
ihrer Entwicklung durch die Wissenschaft des gemeinen Strafrechts*,
Berlin 1930.

55 J. P. Voit, *Der höfliche Schüler, S. 3.*

56 Musäus, *Kinderklapper*, S. 117.

57 Vgl. K. Rutschky, *Schwarze Pädagogik*, a.a.O., S. 406; Chr. G. Salzmann,
Konrad Kiefer, a.a.O., Kap. XVI.

58 Hier nur ein literarischer Hinweis: Als in Goethes *Wilhelm Meister* auf
dem Hof des Grafenschlosses, in dem die Schauspielertruppe untergekom-
men ist, ein Knabe, der sich des Einbruchs verdächtig gemacht hat,
öffentlich gestäupt werden soll, sagt der Erzähler über seinen Helden:
»Wilhelm fand an dem ganzen Handel nichts sonderlich merkwürdig...«

– erst als er erfährt, daß es sich um den Knaben Friedrich handelt, veranlaßt er seine Befreiung (III, 9).

59 Vgl. Chr. Sachße/F. Tennstedt, *Geschichte der Armenfürsorge in Deutschland*, Stuttgart 1980.

60 N. Elias, *Über den Prozeß der Zivilisation*, a.a.O., II, 312; vgl. auch Max Weber, *Die protestantische Ethik I*, Hamburg 1975, S. 115 ff.

61 W. v. Kügelgen, *Jugenderinnerungen eines alten Mannes*, Leipzig o. J., S. 57 (= I, 4).

62 Salzmann, *Konrad Kiefer*, a.a.O., S. 43 (= Kap. 16). Katharina Rutschky betitelt die hier folgende Szene als ›Urszene der Pädagogik‹ (*Schwarze Pädagogik*, a.a.O., S. 158 ff.).

63 F. Baratier, *Sittliche Gemälde*, S. 27 f. Ähnlich ergeht es dort dem widerspenstigen Ludwig in Prag; er wird endlich einem Soldaten mitgegeben, kommt in den Krieg und wird erschossen (S. 35 f.).

64 Über die Strafen am Dessauer Philanthropin schreibt J. B. Basedow u. a.: »Diejenigen, welche sich (im Willen) sehr krank an der Seele zeigen sollten, werden auch als krank am Leibe behandelt und müssen die Einsamkeiten, die Ruhe im Zimmer und Bette, diese oder jene Enthaltung von gewöhnlichen angenehmen Dingen, die Annahme (gesunder) Arzneien, das Bürsten auf dem Rücken, damit die ungesunden, und die Seele in Ausübung der Vernunft hindernden Säfte dahin gezogen werden, – mit einem Worte, sie müssen die Begegnung eines Patienten aushalten.« (Nach J. B. Basedow, *Ausgewählte pädagogische Schriften*, hrsg. v. A. Reble, Paderborn 1965, S. 217 f.).

65 J. B. Basedow, a.a.O., S. 217.

66 H. Müller, *Bitte bitte*, S. 155–157.

67 Vgl. Elke Liebs, ›Schwierige Idylle. Kindergeschichten aus dem 19. Jahrhundert‹, in: F. Glasenapp, *Das Marienbüchlein* (1847), neu hg. v. J. Merkel u. D. Richter, München 1980, Nachwort, S. 194 ff.

68 Die Zigeuner der Geschichte vom entführten Theodor (s. Anm. 66) locken den Kaufmannssohn mit Möhrchen, Kirschen und Erdbeeren, am offenen Feuer erzählen sie ihm, »daß er jetzt bei ihnen bleiben, alle ihre schönen Kunststücke lernen, mit ihnen herumreisen und viele fremde Länder sehen sollte, ohne daß er nöthig hätte zu arbeiten oder in die Schule zu gehen« (a.a.O., S. 155).

69 Bacher, *Mädchenfreund*, S. 30.

70 Zu den genannten Zusammenhängen familiensoziologischer und sozialgeschichtlicher Art vgl. J. Habermas, *Strukturwandel der Öffentlichkeit. Untersuchungen zu einer Kategorie der bürgerlichen Gesellschaft*, Neuwied [6]1974; N. Elias, *Über den Prozeß der Zivilisation, Soziogenetische und psychogenetische Untersuchungen*, 2 Bände, Frankfurt [6]1978; H. Rosenbaum (Hg.), *Familie und Gesellschaftsstruktur. Materialien zu den sozioökonomischen Bedingungen von Familienformen*, Frankfurt 1975; Ph. Ariès, *Geschichte der Kindheit*, München 1975, S. 469 ff.; J. Weber-Kellermann, *Die Familie*, Frankfurt 1976.

71 Chr. G. Salzmann, *Über die heimlichen Sünden der Jugend,* 4. Aufl. Leipzig 1819, S. 113.

72 Vgl. D. Richter, ›Die Lehrer und die Leser. Bilder aus der Geschichte der literarischen Sozialisation‹, in: D. Larcher/Chr. Spiess, *Lesebilder,* Reinbek 1980, S. 217 f.; K. Rutschky, ›Die Lesewut‹, in: *Der Deutschunterricht* 5/1980, S. 78 ff.; H. Eggert, ›Fernsehsucht und Lesewut‹, in: *Der Deutschunterricht* 1/1981, S. 9 ff.

73 Bacher, *Mädchenfreund,* S. 122.

74 Ebd., S. 132. – Diese zwangscharakterhaft wirkende Haltung macht eine Beispielgeschichte aus einer Auffassung, wie sie etwa J. Stuve in der *Allgemeinen Revision* in dem Kapitel ›Über die Bewegung‹ vertreten hat: »Eine zulange anhaltende Bewegung einzelner Glieder ist nicht zuträglich, der abwechselnde Gebrauch der Glieder aber heilsam.« Man solle daher nicht auf einem Fuß stehen, im Schlaf auch nicht nur auf einer Seite liegen (*Allg. Revision,* a.a.O., I, 425). Die Geschichte auch bei Zipser, S. 226 f.

75 J. K. Lavater, *Sittenbüchlein für die Kinder des Landvolkes,* Frankfurt 1789, S. 4.

76 Müller, *Bitte bitte,* S. 112. – Eine Mädchen-Geschichte ›Das Gewissen‹, auch bei J. F. Schlez, *Sittenlehre in Beyspielen,* S. 18 f.

77 Oest, *Höchstnöthige Belehrung,* S. 110.

78 Müller, *Bitte, bitte,* S. 105.

79 J. Sailer, *Einiges über die Ernährung der Kinder* (²1809), nach K. Rutschky, *Schwarze Pädagogik,* a.a.O., S. 351.

80 Vgl. H. Suhrbier (Hrsg.), *Blaubarts Geheimnis,* Köln 1984.

81 J. H. Campe, *Kleine Kinderbibliothek,* a.a.O., Bd. 10, S. 7 (›So geht's, wenn man ungehorsam ist‹).

82 J. K. A. Musäus, *Moralische Kinderklapper,* S. 26 (›Unfolgsamkeit‹).

83 *Goethes Werke,* Hamburger Ausgabe, Bd. 7, S. 19 f. (= I, 5).

84 Der Todeswunsch ist die äußerste Konsequenz einer Erziehung, die auf Zähmung der Natur zielt. Vgl. dazu D. Elschenbroich, ›Ist uns die kleine Meret desertiret‹, Eine Erziehungsparabel im Grünen Heinrich, in: *Kindheit 2* (1980), S. 74 f., sowie R. Scherer, *Das dressierte Kind, Sexualität und Erziehung. Über die Einführung der Unschuld,* Berlin 1975, S. 96 ff. – ›Lieber ein totes, als ein in Sünde gefallenes Kind‹, das ist auch noch der Tenor einer Tagebucheintragung der Mutter Hermann Hesses 1892; vgl. W. Gottschalch, *Schülerkrisen, Autoritäre Erziehung, Flucht und Widerstand,* Reinbek 1977, S. 186.

85 M. L. Könneker, *Dr. Heinrich Hoffmanns Struwwelpeter,* a.a.O., S. 156.

86 H. Müller, *Bitte bitte,* S. 105.

87 P. Villaume, ›Von der Genäschigkeit‹, in: *Allgemeine Revision,* a.a.O., II, 476.

88 Vgl. N. Elias, *Über den Prozeß der Zivilisation,* a.a.O., Bd. 1, S. 110 ff.; D. Elschenbroich, *Kinder werden nicht geboren. Studien zur Entstehung der Kindheit,* Frankfurt 1977, S. 110 ff.

89 Vgl. z. B. J. H. Campe, ›Von den Erfordernissen einer guten Erziehung‹, in: *Allgemeine Revision,* a.a.O., Bd. 1, S. 172 f.; ebenda I, S. 393 ff.

90 Oest, *Höchstnöthige Belehrung und Warnung,* S. 33 ff.

91 Bernhard Christoph Faust, *Gesundheits-Katechismus zum Gebrauche in den Schulen und beym häuslichen Unterrichte,* Leipzig, 2. Aufl. 1794, S. 38–42. Der Verfasser war Gräflich Schaumburg-Lippischer Hofrath und Leibarzt.

92 F. Hebbel, *Gedichte,* Leipzig 1894, S. 52 (›Aus der Kindheit‹).

93 M. L. Könneker, *Kinderschaukel.,* a.a.O., Bd. 1, Darmstadt 1976, S. 13 f.

94 So J. B. Strobl, der unter den Gründen für die Schädlichkeit der »Eßlust« auch ausführt: weil »der Näscher, [...] wenn ihm erst das Naschen zur Gewohnheit geworden, den Trieb seiner Gierigkeit nicht mehr widerstehen kann, und überall wegzwackt, wo er etwas Eßbares liegen sieht, auch sogar in fremden Häusern; das dann schon eine Art von kleiner Dieberei zu nennen ist, die mit der Zeit zu üblen Folgen Anlaß geben kann.« (*Unglücksgeschichten,* S. 79).

95 Salzmann, *Moralisches Elementarbuch,* S. 59.

96 Die Apotheker beanspruchten in Deutschland noch im 17. Jahrhundert das Monopol auf den Verkauf von Zucker und Konfekt, worüber es im Zeitalter wachsenden Kolonialgüterhandels zwischen ihnen und den Krämern immer wieder heftige Auseinandersetzungen gab. Im 18. Jahrhundert emanzipierten sich dann die »Zuckerbäcker« als eigenes städtisches Gewerbe von den Apothekern. Vgl. E. von Lippmann, *Geschichte des Zuckers,* Berlin 1929, S. 567 ff., und R. Kramer, *Das große internationale Konditoreibuch,* o. O., 1970, S. 13.

97 Bonbons, Confect, gezuckerte gefrorene Fruchtsäfte, Pralines, Zuckererbsen, süßer Kakao und Liköre spielten bei Hofe eine große Rolle. Ende des 17. Jahrhunderts entdeckte man, daß Butter und Zucker sowie Eier und Zucker sich mit Weizenstärke zu einer Emulsion verbinden ließen: das Bicuit, zu deutsch »Zucker-Brodt« oder »frantzösisch Zucker-Brodt« wurde eine neue Leckerei (Lippmann, a.a.O., S. 563 ff.; Kramer, a.a.O., S. 13). – Über den Kakao als aristokratisches Genußmittel vgl. W. Schivelbusch, *Das Paradies, der Geschmack und die Vernunft. Eine Geschichte der Genußmittel,* München 1980, S. 96 ff.
Der höfische Zuckerkonsum führte zu einem immensen Verbrauch vor allem in den italienischen, französischen und spanischen Residenzen; der jährliche Zuckerverbrauch der neapolitanischen Hofhaltung um 1630 wurde beispielsweise auf 60 000 Zentner veranschlagt (Lippmann, a.a.O., S. 564).

98 Lippmann, *Geschichte des Zuckers,* a.a.O., S. 566.

99 Ebd., S. 567. Dort weitere Hinweise.

100 In Hannover gab es noch 1744 Hochzeitsordnungen, die den Gebrauch von Zucker nach Ständen kontingentierten. (Lippmann, a.a.O., S. 566) – Die Auffassung von der besonderen Kostbarkeit des Zuckers steht auch hinter der Zuckermetaphorik der Barocklyrik.

101 Lippmann, a.a.O., S. 572, 601; J. Baxa/G. Bruhns, *Zucker im Leben der Völker*, Berlin 1967, S. 75 ff.

102 Vgl. W. Schivelbusch, *Das Paradies, der Geschmack und die Vernunft*, a.a.O., S. 25 ff.

103 Nach Lippmann, a.a.O., S. 747.

104 Ebd., S. 601.

105 Baxa/Bruhns, a.a.O., S. 91 ff.

106 Vom Schlecken aus dem Honigtopf erzählt das Märchen ›Der arme Junge im Grab‹ der Brüder Grimm (= KHM 185).

107 Vgl. L. Wawrzyn, ›Eßbares Spielzeug‹, in: *Ästhetik und Kommunikation* 27/1977, S. 54 ff.; H. Hengst, ›Naschen. Vom Cola-Eis zur Kinderkneipe‹, in: K. W. Bauer/H. Hengst, *Wirklichkeit aus zweiter Hand. Kindheit in der Erfahrungswelt von Spielwaren und Medienprodukten*, Reinbek 1980, S. 151 ff.; H. Speichert, *Süße Sachen*, Reinbek 1982.

108 E. T. A. Hoffmann, ›Nußknacker und Mausekönig‹, in: *Die Serapions-Brüder*, Darmstadt 1963, S. 239–248. Die Beschreibung erinnert an die alte Tradition der *geografia phantastica* des Schlaraffenlandes, im letzten Teil auch an die bei Hofe gebräuchlichen Zuckerarchitekturen.

109 Vgl. die Kritik der Pädagogen am neuen visuellen Konsumverhalten der Kinder um 1910 (Kino) und in den fünfziger Jahren (Fernsehen). Dazu H. Kommer, *Früher Film und späte Folgen. Zur Geschichte der Film- und Fernseherziehung*, Berlin 1979, und B. Gleim, *Der Lehrer als Künstler. Zur praktischen Schulkritik der Bremer und Hamburger Reformpädagogen*, Diss. Bremen 1983, S. 119 ff.

110 J. Stuve, ›Allgemeine Grundsätze der körperlichen Erziehung‹, in: *Allgemeine Revision*, a.a.O., I, 402.

111 Wolfgang Amadeus Mozart, Aus dem Singspiel ›Pantalon et Colombine‹ (KV 433).

112 J. Stuve, *Allgemeine Grundsätze*, a.a.O., I, 402.

113 J. F. Oest, *Höchstnöthige Belehrung*, S. 55 u. ö.

114 Die Körpersäfte-Lehre, die für die Pädagogen des Philanthrophismus eine wichtige Rolle spielte, geht von einer unmittelbaren Einwirkung der Nahrung auf seelische und Charakter-Eigenschaften, auf Geistestätigkeiten und soziale Verhaltensweisen aus. Denn die Speisen bilden den »Nahrungssaft«, der ins Blut eingeleitet wird und über den Blutkreislauf ins Gehirn dringt, wo die Nerven ihren Ursprung haben. (J. Stuve, ›Allgemeine Grundsätze der körperlichen Erziehung‹, in: *Allgemeine Revision*, a.a.O., I, S. 269).

115 Oest, a.a.O., S. 107.

116 W. Waiblinger, *Die Tagebücher 1821–26,* hg. v. H. Meyer, Stuttgart 1956, S. 291.

117 W. Benjamin, ›Berliner Kindheit um 1900‹, in: *Gesammelte Schriften* IV, 1, Frankfurt 1972, S. 250.

Anmerkungen

zu: Das Ende des Nothelfers

1 Vgl. Art. ›Mirakel‹, in: *Lexikon für Theologie und Kirche*, Bd. 7 (1962), Sp. 435; H. Schauerte, *Die volkstümliche Heiligenverehrung*, Marburg 1948; H. Rosenfeld, *Legende*, Stuttgart ²1964, S. 24 f.; P. Assion, ›Die mittelalterliche Mirakel-Literatur als Forschungsgegenstand‹, in: *Archiv für Kulturgeschichte* 50 (1968), S. 172 ff.

2 Vgl. Ferdinando Bologna, *Simone Martini*, Milano 1963; G. Paccagnini, *Simone Martini*, Milano 1957; E. Cecchi, *Trecentisti Senesi*, Milano 1948, S. 65 ff.; A. Gosche, *Simone Martini*, Leipzig 1899.

3 *Acta Sanctorum*, Antwerpen, 1643 ff., Maius, t. IV, S. 618.

4 Dokumente zur zeitgenössischen Ammenerziehung bei James Bruce Ross, ›Das Bürgerkind in den italienischen Stadtkulturen zwischen dem 14. und dem frühen 16. Jahrhundert‹, in: Lloyd de Mause (Hg.), *Hört ihr die Kinder weinen*, Frankfurt 1977, S. 263 ff.

5 Wie Simone Martinis Bild zeigt, handelt es sich um eine Wiege, die nach Art einer Hängematte mit zwei Seilen an der Decke befestigt wird. – Vom Gebrauch dieses Typus der Wiege in Süditalien noch in den dreißiger Jahren des 20. Jahrhunderts berichtet Carlo Levi, *Christus kam nur bis Eboli*, München 1982, S. 108.

6 Das Kneten und Formen des noch weichen Kopfes von Neugeborenen war eine alte Hebammenpraktik. Die aufgeklärten Erzieher tadeln sie als eine der »Unbesonnenheiten der Wärterinnen, welche den Körper verderben« (Peter Villaume, ›Von der Bildung des Körpers‹, in: *Allgemeine Revision*, Bd. 8, Hamburg 1785, S. 308).

7 Kinder zu besonderen Anlässen als kleine Mönche oder Nonnen auszustaffieren, ist italienische Sitte gewesen. Munacielli (»Mönchlein«) heißen im neapoletanischen Volksglauben noch heute die in Kutten gekleideten kleinen Kobolde, die sich nach Art der Heinzelmännchen nachts im Haus zu schaffen machen.

8 *Acta Sanctorum*, Maius, t. IV, S. 621.

9 Ebd., S. 621. – Simone Martini hat ein Wunder an einem ertrunkenen Kind auf einem anderen Altarbild, zu Ehren des Hl. Ludwig von Toulouse, gemalt (Neapel, Museo Nazionale di Capodimonte).

10 *Acta Sanctorum*, Aprilis, t. II, S. 463.

11 Vermutlich ist an den *Palio* gedacht, das traditionelle Stadtfest von Siena.

12 D. h.: des Franziskanerordens.

13 Natürlich sieht der Knabe einen Heiligen so, wie ihn die zeitgenössischen Maler in den Kirchen dargestellt haben: mit Heiligenschein um den Kopf.

14 *Acta Sanctorum,* a.a.O., S. 464.

15 *Acta Sanctorum,* a.a.O., S. 464.

16 Vgl. B. Kleinschmidt, *Antonius von Padua in Leben und Kunst, Kult und Volkstum,* Düsseldorf 1931 (= Forschungen zur Volkskunde 6/8).

17 *Acta Sanctorum,* Junius, t. 2, p. 721. Jacopo Sansovino hat unter den Reliefs der Antonius-Grabkapelle in Padua auch die Rettung eines ertrunkenen Mädchens dargestellt.

18 *Acta Sanctorum,* ebenda, S. 733.

19 Ebenda, S. 729.

20 Ebenda, S. 728.

21 Schon ihre Legende in der *Legenda Aurea* des Jacobus de Voragine aus dem 13. Jahrhundert teilt drei Wunder an ins Wasser gefallenen Kindern mit. (R. Benz, *Die Legenda Aurea,* Heidelberg ⁹1979, S. 891 f.).

22 Vgl. D. H. Kerber, *Die Patronate der Heiligen,* Ulm 1905, S. 189–200.

23 Vgl. J.-Th. Welter, *L'exemplum dans la littérature religieuse e didactique du moyen âge,* Toulouse 1927; C. Bremont/J. Le Goff/J.-C. Schmitt, *L'Exemplum,* Turnhout 1982.

24 *Dialogus miraculorum,* ed. Strange 7, S. 45.

25 Die kunstlosen lateinischen Legendentexte dürften dafür geeigneter sein als die versifizierten volkssprachlichen Fassungen. Zu letzteren vgl. Ursula Gray, *Das Bild des Kindes im Spiegel der altdeutschen Dichtung und Literatur,* Bern 1974.

26 Vgl. *Einführung.*

27 Für den deutschsprachigen Bereich vgl. Georg Schreiber, *Deutsche Mirakelbücher,* Düsseldorf 1938; R. Böck, ›Die Verehrung des Heiligen Benno. Wallfahrtsgeschichten und Mirakelbücher‹, in: *Bayer. Jb. f. Volkskunde* 1958, S. 53 ff.; Hanns Bachmann, *Das Mirakelbuch der Wallfahrtskirche Mariastein in Tirol als Quelle der Kulturgeschichte,* Innsbruck 1973; J. Leibbrand, ›Die Mirakel der Hausherren von Radolfzell als Spiegel ihrer Schutzpatronate‹, in: K. Welker (Hg.), *Heilige in Geschichte, Legende, Kult,* Karlsruhe 1979, S. 87 ff. – Zwei solcher Mirakelbücher des oben erwähnten Agostino Novello aus dem Augustinerkonvent in Siena erwähnt ein Nachtrag zu seiner Legende aus dem Jahr 1638 (*Acta Sanctorum,* a.a.O., S. 623).

28 Nach J. Leibbrand, ›Die Mirakel der Hausherren von Radolfzell‹, a.a.O., S. 92. Kindermirakel ferner S. 93 und 97 f. – Nach Leibbrand tauchen Mirakel, die Kinder betreffen, hier besonders häufig auf, ein »Ergebnis wohlüberlegter, bewußter Förderung« regionaler Wallfahrten seitens des Klerus (S. 93 ff.).

29 Vgl. L. Kriss-Rettenbeck, *Das Votivbild,* München 1961; ders., *Ex voto,* Zürich 1972; E. Harvolk, *Votivtafeln,* München 1979; G. Manganelli (ed.), *Ex-voto, Storie di miracoli e di miracolati,* Parma 1980; S. Abita et al., *Immagini di devozione popolare,* secoli XVI–XIX, Venezia 1982.

30 L. Kriss-Rettenbeck, a.a.O., S. 89 f.

31 Vgl. dazu W. Theopold, *Das Kind in der Votivmalerei,* München 1981.

32 H. Bachmann, *Mirakelbücher,* a.a.O., S. 121.

33 W. Theopold, a.a.O., S. 34, 35; vgl. Kriss-Rettenbeck, a.a.O., S. 68.

34 W. Theopold, a.a.O., S. 94, 97, 98.

35 Ebd., S. 40, 41, 72, 73; Kriss-Rettenbeck, a.a.O., S. 62.

36 W. Theopold, a.a.O., S. 44, 80, 81, 82, 88. Ein Kind, das wie in der Antonius-Legende im Badezuber ertrunken ist, S. 85; ähnlich Kriss-Rettenbeck, a.a.O., S. 62 u. 64.

37 Abbildung bei H. Boesch, *Kinderleben in der deutschen Vergangenheit,* Leipzig 1900, Abb. 38.

38 L. Kriss-Rettenbeck, a.a.O., S. 62, Abb. Nr. 154.

39 W. Theopold, a.a.O., S. 73.

40 Ebd., S. 80.

41 Kriss-Rettenbeck, a.a.O., S. 129.

42 E. Harvolk, *Votivtafeln,* München 1979, S. 82 f.

43 C. Ginzburg, ›Volksbrauch, Magie und Religion‹, in: R. Romano u. a., *Die Gleichzeitigkeit des Ungleichzeitigen,* Frankfurt 1980, S. 231.

44 *Pentamerone* III, 3.

45 Vgl. S. 56 ff.

46 Zu Strobl vgl. das *Lexikon der Kinder- und Jugendliteratur,* Bd. III, S. 479–481; Helmut Müller, ›Vorläufer des *Struwwelpeter*‹ in: *Die Schiefertafel* 1 (1978), H. 2, S. 90–93; H.-H. Ewers, *Kinder- und Jugendliteratur der Aufklärung,* Stuttgart 1980, S. 281 ff. u. 484. Ferner Th. Brüggemann/H.-H. Ewers, *Handbuch zur Kinder- und Jugendliteratur 1750–1800,* Stuttgart 1982, Sp. 446 ff. u. 1245.

47 Strobl, *Unglücksgeschichten,* S. II f.

48 Strobl, *Unglücksgeschichten,* S. 265 und 263. Das Kupfer dazu auf der Titelseite des Buches. Eine Reproduktion im *Lexikon der Kinder und Jugendliteratur,* a.a.O., II, 480.

49 Strobl, ebenda, S. 263.

50 C. Collodi, *Pinocchio.* Aus dem Italienischen von Helga Legers, Zürich 1978, S. 92 f. (= Kap. 17).

51 Sicherlich hat dieses neue Bewußtsein realgeschichtlich eine Grundlage in der Erfahrung – vor allem der Ober- und Mittelschichten –, daß durch Medizin, Hygiene, Vorsicht und Beaufsichtigung die drastische Kindersterblichkeit allmählich verringert werden konnte. – Nach einschlägigen Untersuchungen starben im 18. Jahrhundert in einer Stadt wie Nürnberg rund die Hälfte der lebend geborenen Kinder vor dem 13. Lebensjahr (H. Möller, *Die kleinbürgerliche Familie im 18. Jahrhundert,* Berlin 1969, S. 189 ff.); die Zahlen auf dem Land dürften entschieden höher gewesen sein. Nach J. Kuczynski lassen sich dabei aus Erhebungen des frühen 19. Jahrhunderts gravierende Unterschiede in der Mortalitätsrate von Kindern aus aristokratischen Familien und Kindern der städtischen Armen nachweisen (J. Kuczynski, *Darstellung der Lage der Arbeiter in Deutschland von 1789 bis 1849,* Berlin 1961, S. 315).

52 L. Röhrich/R. W. Brednich, *Deutsche Volkslieder*, Bd. 2, Düsseldorf 1967, Nr. 14.

53 Vgl. dazu E. Liebs, *Kindheit und Tod, Der Rattenfänger-Mythos als Beitrag zu einer Kulturgeschichte der Kindheit*, München 1986.

54 Zu Darstellungen von Kinderschreckfiguren in der populären Druckgraphik seit dem 16. Jh. vgl. H. Boesch, *Kinderleben in der deutschen Vergangenheit*, Leipzig 1900, S. 84–88; W. Brückner, *Populäre Druckgraphik Europas: Deutschland vom 15. bis zum 20. Jahrhundert*, München 1969, Tafel 113 u. Anm.; H. Vogel, *Bilderbogen, Papiersoldat, Würfelspiel und Lebensrad. Volkstümliche Graphik für Kinder aus 5 Jahrhunderten*, Würzburg 1981, S. 23 f. u. 28.

55 G. Henssen, ›Deutsche Schreckmärchen und ihre europäischen Anverwandten‹, in: *Zeitschrift f. Volkskunde* 51 (1953), S. 84 ff.; M. Rumpf, *Ursprung und Entstehung von Warn- und Schreckmärchen*, Helsinki 1955.

56 F. L. Textor, *Entlarvter Aberglaube. Ein Lesebuch zur Unterhaltung und Belehrung für Kinder*, Frankfurt 1789; Samuel Christoph Wagener, *Die Gespenster. Kurze Erzählungen aus dem Reiche der Wahrheit*, Berlin 1797; Johann Gottlieb Ziehnert, *Es gibt keine Gespenster! Unterhaltende und belehrende Erzählungen für die Jugend*, Leipzig 1838.

57 Strobl, *Unglücksgeschichten*, S. 48.

58 Strobl, *Unglücksgeschichten*, S. 52–54.

59 J. S. Stoy, *Goldener Spiegel für Kinder*, Nürnberg 1778. Zu Stoy (1745–1808), einem Nürnberger Prediger, später Leiter einer von ihm dort gegründeten Erziehungsanstalt, vgl. Th. Brüggemann, in: *Lexikon der Kinder- und Jugendliteratur* III, S. 472 ff.

60 Stoy, *Goldener Spiegel*, S. 11 f. (›Das furchtsame Kind‹).

61 Zu Heinrich August Müller (1766–1833) vgl. H. Göbels, in: *Lexikon der Kinder- und Jugendliteratur*, II, S. 506 ff. – Müller lebte als Prediger in der Gegend von Magdeburg.

62 Heinrich Müller, *Bitte bitte*, Hamburg [6]1841, S. 102. – Für ein Gespenst wird der Schornsteinfeger von dem furchtsamen Knaben auch in Rochows *Kinderfreund* gehalten (I, Nr. 32), für einen Popanz (eine alte Gespensterfigur in einer Erzählung von Heinrich August Kerndörffer (1820) (in: M. L. Könneker, *Kinderschaukel*, Bd. I, Darmstadt 1976, S. 101 ff.). Bei Salzmann ist es ein schwarzgekleideter Geistlicher, der für den Schwarzen Mann gehalten wird (*Moralisches Elementarbuch*, S. 22 ff.); bei Schlez stellt sich das vermeintliche Gespenst als rasselnde Bohnenranke oder als Scheintote heraus (*Sittenlehre*, S. 89 f. und 100 ff.). Vgl. auch Campe, *Kinderbibliothek* III, 64 f. (›Die Furcht im Dunkeln‹).

63 Zum Kampf gegen die »abergläubische Furcht«, die »das Werk der Erziehung, der Wärterinnen, der Eltern« (519) ist, vgl. P. Villaume, ›Über das Verhalten bei den ersten Unarten der Kinder: 9. Von der Furcht‹, in: *Allgemeine Revision*, Bd. 2, Hamburg 1785, S. 508 ff.

64 Vgl. dazu auch M. L. Könneker, *Dr. Heinrich Hoffmanns ›Struwwel-*

peter‹, Stuttgart 1977, S. 170 f. – In der 2. Auflage von F. Baratiers moralischem Geschichtenbuch *Sittliche Gemälde guter und böser Kinder* von
1796 teilt der Herausgeber mit, daß er gegenüber der Erstausgabe einiges
geändert habe: »So suchte ich zum Beispiel den Popanz [= Schreckfigur]
Ramoneur, der in mehreren Erzählungen des Originals aufgeführt wird,
gänzlich zu entfernen« (S. IV).

65 Strobl, *Unglücksgeschichten*, S. 122.

66 H. Müller, *Bitte bitte,* S. 127 f.

67 Strobl, *Unglücksgeschichten,* S. 60.

68 Strobl, *Unglücksgeschichten,* S. 175 ff.

69 Vgl. H. Boesch, *Kinderleben in der deutschen Vergangenheit,* Leipzig
1900, S. 78 ff.; C. Ginzburg, ›Volksbrauch, Magie und Religion‹, a.a.O.,
S. 231 f.; P. Burke, *Helden, Schurken und Narren. Europäische Volkskultur in der frühen Neuzeit,* Stuttgart 1981, S. 221 ff.

70 Vgl. grundsätzlich P. Burke, a.a.O., S. 199 ff., sowie M. Bachtin, *L'oeuvre
de F. Rabelais et la culture populaire au Moyen Age et sous la Renaissance,* Paris 1970.

71 Vgl. M. L. Könneker, *Dr. Heinrich Hoffmanns ›Struwwelpeter‹,* a.a.O.,
S. 168 f. und 194 ff.

72 Vgl. V. Lanternari, ›La politica culturale della chiesa nelle campagne: La
festa di S. Giovanni‹, in: *Società* XI (1955), p. 64–95.

73 Reproduktion im *Lexikon der Kinder- und Jugendliteratur,* a.a.O., III,
480.

74 »Vierte Regel: Man muß den Kindern Kupfer und Bilder ja einzeln geben,
und sie zu einer genauen und sorgfältigen Betrachtung derselben anleiten,
damit sie nicht ein bloßes Spielwerk daraus machen, und zur Zerstreuung
und Flatterhaftigkeit dadurch verleitet werden.« (Stuve, ›Über die Nothwendigkeit, Kindern zu anschauender und lebendiger Erkenntnis zu verhelfen‹, in: *Allgemeine Revision,* Bd. 10, Hamburg 1785, S. 284) – Zum
didaktischen Umgang mit Kupferstichen vgl. ferner: *C. H. Wolkens Nachricht von seiner Beschreibung der zum Elementarwerk gehörigen und von
D. Chodowiecki gezeichneten hundert Kupfertafeln,* Dessau 1781,
S. XXVII ff.; J. S. Stoy, *Bilder-Akademie für die Jugend in 54 Kupfertafeln
und zweyen Bänden Erklärung,* Bd. 1, Nürnberg 1784, S. 11 ff.

75 Vgl. Teil 1, A, Anm. 72.

76 Strobl, *Unglücksgeschichten,* S. 84–87.

77 Strobl, *Unglücksgeschichten,* S. 87 ff.; A. H. Kerndörffer, *Wirthschaftliches ABC und Lesebuch,* S. 52 (Minna, »die Näscherin«, ißt im Garten
einen kleinen roten Apfel und stirbt dann »unter den heftigsten Schmerzen«); H. Müller, *Bitte bitte,* S. 105 f. (Emilie ißt gegen die Warnung
schwarze Beeren im Garten und stirbt »unter schrecklichen Schmerzen«).
– Auch durch das Essen von unreifem Obst kann man sich vergiften:
»Niemals gehe eure Naschhaftigkeit so weit, auch dieses hineinzunaschen,
wofern ihr nicht den Tod mit hineinessen wolltet: denn dadurch entstehet
jene erbärmliche Krankheit, die man die rothe Ruhr nennt. Diese Krank-

heit erschlaffet alle Magensäfte, schleust die Gedärme, und am Ende wird
durch einen unaufhörlichen Stulgang selbst das Blut durchgetrieben, die
Kräfte schwinden von Augenblick zu Augenblick und nichts mag euch
mehr vor dem Todte retten.« (Strobl, S. 89).

Eine solche Geschichte erzählt H. Müller: Friedrich ißt unreifes Obst,
bekommt die Ruhr und stirbt daran. (*Bitte, bitte,* S. 32 f., ›Der Tod in
unreifem Obst‹). Bei Löhr (*Geschichten und Erzählungen,* S. 67 f.) essen
ein paar Knaben Wasserschierling und sterben unter den entsetzlichsten
Zuckungen.

Vermutlich steckt hinter solchen »Vergiftungsgeschichten« sozialgeschichtlich gesehen auch eine sich verstärkende Distanz zur Natur; Tollkirschen, giftige Beeren etc. sind dem Städter natürlich wenig vertraut; die
Warngeschichte muß ersetzen, was an Kenntnis der Natur verlorengegan-
gen ist.

78 *Sittenbüchlein für die Jugend,* S. 16 (Fränzchen spielt unvorsichtig, reitet
auf einer Brunneneinfassung, stürzt hinein und ertrinkt). Bei Schlez (*Sittenlehren,* 26 f.) stürzt ein Kind in einen Zuber mit Viehgetränk; bei Löhr
(*Geschichten und Erzählungen,* S. 65 f.) fällt Gottfried, der »sehr wild und
unbesonnen war«, in den Mühlgraben und bleibt lebenslang gelähmt.

79 K. Ph. Moritz, *Lesebuch für Kinder,* Berlin 1792, S. 31.

80 Strobl, *Unglücksgeschichten,* S. 133 f. – Daß der Schutzengel jemandem
hilft, »weil er ein guter Knabe war«, betont auch Heinrich Doering,
*Allegorischer Tugendspiegel oder Lehren der Weisheit und Tugend in
bildlichem Gewande und in systematisch geordneten Beispielen für Schule
und Haus,* Berlin 1845, S. 111 f.

81 Strobl, *Unglücksgeschichten,* S. VIII (›Vorerinnerung‹).

82 H. Müller, *Bitte bitte,* S. 120.

83 Strobl, *Unglücksgeschichten,* S. 138; Müller, *Bitte, bitte,* S. 34 f. (Jacob,
der immer ›Warum?‹ fragt, bricht ein und ertrinkt); F. Hoffmann, *150
moralische Erzählungen,* S. 109; Löhr, *Geschichten,* S. 73 f. (Theodor ist
ungehorsam, geht aufs Eis und muß dann krank im Bett liegen.)

84 Campe, *Kinderbibliothek* 2, 117 (Alexander Waghals klettert auf Balken
im Wasser, verklemmt sich und stirbt an der Schwindsucht); Salzmann,
Moralisches Elementarbuch, S. 78 f. (Ein Junge, der ein Nest ausnehmen
will, stürzt vom Baum, wird zum Krüppel und muß betteln gehen); Strobl,
Unglücksgeschichten, S. 158 (Der Ne3tsräuber stürzt sich zu Tode); Bara-
tier, *Sittliche Gemälde,* S. 47 f. (Der verwegene Roland stürzt aus dem
Fenster und zerschmettert sich den Kopf); Müller, *Bitte, bitte,* S. 126;
F. Hoffmann, *150 moralische Erzählungen,* S. 21 und 141; F. Hoffmann,
Geschichtenbuch, S. 47.

85 F. Hoffmann, *150 moralische Erzählungen,* S. 252 (Clärchen spielt mit
Schwefelhölzern, das Kleid brennt an, sie wird schwer verletzt); Schoppe,
100 kleine Geschichten, Nr. 53 (Edmund, der gern mit Feuer spielt und
dabei seine Kleidung und beinahe das ganze Haus angezündet hatte, gießt
flüssiges Blei auf seinen Fuß und muß das Bett hüten); Strobl, *Unglücksge-*

schichten, S. 195 ff. (Ein Junge springt über das Sonnwendfeuer, verbrennt sich den Fuß und bleibt zur Arbeit untüchtig); Schlez, *Sittenlehren*, S. 28 ff. (Friederike, die gern mit dem Feuer spielt, will einen Holzsplitter in der Küche anzünden – »Ei, sagte sie hüpfend, der muß prächtig brennen« –, ihr Rock fängt Feuer und sie verbrennt sich ihre ganze linke Seite.) – Hierher gehört auch H. Hoffmanns ›Paulinchen mit dem Feuerzeug‹, vgl. M. L. Könneker, *Struwwelpeter*, a.a.O., S. 104 ff. – Vom rechten Umgang mit Feuer handeln eigene Belehrungsbücher, darunter für Kinder Ephraim Gottl. Steinbecks *Feuerkatechismus für die liebe Jugend*, 1804.

86 Albert, ein liebenswürdiger Knabe, trinkt erhitzt nach dem Ballspielen Wasser und stirbt an der Lungenvereiterung (Strobl, a.a.O., S. 29 ff.); bei Luischen, einem wilden Kind, verursacht ein Glas Bier, in der Hitze getrunken, den Tod (Campe, *Kinderbibliothek* 1, 66 f., nach Goeckingk); Nanette, die erhitzt am Brunnen trinkt, stirbt an der Auszehrung (Bacher, *Mädchenfreund*, S. 121), ebenso Marie (Müller, *Bitte, bitte*, S. 48 f.), die 17jährige Tochter eines hessischen Predigers; sie trinkt, von einer häuslichen Arbeit erhitzt, ein Bier in großen Zügen und stirbt nach einem langen schmerzlichen Krankenlager (Schlez, *Sittenlehren*, S. 298 f.). A. Schoppes Emma ist ein »wildes Mädchen«, das gern tobt, »unvorsichtig« ist, und so läßt sie sich, vom Spiel erhitzt, Wasser über den Kopf pumpen; drei Wochen später stirbt sie am Nervenfieber (*Hundert kleine Geschichten*, Nr. 77). Weiter F. Hoffmann, *150 moralische Erzählungen*, S. 179.

87 »Das thörichte Kind« muß sterben, weil es seine Arznei nicht nehmen will (Rochow, *Kinderfreund* II, S. 46); der ungeduldige Rudolph nimmt seine Arznei nicht und läßt sich statt dessen von der Wäscherin mit der Salbe eines Quacksalbers bestreichen, kriegt die Schwindsucht und stirbt (Müller, *Bitte, bitte*, S. 176 f.). Marie bleibt länger krank, weil sie die bittere Arznei nicht nehmen will (F. Hoffmann, *Geschichtenbuch*, S. 1); Ernst hat die Masern, ißt die Medizin nicht, bekommt daher ein großes Geschwür am Arm (Löhr, *Geschichten*, S. 70 f.). Das Motiv findet sich, ebenfalls mit der Todesdrohung, dann in Collodis *Pinocchio*, Kap. 17.

88 Vgl. E. u. J. Vogt, ›Und höre nur, wie bös er war. Randbemerkungen zu einem Klassiker für Kinder‹, in: D. Richter/J. Vogt, *Die heimlichen Erzieher*, Reinbek 1973, S. 14 f.; M. L. Könneker, *Dr. Heinrich Hoffmanns Struwwelpeter*, a.a.O., S. 97 ff.

89 Strobl, *Unglücksgeschichten*, S. 243 f. (Ein Knabe, der zusammen mit anderen einen Kettenhund mit Steinen bewirft, wird von diesem zerfleischt); Baratier, *Sittliche Gemälde*, S. 59 f. (Der boshafte Stephan peitscht einen tollwütigen Hund, wird gebissen und stirbt an der Raserei); Musäus, *Kinderklapper*, S. 3 f. (Ein Junge steckt einem Hund einen brennenden Feuerschwamm ins Ohr, der beißt ihm den Arm entzwei); Müller, *Bitte, bitte*, S. 43 f. (Hier stirbt der Tierquäler nicht an den Folgen des Hundebisses, aber da er ein unbesonnener Mensch ist, ergibt er sich als

Jüngling der Trunkenheit und anderen Ausschweifungen und stirbt daran mit 21 Jahren); vgl. ferner F. Hoffmann, *150 moralische Erzählungen*, S. 165 ff. und 264 ff.

90 Baratier, *Sittliche Gemälde*, S. 59 f.

91 Baratier, *Sittliche Gemälde*, S. 15; Campe, *Kinderbibliothek* I, 157 f.; Brecht, *GW* 9, 646. Vgl. D. Richter, ›Es war einmal ein Kind, das wollte sich nicht waschen... Über die Vorfahren von Bertolt Brechts ›Schmutzkind‹ in der moralischen Exempelliteratur des 18. und 19. Jahrhunderts‹, in: D. Grenz (Hrsg.), *Aufklärung und Kinderbuch,* Pinneberg 1986, S. 321 ff.

92 Vgl. dazu Th. Brüggemann/H.-H. Ewers, *Handbuch der Kinder- und Jugendliteratur*, Stuttgart 1982, Sp. 654 ff.

93 Nach: *Sittliche Gemälde guter und böser Kinder oder Unterhaltungen des Vaters Baratier mit seinem Sohne Philipp, nebst einer kurzen Lebensgeschichte dieses berühmten Wunderkinds, und einigen Auszügen aus dem Tagebuch eines siebenjährigen Knaben,* 2. Aufl., Nürnberg 1796, S. V ff. – Der Herausgeber der 2. Auflage zitiert dieses »Wunderkindleben« als »warnenden Beweiß von den traurigen Folgen, die eine allzufrühe und unmäßige Geistesanstrengung fast immer nach sich zu ziehen pflegt« (S. XXIV).

94 Strobl, a.a.O., S. 55, 5, 33 ff.

95 Voit, aus Schweinfurt gebürtig, war nach einem Theologiestudium zunächst Hofmeister, dann Prediger und Lehrer in Schweinfurt, später Theologieprofessor. Vgl. K.-U. Pech, in: *Lexikon der Kinder- und Jugendliteratur*, III, 721 ff.

96 J. P. Voit, *Der höfliche Schüler,* S. 26, 22 und 30.

97 B. Bacher, *Mädchenfreund,* S. 93; H. Müller, *Bitte, bitte,* S. 41 f.; Kerndörffer, *Wirthschaftliches ABC,* S. 36; Zipser, *Erzählungen und Geschichten,* S. 223; F. Hoffmann, *150 moralische Erzählungen,* S. 175. Den Typus der Geschichte vom Kind, das etwas verschluckt hat, gibt es ebenfalls schon im Mirakel: Der Hl. Vitalis in Salzburg rettet ein Kind, das einen Ring verschluckt hat (H. D. Kerber, *Die Patronate der Heiligen,* Ulm 1905, S. 192), die Hausherren in Radolfzell retten einen Säugling, dem ein Stück vom Rosenkranz in den Hals gekommen war (J. Leibbrand, *Die Mirakel der Hausherren von Radolfzell,* a.a.O., S. 93).

98 Giuseppe Taverna, *Prime letture de’ fanciulli. Con giunta di una continuazione fatta dallo stesso autore.* Nuova ediz., Cremona (Luigi de Micheli) 1836, S. 210–12. – Auch den Näscherknaben gibt es in einem italienischen Kinderbuch. Er heißt dort »Giannetto il ghiottoncello« (Hänschen das Leckermäulchen) und bekommt von den vielen »dolci« und »confetti« die heftigsten Leibschmerzen: Luigi Alessandro Parravicini, *Giannetto, Letture ad uso de’ fanciulli,* 2 voll., 34. ediz. Palermo (Gabinetto d’Istruzione) 1848.

98a Auf die Verbreitung der »Nadelschlucker«-Geschichte in der skandinavischen Kinder- und Jugendliteratur machte mich anläßlich eines Vortrags in Zürich freundlicherweise der dortige Kollege Jürg Glauser aufmerksam: *Tidsfordriv for Børn og Børnevenner [Zeitvertreib für Kinder und Kinderfreunde]*, Af det Tydske ved P. N. Nyegaard, t. 8, Kjøbnhavn 1790; *Sumargjöf handa börnum [Sommergabe für Kinder]*, Reijkjavik 1795, 37–39. »Dies nur als ein einziges Beispiel aus einer Menge didaktischer Kinderunglücksgeschichten, die der Norden fast gesamthaft aus Deutschland übernahm.« (Briefl. Mitteilung J. Glauser, 7. 2. 1985).

99 Vgl. Donata Elschenbroich, *Kinder werden nicht geboren*, Frankfurt 1977, 133 ff.

100 Müller, *Bitte, bitte*, S. 39 (›Das unvorsichtige Kind‹); Bacher, *Mädchenfreund* I, S. 30 f. (›Das verunglückte Mädchen‹).

101 Voit, *Der höfliche Schüler*, S. 23 f. Hier fällt der Knabe bei einem Hochzeitsschmaus vom Stuhl; durch die Arzneien geht auch das linke Auge verloren, der Junge wird blind. – Mit dem Federmesser des Vaters sticht sich der eigensinnige Peter beim Spielen das Auge aus (Baratier, *Sittliche Gemälde*, S. 7 f.), mit der Schere die kleine Meta (F. Hoffmann, *150 moralische Erzählungen*, S. 173).

102 Oest, *Höchstnöthige Belehrung*, S. 10 ff.

103 Ebd., S. 10.

104 Bacher, *Mädchenfreund*, S. 121 (›Mädchen, trink nicht in die Hitz hinein!‹).

105 Bacher, *Mädchenfreund*, S. 132 (›Die Strafe des Ungehorsams‹).

106 Strobl, *Unglücksgeschichten*, S. 248 ff.

107 Baratier, *Sittliche Gemälde*, S. 7 f. (›Das eigensinnige Kind‹).

108 A. Schoppe, *100 kleine Geschichten*, Nr. 70 (›Bestrafte Neugier‹).

109 H. Müller, *Bitte, bitte*, S. 34 (›Folgen des Ungehorsams‹).

110 Strobl, *Unglücksgeschichten*, S. 265 ff.

111 Vgl. *Lexikon der Kinder- und Jugendliteratur* III, S. 851 f.

112 Amadeus [d. i. Johann Gottlieb] Ziehnert, *Die Spielenden Kinder. Ein kleines Turnbuch, Gesundheit, Frohsinn und Sittlichkeit deutscher Knaben und Mädchen angenehm und kräftig zu befördern*, Pirna 1816, S. 13, 14, 23, 28, 62, 65.

113 Stoy, *Goldener Spiegel*, S. 39 f.

114 Salzmann, *Moralisches Elementarbuch*, S. 78.

115 Müller, *Bitte, bitte*, S. 49. Das Unglückskind als Warner auch bei Bacher, *Mädchenspiegel*, S. 122, und Strobl, *Unglücksgeschichten*, S. 31 f.

116 Oest, *Höchstnöthige Belehrung*, S. 29.

117 *Acta Sanctorum*, Martii, t. II, S. 235 ff.

118 Strobl, *Unglücksgeschichten*, S. 264.

119 Baratier hat die *Sittlichen Gemälde* für seinen dreijährigen Sohn verfaßt (Vorwort, S. V), in Campes nach Altersgruppen aufgebauter *Kinderbibliothek* finden sie sich in den Anfangsbänden, Franz Hoffmann widmet *Die erzählende Mutter* und das *Geschichtenbuch für die Kinderstube* Kindern von 5 bis 8 Jahren (Untertitel), die *150 moralischen Erzählungen* schreibt er »für kleine Kinder«.

120 Strobl, *Unglücksgeschichten*, S. X.

121 A. Schoppe, *Hundert kleine Geschichten*, S. 1.

122 F. Hoffmann, *Die erzählende Mutter*, S. 2.

123 Ebd., S. 141 ff.

124 Ebd., S. 184 ff.

125 F. Hoffmann, *150 moralische Erzählungen*, S. 237.

126 J. H. Campe, *Robinson der Jüngere*, hg. v. J. Merkel u. D. Richter, München 1978, II, S. 45 (16./17. Abend).

127 Vgl. dazu O. Negt/A. Kluge, *Öffentlichkeit und Erfahrung*, Frankfurt 1973, S. 44 ff.; K. Laermann, ›Alltagszeit. Bemerkungen über die unauffälligste Form sozialen Zwangs‹, in: *Kursbuch* 41 (1975), S. 87 ff. – »Zeit der Uhren«, dort S. 90).

128 F. Hoffmann, *150 moralische Erzählungen*, S. 292 f.

129 Friedrich Güll, *Kinderheimath in Bildern und Liedern* [1837]. Nachdruck Insel-Reprint, Frankfurt 1975, S. 37.

130 Ebenda, S. 39.

131 Heinrich Hoffmann von Fallersleben, *Die Kinderwelt in Liedern*, Mainz 1853, S. 70–71.

132 Vgl. zum folgenden Marie Luise Könneker, *Dr. Heinrich Hoffmanns Struwwelpeter*, Stuttgart 1977.

133 Vgl. Gert Ueding, *Wilhelm Busch, Das 19. Jahrhundert en miniature*, Frankfurt 1977.

ZWEITER TEIL

Die kleinen Wilden
Der ethnologische Blick auf die Kindheit

Das Eskimomädchen aus der Champagne

»Im Monat September 1731 lief ein Mädgen von neun oder zehen Jaren, weil sie äusserst durstig war, gegen die Abend Demmerung, in das Dorf Songi, vier bis fünf Meilen von Chalons, in der Provinz Champagnie, gegen Mittag zu gelegen. Sie gieng mit blosen Füßen, ihr Leib war mit zerrissenen Lumpen und Fellen bedeckt, ihre Haare staken unter einer Haube von einem ausgehölten Kürbis; sie hatte ein so schwarzes Gesicht und Hände als eine Aethioperin. Statt der Waffen fürte sie einen kurzen und an dem einen Ende sehr diken Prügel, der einer Streitkolbe ähnlich sahe. Diejenige, welche sie zuerst gewar wurden, flohen vor ihr und schrien: seht, der Teufel kommt; ihr Habit und ihre Farbe konnten fürwar den Bauren gar leicht diesen Gedanken erweken. Wie denn einer, so schnell er nur konnte, seine Thür und Fenster verrügelte. Ein anderer hingegen, welcher steif und fest glaubte, der Teufel fürchte sich vor den Hunden, hezte eine englische Dogge, welche ein ausgezaktes eisernes Halsband hatte, auf sie. Als diese Wilde denselben auf sie zurinnen sahe; bliebe sie unverwandt stehen und erwartete ihn, hielt ihr kleines Gewehr mit beyden Händen in solcher Stellung, als wenn man mit einer seitwärts weit aufgehobenen Axt zuschlagen will und so bald dieser sie erreicht hatte, versezte sie ihm einen so erschreklichen Streich auf den Kopf, daß er zu ihren Füssen tod liegen blieb. Voller Freuden über ihren Sieg hüpfte sie einigemal auf dem todten Hund herum. Hierauf gab sie sich Mühe eine Thüre zu erbrechen, weil aber dies fruchtlos ablief, so wandte sie sich wieder auf das Feld gegen den Fluß zu, stieg auf einen Baum und schlief darauf ruhig ein.«

Mit dieser Szene beginnt ein 1756 zu Frankfurt und Leipzig erschienenes Büchlein *Merkwürdiges Leben und Begebenheiten eines in der Wildniß aufgewachsenen Mädgens von zehn Jahren*.[1] Daß das namenlose Kind aus den Wäldern der Champagne, auf dessen Auftauchen zunächst der *Mercure de France* hingewiesen hatte, eine Lebens-Geschichte bekam, die sich in ganz Europa verbreitete[2], daß also aus einem Vorkommnis am Rande eines kleinen französischen Dorfes ein »Fall« werden konnte: dies verdankt sich dem Umstand, daß Menschen auf das Erscheinen eines solchen fremden Wesens anders reagiert haben als die »Bauren« der einleitenden Szene, die es für den leibhaftigen Teufel gehalten und kurzen Prozeß mit ihm hatten machen wollen.

Der Graf von Epinoy, zu dessen Domäne das Dorf gehört, gibt den
Befehl, das Mädchen einzufangen, läßt es sich vorführen, waschen
und untersuchen. Dann wird die stumme Kreatur dem gräflichen
Hirten zur Pflege übergeben, »um sie nunmehr zam zu machen«.[3]
»Dem Hirten sein Wild« nennen sie die Bauern im Dorf. Getauft
wird sie auf den Christennamen Marie-Angelique. Wenn Besuch
aufs Schloß kommt, wird die »junge Wildin« vorgezeigt. Die
Königin von Polen, vor der man sie zum Beweise ihrer Gewandtheit auf der Jagd hat Hasen und Geflügel fangen lassen, möchte
das seltsame Kind mitnehmen, aber der Herzog von Orleans, in
dessen Besitz es inzwischen übergegangen ist, versagt seine Zu-
stimmung. Auf seine Kosten wird es zur Erziehung einem Kloster
übergeben.

Was hinter der Aufmerksamkeit der regierenden Häupter für
»Demoiselle Leblanc« (so heißt sie jetzt bei Hofe) steckt, ist nicht
schwer zu erraten – es ist das Interesse des Adels an der Auffüllung
seiner mit allerlei Zwergen, Negern, Tiermonstrositäten oder sonstigen Exotika bestückten Raritätenkabinette.

Und so, als Objekt höfischer Schaulust, wäre das Kind bald
vergessen gewesen. Aber seine Geschichte zieht weitere Kreise.
Nachdem der *Mercure de France* den Fall publik gemacht hat,
wird das Mädchen – inzwischen im Kloster – von einem Mitglied
der Académie Française aufgesucht und befragt: Es ist Charles-
Marie de la Condamine, jener Anthropologe und Forschungsrei-
sende, der nachmals durch seine Studien zu Sprache und Verhalten
des von Bougainville aus Tahiti mitgebrachten Eingeborenen bekannt werden sollte. Später folgt jener gelehrte Autor (oder jene
Autorin[4]), der – ebenfalls von anthropologischer Neugier und
pädagogischem Interesse geleitet – die inzwischen 21jährige beobachtet, befragt und ihren Lebenslauf als *Bildungs*geschichte nie-
derschreibt. Jetzt erst wird das Mädchen zum »Fall«, seine Geschichte erreicht das europäische Lesepublikum und beschäftigt
Naturforscher wie Carl von Linné, Anthropologen wie Johann
Friedrich Blumenbach *(Beiträge zur Naturgeschichte)* oder Schriftsteller wie Johann Gottfried Herder *(Ideen zur Geschichte der
Menschheit).* Aus »dem Hirten sein Wild« (so die Bauern), Marie-
Angelique (so die Kirche), Demoiselle Leblanc (so der Hof) ist jetzt
»puella campanica« (Carl von Linné) geworden.

Der gelehrte Biograph des »wilden Kindes«, der durch seine

Beobachtungen natürlich hinter das Geheimnis seiner Herkunft kommen möchte, registriert an dem Mädchen eine Vorliebe für rohe Speisen, Fische und Frösche, bemerkt körperliche Kraft, Gewandtheit im Laufen und Klettern sowie seine Fähigkeit, in Flüssen geschickt zu schwimmen und sogar zu tauchen. Außerdem stellt er fest, daß in Erinnerungsfetzen des Kindes ein Wasser mit einem großen Tier auftaucht. Und aufgrund dieser Indizien kommt er zu dem Schluß, »daß es zimmlich wahrscheinlich seye, die [...] Jungfer stamme von dem Volk, welches Esquimaux benennet wird«[5] und sei (als wäre dies die selbstverständlichste Sache der Welt) von Grönland, Alaska oder anderen Gegenden des Eismeeres ins Innere Frankreichs gelangt. Anhand von ethnographischem Material, das er im Anhang seiner Schrift abdruckt (darunter Auszüge einer Reisebeschreibung in die mitternächtlichen Regionen der Erde), hat sich der Verfasser über Charakter und Lebensgewohnheiten der Eismeerbewohner informiert, so daß er in dem Findelkind aus der Champagne die Natur eines Eskimos zu erkennen glaubt:

»Die Esquimaux sind die Wilde unter den Wilden. Bey andern Nationen findt man noch ob zwar ausserordentliche, doch menschliche Gebräuche; bey diesen aber ist alles ungezämt, und fast unglaublich. Der gröste Teil ihrer Nation wont gegen die Hudsons-Baye in dem mitternächtlichen Amerika; es gibt an der Grenze des Lands Labrador (welches an besagte Bay stößt, und an einem Stük des Flusses St. Laurent liegt) ein äusserst kaltes Land. Daselbst sind Anthropophagi oder Menschen-Fresser, wenn sie andere erwischen. Sie sind klein, weiß und sehr stark. Ungeacht der rauhen Gegend machen sie doch fast niemals ein Feuer; man glaubt, sie beten dieses Element an. Sie essen rohes Fleisch, und ihre gewöhnlichste Speise sind die See-Wölfe. Mit der Haut dieser Tiere bekleiden sie sich; sie machen auch Säke davon, worinn sie auf die schlimme Witterung ihren Vorrat, der aus diesem in Stüken geteilten Fleisch besteht, verwaren. Auf das Oel, welches man davon bereitet, sind sie so begierig, als die Versoffene auf den Wein. Sie haben unterirdische Hölen, worein sie sich versteken, und wie die Thiere auf vier Pfoten hinein kriechen...«[6]

Das wilde Mädchen von Songy ist im 18. Jahrhundert kein Einzelfall. Bei der Suche nach Quellen kamen – aus Separat- und Presseveröffentlichungen, aus schöner Literatur und wissenschaftlichem Schrifttum – zahlreiche Zeugnisse zutage, die das starke Interesse der Zeitgenossen am Thema »wildes Kind« bekunden. Einzig die sehr späte Geschichte des *Wilden von Aveyron* (dessen Biograph der französische Arzt und Leiter der Pariser Taubstum-

menanstalt Jean Itard geworden ist) ist davon heute noch ziemlich
bekannt, nicht zuletzt durch Truffauts Film *Enfant sauvage*.[7]
Der heutige Leser solcher Geschichten wird immer wieder versucht sein, nach ihrer »Wahrheit« zu fragen.[8] Haben sich die
Ereignisse wirklich so zugetragen, wie sie von den Autoren berichtet werden, oder gehören sie ganz oder wenigstens teilweise
ins Reich der Erfindung, des »Märchens«? Dieses Problem interessiert hier nicht, es ist bei den älteren Berichten ohnehin nicht
mehr zu lösen. Lesen wir die Texte über »wilde Kinder« hingegen als *Geschichten,* als ein Stück Literatur, so stellt sich die
Frage nach ihrer »Wahrheit« ganz anders. Es geht unter dem
Gesichtspunkt historischer Hermeneutik nicht darum, ob die
»wilden Kinder« tatsächlich so gelebt haben, sondern darum,
wie man sie gesehen und beschrieben hat. Es geht um die Frage,
welches *Bild* von diesen Wesen sich die Gesellschaft gemacht
hat. Denn die erhebliche Aufmerksamkeit, die ihre Schicksale im
Zeitalter der Aufklärung in Europa auf sich ziehen, verdankt
sich einer neuen Einstellung zu Kindheit, Natur und Zivilisation;
erst aus diesem Zusammenhang konstituieren sich die Lebensgeschichten der »wilden Kinder«.
Das Neue in der Wahrnehmung solcher »fremden Wesen« läßt
sich durch historischen Vergleich mit vorbürgerlichen Traditionen
am besten ermessen.

Wolfskind und Starker Hans.
Wilde Kinder in vorbürgerlichen Traditionen

Schon sehr alte Überlieferungen wissen von Wolfskindern, d. h.
verlassenen, ausgesetzten oder geraubten Kleinkindern, die von
Wölfen aufgezogen wurden und eines Tages unter die Menschen
zurückkehrten. Der Mythos will damit die wunderbare Abkunft
des Helden unterstreichen, so etwa in der Gründungssage Roms;
ähnliches gilt für Zarathustra, Wolfdietrich und andere mythische
Helden. Der Heros verdankt seine Herkunft einem Schicksal, in
dem sich gegen die Ränke der Menschen die feindliche Natur als
freundlich erweist. »Wildes Kind« im späteren Verstande ist dieser
Typus des unter Wölfen (oder in der Wildnis) aufgewachsenen
mythischen Knaben nicht, im Gegenteil, schön und stark tritt er

Abb. 15. Lucas Cranach: Der Werwolf raubt ein Kind

aus der Fremde unter die Menschen, kein Makel des Ungeschlachten haftet ihm an.

Mittelalterliche und frühneuzeitliche Quellen berichten von Kindern, die von Wölfen geraubt wurden. Gleich drei solcher Geschichten erzählt Caesarius von Heisterbach in seinem *Dialogus miraculorum* (1219/23), beispielsweise von einem Wolf, der ein Mädchen in den Wald verschleppt, damit es dort einen anderen

Wolf von einem Knochen im Rachen befreie. Und der Dialogpart-
ner fügt an: »Ich habe einmal einen jungen Mann gesehen, der in
seiner Kindheit von Wölfen geraubt und bis zum Jünglingsalter
ernährt worden war, so daß er nach Wolfsart auf Händen und
Füßen laufen und heulen konnte.«[9] Die Wolfsgeschichten stehen
bei Caesarius im Kontext wunderbarer, das heißt außerordent-
licher, kaum glaublicher Begebenheiten zwischen Menschen und
Tieren, die trotz alledem von der Weisheit der göttlichen Weltord-
nung Zeugnis ablegen und dem Menschen ein Spiegel der Buße
sein sollen.

Wunderbar in einem anderen Sinne sind Geschichten von entführten Kindern, die in Form von *Heiligenmirakeln* auftauchen. So
berichtet die Vita des Hl. Waltger von Herford aus dem 13. Jahrhundert von einem Wolf, der dank der Hilfe des Heiligen ein
geraubtes Kind selber wieder zurückführt.[10] Ein Ereignis des gleichen Typus hält ein Mirakelbild in der Wallfahrtskirche Maria im
Sande in Dettelbach am Main fest: »Anno 1506 23 July Richar-
dus Schiller von Bibergau 5 Jahre alt, von einem Wolff geraubet,
wird durch furbit der Heiligen Mutter Gottes zu Dettelbach ohne
verlezung seiner gesundheit Restituiret.«[11] Hier geht es, wie in
allen Mirakelerzählungen, um Heiligenlob und wundersame Errettung aus schier ausweglofer Lage.

Eine wichtige Rolle spielt das Motiv der Aufzucht eines Menschen-
kindes in der Wildnis (bei Wölfen, Bären, Riesen oder Räubern)
neben Mythos und Mirakelerzählung im *Märchen* – hier wird der
Rückkehr des »wilden Kindes« unter die Menschen besondere
Aufmerksamkeit geschenkt. Das Motiv gehört in die Jugendgeschichte des »bärenstarken Helden«, wie sie in zahlreichen
europäischen Volksmärchen dargestellt wird. In einer sehr »rea-
listisch« akzentuierten Weise kommt sie in Ulrich Jahns *Volksmärchen aus Pommern und Rügen* vor (›Das Wolfskind‹): Ein Bauer
ist mit seinem Kind zum Holzholen in den Wald gefahren. Als der
Kleine immer tiefer in den Wald geht und der Vater ihn zurückho-
len will, fällt ein Schwarm Bremsen über die Pferde her. Der Vater
beschließt, sich um die Tiere zu kümmern und den Knaben laufen
zu lassen. Der springt im Wald umher und schläft schließlich unter
einem Baum ein:

»Dort erblickte ihn eine alte Wölfin, und da sie Gefallen an dem Knaben fand,
so frass sie ihn nicht, sondern packte ihn mit ihren scharfen Zähnen bei seinem

Jäckchen und sprang dann mit ihm in mächtigen Sätzen ihrer Höhle zu. Dort legte sie das Kind fein säuberlich nieder, bettete es auf einem Lager von Moos und trockenem Laube und gab ihm rohes Schaffleisch, dass es damit seinen Hunger stille. Als die Nacht kam und der Knabe müde war, streckte sich die Wölfin an seiner Seite nieder und wärmte ihn mit ihrem dicken Pelze.«

Zwölf Jahre verbringt der kleine Johann mit der Wölfin, die der Märchentext eher als »Menschenmutter« malt; dann verläßt der Junge die finstere Höhle, die bisher sein einziger Aufenthalt gewesen war. Als er wieder unter die Menschen tritt, trägt er äußerlich die Züge eines »Bärenhäuters«[12], also jener anderen »wilden« Figur im Märchen, die sich durch eine Teufelswette verpflichtet hat, für eine bestimmte Zeit den Praktiken der Zivilisation abzuschwören: »In den zwölf Jahren war seine Haut von Schmutz ganz schwarz geworden, und die Kleider, welche er einst getragen, waren mit dem Fleische verwachsen. Dazu hingen ihm seine ungekämmten Haare wild und wirr bis über den Gürtel herab und die Nägel der Finger und Zehen waren wie Vogelklauen.«[13]

So oder ähnlich wirken auch die »wilden Kinder« des 18. Jahrhunderts beim Auftauchen aus der Wildnis auf ihre gelehrten Biographen. Aber hinter der Ähnlichkeit des äußeren Erscheinungsbildes verbirgt sich eine qualitative Differenz. Ist die Herkunft des Helden aus der Wildnis für die aufgeklärten Anthropologen Ursache seiner Unmenschlichkeit und seiner – nur durch erzieherische Eingriffe zu korrigierenden – Defizite, so ist sie im Märchen umgekehrt Ausdruck seiner Übermenschlichkeit und besonderen Fähigkeiten. Denn der aus der Wildnis gekommene Märchen-Knabe verfügt über ungeheure Kräfte, zerschlägt seinem Dienstherrn den Amboß und später auch die Knochen, zieht, ein Fürchte-dich-nicht, in die Welt hinaus und besiegt am Ende gar den leibhaftigen Teufel. Die Wildheit des Wolfskindes ist hier seine eigentümliche Fähigkeit, gegen die Zwänge des Knechtslebens zu rebellieren und das Fürchten nicht zu kennen. Das Kind aus der Wildnis ist den Zivilisierten *überlegen*.

Wölfe, die Kinder rauben, retten oder sogar wiederbringen – was steckt in solchen »Wolfskinder«-Geschichten der älteren »voraufgeklärten« Tradition? Sicher finden hier Alltagserfahrungen ihre Sprache: von Wölfen, die in den Wäldern rings um die Dörfer und Städte hausten, Herden überfielen, in Schneewintern in die Siedlungen eindrangen, die Soldateska begleiteten und die

Schlachtfelder der großen Kriege heimsuchten. Aber der Wolf[14] hat in der alten Gesellschaft Europas Bedeutung noch auf einer anderen Ebene; er repräsentiert das ungezähmte, gefährliche Tier, das freilich durch geheimnisvolle, gleichsam verwandtschaftliche Beziehungen mit der Welt der Menschen verbunden ist. Denn als Hund ist der Wolf unter die Menschen gekommen, als Werwolf mischt sich der Mensch unter die Wölfe. Der Wolf ist das Tier auf der Grenze zwischen Wildnis und Siedlung, ein Grenzgänger, der herüber und hinüber geht und -holt, aus dem Bekannten in die Wildnis, die das Fremde, Bedrohliche ist, *Anderswelt* und gleichwohl mit der Welt der Menschen durch Botschafter und magische Zeichen verknüpft.

»Meine Beute war mir allzu kostbar.«
Wilde Kinder als Versuchskinder

Es ist kein Zufall, daß es »historische« Nachrichten über wilde Kinder in Westeuropa vermehrt seit dem 17. Jahrhundert gibt. Zwei Chronistenberichte des frühen 17. Jahrhunderts, die auf ältere Quellen zurückgreifen, erwähnen das Erscheinen von Wolfskindern in Hessen 1341 und 1344 noch relativ knapp; die Kinder werden zum Hof des Landgrafen gebracht, *pro spectaculo,* wie es in einer der beiden Quellen heißt.[15] Zeitgenössische Berichte von wilden Kindern tauchen dann in der frühen Presse auf (einem reichen Quellenfundus für Kindheits- und populäre Erzählmotivik). Die älteste mir bekannt gewordene Pressemeldung stammt aus dem Jahre 1631 und handelt von einem bei Southampton auf dem Feld gefundenen nackten verwilderten Kind: »Wenn man es fraget, von wann es herkomme, antwortet es anders nichts denn von dem Teufel, und müsse auch wieder denselbigen zu. Ruffet aneinander Hungersnoth, Hungersnoth etc., was daran, wird die zeit entdecken.«[16] Das wilde Kind erscheint hier als *portentum,* als grauenhaftes Vorzeichen eines drohenden Unheils (eine Rolle, in der »wunderbare Kinder« in der Presse des 17. Jahrhunderts häufig auftreten). Eher Sensationscharakter haben Meldungen wie jene aus dem Jahre 1664, die von einem bei der Jagd in Polen entdeckten »nackend Kind [...] in Manieren den Bähren gleich« handeln; der Bischof läßt es in der Residenz versuchsweise wieder mit einem Bären zusammenbringen, »und trat es demselben ohne Furcht zu«.[17] Aber auch (und hier kündigt sich das Neue an) in naturkundlich-medizinischen Schriften des 17. Jahrhunderts ist gelegentlich von wilden Kindern die Rede (1644[18], 1667[19], 1672[20]), wobei der früheste Bericht eines Forschers, der ein solches Kind persönlich gesehen hat, in einer Naturgeschichte von 1721 zitiert wird.[21] Auch von einfachen Erziehungsmaßnahmen ist kurz die Rede: »ad vestem adactus verberibus« oder »signum Sanctae Crucis ut formet suo ingenio instrui non potest«[22], heißt es von dem Bärenkind.

Weitere Kreise zieht der Fall eines 1724 bei Hameln aufgefundenen wilden stummen Knaben. Über ihn erscheinen nicht nur mehrere Pressemeldungen[23], sondern auch ein ausführlicher, aus Erzählungen und Gerichtsakten gefertigter Separatdruck, der mit dem Satz endet: »Nachdem man nun diesen wilden Knaben mit vieler Geduld und Mühe so weit gebracht hatte, daß er sowohl im Essen die wilden Manieren ziemlich unterließ, als auch seine Kleider jetzt auf dem Leibe ließ, und somit viel bequemer geworden war, hat man ihn nach Celle ins Waisenhaus gebracht.«[24] Der Fall habe »zu vielen Raisonnements Anlaß gegeben«, heißt es in einer Hamburger Chronica von 1726, und in der Tat ist jetzt zum ersten Mal detailliert von Erscheinungsbild, Verhalten und Erziehungsversuchen die Rede. Selbst ethnologische Argumente werden erwogen: »daß von Africanischen Eltern er seinen Ursprung habe, weil seine äusserliche Bezeigung mit vielen Heydnischen Dingen verknüpffet«.[25] Kurz, Peter von Hameln gilt als das erste berühmte wilde Kind.[26] Und man stempelt ihn zugleich zum Muster-Kind in einem neuen, modernen Sinne. Er ist nicht mehr Wunderzeichen, nicht mehr Unheilsbote, nicht mehr nur *spectaculum* an Höfen und auf Jahrmärkten. An ihm wird grundsätzlich, philosophisch und pädagogisch raisonniert. Graf Zinzendorf, der Pietist und Begründer der Herrnhuter Brüdergemeine, bemühte sich, ihn zum Zögling zu bekommen; er wollte an ihm die Existenz »angeborener Ideen« beim Menschen beweisen (ein die philosophische Debatte der Zeit bewegendes Problem), doch der Knabe war vom König von Hannover bereits nach London geschickt und einem englischen Arzt, einem Freund Jonathan Swifts, übergeben worden, der sich aus den gleichen Gründen für den Jungen interessierte und vermutlich das genaue Gegenteil wie Graf Zinzendorf

an ihm beweisen wollte. Er hat allerdings schon nach wenigen
Wochen das Interesse an dem Knaben verloren und ihn einer
Magd zur Pflege anvertraut.[27]

Es wird deutlich, wem die wilden Kinder des 18. Jahrhunderts
ihren Ruhm verdanken: der Aufmerksamkeit des gelehrten Publikums und einer neuentstehenden literarischen Öffentlichkeit für
anthropologische und pädagogische Fragen. Die eingangs zitierte
Biographie des Mädchens von Songy ist, soweit ich sehe, das erste
Buch aus der Feder einer Person, die ein wildes Kind selber befragt
und beobachtet hat, freilich erst nachdem es jahrelang unter
Menschen gelebt hatte. In der 1759 erschienenen (aus dem Englischen übersetzten) Schrift *Ausführliches Leben und besondere
Schiksale eines wilden Knaben*[28] tritt der Autor dann selber als
Wildkind-Fänger auf: 1756, während eines Aufenthaltes auf einer
einsamen schottischen Insel, wo er Naturstudien betreibt und mit
dem Sammeln von Steinen und Schnecken beschäftigt ist, bemerkt
der Edinburgher Arzt Milsintown eines Tages am Meeresufer
Fußstapfen im Sand und entdeckt wenig später durch das Fernglas
ein seltsames Wesen. Mit Stangen, Stricken, Flinten und drei
generalstabsmäßig im Gelände postierten Trupps der ortsansässigen Bevölkerung machen Milsintown und sein Freund Wilsay Jagd
auf das Geschöpf. Und Milsintown weiß auch sogleich, wem die
Jagd gilt – einem *pädagogischen* Wild-Fang:

»Meine Beute war mir allzu kostbar, daß ich nicht behutsam dabey hätte
verfahren sollen. Es war ein Mensch, dem wir sein höchstes Gut, die Mensch-
lichkeit geben sollten, und wir sahen uns überdis zu dem edlen Beruf bestimmt,
einen Wilden zum Menschen und Christen zu machen.«[29]

Ihren aufsehenerregenden Fang, einen Knaben von etwa 12 Jahren, dem sie den Namen Edward geben, bringen Milsintown und
Wilsay zu einem ehemaligen Kolonialarzt in Dublin, der nach
wiederholten Reisen durch Afrika als Kenner der dortigen Völker
gilt und den wilden Knaben als Afrikaner »identifiziert«. Den
Ausschlag gibt dabei der folgendermaßen beschriebene Versuch:

»Er ließ eines Tags einen jungen Menschen als einen Mohren anziehen,
nachdem er mit einer schwarzgelben Farbe an dem Leibe völlig überfärbelt
worden. Diesem gab er eine Art von Trommeln in die Hände, daß er darauf
nach eigenem Gefallen schlagen sollte. Der verstellte Mohr kam auf den Plaz,
wo unser Wilder eben mit seinen Wärtern herum spazierte. Der Herr Patrik
hatte vorher ihm gewisse Sprünge gewiesen, wie die Africaner einander bewill-

Abb. 16. Der Schriftsteller. Künstlicher Wunderknabe, 1769.
Die Figur ist eine Erfindung des aus La Chaux-de-Fonds gebürtigen Uhrmachers Pierre Jaquet-Droz (1721–90), der sich, nach anfänglichem Studium der
Theologie, zusammen mit seinem Sohn Henri-Louis der Konstruktion von
Automatenmenschen widmete. Auf ausgedehnten Reisen durch ganz Europa
führten Vater und Sohn Jaquet-Droz ihre Geschöpfe vor. Ein im Körper der
Figur verborgener komplizierter Mechanismus steuert die Bewegungen des
künstlichen Menschen: Er führt die Hand mit der Feder zum Tintenfaß und
schreibt auf beweglicher Unterlage beliebige Texte bis zu einer Länge von 40
Buchstaben (z. B. »Ich denke, daher bin ich«), wobei die Augen der Schrift
aufmerksam folgen. Äußerlich ist der *Schriftsteller* als kleines Kind gebildet:
Die Wunder eines künstlichen Lebens nehmen in einem Wesen Gestalt an, von
dem das zeitgenössische Publikum Wunder an Bildung erwarten zu können
glaubte: dem Kind.

kommnen, und wie sie einander als gute Freunde begegnen. Der Unsrige war ganz erstaunt, als er diesen vermeynten Landsmann sahe, und wir hörten, daß er etliche Worte in seiner Sprache auf ihn redete, so jener aber eben so wenig, als wir verstunden. Der Mohr des Herrn Patrik kam auf ihn zugegangen, und der Unsrige war eben so willig, ihm entgegen zu gehen. Sie schlugen einander die Arme auf die Achseln, und faßten sich an den Händen. Der verstellte Mohr mußte sich stellen, als wenn er sich über die Kleidung des Unsrigen verwunderte. Dieser fing an, seine Kleider zu zerreißen, und gesellte sich zu seinem vermeynten Cameraden. Da er die Trommel hörte: so war er ganz entzükt, und machte die lustigsten Sprünge. Herr Patrik, der sich hinter einem diken Baum versteket, spielte auf einer blechern Pfeife einige Töne: so schiene es, als wenn unser Wilde ganz in sein Element versezet wäre.«[30]

Natürlich läßt sich nicht ausschließen, daß der in Schottland eingefangene Knabe tatsächlich (vielleicht mit einem gestrandeten Sklavenschiff) aus Afrika gekommen ist. Ein »Beweis« dafür ist das beschriebene Experiment allerdings nicht. Näher liegt die Annahme, der sonst stets unter Aufsicht zweier Wärter gefangengehaltene und mancherlei therapeutischen und pädagogischen Maßnahmen ausgesetzte Junge habe sich schlicht des gleichaltrigen Kameraden und der »entlastenden« Situation erfreut und seinen Spaß an den freundschaftlich wirkenden Annäherungen und komischen Bewegungen des anderen, zumal an Trommel und Pfeife gehabt. Bezeichnend ist, daß gerade das spielerisch-kindliche Verhalten des Knaben dem beobachtenden Ethnologen in einem ganz direkten Sinne als Ausweis seiner »Wildheit« gilt – er muß von den *Wilden* (Afrikas) abstammen, wenn er sich *kindlich* verhält.

An den Beispielen des schottischen Knaben und des Mädchens von Songy (das auf Bäume klettern, schwimmen und tauchen kann und rohen Fisch und Frösche ißt) wird sinnfällig, daß das Wilde an diesen wilden Kindern in besonders krasser Form jenes Syndrom von »unzivilisierten« Verhaltensweisen und Affekten bezeichnet, das die pädagogische Literatur des 18. Jahrhunderts am Kinde tadelt und zu tilgen sucht, auch wenn es nicht aus der Wildnis kommt, sondern »unter gesitteten Menschen geboren« ist.[31] Und auch darin gleicht der Wilde dem Kind, daß nach zeitgenössischem Verständnis beide erst »Mensch werden« müssen. Milsintowns schottischer Wild-Fang soll dafür zur Probe aufs Exempel dienen. Der Arzt und Menschenfreund hat ihn mit einer ganz bestimmten Absicht eingefangen; er will ihn *erziehen*. Die pädagogischen

Maßnahmen, die er, zusammen mit seinem Kollegen, ihm angedeihen läßt, sind dem aufgeklärten Pragmatismus eines John Locke
verpflichtet, wie er sich später ähnlich bei den deutschen Philanthropen findet (spielendes Lernen, Belohnungslernen, anschauen-
des Lernen):

»Wir beede selbsten waren jeden Tags Abends seine Examinatores und Belohn-
ner, wenn wir sahen, daß er weiter gekommen, indem wir ihm die körperlichen
Dinge, wovon er des Tags über die Wörter gelernt, in kleinen Spielwerken,
oder in Speisen, oder Früchten selbsten in die Hände gaben. Seine Wärter
hatten ihn abgerichtet, daß er diejenigen, die auf ihn zugiengen, nach der Art
der Mohren grüssen konnte. Endlich, nach und nach wurde er so weit geführt,
daß er bey dem Empfang seiner Speise und Tranks die ehrerbiethige Stellung
gegen Gott, mit Aufsehung gen Himmel nachahmte.«[32]

Der Philanthropismus der beiden schottischen Ärzte gilt dem
Knaben Edward nicht als Individuum, sondern als *Exempel*. An
ihm, dem Verwilderten, soll die Bildbarkeit noch des Rohesten
und Unzivilisiertesten *ad oculos* demonstriert werden; Edward ist
ein Versuchskind, das nach Meinung Milsintowns stellvertretend
für zwei andere Gruppen von Menschen steht, die der Zivilisation
der westeuropäischen Zentren noch fern sind:

»Es war ein edelmüthiger Trieb in uns, der Welt einsmals, wenn wir ihn
[Edward] in die Höhe gebracht, und zu einem Christen gemacht hätten,
Rechenschaft von unserm Fleiß, und eine Anleitung zu geben, wie mit einem
weit leichtern Vortheil und mit besserm Gewinn auch unter den Wilden die
christliche Lehre eingeführet, und in den Colonien ein brauchbarer und nüz-
licher Saame guther Unterthanen und gesitteter Menschen angeleget werden
könnte. Unsere Absicht war, ihn einstens, wenn er nach unserer Hofnung
aufgewachsen wäre, dem großmüthigen König, Georg II., der so viel rühmliche
Anstalten in seinem Reich machet, daß die Schottischen Hochländer zu bessern
Sitten und Ergreifung einer bessern Lebensart angewiesen würden, aus Dankbarkeit als ein Geschenke überlassen, da wir durch seine königlichen Wohltha-
ten im Stande uns befinden, die Vollziehung seines Willens zu befördern, und
durch das Beyspiel unsers Wilden den Hochländern zu zeigen, wie weit es die
Zucht [= Erziehung] bey ihnen bringen könne.«[33]

Der pädagogische Blick auf das (wilde) Kind weitet sich zum Blick
auf die »wilden« Völker der überseeischen Gebiete und die »Wilden
im eigenen Land«. Erziehung wird zum Modell der Kolonisation
und der nationalen Integration. Hier sind es die »Hochländer«,
die Schotten, die vom Standpunkt des industriell entwickelten
Südens und des städtischen Bürgertums der Zentren Großbri-
tanniens aus als »unterentwickelt«, als den Wilden der britischen

Kolonien nahestehend erscheinen, ein Topos, der sich in der
zeitgenössischen Literatur auch andernorts findet. In Samuel Johnsons berühmter Reisebeschreibung *Journeys to the Western Island
of Scotland* (1775) berichtet der Autor aus Edinburgh: »In Edinburgh ist ein Gegenstand philosophischer Neugier zu finden, den
wohl keine andere Stadt aufzuweisen hat; eine Schule für Taube
und Stumme, welche von einem wackern Manne, der sich Braid-
wood nennt, im Sprechen, im Lesen, im Schreiben, und in Ausübung der Rechenkunst unterrichtet werden.« Johnson besucht die
Schule und beobachtet die Kinder. Als er sie verläßt, sind sie ihm
zum pädagogischen Programmexempel geworden, das an Milsintowns Einstellung zu dem wilden Knaben Edward erinnert:

»Es war angenehm, zu sehen, wie einer der hoffnungslosesten menschlichen
Kalamitäten doch noch so viel Hilfe widerfahren könne. Was die Hoffnung
erweitert, das wird auch den Mut vergrößern. Da ich selbst gesehen habe, daß
man Taube die Rechenkunst lehren kann; wer wollte vor dem Gedanken
erschrecken, die Hebriden zu kultivieren?«[34]

Milsintowns Bildungsversuche an dem Knaben Edward sind freilich unentschieden ausgegangen, jedenfalls nach Darstellung des
Erziehers. Der Junge fiel in Melancholie und schwere Krankheit
und starb nach 8 Monaten seines »Menschenlebens«: an Umständen, »unter denen tausend Europäer sterben«, wie der Autor
hinzuzufügen nicht vergißt. Ein »natürlicher« Tod also. »Sein
Cadaver stehet nun auf dem großen Saal der anatomischen Akademie zu Edenburg, und erhält noch sein Angedenken.«[35]
War das wilde Kind in der vor-aufgeklärten Tradition der wunderbaren Geschichten, der Mirakelerzählungen, Märchen und Sagen
Bestandteil der *Anderswelt,* war es im Barock *portentum* und
spectaculum, so fungiert es in der aufgeklärten Epoche als le-
bender Beweis für die Bildbarkeit der Natur. Daß »nichts mit uns
geboren wird«, daß der Verstand eine *tabula rasa* sei und nach
dem Sündenfall der Mensch sogar die Sprache erst erwerben
müsse, dafür zieht schon Comenius (1627/32) die wilden Kinder
zum Beweis heran.[36] Und schon kleinen Kindern konnte man die
alte Mär in dieser Weise erzählen, wie ein Text des Göttinger
Historikers, Publizisten und Kinder-Schriftstellers August Ludwig
Schloezer bezeugt:

»Einst verlor sich ein kleines Kind, von seinen Aeltern weg, in einen Wald, wo
viele Bären waren. Die Bären thaten ihm nichts zu Leide, sondern fütterten es,

und ließen es mit sich laufen. Da wurde das Kind wie ein Bär, kroch auf allen Vieren, wurde haarig, fraß rohe Wurzeln, lernte nie sprechen, blieb ohne alle Vernunft. Ein andres Kind kam unter eine Heerde wilder Schafe. Dieses wurde ein Schaf, blökte wie ein Schaf, fraß nichts als Schafskräuter, lernte nie sprechen, blieb ohne alle Vernunft. Und du, mein Kind, kamst unter Menschen und zwar unter gesittete Menschen, also kannst du sprechen, bist schon etwas vernünftig und wirst, will's Gott! noch vernünftiger werden. So wie die Alten sind, so werden gemeiniglich auch die Jungen.«[37]

Der Text endet mit dem Satz: »Wohl dir also, daß du unter gesitteten Menschen geboren bist!« Hier soll der Vergleich mit dem wilden Kind die kleinen Leser zuversichtlich stimmen, jedenfalls die Kinder »gesitteter Menschen«; ihr Lebensweg ist ihnen durch ihre Herkunft eingeschrieben.

Wie wäre es, wenn es die Erziehung nicht gäbe? Und: *Was ist durch Erziehung zu erreichen?* – das sind die beiden Fragen, auf die die Geschichten vom Erscheinen der wilden Kinder unter den Menschen Antwort geben wollen. Ihre phantastischen Lebensläufe werden zu Exempla für den Prozeß der »Menschwerdung des Menschen« umgemünzt, und das rege Interesse daran verdankt sich der aufgeklärten Einsicht, daß »Menschwerdung« eben kein »natürlicher« Vorgang sei. Daß der Mensch »nur im Schoße der Gesellschaft den hervorragenden Platz finden [kann], der ihm von der Natur zugedacht ist und [...] ohne die Zivilisation eines der schwächsten und unverständigsten Tiere« wäre, ist denn auch die anthropologische Grundposition Jean Itards zu Beginn seines ersten Gutachtens über den »Wilden von Aveyron«.[38] Itard fahndet in seinem »Wilden« nach Anzeichen und Elementen des »reinen Naturzustands« und will aus ihm ein »Gesellschaftswesen« machen. So verteidigt er ihn gegen alle Zweifel an seiner Bildbarkeit, ist er doch gleichsam der Musterschüler seiner Pariser Taubstummenanstalt, ein noch schwierigerer »Fall« als die anderen Schwererziehbaren. Itard mochte glauben, »daß der geschichtliche Augenblick zusammen mit der sich bietenden Gelegenheit es ihm gestatten werde, das pädagogische Meisterwerk, d. h. das mythische Ideal zu verwirklichen, da man ihm die reine Natur anvertraute, damit er sie bilde« (Mannoni). Aber diese »reine Natur« war eine ideologische Konstruktion. Er selber *macht* sich »seinen Wilden« erst »zu der leeren Leinwand, [...] auf die sich sein eigenes Wissen projiziert«.[39] So kann er schließlich selber nichts von ihm lernen, und die Erfolge, die er erzielt, sind bestenfalls

Erfolge in der Anpassung des Zöglings an eine zivilisatorische Norm.

Daß »wilde Kinder« als Versuchsobjekte dienten, erzählt übrigens schon eine Geschichte aus dem Altertum; allerdings war das »Versuchsziel« dabei ein ganz anderes. Herodot berichtet, ägyptische Priester hätten ihm mitgeteilt, Psammetich II. (594–588 v. Chr.) habe einem Hirten zwei Neugeborene mit dem Auftrag übergeben, sie in einem leeren Raum allein liegen und von Ziegen säugen zu lassen. »Psammetichos tat und ordnete dies alles deshalb an, weil er gern wissen wollte, was für ein Wort die Kinder wohl zuerst aussprechen würden, wenn sie das Alter des Schreiens und undeutlichen Lallens hinter sich hätten.«[40] Unter den Griechen werde diese Geschichte in der Version verbreitet, der König habe den Versorgerinnen der Kinder die Zunge abgeschnitten. – Es ging also um ein Experiment zum Ursprung der Sprache und zugleich um die Frage, welches das älteste Volk der Erde sei; die Ägypter hielten sich dafür; nach Psammetichs Versuch, so Herodot, habe man jedoch erkennen müssen, daß die Phryger noch älter seien, das erste Wort der Kinder sei nämlich »bekos« (phrygisch »Brot«) gewesen.

Ein ähnliches Experiment berichtet der Franziskanermönch Salimbene aus Parma von Kaiser Friedrich II. (1212–1250) als Beispiel für die verwerfliche weltliche Neugier des Herrschers:

> »Seine zweite Wahnidee war, daß er ein Experiment machen wollte, welche Art Sprache und Sprechweise Knaben nach ihrem Heranwachsen hätten, wenn sie [vorher] mit niemandem sprächen. Und deshalb befahl er den Ammen und Pflegerinnen, sie sollten den Kindern Milch geben, daß sie an den Brüsten saugen möchten, sie baden und waschen, aber in keiner Weise mit ihnen schöntun und sprechen. Er wollte nämlich erforschen, ob sie hebräische Sprache sprachen, als die älteste, oder griechisch oder lateinisch oder arabisch, oder aber die Sprache ihrer Eltern, die sie geboren hatten. Aber er mühte sich vergebens, weil die Kinder alle starben. Denn sie vermochten nicht zu leben ohne das Händepatschen und das fröhliche Gesichterschneiden und die Koseworte ihrer Ammen und Näherinnen. Und so heißen ›Windellieder‹ die Lieder, die die Frau beim Bewegen der Wiege singt, um ein Kind einzuschläfern, ohne die ein Kind schlecht schlafen und Ruhe finden kann.«[41]

Diesem Versuch liegt ebenfalls die Vorstellung zugrunde, es gebe eine »angeborene Sprache«, deren Entwicklung durch die Einflüsse der Umgebung des Kindes (die Sprache der Wärterinnen) behindert und schließlich verschüttet werde. Am (vermeintlich)

Abb. 17. David Teniers (1610–90): Schule der Affen

allen sprachlichen Einflüssen künstlich entzogenen Kind sollte die
»natürliche« (sprachliche) Anlage, die eingeborene Natur sichtbar
gemacht werden, in striktem Gegensatz zu den »Experimenten«
im Zeitalter der Aufklärung, welche die veredelnde Kraft der
Erziehung über die (rohe) Natur triumphieren lassen wollten.

Wildes Kind und Wunderkind

Der aufgeklärte Mythos vom wilden Kind verhält sich komplementär zu einem anderen Kindheitsmythos des 18. Jahrhunderts,
der ihm freilich auf den ersten Blick genau entgegengesetzt scheint:
dem *Wunderkind*. Daß ein Kind wie der 1721 zu Schwabach
geborene Johann Philipp Baratier[42] mit 8 Jahren geläufig deutsch,
französisch, lateinisch, griechisch und hebräisch sprechen und
lesen kann, als Dreizehnjähriger aufgrund eines selbstverfaßten
mathematischen Traktats in die Berliner Akademie der Wissenschaft aufgenommen wird und nach dreitägigem Universitätsbe-

such im 14. Lebensjahr seine Magister-Disputation hält; daß der im selben Jahr geborene Christian Henrich Heineken aus Lübeck mit 13 Monaten die Geschichten des Alten und des Neuen Testamentes kennt, mit dreieinhalb Jahren die Hauptfragen aus Weltgeschichte und Geographie beantworten kann, bald darauf lateinisch und französisch schreibt und spricht und vor dem dänischen König in der Genealogie der vorzüglichsten Fürstenhäuser Europas examiniert wird[43] – all dies dient dem frühaufgeklärten Erziehungsoptimismus zum Beleg der Bildbarkeit der kindlichen Natur, ein Extremfall, der, ganz ähnlich wie der »Extremfall wildes Kind«, beweisen soll, wie radikal, dank der erzieherischen Tätigkeit, der Rohstoff Natur in Zivilisation umgemodelt werden kann. Wildes Kind und Wunderkind sind die gegensätzlichen Kindheitsmythen des 18. Jahrhunderts, die, von den äußersten Grenzen des »Möglichen« her, das zeitgenössische Bild vom Zivilisationsgeschöpf Kind umschreiben. Auch die Wunderkinder sind selbstverständlich Vorführkinder: An Fürstenhöfen oder vor gelehrten Gesellschaften müssen sie auftreten und ihre Kenntnisse und Fähigkeiten unter Beweis stellen. Und bewiesen werden soll stets mehr als die individuelle Leistung. Es geht darum, eine Anschauung davon zu vermitteln, was man aus Kindern machen kann; es geht um die öffentliche Zurschaustellung beispielhaft gelungener Erziehung. Das *Wunder* der vorbürgerlichen Gesellschaft hat nun eine andere, weltliche Gestalt angenommen, es ist zum Wunder der Erziehung geworden. Und so wie das alte realisiert sich auch das neue Wunder einzig im Akt seiner öffentlichen Demonstration.

»Das Kind der feinsten Hauptstadt ist ein geborner Otaheiter.«
Der Mythos vom Wilden und die fremde Kultur im eigenen
Land

Wie die Geschichten der »wilden Kinder« im Zeitalter der Aufklärung belegen, werden deren Schicksale stets *paradigmatisch* verstanden. Die »kleinen Wilden« müssen stellvertretend stehen für die »großen«: für die Eingeborenen der überseeischen Länder und für die »unzivilisierten« Teile Europas, das »Volk«. Und sie, die seltsam kleinen Geschöpfe aus den Wäldern, verkörpern denn

auch in extremer Form Verhaltensweisen jener seltsamen kleinen
Wesen aus den Städten, die im Sprachschatz noch eine ganze Weile
als »kleine Wilde« weiterleben werden: der Kinder allgemein.
Die Rede von den *Eingeborenen,* vom *Volk,* von den *Kindern* und
die parallelen Wahrnehmungs- und Verhaltensmuster, die sich im
neuzeitlichen Europa gegenüber diesen drei Personengruppen entwickeln, sind geprägt von einem für die europäische Geistes- und
Kulturgeschichte eminent folgenreichen Syndrom: dem *Mythos
vom Wilden.* Hervorgegangen aus der europäisch-überseeischen
Begegnung seit der Entdeckung Amerikas[44] *und* dem Zivilisationsprozeß in Europa sind Beobachtung, Projektion und Faszination
vor dem Fremden als der »verkehrten Welt« ebenso in diesen
Mythos eingegangen wie das koloniale Kalkül der Konquistado-
ren. Der Wildheitsmythos ist nicht nur eine Konstitutionsbedin-
gung der europäischen Ethnologie und Volkskunde[45], sondern
auch das einflußreichste Kindheitsmuster des aufgeklärten Zeitalters. »Den Kindern gleich« – so der wiederkehrende Topos in der
europäischen Reiseliteratur – werden die Angehörigen der Völker
Amerikas, Afrikas und Asiens von den europäischen Reisenden
beschrieben. »Den Kindern gleich verbringen selbst die bejahrte-
sten Neger ihre Tage mit sehr bedeutungslosen Verrichtungen und
bei Gesprächen, die wir als bloßes Gegacker bezeichnen würden«,
heißt es etwa in einer Reisebeschreibung aus dem Jahre 1802.[46]
Und »den Wilden gleich« sieht ebendieser ethnologische Blick die
Kinder Europas. »Das Kind der feinsten Hauptstadt ist ein geborner Otaheiter«, lesen wir in Jean Pauls *Levana* (1806), oder »daß
ein Kind halb Tier, halb Wilder sei«, und das ist in Jean Pauls
großartigem Kindheitsbuch gar nicht einmal abschätzig gemeint;
er verteidigt damit, gegen die herrschende Auffassung, das »Laster« der kindlichen Naschhaftigkeit.[47]
Im Prozeß der Entstehung der bürgerlichen Gesellschaft erscheint
als *tertium comparationis* von Wilden und Kindern dem ethnologischen Blick des europäischen Intellektuellen ein ganz bestimmtes
Bündel von Eigenschaften und Verhaltensweisen: Mangel an Ar-
beitsdisziplin und planender Voraussicht, fehlendes Schamempfin-
den, ungesteuerte Körpermotorik, geringe Affektbeherrschung
und schwach entwickelte Verstandeskräfte, kurzum jenes Syndrom einer vermeintlichen *Natürlichkeit,* das doch erst das historische Produkt des Zivilisationsprozesses und des daraus resultie-

renden neuen Erwachsenen-Kind-Verhältnisses ist. Der Mythos vom Wilden ist der projektive Gegenentwurf zum »bürgerlichen Tugendsystem«, der »faule Wilde« ist der Widerpart des planenden, die Zeit messenden Bürgers, und die tobenden, schreienden, gestikulierenden Figuren der fernen Kontinente sind die Gegenläufer jener steifen Musterkörper, wie sie, beispielsweise, die kindliche Anstandsliteratur des 18. Jahrhunderts vorführt.

Dabei ist die Einstellung des intellektuellen Europäers zum »wilden Kind« und zum »kindischen Wilden« durchaus ambivalent. Im Bild des »edlen Wilden«[48] erschienen seit alters in zivilisationskritischer Wendung die Eingeborenen als die besseren Menschen. Schon Michel de Montaigne rühmt in den *Essais* (I, 54) die Schönheit ihrer Poesie gegen die gelehrte Kunstdichtung (1582), La Hontan berichtet in *Voyages dans l'Amérique septentrionale* (1705) von den glücklichen und ohne Privateigentum lebenden Indianern Nordamerikas, Rousseau zeichnet in seinem einflußreichen *Discours sur l'origine et les fondements de l'inégalité parmi les hommes* (1754) den Wilden gar als Musterbild des *homme naturel,* und Herder begründet, ihm folgend, sein Interesse an der Volksdichtung mit seinem »Enthusiasmus für die Wilden« – unter Berufung auf Reisebeschreibungen setzt er die Festigkeit und Anschaulichkeit ihrer Sprache dem »symbolischen Letternverstand« und der Gelehrsamkeit von »Schulmeistern, Küstern, Halbgelehrten, Apothekern« entgegen – »diese gelehrte Leute, was wären Die gegen die Wilden; Wer noch bei uns Spuren von dieser Festigkeit finden will, der suche sie ja nicht bei Solchen: unverdorbne Kinder, Frauenzimmer, Leute von gutem Naturverstande, mehr durch Thätigkeit als Spekulation gebildet, Die sind, wenn Das, was ich anführte, Beredsamkeit ist, alsdenn die einzigen und besten Redner unserer Zeit«.[49]

Aber der Wilde galt auch als Barbar: Menschenfresserei wurde ihm nachgesagt[50], vom dreieinigen Gott im Himmel hatte er keine Begriffe, nackt ging er, ohne Scham, Arbeitsamkeit und Fleiß waren ihm fremd. Und seine Sprache, von Herder wie die der Kinder ihrer Festigkeit und Anschaulichkeit wegen gepriesen, erscheint noch eine Generation später als das genaue Gegenteil – und wiederum ist es die Sprache der Kinder, die zum Vergleichsmaßstab dient.[51]

Die Ambivalenz in der Bewertung des Wilden zeigt, wie »Abneigung und Zuneigung benachbart sind und [...] beides der Faszination durch das Fremde, das Andersartige entspringt.«[52] So verhalten sich die scheinbar konträren Bilder vom *edlen* und vom *barbarischen* Wilden im Grunde komplementär:

»Das Klischee vom ›Barbaren‹ ist mit dem Klischee vom ›edlen Wilden‹, wie dieses sich gegen Ende des 18. Jahrhunderts besonders deutlich herausbilden sollte, eng verwandt. Eine große Zahl der lobenden Attribute, welche das Bild des ›edlen Wilden‹ bestimmen sollten, gehen unmittelbar aus dem hervor, was man zuzeiten als Wesensmerkmale des Barbarentums zu erkennen glaubte: Einfachheit und Anspruchslosigkeit stehen in diesem Sinne komplementär zu Primitivität; Unschuld und Unvoreingenommenheit treten an die Stelle kindlicher Unvernunft und Dumpfheit; Faulheit wird durch ruhiges Behagen, Gesetzlosigkeit durch ruhige Daseinsharmonie, Triebhaftigkeit durch unbesorgte Lebensfreude ersetzt.«[53]

Diese Ambivalenz in der Einstellung gegenüber den kindischen Wilden und den wilden Kindern kommt insbesondere dort zum Ausdruck, wo die Werte der eigenen Zivilisation auf dem Prüfstand stehen: »Alles was roth war, gefiel ihnen ganz vorzüglich; und Glaskorallen waren ihnen lieber als Messer und Beile. Dieser letzte Zug ist denn wol unter allen der stärkste und auffallendste Beweis ihrer ausnehmenden Dummheit, und zeigt, daß sie weiter nichts als große Kinder sind.« Diese Sätze über die Feuerländer stehen in einer deutschen Bearbeitung (1788) der Cookschen *Reise um die Erdkugel* von 1768/71.[54] Kinder und Wilde lieben also den Tand und den bunten Flitter und kennen den Gebrauchswert der Dinge nicht (was ja nur heißt, sie haben einen anderen Gebrauchswert-Begriff, als ihn die Erwachsenen/die europäischen Reisenden haben). Ihr Gebrauchswert-Begriff erscheint als dumm, doch just auf dieser »Dummheit« bauen die Annäherungsversuche der Kolonisatoren auf: Man verschenkt »Spielzeug« zur »Belohnung«. Ein Warentausch findet statt: Was für den »Wilden« Gebrauchswert hat, wird vom Erwachsenen/Europäer in Tauschwert verwandelt. Obendrein muß sich jener für seine »Dummheit« verspotten oder wenigstens belächeln lassen. Andererseits werden Wilde wie Kinder dazu benutzt, der europäischen Zivilisation und den Erwachsenen den Spiegel vorzuhalten, in dem diese ihre Verderbtheit betrachten sollen. Daß Wilde und Kinder ihren eigenen Begriff vom Gebrauchswert der Dinge haben, mag dann dem Beobachter nicht nur nicht als Dummheit, sondern geradezu als Zeichen ihrer besonderen Würde erscheinen, so in einer deutschen Bearbeitung

von John Carvers *Reise durch die inneren Gegenden von Nordamerika*, wo es von den Indianern am Ontario heißt:

»Von dem Werthe des Geldes können diese Indier – Diejenigen ausgenommen,
die nahe an den Europäischen Besitzungen wohnen – sich ganz und gar keinen
Begriff machen; und wenn sie von dem Gebrauche hören, den andere Völker
davon machen, so sehen sie es als die Quelle unzähliger Übel an. Sie halten es
für widersinnig, daß der Eine mehr davon zu besitzen strebt, als der Andere,
und können es schlechterdings nicht begreifen, daß dieser größere Besitz Ehre
und Ansehen verschaffe. Erzählt man ihnen vollends, daß der Mangel dieses
unnützen Metalls in Europa die Menschen ihrer Freiheit berauben, und zwischen die fürchterlichen Mauern eines engen Gefängnisses einschließen könne,
so übersteigt das allen Glauben bei ihnen und sie beschuldigen die Urheber
dieser Einrichtung eines gänzlichen Mangels an menschlichem Gefühl, und
belegen sie mit dem Namen von Wilden und Ungeheuern.«[55]

Die unerzogenen Wilden. Freitag und sein Robinson

Dem Optimismus des Erziehungszeitalters scheint die Produktion
des Gesellschaftswesens Mensch eine Angelegenheit der Erziehung
zu sein, und so lassen sich denn sämtliche Eigenschaften des
Wilden wie des Kindes in einer einzigen zusammenfassen: sie sind
nicht erzogen.

»*Mutter:*   Wie gefallen euch die Indier?
Alle: O sehr! – Die guten Menschen!
Mutter: Und das sind Wilde, Leute, die gar keinen Unterricht, gar keine
                Erziehung gehabt haben, die nicht einmal den lieben Gott ken-
                nen.«[56]

Ähnlich heißt es in Schloezers Kinderreisebeschreibung schlicht:
»Hier auf Jamaika lernen die lieben Kinderchen nichts.«[57] Und
selbst in der zeitgenössischen ethnographischen Literatur kennen
die Eingeborenen keine »Erziehung«. Der folgende Bericht von
1790 über die Indianer Nordamerikas ist in tadelnder Absicht
verfaßt und wirft doch vor allem ein entlarvendes Licht auf das
Bewußtsein der europäischen Erziehergenerationen:

»Mit der eigentlichen Erziehung siehet es bey diesen Wilden eben so schlecht
aus, als bey den übrigen. Die Ältern [Eltern] brauchen zwar Bitten und
Ermahnungen, um sie von ihren Fehlern zu bessern, aber niemals Drohungen
und Züchtigungen; daher sind auch ihre Ermahnungen nicht kräftig genug, sie
von den Lastern abzuhalten. [...] Selten züchtigen sie ihre Kinder; wenn sie
noch jung sind, so sagen sie, sie hätten noch nicht Vernunft genug; denn wenn

sie sie hätten, so würden sie nichts Unrechtes thun: sind sie älter, so sagen sie, sie könnten nunmehr selbst urtheilen, und wären selbst Herren ihrer Handlungen. Auf diese Art wachsen diese wilden Jungen in einer unbändigen Freyheit auf.«[58]

Im Verhältnis von Robinson zu Freitag findet die europäisch-überseeische Begegnung ihren klassischen literarischen Ausdruck, wobei zugleich von einer anderen Begegnung die Rede ist: der zwischen Vater und Kind. »Mit seinem Gemüt hing er an mir wie ein Kind an seinem Vater«[59], so beschreibt Defoe das Verhältnis Freitags zu dem Europäer, und in Campes Bearbeitung (*Robinson der Jüngere,* 1779) wird die Beziehung zwischen den beiden Männern vollends zum Erwachsenen-Kind-Verhältnis stilisiert. Die Erziehungsmaßnahmen, die Robinson Freitag angedeihen läßt, sind die Kernpunkte bürgerlicher Sozialisation: Es geht um die Ausbildung des Schamempfindens (»Als erstes gab ich ihm ein paar leinene Hosen«[60]), des Sprachvermögens (»Vor allem lehrte ich ihn zu sprechen und mich zu verstehen, wenn ich sprach, und er war der begabteste Schüler«[61]), um die Regulierung seiner oralen Gelüste (»ihn von seiner greulichen Ernährungsweise und seinem kannibalischen Geschmack abzubringen«[62]); es folgt die Erziehung zur Arbeit (»Am nächsten Tag trug ich ihm Arbeit auf«[63]), und am Schluß steht die Erziehung zum Christen (»Von da an begann ich, ihn in der Erkenntnis des wahren Gottes zu unterweisen«[64]). Verquickt mit dieser pädagogischen Beziehung zwischen den beiden Männern ist die Entwicklung der persönlichen Abhängigkeit Freitags von Robinson: eine Autoritätserprobung. Robinson will sich Freitag zum Diener schaffen. Erst auf der Basis dieses »gelungenen« Herr-Knecht-Verhältnisses wird durch Zuneigung, Freundschaft und Liebe dessen Rigidität gemildert.[65] Und je »besser« Freitag erzogen ist, um so mehr schwindet bei Robinson, was er am Anfang vor dem fremden Wesen empfunden hatte: die Angst vor dem Wilden.

Denn Faszination ist auch hier mit im Spiel, schon das Szenario der Romanhandlung verdankt ja dieser Faszination seine Überzeugungskraft und seine Wirkung. Auch Robinson ist ein »Wilder«, zwar begabt mit den Werkzeugen der Zivilisation (Campe wird dieses Motiv zusätzlich tilgen), aber ohne menschliche Gesellschaft und verschlagen in die Wildnis. Dort dürfen sich im *Exemplum* seines Lebens Industriosität und Gottesfurcht unter Beweis stellen.

Auf andere Weise wild sind die ungebetenen Besucher seiner Insel,
die Kannibalen. Sie repräsentieren den Mythos vom »barbarischen
Wilden«. Zwischen beiden steht Freitag. So wie die »wilden
Kinder«, die in Europa aus der Champagne, aus Schottland oder
dem Weserbergland kommen, wird er einem Erzieher anvertraut,
wobei das Experiment der »Menschwerdung des Menschen« hier
erfolgreich abgeschlossen wird, jedenfalls vom Standpunkt des
Europäers und Erwachsenen aus. Und auch in der Struktur des
Romans hat sich, jenseits des Erziehungsprogramms, die Faszina-
tion vor dem Fremden erhalten, denn der Leser selber wird in die
Wildnis geführt, »an die Küste dieses trostlosen unglückseligen
Eilandes, das ich die ›Insel der Verzweiflung‹ getauft habe«.[66]

Wild-Fang

Die »Vermischung« von Kindern und Wilden kommt anschaulich
im historischen Bedeutungswandel eines Wortes zum Ausdruck,
das erst seit dem 18. Jahrhundert der Bezeichnung eines »ausgelas-
senen mutwilligen Kindes«[67] diente und in der Umgangssprache
heute auf diese Bedeutung festgelegt ist: Wildfang. Das Wort
stammt aus der Jägersprache (»wiltvanc«) und meinte das (lebendig) gefangene Wild, die Jagdbeute. Gebraucht wurde es vor allem
für Tiere (z.B. Falken oder wilde Pferde), die, in der Wildnis
aufgewachsen, zunächst eingefangen, dann gezähmt und abgerichtet wurden.[68] Das Wort wurde schließlich auf (erwachsene) Menschen übertragen und bezeichnete, in abschätziger Bedeutung,
Vagabunden, Landstreicher und anderes herren- und rechtloses
»Gesindel«, das aus der Fremde kam und gleich einem Tier
eingefangen und zur Hörigkeit gepreßt werden konnte (»Wildfangrecht« der Grundherren).[69] In dieser Bedeutung, ohne jegliche
Beziehung auf Kinder, definiert noch die zweite Auflage von
Johann Christoph Adelungs *Deutschem Wörterbuch* von 1801 das
Wort:

»(a) Ein jedes wild gefangenes Thier oder Ding, welches daher erst gezähmet
oder cultiviret werden muß. So werden in der Wildniß aufgewachsene, noch
ungebändigte Pferde Wildfänge genannt. Ein alter wild gefangener und ge-
zähmter Habicht oder Falke heißt ein Wildfang, zum Unterschiede von einem
Nestlinge oder Ästlinge, welcher jung gezähmet worden. Bey den Gärtnern
werden die in die Gärten verpflanzten wilden Stämme, zahme Bäume hierauf

Abb. 18. Das früh verstorbene Wunderkind Christian Henrich Heineken
(1721–25)

»Kind, dessen gleichen nie vorhin ein Tag gebahr!
Die Nach Welt wird Dich zwar mit ewgem Schmuck umlauben,
Doch auch nur kleinen Theils Dein großes Wissen glauben
Das dem der Dich gekannt, selbst unbegreiflich war.«

(Georg Philipp Telemann)

zu pfropfen, Wildfänge genannt. (b) Ein Fremder, Ausländer, nur noch in einigen Gegenden, besonders in der Pfalz, ein herrenloser Ausländer, über welchem dem Churfürsten von der Pfalz ein gewisses Recht zusteht, welches das Wildfangrecht genannt wird, nach welchem er von ihm den so genannten Fahegulden bekommt, auch im Falle er stirbt, sein Vermögen einziehet [...]. (c) Ein Wilder, unbesonnener Mensch.«[70]

Das 10 Jahre später erschienene *Wörterbuch der deutschen Sprache* von Joachim Heinrich Campe orientiert sich an Adelungs drei Definitionen, schränkt jedoch die letztgenannte Bedeutung ein: »ein wilder unbändiger *junger* Mensch, ohne Unterschied des Geschlechts«.[71] Ein Jahrhundert später, in Grimms *Deutschem Wörterbuch,* ist dann der Bedeutungswandel perfekt: »wildfang [...] in der neueren sprache völlig harmlos geworden und fast nur von jungen leuten und kindern gebraucht in der bedeutung ›gedankenloser, leichtsinniger, lebhafter mensch‹, aber auch als kosewort; von älteren meist nur, um sie trotz der jahre als kindlich zu kennzeichnen.«[72]

Der Bedeutungswandel des Wortes ist ein Indikator der Veränderung der Vergesellschaftung von Kindern und des sich wandelnden Bildes vom Kind in der entstehenden bürgerlichen Gesellschaft. In ihrer Ungebärdigkeit, Triebhaftigkeit und Unerzogenheit erscheinen Kinder dem gesitteten Bürger jetzt mehr und mehr als wild, als Wesen aus der Fremde. Sie sind die Nachfahren der Tiere und des fahrenden Volkes.

Der Wildfang ist eine wiederkehrende Figur der Kinder- und Jugendliteratur des 18. und 19. Jahrhunderts, »wild« eines der häufigsten Attribute des »bösen Kindes« in der moralischen Erzählung, wobei es recht oft die Mädchen trifft, denen ja in besonderer Weise Friedfertigkeit und Sittsamkeit anerzogen werden sollten.[73] Die wilden Kinder bevölkern die Kinder- und Jugendbücher nämlich gerade dort, wo sie sich als erziehliche verstehen, der »Wilde« ist die Negativfigur, an der sich das positive Programm augenfällig exekutieren läßt. Selbst wenn der Autor dabei an der moralischen Verwerflichkeit der Wildfänge keinen Zweifel lassen will, so stecken sie doch voll bizarren Lebens:

»Es war einmal ein kleiner zehnjähriger Knabe – Albert war sein Name – der kannte kein schöneres Vergnügen, als herumzuschweifen. Sobald er seinen Eltern aus den Augen war, lief und sprang er wie toll, stieg auf die höchsten

Felsen, erkletterte Mauern, übersprang tiefe Gräben und hing sich an die Zweige der Bäume. Er überbot alle seine Kameraden an Ungezogenheit. Man nannte ihn daher, besonders seiner herumschweifenden Lebensart wegen, nur Albert den Wildfang.«[74]

Dieser Knabe verliert übrigens seine Wildheit, indem er eine Art Robinsonade erlebt. Er wird in einem Kahn aufs hohe Meer getrieben, landet auf einem Felsenriff und wird von Fischern glücklich gerettet.[75]

Die Wildfänge der moralischen Erzählungen stammen zumeist aus »gutem Haus« – und Literaturpädagogik mag als vergleichsweise milde Form der Domestizierung von Kindern erscheinen. Nicht literarische Erziehkinder, sondern leibhaftige wilde Kinder bevölkerten hingegen die Landstraßen und Städte Europas in großer Zahl: Kinder, die ausgesetzt oder verschleppt worden waren, die Eltern und Haus verloren hatten, die Opfer von Kriegen, grundherrlichen Ausbeutungsmaßnahmen, Industrialisierung und Landflucht geworden waren, Kinder, die als Vagabunden, Bettler, in Seiltänzer- oder Artistengruppen, als Gelegenheitsarbeiter oder Wandergewerbler umherzogen.[76] *Wild-Fänge* waren diese Kinder nicht im Sinne jenes gelehrten Diskurses über die »Menschwerdung des Menschen«; sie wurden vielmehr als Arbeits-Tiere gebraucht und abgerichtet. Und sofern Pädagogik dabei im Spiele war, so jene des Einsperrens und des Bestrafens und einer Erziehung zur Arbeit, die bei dem Klischee vom »faulen« und »arbeitsscheuen Wilden« ihre Rechtfertigung suchte. Findlingsheime, Armenasyle, Waisenhäuser und Arbeitsanstalten hießen die Käfige, in denen die kleinen Wilden gehalten wurden – zur »Correction« und »Coercirung«, wie es z. B. das Patent des preußischen Königs Friedrich II. für das Spinn- und Arbeitshaus in Königsberg 1756 dekretierte.[77]

Über das System solcher »Coercirung« ist viel bekannt, wenig hingegen über die »Coercirten« selber. Denn *diese* Wildfänge haben so gut wie keine Spuren in Geschichten hinterlassen.

Anmerkungen

zu: Die kleinen Wilden

1 *Merkwürdiges Leben und Begebenheiten eines in der Wildniß aufgewach-*
  senen Mädchens von zehn Jahren, welches vor kurzem im Wald gefunden
  und hernach eine Nonne geworden, herausgegeben von der Frau H---t,
  Franckfurt und Leipzig 1756. S. 5–7. Ein Abdruck war zunächst im *Allge-*
  meinen Magazin der Natur, Kunst und Wissenschaft, Th. 7, Leipzig 1756,
  S. 219–72 erschienen. Auch »Stettin 1756« ist dieser Titel nachgewiesen
  (GV 85, 151). – Es handelt sich um eine Übersetzung der *Histoire d'une*
  jeune fille sauvage, trouvée dans les Bois à l'âge de dix ans, publiée par
  Madame H----t, Paris 1755. Hinter dem Autorennamen soll sich – nach
  Rauber, a.a.O. (Anm. 2), und L. Malson, *Die wilden Kinder,* Frankfurt
  1972, S. 95 – Charles-Marie de la Condamine verbergen. (Dieses Mitglied
  der Académie Française wird in dem Bericht, S. 30, als Besucher des
  Mädchens 1747 erwähnt; die anonyme Verfasserin schreibt auf S. 33, daß
  sie das Mädchen 1752 zum ersten Mal gesehen habe. Sollte es wirklich so
  unwahrscheinlich sein, daß eine Frau diesen Bericht verfaßt hat?) Charles-
  Marie de la Condamine (1701–1774) war Mathematiker und Seereisender
  und untersuchte die Sprache jenes berühmten Eingeborenen, den Bougainville aus Tahiti mitgebracht hatte. (Vgl. L.-A. de Bougainville, *Reise um die*
  Welt, Stuttgart 1980, S. 220 u. 477.)
2 Zur Wirkungsgeschichte dieses Falles vgl. A. Rauber, *Homo sapiens ferus*
  oder die Zustände der Verwilderten und ihre Bedeutung für Wissenschaft,
  Politik und Schule. Biologische Untersuchung, Leipzig 1885, S. 41 u. 47 f.,
  sowie L. Malson, a.a.O., S. 94 ff.
3 *Merkwürdiges Leben,* a.a.O., S. 11.
4 Zum Verfasserproblem vgl. Anm. 1.
5 *Merkwürdiges Leben,* a.a.O., S. 56.
6 *Merkwürdiges Leben,* a.a.O., S. 73 f. (Auszug aus dem Brief der Frau
  Düplessis von St. Helena an die Frau H---t, vom 30. Oktober 1751, wo von
  der Nation der Esquimaux [=Eskimos] die Rede ist.)
7 L. Malson/J. Itard/O. Mannoni, *Die wilden Kinder,* Frankfurt [3]1976;
  Th. Gineste, *Victor de l'Aveyron,* Paris 1981; zuletzt A. Leber, ›Der Wilde
  von Aveyron und sein Lehrer oder die Illusion eines Lernens ohne Affektbe-
  teiligung‹, in: *Kindheit* 3/1981, S. 27–39. – Außerhalb Europas haben
  »wilde Kinder« in der Missionsgeschichte Indiens noch im 20. Jh. eine
  Rolle gespielt, vgl. Charles Maclean, *The Wolf Children,* London 1977;
  R. Schérer/G. Hocquenghem, *Co-ire. Kindheitsmythen,* München 1977,
  S. 96–99. (Die beiden letztgenannten Autoren gehen von einer »ursprünglichen Konsistenz der Beziehung Kind/Tier« aus.)

8 Vgl. W. Brezinka, ›Verwilderte Kinder, Legende und Wirklichkeit‹, in: *Die Sammlung* 13 (1958), S. 521–531; auch Rauber und Malson bemühen sich – da anthropologisch interessiert – um diese Unterscheidung.

9 *Die wundersamen Geschichten des Caesarius von Heisterbach,* hg. v. I. u. J. Schneider, Berlin o. J., S. 237. Die dritte Geschichte handelt von einem Kind, das zweimal von Wölfen geraubt und ebenso wie seine Geschwister Opfer dieser Tiere wird. Auch hier geht es also um einen besonders »sensationellen« Fall.

10 ›Das Leben des hl. Waltger von Herford‹, in: R. Wilmans, *Die Kaiserurkunden der Provinz Westfalen,* Münster 1867, S. 488 (nach L. Kriss-Rettenbeck, *Ex voto,* Zürich 1972, S. 306).

11 Abgebildet bei W. Theopold, *Das Kind in der Votivmalerei,* München 1981, S. 90. Dort auch ein weiteres Ereignis dieser Art aus dem Jahr 1312. – Der Wolf, der, dem gehorsamen Hund ähnlich, etwas »apportiert«, ist schon auf einem Tafelbild von Sano di Pietro (1406–1481) in der Pinacoteca Nazionale in Siena zu sehen; auf Befehl des Hl. Biagio bringt er dort einer Witwe das geraubte Schwein zurück.

12 Zum Bärenhäuter vgl. H. Rölleke, in: *Enzyklopädie des Märchens,* Bd. 1, Sp. 1225–32. Das Bärenhäutermärchen (KHM 101) findet sich bereits bei Grimmelshausen (›Der erste Bärenhäuter‹, 1670) und wurde auch von Brentano bearbeitet (›Geschichte und Ursprung des ersten Bärenhäuters‹, 1808).

13 U. Jahn, *Volksmärchen aus Pommern und Rügen,* Norden/Leipzig 1891 (Neudruck Hildesheim 1973), S. 107 ff.

14 Vgl. Daniel Bernard, *Wolf und Mensch,* Saarbrücken 1983 (frz. *L'homme et le loup,* 1981).

15 A. Rauber, a.a.O., S. 15 f.

16 *Zeitung aus Ambsterdamb, Antorff, Cölln, Pariß, Haag, Straßburg, Memmingen und Wien* (ohne Druckort), VI/1, 1631, 8. März. – Diese wie alle folgenden Zeitungen stammen aus dem Archiv der Presseforschung der Universität Bremen. Für das Aufsuchen danke ich Konrad Elmshäuser.

17 *Europäische Wochentliche Zeitung Anno 1664,* No. 20. Kopenhagen/ H. Göde. Warschau, 1. März.

18 A. Rauber, a.a.O., S. 19.

19 A. Rauber, a.a.O., S. 23.

20 A. Rauber, a.a.O., S. 20.

21 A. Rauber, a.a.O., S. 22.

22 »Durch Schläge wurde er dazu gebracht, Kleider zu tragen«, und: »Das Zeichen des Hl. Kreuzes mit eigenem Verstande zu machen kann er nicht gelehrt werden.« A. Rauber, a.a.O., S. 22.

23 *Hamburgische Addreß-Comptoir-Nachrichten,* 9. Stück, Sonnabend, den 31. Januar 1767; *Stats- und Gelehrte Zeitung des Hollsteinischen unpartheyischen Correspondenten,* No. 2, 2. Januar 1726; ebenda No. 12, 19. 1. 1726; ebenda No. 40, 9. 3. 1726; ebenda No. 60, 10. 4. 1726; ebenda No. 58, 13. 4. 1726.

24 *Zuverlässige und wahrhafte Nachricht von dem bei Hameln im Felde gefundenen wilden Knaben, was es mit selbigem eigentlich für eine Beschaffenheit habe, wie er sich nach seiner Arretirung aufgeführt und was für Muthmaßung sich hervorgethan, auch was sonst Merkwürdiges dabei vorgefallen, von einer glaubwürdigen Person aus Hameln selbst an seinen Freund schriftlich abgefaßt, nunmehr aber wegen vieler unterlaufener Merkwürdigkeiten zum Druck befördert,* Breslau 1729. – Nach Rauber, a.a.O., S. 33. Leider ist es mir nicht gelungen, diesen Titel bibliothekarisch zu ermitteln. Das Zitat nach Rauber, a.a.O., S. 35.

25 *Des Historischen Kerns, oder sogenandter kurtzen Chronica Sechsten Theils, Zweites Stück ... Chronica des Jahrs 1726,* Hamburg (Th. v. Wierling) 1730, S. 40–46. – Den Bericht verdanke ich Herrn Gerhardt Petrat, Bremen.

26 Vgl. A. Rauber, a.a.O., S. 35–37.

27 A. Rauber, a.a.O., S. 36. – Dem Nachweis der Nicht-Existenz »eingeborener Ideen« gilt auch noch Itards Gutachten über den »Wilden von Aveyron«. Vgl. L. Malson/J. Itard/O. Mannoni, *Die wilden Kinder,* a.a.O., S. 114.

28 *Ausführliches Leben und besondere Schiksale eines wilden Knaben von zwölf Jahren der zu Barra einer Schottländischen Insel von zweyen berühmten Aerzten gefangen und auferzogen worden,* Frankfurt und Leipzig 1759. 80 S. Dieser »Fall« ist, soweit ich sehe, unbekannt geblieben; weder die Zusammenstellung von Rauber, 1885, noch die von Malson/Mannoni, 1964, erwähnt ihn. Der Titel ist auch mit der Ausgabe »Ulm 1760« nachgewiesen (GV 85, 151).

29 *Ausführliches Leben und besondere Schiksale,* a.a.O., S. 24.

30 Ebd., S. 55 f.

31 J. H. Campe, *Kinderbibliothek,* 1. Theil, in: *Sämmtliche Jugendschriften,* Bd. 2, Braunschweig 1830, S. 92 (»Wohl dir, daß du unter gesitteten Menschen geboren bist«, Schloezer).

32 *Ausführliches Leben und besondere Schiksale,* a.a.O., S. 69.

33 Ebd., S. 67 f.

34 *Samuel Johnsons Reisen nach den westlichen Inseln bei Schottland,* nach einer anonymen Übertragung aus dem Jahr 1775, hrsg. v. V. Wolf u. B. Zabel, Frankfurt 1982, S. 270. – Den Hinweis auf Johnsons Reisebeschreibung verdanke ich Bernhard Gleim.

35 *Ausführliches Leben und besondere Schiksale,* a.a.O., S. 80.

36 J. A. Comenius, *Didactica Magna* 36, 4.

37 J. H. Campe, *Kinderbibliothek,* 1. Theil, a.a.O., S. 92. – Schloezer ist auch der Verfasser eines anonym erschienenen Büchleins mit dem Titel *Neu-Jahrs-Geschenk aus Jamaika in West Indien für ein Kind in Europa,* Göttingen 1780, einer Reisebeschreibung in Briefen eines Kindes an ein anderes Kind.

38 J. Itard, ›Gutachten über die ersten Entwicklungen des Victor von Aveyron (1801)‹, in: L. Malson, *Die wilden Kinder,* a.a.O., S. 114.

39 O. Mannoni, ›Itard und sein Wilder‹, in: L. Malson, a.a.O., S. 244.

40 Herodot, *Historien,* übersetzt v. A. Horneffer, hrsg. v. H. W. Haussig, 3. Aufl. Stuttgart 1963, S. 99. (= Hist. II, 2).

41 *Kaiser Friedrich II. in Briefen und Berichten seiner Zeit,* hrsg. u. übersetzt v. K. H. Heinisch, Darmstadt 1968, S. 85.

42 *Sittliche Gemälde guter und böser Kinder oder Unterhaltungen des Vaters Baratier mit seinem Sohn Philipp nebst einer kurzen Lebensbeschreibung dieses berühmten Wunderkinds, und einigen Auszügen aus dem Tagebuch eines siebenjährigen Knaben,* Nürnberg, 2. Aufl. 1796.

43 [Christian von Schöneich:] *Merkwürdiges Ehren-Gedächtnis von dem Leben und Tode des klugen und gelehrten Lübeckischen Kindes Christian Henrich Heineken,* Hamburg 1726; [August Ludw. Schloezer:] *Leben, Thaten, Reisen und Tod eines sehr klugen und sehr artigen 4jährigen Kindes Christian Henrich Heineken aus Lübeck, beschrieben von seinem Lehrer Christian v. Schönaich,* Göttingen, 2. Aufl., 1779 (Reprint Gießen 1980); Hans Heise, *Christian Henrich Heineken, das Lübecker Wunderkind,* Bremen 1924 (=Friesland-Bücherei, 16) – Heineken starb im 5. Lebensjahr (1725).

44 Zum folgenden vgl. Urs Bitterli, *Die ›Wilden‹ und die ›Zivilisierten‹. Grundzüge einer Geistes- und Kulturgeschichte der europäisch-überseeischen Begegnung,* München 1976.

45 Vgl. G. Cocchiara, *Storia del folklore in Europa,* Torino 1971, cap. I (›La scoperta del Selvaggio‹).

46 S. M. Golbéry, *Fragments d'un voyage en Afrique,* t. II, Paris 1802, p. 347 (nach Bitterli, a.a.O., S. 372).

47 Jean Paul, *Levana oder Erziehlehre,* in: *Werke,* Bd. IX, München 1975, S. 533 u. 599.

48 Vgl. N. H. Fairchild, *The Noble Savage,* New York 1928; G. Cocchiara, *Il mito del buon selvaggio,* Messina 1948; K.-H. Kohl, *Entzauberter Blick. Das Bild vom guten Wilden und die Erfahrung der Zivilisation,* Berlin 1981.

49 Auszug aus einem Briefwechsel über Ossian und die Lieder alter Völker (1773), in: *Werke,* hrsg. v. A. Kurz, Bd. 2, Leipzig o. J., S. 27 f.

50 Aber auch dieser Vorwurf wurde von den Verteidigern der Wilden pariert: Schon Montaigne hatte geschrieben, es sei schlimmer, einen Menschen »lebendig zu fressen« – wie es in Europa in den Folterkammern der Inquisition geschehe. »Und dem Baron La Hontan, einem der leidenschaftlichsten Verteidiger des Indianers, gelang es sogar, selbst im Tatbestand des Kannibalismus noch den Ausdruck einer spezifischen Begabung zu sehen; es sei bekannt, stellte er fest, daß die Indianer das feinere Fleisch der Franzosen dem zäheren der Engländer vorzögen: damit aber bewiesen sie zumindest einen hervorragenden Geschmack. (Bitterli, a.a.O., S. 375). – Selbstkritik im Kulturvergleich steckt auch in Lichtenbergs Lakonismus: »Wir fressen einander nicht, wir schlachten uns bloß.«

51 Vgl. Anm. 45.

52 Bitterli, a.a.O., S. 371.

53 Ebenda, S. 373. Vgl. jetzt auch: Joachim Schultz, »Der ›faule und kreative‹ Wilde. Bilder und Gegenbilder aus der Kinder- und Jugendliteratur und aus der alternativen Jugendkultur«, in: *Komparatistische Hefte* 12 (1985), 17–32.

54 ›Beschreibung einer Reise um die Erdkugel, angestellt von dem Englischen Schiffshauptmann Cook‹, in: *Erste Sammlung Merkwürdiger Reisebeschreibungen,* 5. Theil (= J. H. Campe, *Sämmtliche Kinder- und Jugendschriften,* Bd. 21, Braunschweig 1830), S. 40.

55 ›Das Anziehendste und Merkwürdigste aus Johann Carvers Reisen durch die innern Gegenden von Nordamerika‹, in: *Erste Sammlung merkwürdiger Reiseschreibungen,* Vierter Theil, a.a.O., Bd. 20, S. 90 f.

56 J. H. Campe, ›Die Entdeckung von Amerika‹ (1781/82), in: *Sämmtliche Kinder- und Jugendschriften,* a.a.O., Bd. 12, S. 71 f.

57 A. C. Schloezer, *Neu Jahrs-Geschenk aus Jamaika,* a.a.O., S. 6.

58 [J. G. Purmann:] *Sitten und Meinungen der Wilden in Amerika,* 3. Bd., Wien 1790, S. 270 f.

59 D. Defoe, *Robinson Crusoe,* i. d. Übersetzung v. H. Novak, Frankfurt (Insel) 1973, S. 276.

60 Ebenda, S. 274.

61 Ebenda, S. 278.

62 Ebenda, S. 278.

63 Ebenda, S. 282.

64 Ebenda, S. 287.

65 Vgl. J. Merkel/D. Richter (Hrsg.) *J. H. Campe, Robinson der Jüngere,* München 1977, Nachwort S. 432–436.

66 Defoe, *Robinson Crusoe,* a.a.O., S. 97.

67 So das *Wörterbuch der deutschen Gegenwartssprache,* hrsg. v. R. Klappenbach u. W. Steinitz, Bd. 6, Berlin 1977, S. 4352 (›Wildfang‹).

68 Grimm, *Deutsches Wörterbuch,* Bd. 14, 2, Sp. 73 f.

69 »Keme ein wildfang her, es were froue oder man, jung oder alt, der kein nachvolgen herrn hett: vordert den niemans in jor noch in dag, so hat in niemans uff zu ziehen, wenn mein gnediger herr von Straszburg.« (Rechte von Cappel, 15. Jh. – nach Grimm, DWB, a.a.O., Sp. 75.)

70 J. Chr. Adelung, *Grammatisch-kritisches Wörterbuch der hochdeutschen Mundart,* 2. Aufl. Bd. 4, Leipzig 1801, Sp. 1545 f.

71 J. H. Campe, *Wörterbuch der deutschen Sprache,* Bd. 5, Braunschweig 1811, S. 719. – Hervorhebung D.R.

72 Grimm, *Deutsches Wörterbuch,* a.a.O., Sp. 76. – Die sprachgeschichtliche Entwicklung von der ursprünglichen Kinder*beschimpfung* zur späteren Kinderkosebezeichnung teilt das Wort übrigens mit anderen, wie Leckermaul, Waghals oder Trotzkopf.

73 *Das Goldtöchterchen. Ein unterhaltendes und belehrendes Bilderbuch für die frühste Jugend weiblichen Geschlechts,* 3. Aufl., Leipzig 1808, S. 22 (Um »den kleinen Wildfang von Mädchen zu bändigen« schenkt die

Mutter der kleinen Emilie eine Puppe); F. Hoffmann, *150 moralische Erzählungen*, Stuttgart, 2. Aufl. 1845, S. 167 ff. (›Der Wildfang‹); ders., *Geschichtenbuch für die Kinderstube*, Stuttgart 1850, S. 230 ff. (›Der Wildfang‹); E. v. Houwald, *Buch für Kinder gebildeter Stände. Schauspiele und Erzählungen*, Leipzig 1824 (nach M. L. Könneker, *Kinderschaukel*, Bd. 1, Darmstadt 1976, S. 39 f.: ›Albert der Wildfang‹).

74 E. v. Houwald, a.a.O. (wie Anm. 73), S. 39 f.

75 Das »böse« wilde Kind der Erziehungsliteratur des 18. und frühen 19. Jahrhunderts, dessen Muster, hier in kritischer Wendung, in Gottfried Kellers Geschichte vom zu Tode erzogenen Meretlein weiterlebt, sollte dann im späteren 19. Jahrhundert durch ein anderes Muster des wilden Kindes konterkariert werden. Im Bild des ›edlen Wildlings‹ wird das Verhältnis von Natur und Zivilisation scheinbar auf den Kopf gestellt: Mowgli, der Held von Rudyard Kiplings *Jungle Books* (1894/95), auch er von einer Wolfsmutter großgezogen, geht, ähnlich wie der jugendliche Tarzan, den umgekehrten Weg wie die »wilden Kinder« früherer Jahrhunderte – er wird aus der Zivilisation in die Wildnis verschlagen, ein Exempel für die vorgebliche Überlegenheit der Natur mit ihrer Ordnung der Stärke und des Rudels über die »Dekadenz« der Zivilisation.

76 Auch als Figuren von sentimentalen Erzählungen bevölkern vagabundierende Kinder die Jugend- und Unterhaltungsliteratur des 19. Jahrhunderts: Fr. Sollin, *Neue moralische Erzählungen für die Jugend*, München 1833, S. 164 ff. (›Der ehrliche Judenknabe‹); Heinrich Müller, *Bitte bitte. Ein ABC- und Lesebuch*, 6. Aufl., Hamburg 1841, S. 121 ff. (Seiltänzerkinder) u. 154 ff. (von Zigeunern geraubtes Kind); G. Nieritz, *Der Findling oder die Schule des Lebens*, 2. Aufl., Berlin 1842; A. Schoppe, *Die beiden kleinen Seiltänzer*, 1853 (eine offensichtlich Mignon nachempfundene Erzählung); A. Stein, *Bilder aus dem Kinderleben*, 6. Aufl., Berlin 1879, S. 188 ff. (›Die kleine Bettelliese‹ – auch hier stirbt das Kind, wird ein kleiner »Engel«) und 240 ff. (›Die Geschichte von der kleinen Brigitte‹ – ebenfalls ein »Mignonkind«). – Vgl. auch R. Schenda, *Volk ohne Buch*, Frankfurt 1970, S. 403 ff. (Über Findlings- und Savoyardenkinder).

77 ›Notifikationspatent wegen des angelegten Spinn- und Arbeitshauses in der Stadt Königsberg in Preußen‹, in: R. Hoppe, *Dokumente zur Lage der Geschichte des arbeitenden Kindes*, Berlin 1969, S. 36 f.

DRITTER TEIL

Reiz des Fremden: das Volk, die Kinder, die Märchen
Entwicklung eines historischen Musters

A. Wandlungen des europäischen Märchens

1. Volk? Kinder? Märchen? Zur Soziogenese des Populären

Das Populäre als Ausgrenzung

Das *Volk*, die *Kinder*, die *Märchen* — sie verdanken, wie »ursprünglich« auch immer sie erscheinen mögen, ihre Existenz erst einem Prozeß der sozialen und kulturellen Ausgrenzung, die ihre Ursachen in der neuzeitlichen Zivilisationsgeschichte Europas hat. »Wenn alle Mitglieder einer Gesellschaft *eine* Kultur teilen, ist der Begriff ›Volkskultur‹ überflüssig.«[1] Natürlich bezeichnet dieser Satz von Peter Burke eine idealtypische Ausgangssituation, und er trifft in Wirklichkeit vorwiegend auf die sogenannten »Urgesellschaften« zu. Schon früh bilden sich — infolge der Arbeitsteilung und der wachsenden Bedeutung der Schrift — in den historischen Gesellschaften eine »hohe« und eine »niedere« kulturelle Tradition aus; doch es scheint, als sei der Austausch zwischen beiden zunächst stärker gewesen, zumindest, wie Burke ausführt, in der einen Richtung von »oben« nach »unten«, d. h. in der Teilhabe der »Oberen« an einer Kultur, die als »untere« zwar wahrgenommen, aber noch nicht in der gleichen Weise abgewehrt wurde, wie in den späteren Etappen der Zivilisationsgeschichte, vor allem seit dem Ende des Mittelalters.[2] Dieser Ansatz zum Verständnis von Volkskultur trifft sich mit den soziogenetischen und psychogenetischen Untersuchungen von Norbert Elias, der die Wandlungen des Verhaltens in den weltlichen Oberschichten des Abendlandes während des 16. bis 18. Jahrhunderts gerade als Prozeß einer wachsenden Distanzierung der »feinen Leute« von der »Roheit« der Unterschichten beschreibt.[3] Und beide Ansätze verbinden sich mit Ariès' kindheitsgeschichtlicher Theorie, wonach die Entstehung des sozialen Status Kindheit sich einer Ausgliederung verdankt, die sich während des gleichen Zeitraums vollzogen habe.[4]

Wie das »Volk« den »Gebildeten«, so werden die »Kinder« den »Erwachsenen« zum Gegenstand der Wahrnehmung und des Interesses also erst im Laufe eines Prozesses, in dem sie ihnen zunehmend als *fremd* erscheinen. Ihre »Entdeckung« entspringt nicht wachsender Nähe (durch Begriffe wie »Volksverbundenheit« oder »Kinderfreundlichkeit« suggeriert), sondern größer werdender Distanz. Der Reiz der Wahrnehmung hat mit dem fühlbar gewordenen Abstand zu tun. Goethe deutet dies in seiner Rezension des *Wunderhorn* (1806) an, wenn er über die »Volkspoesie« schreibt: »Diese Art Gedichte, die wir seit Jahren Volkslieder zu nennen pflegen, ob sie gleich eigentlich weder vom Volk noch fürs Volk gedichtet sind, [...] haben einen unglaublichen Reiz, selbst für uns, die wir auf einer höheren Stufe der Bildung stehen, wie der Anblick und die Erinnerung der Jugend fürs Alter hat.«[5]

Die frühe Wahrnehmung des Fabulösen: Spott und Didaktisierung

Wie das »Volk« und die »Kinder« ist auch »ihre« Poesie Ergebnis kultureller Ausgrenzung. Für das »Märchen« genügt es sich vorzustellen, daß etwa die mittelalterliche »Hochliteratur« in Europa (Artus-Roman, Heldenepik) ebenso »märchenhaft« war wie das religiöse Schrifttum (Heiligenleben), die Historiographie (Chroniken), die naturkundliche Prosa (Tier- und Pflanzenbücher) oder die Reisebeschreibung. Das »Märchen« existierte nicht als eigene Form, vielmehr war »Märchenhaftes« Bestandteil nahezu aller literarischer Gattungen. Erst gegen Ende des Mittelalters sind Ansätze einer verstärkten Wahrnehmung dessen zu beobachten, was später »Volksliteratur« genannt wird.

Mit der allmählichen Ausbildung eines neuen und für die Geschichte der europäischen Kulturen ungemein folgenreichen Wahr/Falsch-Paradigmas[6] wird zunehmend zwischen *erdichteter Narration* und *wahrhafter History*[7] unterschieden. Das Fabulöse wird, sofern es nicht Teil der »hohen« Tradition oder der sakrosankten Überlieferung (Bibel, antike Autoren) ist, von den Gebildeten als einfältig, unnütz oder heidnisch verspottet.[8] Oder es wird – im Dienste einer »höheren Wahrheit« – zu moralischen Zwecken didaktisiert, vornehmlich auf der Kanzel (Predigtmärlein) und in der Lehrliteratur.[9]

Das Verdikt der »Gebildeten« über die »albernen abgeschmackten Märchenpossen« begleitet den Prozeß der »Entdeckung« der

Volkskultur und erlebt in der Erziehungsbewegung des 18. und frühen 19. Jahrhunderts einen neuen Höhepunkt. Nicht zuletzt die nun entstehende Kinderliteratur warnt vor dem Märchen. In einem Kinderbuch von Johann Gottlieb Schummel von 1777 wird im Pfänderspiel von einem Kind verlangt, »eine rechte große, abscheuliche Lüge [zu] erzählen«, worauf dieses ein Märchen zum besten gibt.[10] In einem anderen Kinderbuch (1839) sind es Märchen, von einer Wärterin von niederem Stande erzählt, die ein Kind aus gutem Hause auf den Pfad der Unehrbarkeit und Unkeuschheit bringen.[11] Einwände gegen »Märchen für Kinder« sind noch lange nach dem Erscheinen der Grimmschen *Kinder- und Hausmärchen* an der Tagesordnung, und als sie in der zweiten Hälfte des 19. Jahrhunderts in der Herbart-Zillerschen Erziehungslehre auch pädagogische Gnade finden, geschieht dies zunächst, indem sie in strenger Auswahl dem Lernziel »Übung des ethischen Urteils« dienstbar gemacht werden.[12]

Zugleich werden seit der Renaissance Märchenstoffe der Hegemonialkultur einverleibt. Dieses Verfahren erfaßt noch andere Bereiche der Popularkultur (Feste, Sitten, Spiele); es stellt sich uns heute als Prozeß der bewußten oder unbewußten Zerstörung der ursprünglichen Formen dar.[13] Nach Straparolas *Piacevoli notti* (1550/53) entsteht mit Giambattista Basiles *Lo cunto de li cunti* (1634/36) die erste europäische Märchensammlung. Über das Volk und die Kinder wird hier von den Herrschaften kräftig gelacht. (Geschichten zum Lachen werden Märchen noch lange Zeit bleiben; ernst werden sie erst mit der Romantik.) Das Vergnügen an den populären Stoffen resultiert aus dem Reiz des Fremden. Das Märchenhafte ist nun nicht mehr Teil einer allgemeinen Kultur; es wird ein Stück »Volkskultur«.

›Märchen‹ in traditionellen Erzählkulturen

Wie es um die Praxis des Erzählens von fabulösen Geschichten, darunter auch »Märchen«, in den vorindustriellen, vorbürgerlichen Gesellschaften bestellt gewesen sein mag, davon geben jüngere volkskundliche und ethnologische Untersuchungen zu Erzählern und Erzählgemeinschaften ein ungefähres Bild.[14] Geschichten- und Märchenerzählen (die Märchen waren nicht die

häufigsten Sujets!) war demnach ursprünglich keine spezifische Kinderunterhaltung. Erzählanlässe waren nicht eigens für Kinder zugerichtet. Erzählt wurde bei Gelegenheiten, die eine Gruppe von Menschen für eine bestimmte Zeit zusammenführte, bei der Arbeit, in den Herbergen, auf der Wanderschaft, bei der Totenwache, unter Soldaten. Kinder waren, wenn überhaupt, neben anderen anwesend, am ehesten noch – auch hier zusammen mit Erwachsenen –, wenn am Abend im Haus oder an Festtagen erzählt wurde oder wenn ein Handwerker oder sonst des Erzählens Kundiger ins Haus kam. Kinder, insbesondere jüngere, scheinen dabei allerdings nicht sonderlich gern gesehen worden zu sein; sie schleichen sich manchmal ein und werden dann vertrieben. Wo Männer vor einem größeren Publikum erzählen, teilen bisweilen die Frauen das Schicksal der Kinder: sie sind unerwünscht.[15] Daneben spezialisieren sich einzelne Erzähler auf Kinder und Kindergeschichten, und es sieht so aus, als bildeten bestimmte Gattungen, z. B. Tiermärchen oder kurze phantastische Geschichten (nicht hingegen das Zaubermärchen, das heute als die Domäne der Kinder gilt), die Vorformen einer eher »kindspezifischen« Märchenunterhaltung.[16] Jedenfalls gibt es fabulöse Geschichten, die nicht für Kinderohren bestimmt waren. Dazu zählen Schwänke und »fette Geschichten«, die die Knechte einander erzählen, oder Geschichten mit sexuellen Sujets. Aus einem ungarischen Dorf berichtet Linda Degh: Es »werden die Kindermärchen von den anderen Märchen scharf abgegrenzt und nur den Kleinsten zu Hause werden Kindermärchen erzählt. Aber natürlich lernen die Kinder nicht nur Märchen, die für sie bestimmt sind, an ihnen bleibt auch hängen, was nicht für ihre Ohren gedacht ist.«[17] Daß »Kindermärchen« von den übrigen Märchen und Geschichten unterschieden werden, ist erzähl- und gattungshistorisch die erste Stufe einer altersspezifischen Ausdifferenzierung des Erzählstoffes. Hier, nämlich im Bereich des »Kindermärchens«, tauchen dann verstärkt Frauen als Erzähler auf (zumindest aus Südosteuropa und dem Mittelmeerraum wissen wir, daß Erzählen ursprünglich »Männersache« war[18]), wobei vielleicht auch für andere Regionen gelten kann, was Linda Degh aus ungarischen Belegen deutlich macht: »daß die Kindermärchen der Frauen nicht ernst genommen wurden«.[19]
In diesen Zusammenhang gehören die bereits seit dem Altertum bezeugten Sottisen über »Altweibergeschichten«. »A woman's

story at a winter's fire/Authoriz'd by her grandam« (Shakespeare, *Macbeth* III, 4) – eine solche Wendung spielt nicht auf »Vertrautes« und »Heimeliges« an, sondern auf alberne Schreckgeschichten. Von solchen ist in der frühneuzeitlichen Literatur auch in Erinnerung an Erzählsituationen in der eigenen Kindheit die Rede.[20] Erst sehr viel später sollte sich in solche Erinnerungen ein sentimental-wehmütiger Ton einschleichen.

Die Inszenierungen der Popularkultur

Das Volk, die Kinder, die Märchen – erst im Fortgang der Zivilisation werden sie von den Intellektuellen zu jener eigentümlichen Trias verbunden, die dann als Gegenwelt zum herrschenden hochkulturellen System erscheint. Darin gründet allerdings ein methodisches Problem der Beschreibung und Erforschung der Popularkultur. So wie sie überliefert wird, ist sie nie wirklich das, wofür sie sich ausgibt: eine authentische Nachricht aus dem Leben des Volkes. Sie ist es um so weniger, je weiter wir historisch zurückgehen. Denn die Zeugnisse der Popularkultur sprechen niemals unverstellt die Sprache des Volkes. Sie verdanken ihre Überlieferung und damit Formung dem Interesse der Intellektuellen an einem zunehmend fremd erscheinenden Volk. Indem sie gesammelt und aufgeschrieben werden – und in der Form, in der sie dies werden –, unterliegen sie einem *Prozeß der Transformation*. Sie »wandern« von einer Kultur in eine andere, werden aus einer »Sprache« in eine andere übersetzt. Schon der Begriff der »Entdeckung« der Popularkultur ist fragwürdig. Hermann Bausinger spricht von der »Erfindung der ›Volkspoesie‹« und nennt sie »eine schöpferische Fiktion«[21]. Und von einer produktiven Selbsttäuschung der Sammler spricht – am Beispiel der *Kinder- und Hausmärchen* der Brüder Grimm – der Volkskundler Giuseppe Cocchiara: »Die Grimms waren überzeugt, die Volkssprache wiedergefunden zu haben, in der sich das Volksmärchen ausdrückt. In Wahrheit hatten sie nur ihre eigene Sprache gefunden. Und aus philologischem Eifer, der doch ein methodologischer Irrtum war, war ihnen ein Kunstwerk entstanden.«[22] »Ihre eigene Sprache« – das war freilich nicht nur die individuelle Sprache von Jacob und Wilhelm Grimm; in sie eingeflossen waren die ästhetischen, sozia-

len und politischen Vorstellungen der Epoche vom »Volk« und
vom »Kind«. Das gleiche gilt, mit Modifikationen, für andere
Märchenautoren. Denn die Zuwendung der Intellektuellen zum
Volk und seiner Kultur war stets geprägt von spezifischen Absichten, und deshalb lassen sich die überlieferten Zeugnisse der Popularkultur auch spiegelbildlich lesen als Zeugnisse der Kultur ihrer
Sammler, ihrer Wünsche, ihrer Abwehr, ihrer Kritik. Die Volkskultur ist *verkehrte Welt* der herrschenden Kultur – in jener darf
sein, was in dieser verboten ist.
Methodisch bewegt sich daher jeder Versuch einer Beschreibung
der Popularkultur zwischen den beiden Grenzpositionen eines
»faktizistischen« und eines »fiktionalistischen« Verstehens. Volkskundler und Historiker, die eher an den »Realien« der Popularkultur interessiert sind, haben inzwischen eingesehen, daß sie nur
durch die *Filter* der Überlieferung zu ihnen vordringen können.
Mitunter macht sich in jüngerer Zeit gar genereller Skeptizismus
breit. Ihm gegenüber betont Carlo Ginzburg: »Die Angst, dem
berüchtigten naiven Positivismus zu verfallen, verbunden mit dem
geschärften Bewußtsein von der Gewalt der Ideologie, die sich
noch hinter dem gewöhnlichsten und auf den ersten Blick harm-
losesten Erkenntnisvorgang verbergen kann, verführt heute viele
Historiker dazu, das Kind mit dem Bade auszuschütten – die
Volkskultur selbst zusammen mit den Quellen, die davon ein mehr
oder weniger verformtes Bild geben.« Und er weist darauf hin, daß
noch dem größten Skeptizismus allein in der *Rede* über die Volkskultur eine Vorstellung von deren Authentizität zugrunde liegt.[23]
Umgekehrt neigen diejenigen, die, wie die Literaturwissenschaft-
ler, vornehmlich an der ästhetischen Gestalt der Texte interessiert
sind, dazu, über deren Verständnis als »Kunstmärchen« das kulturelle Substrat der Überlieferung zu vernachlässigen.
Ich gehe im folgenden vom Begriff der *Inszenierung* der Popularkultur aus. Die jeweiligen Formen der Überlieferung sind nicht
störendes Beiwerk, sondern das Medium, in welchem sich die
jeweiligen Epochen die Märchen angeeignet haben. In den *historisch wechselnden* Inszenierungen von Volk, Kindern und Märchen findet der jeweilige Austausch zwischen niederer und hege-
monialer Kultur ihren Ausdruck; in ihrer Analyse können die
Umrisse einer *Kultur*geschichte des europäischen Märchens sichtbar werden.

2. »Geschichten, wie die alten Frauen sie zur Unterhaltung der Kleinen erzählen.« Basiles ›Pentamerone‹ und die höfische Inszenierung des Populären im Barock

Die Geschichte der Geschichten

Das erste Werk, das Märchen und Kinder in einen expliziten programmatischen Zusammenhang bringt, ist Giambattista Basiles *Pentamerone*. Es erschien postum 1634/36 unter dem Titel *Lo Cunto de li Cunti overo Lo Trattenemiento de'Peccerille* (*Die Geschichte der Geschichten oder Die Unterhaltung für die Kleinen*). Der Titel bezieht sich auf eine Stelle in der Rahmenerzählung, die zugleich die fünfzigste Geschichte der Sammlung bildet. Sie handelt von der Prinzessin Zoza, die nicht lachen kann und die den Prinzen Taddeo mit einem Krug voller Tränen erlöst; kurz vor Vollendung der Aufgabe schläft sie jedoch ein, und eine Sklavin heiratet den Prinzen. Mit Hilfe von Feengaben erweckt Zoza bei der schwangeren Sklavin das heftige Verlangen, Geschichten zu hören; Taddeo läßt deshalb zehn Frauen in den Palast kommen und fordert sie auf, daß »während dieser vier oder fünf Tage, die noch bleiben, bis ihr Bauch sich leert, jede von euch jeden Tag eine von diesen Geschichten erzählt, welche die alten Frauen zu Unterhaltung der Kleinen zu erzählen pflegen«.[24]

Auf die erzählende Großmutter beruft sich im folgenden eine der Erzählerinnen selber: In den Kästen ihres Gehirns habe sie gewühlt, die Winkel ihres Gedächtnisses durchforscht, erklärt die lahme Zeza zu Beginn der Geschichtenfolge des zweiten Tages, »um unter den Sachen, die jene gute Seele, Frau Chiarella Vusciolo, die Großmutter meines Onkels, Gott hab sie selig, zu erzählen pflegte, die Geschichten auszuwählen, die mir am passendsten scheinen, um euch davon täglich eine aufzutischen«.[25]

Hier erscheint sie nun als Figur der Erzählliteratur selber: die später zu Ruhm und Ehre gekommene »Märchen« erzählende Großmutter. Freilich, was aus ihrem Erinnerungsschatz aufgetischt wird, paßt, wie der ganze *Pentamerone*, überhaupt nicht zu den Vorstellungen von erzählender Großmutter und Unterhaltung für die Kleinen, wie sie sich im Kontext nachromantischer Märchenrezeption vor allem in Deutschland herausgebildet haben. In seiner Vorrede zur ersten deutschen Übersetzung des Werkes durch Felix Liebrecht (1846) bemerkte Jacob Grimm:

»Ich hatte dem übersetzer, an dessen gründlicher einsicht in den urtext niemand zweifeln wird, gerathen, lieber alles anstössige niederzuhalten, und begreife, dass es ihm bedenklich erschienen sein muss, der treue und vollständigkeit abzubrechen; aber die wörter und wendungen, die uns heute gemein dünken, wenn sie auch genau den gebrauchten italienischen entsprechen, sind darum roher und härter als diese geworden, weil wir andere begriffe von anstand hinzubringen, und ein in Neapel damals unschuldiges trattenemiento de li peccerille unsern frauen und Kindern unnahbar ist.«[26]

Erstaunlich, daß dies Jacob Grimm schreibt, der sich nicht nur als Philologe und Herausgeber dem Prinzip der Texttreue verpflichtet fühlte, sondern in der Vorrede zu den *Kinder und Hausmärchen* von 1819 diese ausdrücklich gegen moralische Kritik verteidigt und wider »ein ängstliches Ausscheiden dessen, was bezug auf gewisse Zustände und Verhältnisse hat« votiert hatte.[27] Aber unter den deutschen Verhältnissen der 1840er Jahre, im Zeichen von Biedermeier, Reaktion und Zensur, mußten wohl die Frivolitäten und Derbheiten der neapolitanischen Dialektmärchen des 17. Jahrhunderts als Affront gegen die »guten Sitten« wirken. Überhaupt paßt ja der *Pentamerone* nicht in das bürgerliche Bild vom Märchen, das sich um die Mitte des 19. Jahrhunderts befestigt hatte, und nicht zufällig ist das Werk bis heute in Deutschland wenig bekannt geworden. Denn zu diesem Bild vom Märchen gehören vor allem Erwartungen der Reinheit und Schlichtheit. Jacob Grimm reiht, wohlmeinend in der Absicht, auch den *Pentamerone* in eine solche hypothetische Tradition ein, versieht das Werk, wenn es schon aktuell als anstößig empfunden werden mußte, mit der Würde einer ursprünglichen Unschuld: »[...] ein in Neapel damals unschuldiges trattenemiento de li peccerille«. Dabei wird gleichzeitig unterstellt, daß die barocken neapolitanischen Märchen für Kinderohren bestimmt gewesen seien.[28]

»Einzurichten jene Geschichten mit so viel Witz und Geist ...«
Märchen als Kavaliersgeschichten

Einspruch gegen ein solches Verständnis des Titels des Werkes hat Benedetto Croce erhoben, der als erster die dem *Pentamerone*

Abb. 19. Der Cavaliere Giambattista Basile, Graf von Torone (um 1575–1632), Verfasser der ersten europäischen Märchensammlung

eigentümliche literarische und sprachliche Form nicht – wie die Märchenforscher – für im Grunde überflüssige Zutat[29] erklärte, sondern sie aus dem Kunstcharakter des Werkes deutete. »Trattenemiento de li peccerille«, das

»wollte nicht ausdrücken (wie einige, die den scherzhaften Titel wörtlich nahmen, geglaubt haben, unter ihnen auch Grimm), der *Pentamerone* sei für Kinder verfaßt worden. Im Gegenteil, er war verfaßt für Männer, und zwar für

gebildete [letterati], erfahrene und weltoffene Männer, welche die komplizierten und geistreichen Einzelheiten zu verstehen und zu goutieren wußten, und
vielleicht pflegte Basile in den Akademien Neapels, insbesondere in der größten
unter ihnen, jener der ›Oziosi‹, der er unter dem Namen ›Pigro‹ angehörte [...],
einige seiner ›Eklogen‹ und ›Geschichten‹ vorzulesen; sicher war das Werk in
jenen Kreisen bekannt«.[30]

»In jenen Kreisen«, das meint ein im Umfeld des spanischen
Hofes in Neapel (ähnlich wie an anderen italienischen und europäischen Höfen des Absolutismus) entstehendes Publikum.[31]
Neue soziale Schichten suchen und finden den Aufstieg in einen
sich ausdehnenden Beamtenapparat oder in eine anderweitig von
der Gunst des Hofes zehrende Klientel. Die Abgrenzung der
Aufsteiger nach unten wird so für die »cortigiani« und die Mittelschichten ein wichtiges Merkmal gesellschaftlicher Distinktion. Die »Bildung« wird zum Medium des neuen Selbstbewußtseins: jene *civiltà*, für die das Raffinement der Form und
die Repräsentation wichtig waren und in der sich das Gelehrte
mit dem Kecken, das Zeremoniell mit der Frivolität verbanden.
Die Dichtung – in der Nachfolge der Renaissancepoesie form-
streng und antikisierend, gleichzeitig mit der Formstrenge spie-
lend – hat im Rahmen dieser höfischen Kultur ihren festen
Platz; daneben gehörten die Musik, das Fest und szenische Darstellungen zu den Vergnügungen der kulturellen Öffentlichkeit.
»Li cavaliere napolitane«, so werden deren Vertreter im *Pentamerone* gelegentlich selber benannt, als gefragt wird, wer wohl
hinter einem geräuschvoll inszenierten Maskenzug auf einem königlichen Fest stecke: »Die neapolitanischen Kavaliere haben
feine Manieren, und wo es sein muß, nehmen sie's dafür vom
Rohen und vom Gekochten.«[32]
Zu den »cavalieri napoletani«, die er hier ein wenig ironisch-
distanziert vorführt, gehörte Giambattista Basile selber. Aus mittleren Verhältnissen stammend, hatte er sich im militärischen und
Verwaltungsdienst Venedigs und verschiedener Höfe verdingt,
war schließlich »Gouverneur« des spanischen Vizekönigs in unter-
italienischen Städten und Städtchen geworden; sogar mit einem
Grafentitel hatte man ihn geschmückt. Seine Schwester Adriana
hatte als Sängerin am Hof Karriere gemacht, war als »cantatrice
cortigiana« zu erheblichem Ansehen und Geldmitteln gekommen.
Basiles Rolle war die eines »letterato di corte«:

»Diese soziale Rolle, die im Italien des 17. Jahrhunderts häufig [...] ist, war die einer anscheinend schillernden Figur, einer ›Person für alles‹. Einem Gefolge oder, seltener, einem Hof verbunden (gewöhnlich nur für kurze Zeit), war sie mit der Abwicklung der verschiedensten Aufgaben betraut: mit der Abfassung von Briefen, mit mehr oder weniger geheimen Botschaften, mit Verwaltungs-aufgaben, seltener mit politischen Aufgaben einer gewissen Bedeutung, mit der Organisation von Festen, dem Verfassen von Gelegenheitsgedichten, der Erfin-dung von Devisen und Anagrammen für öffentliche Schaustellungen.«[33]

Dem Vergnügen des höfischen Publikums, eines erwachsenen, vorwiegend männlichen Publikums, dienten auch Basiles *cunti*. Man hat sie sich öffentlich rezitiert oder vorgelesen zu denken (z. B. nach Tisch), und wie andere literarische oder szenische Belustigungen bei Hofe sollten sie in erster Linie ihr Publikum zum Lachen bringen. Warum nun in diesem Milieu, das ja alles andere als ein »volkstümliches« war, die Berufung auf »Kinderunterhal-tung«, warum Märchen und Geschichten?

Der Herausgeber des *Pentamerone* von 1634, Salvatore Scarano, stellt in seiner Widmung des Buchs an den Herzog von Acerenza (auch die folgenden Ausgaben sind Personen von Stand gewidmet) ein Werk des Cavaliere Basile vor, »in welchem die Größe eines bewanderten Geistes kenntlich wird, einzurichten jene Geschich-ten mit so viel Witz und Geist und in so außergewöhnlicher Form, daß, dessen bin ich sicher, sie allen Lesern allergrößtes Vergnügen und Erheiterung, ihm aber, der sie verfaßt, Ehre und Ruhm bringen werden«.[34] Der Herausgeber spricht die Sprache der Poetik des *Marinismus*.[35] Der Stoff soll »eingerichtet« werden mit Witz und Esprit; erst die außergewöhnliche, raffinierte Form verleihe ihm poetischen Wert. Und gerade die »materia popolare«, der Stoff aus der Welt der Unterschichten und der Kinder, reizt zu solcher »Einrichtung«, bezeichnet er doch den größten Gegensatz zu jener Kultur und Sprache, der er dichterisch amalgamiert wird. Aus diesem grellen Kontrast des »gewöhnlichen« Inhalts mit der »ausgesuchten« Form lebt Basiles Märchensprache.

Das »Volk«, an dessen Stoffen sich die »cortigiani« und »letterati« hier ergötzen, ist nicht mehr repräsentiert durch den Bauern, den traditionellen »niederen« Helden der Literatur der Renaissance. Im Neapel des frühen Seicento (die Stadt zählte damals etwa 450 000 Einwohner) ist es die neue soziale Realität der riesenhaft anwachsenden und vom Hof mit Brot und Spielen bei Laune

gehaltenen städtischen Unterschichten – der Fischfrauen, Klein-
händler, Lastträger, Lohnarbeiter, Diebe, Bettler, Schausteller,
Straßenkinder –, die hinter dem »Volk« der Dialektgeschichten
Basiles steht.

Basile greift die Elemente dieser Popularkultur, einer frühneuzeitlichen »Großstadtkultur«, auf: die Erzählstoffe, den Dialekt, die
Grobianismen, die Sprichwörter und geflügelten Redensarten, die
Kinderspiele und -verse. Zugleich treibt er in der Art der Inszenie-
rung dieser Elemente damit ein höchst raffiniertes Spiel, das eine
populistische Interpretation seines Werkes unmöglich macht.
Denn das Volk und die Kinder werden zum Gegenstand des
Lachens der feinen Leute. Und dieses Lachen schließt, ebenso wie
die kunstvolle »Einrichtung« der populären Stoffe, beides ein:
Sympathie für das Volk *und* Distanzierung von ihm.

Die Thematisierung der populären Kultur ist bei Basile Ausdruck
einer geschärften sozialen und kulturellen Distinktion der von
unten aufgestiegenen höfischen Schichten. Während der Kodex
der »gens de la court« durch verstärkte Verregelung, durch die
Verfeinerung der Sitten und die Modellierung des affektiven Verhaltens bestimmt wird (wofür im zeitgenössischen Italien der
Galateo [1558], die »Anstandslehre« des Giovanni della Casa
steht), wächst gleichzeitig die Faszination vor den Gegenwelten,
jener, gemessen am Zivilisationsstandard der Gebildeten, rohen,
ungeschlachten und libertären Kultur der Unterschichten und der
Kinder. In der Gestaltung des Erzählrahmens werden dieser soziale
Vorgang und der literarische Prozeß der »Überführung« der einen
Kultur in eine andere besonders deutlich.

»Die hinkende Zeza, die krumme Cecca, die kropfige Meneca ...«
Das Volk bei Hofe

Die Rahmenhandlung des *Pentamerone* führt einerseits die populäre Situation des Geschichtenerzählens, der »Unterhaltung für die
Kleinen«, als Grundstruktur des ganzen Werkes ein, stilisiert sie
aber zugleich durch die offene Anspielung auf ein großes literarisches Vorbild, Boccaccios *Decamerone*. Die Erzählerinnen sind
zehn Frauen: die »hinkende Zeza«, die »krumme Cecca«, die
»kropfige Meneca«, die »großnasige Tolla«, die »bucklige Popa«,

IL **PENTAMERONE**
Del Caualier
GIOVAN BATTISTA BASILE,
Ouero
LO CVNTO DE LI CVNTE
Trattenemiento de li Peccerille

DI GIAN ALESIO ABBATTVTIS.
Nouamente reſtampato, e co tutte
le zeremonie corrietto .

All'Illuſtriſſimo Sig. e Padron Oſs.
IL SIGNOR
PIETRO EMILIO GVASCHI
Dottor delle leggi , e degniſſimo
Eletto del Popolo
Della Fedeliſſima Città di Napoli.

IN NAPOLI . Ad iſtanza di
ANTONIO BVLIFON Librare
all'Inſegna della Sirena M. DC. LXXIV.

Con Licenʒa de' Superiori, e Priuilegio.

Abb. 20. Titelblatt von Giambattista Basiles *Lo cunto de li cunti* in der Ausgabe von 1674. Die Sammlung trägt hier zum ersten Mal den Titel *Il Pentamerone* und ist einem Beamten des Vizekönigs von Neapel gewidmet. Der Herausgeber versteckt sich im Vorwort unter dem Anagramm *Masillo Reppone*: Es ist der Bischof Pompeo Sarnelli, der 10 Jahre später eine eigene neapolitanische Dialektmärchensammlung *Posilecheata* veröffentlichte.

die »sabbernde Antonella«, die »gesichtzuckende Ciulla«, die »triefäugige Paola«, die »grindige Ciommetella und die »kreischende Jacova«.[36] Das Bild der Märchenerzählerin ist hier noch sehr weit entfernt vom Großmütterchen des 19. Jahrhunderts: Das »Volk« ist häßlich und hat Körperfehler.[37] Das, was Graf Basile in einer »Galerie der Häßlichkeit« – einem literarischen Topos des Barock – Revue passieren läßt, gemahnt an die Monstrositäten- und Zwergenkabinette, die an den Höfen in Mode waren und dem Amüsement jener dienten, für die der schöne, affektbeherrschte, der »künstliche« Körper das Idol war; es gemahnt überdies an die Lust an den ungestalten Körpern der Armen, wie sie Jacques Callot in seinen *Verschiedene Figuren der Buckligen* (Florenz 1616) als Kontrafakturen des »gepflegten«, »kultivierten« Körpers, gezeichnet hat.

So, nämlich als Monstrositäten, werden die Erzählerinnen des *Pentamerone* in die Welt des Hofes eingeführt. Denn sie erzählen ihre Geschichten nicht dort, wo das »Volk« erzählt; die Rahmenhandlung zeichnet nicht eine Bewegung des Hörers »ins Volk hinein« (etwa als Fiktion von einem, der auszieht und auf Straßen und Plätzen etwas »erlauscht«), vielmehr findet die gegenteilige Bewegung statt: Nachdem Prinz Taddeo zunächst alle Frauen der Stadt hat versammeln lassen, stellt er fest, »daß es doch nicht gut wäre, wegen einer absonderlichen Laune seiner Frau eine solche Masse von der Arbeit abzuhalten« (der Standpunkt des klugen Landesvaters), und da ihm »außerdem beim Anblick dieser Menge mulmig zumute wurde« (hier sprechen der Aristokrat und der Mann), werden zehn Frauen als Vertreterinnen des erzählenden Volkes ausgewählt und vom Prinzen und seiner Frau hinweggeleitet. »Gemessenen Schrittes gingen sie in einen Garten desselben Palastes, wo die belaubten Zweige so verschlungen waren, daß die Sonne mit der Rute ihrer Strahlen nicht hindurchdringen konnte. Sie setzten sich unter einen Pavillon, von einer Pergola aus Weinreben bedeckt, in dessen Mitte ein großer Brunnen rauschte, ein Schulmeister der Hofdamen, der sie täglich im Plaudern unterrichtete.«[38]

Der Erzählort, der Palastgarten, steht deutlich in der Tradition des *locus amoenus*. Zeremonielle Geselligkeiten umrahmen dort das Szenario der erzählenden Frauen. Der zweite Tag wird mit gemeinsamem Spiel eröffnet, wobei in einem »Spielregister«[39]

nicht weniger als 31 Spiele genannt sind, die wahrscheinlich
populären oder kindlichen Charakter hatten, hier jedoch in höfischer Umgebung gespielt werden. Am dritten Tag wird bis zur
Mittagsstunde getanzt, den Bezeichnungen nach überwiegend
»niedere« Tänze. Am vierten Tag läßt Prinz Taddeo Musikanten kommen, die aufspielen – jedoch mit volkstümlichen Instrumenten –, sodann werden »eine Reihe von Liedern aus jener
guten alten Zeit gesungen, die man leichter betrauern als wiederfinden kann«, darunter auch ein Kinderlied. Am fünften Tag
wird ein geistreiches Parlierspiel veranstaltet, wobei schnell richtige Antworten gegeben werden müssen – hier geht es dann
vor allem um erotische Anzüglichkeiten; zur Strafe muß die
letzte Erzählerin, die behauptet, »Ausziehen« sei ein Kinderspiel,
eine neapolitanische Villanelle vortragen. Mit solchen Vergnügungen wird jeweils der Vormittag verbracht, mittags begibt
man sich gemeinsam zur Tafel, nach Tisch wird erzählt, von
jeder Frau jeweils eine Geschichte. Am Abend schließlich läßt
Prinz Taddeo zwei Rezitatoren auftreten, die eine lange dialogi-
sierte Ekloge zum besten geben. (In der deutschen Übersetzung
Liebrechts sind diese Stücke weggefallen.) Alles in allem fungiert
Prinz Taddeo dabei als ein strenger Zeremonienmeister, er organisiert, er gibt die »Einsätze« für die Erzählerinnen, er führt
Regie.
Erzählt werden die Geschichten, um ein »Schwangerschaftsgelü-
ste« der (falschen) Frau des Prinzen zu befriedigen. Deren Schicksal ist mit dem Ende der »Geschichtengeschichte« besiegelt. Das
vorletzte Märchen des letzten Tages ist die Geschichte einer falschen Braut, eine Art Schlüsseltext. Denn anstelle der zehnten
Erzählerin, die erkrankt ist, erzählt Zoza, die »richtige Braut«,
allerdings statt einer »erdichteten Geschichte« die »Wahrheit«. Sie
erzählt ihre eigene Geschichte und den Betrug der »falschen
Braut«. Die Erzählsituation verwandelt sich in ein Tribunal, der
fürstliche Erzählmeister wird zum absolutistischen Richter, er läßt
seine schwangere Frau hinrichten. »Nachdem er sie mit ihrem
eigenen Mund den Betrug hatte bekennen lassen, gab er sogleich
Befehl, sie lebendig zu begraben, nur der Kopf sollte noch frei sein,
auf daß ihr Tod desto qualvoller sei.«[40]
Vergleicht man Basiles »Geschichtengeschichte« mit Boccaccios
Erzählrahmen, so tritt das Besondere der barocken Inszenierung

deutlich hervor. Die Rahmenerzählung Basiles fällt gegenüber derjenigen Boccaccios durch eine gravierende *soziale Spannung* auf. Trotz gewisser Übereinstimmungen des geselligen Amüsements ging es, gemessen an Prinz Taddeos literarischer Hofhaltung, in der signorilen Erzählrunde Boccaccios beinahe »demokratisch« zu: Jeden Tag führte eine andere der zehn Erzählerinnen und Erzähler den Vorsitz; auch die übrigen Aufgaben wurden umschichtig verteilt. Gegenseitige Rücksichtnahme und liebenswürdige Dezenz bestimmten die Geselligkeit. Vor allem erzählten die Teilnehmer an der Erzählrunde des *Decamerone* sich *gegenseitig* ihre Geschichten; jeder Erzähler war auch Hörer und umgekehrt. Denn das Vergnügen *aller* zu befördern – so die Königin des ersten Erzähltages –, sei der Sinn des Geschichtenerzählens.[41]

Anders die Erzählsituation des *Pentamerone*. Hier sind die Rollen streng getrennt. Die Erzählerinnen werden als Unterhalterinnen aufgeboten, Prinz Taddeo führt die Regie: Das Volk erzählt zur Zerstreuung der Herrschaften. In der Rahmengeschichte wird die Inszenierung des Populären sichtbar, wie sie den literarischen Charakter des *Pentamerone* insgesamt bestimmt.

Was für die Entstehung der Märchenliteratur konstitutiv ist: die Erfahrung sozialer Distanz, existierte in der Novellistik des *Decamerone* so noch nicht. Für das Erzählmodell Boccaccios spielte das Volk keine Rolle. Rückzug vom Volk, der Auszug der zehn Damen und Herren aus dem Florenz der Pest waren hier das Eröffnungsmuster der Erzählsituation. In der Villa vor der Stadt versammelte sich eine homogene patrizische Gesellschaft, im kleinen Zirkel Gleiche unter Gleichen. Das Volk tauchte allenfalls im Hintergrund auf, wie zu Beginn des sechsten Erzähltages: Da hören die zehn Damen und Herren Lärm aus der Küche, es gibt Streit unter Mägden und Dienern, die Streithähne werden herbeizitiert und berichten vom Anlaß der Auseinandersetzung. Das Volk gibt hier lediglich ein Zwischenspiel, für die Erzählsituation selber ist sein Auftreten ohne Belang. Ganz anders hingegen bei Basile: Die Introduktion des Volkes bei Hofe konstituiert das Erzählmodell; der *Pentamerone* lebt vom Kontrast zweier heterogener Kulturen. Der Autor treibt ein doppeltes Spiel: mit der Hegemonial- und mit der Popularkultur.

Historisch liegt diesem Wandel jene Desintegration zugrunde, die

Abb. 21. Barocker Spott über die Kinder und das Volk. Kupferstich von Giuseppe Maria Mitelli, »Wir sind vier Mama- und Papa-Püppchen«, Bologna um 1700. Die Darstellung der vier Kinder-Alten zeigt nach den Überschriften von links nach rechts »Meister Frißt und Schweigt«, »Meister Beschaulich«, »Meister Hoch und Tief« und »Meister Stinker«.

sich in den Jahrhunderten der frühen Neuzeit zwischen der Hegemonialkultur und der Popularkultur entwickelt hat. Die Oberschichten reagieren in ihrem sozialen und kulturellen Selbstbewußtsein mit stärkerer Abgrenzung gegenüber der Kultur des Volkes; gleichzeitig wird diese in ihrer Fremdheit faszinierend. Was in Basiles *Pentamerone* noch deutlich erkennbar ist: der Kontrast zweier unterschiedlicher Kulturen, wird sich später in der europäischen Märchenliteratur zunehmend mildern. In der romantischen und nachromantischen Inszenierung der Popularkultur ist die Auseinandersetzung der Intellektuellen mit der fremden Welt des Volkes in den Texten selber nicht mehr vernehmlich.

Die Introduktion des Volkes in die höfische Welt muß freilich, im Sinne der Herrschenden, auf ein vergnügliches Gastspiel beschränkt bleiben. Ein Volk, das sich anmaßt, die sozialen und kulturellen Schranken tatsächlich zu überschreiten, wird bedrohlich und gefährlich. So liegt der Rahmenhandlung des *Pentamerone* noch ein weiteres Element »interkultureller Auseinanderset-

zung« zugrunde. Sie handelt nicht nur von einer *geduldeten* Grenz-
überschreitung (die Frauen aus dem Volk dürfen bei Hofe erzählen), sondern zugleich von einer *strafwürdigen*: der Anmaßung,
höher hinaus zu wollen, als es dem eigenen Stand zukommt.
Gleich zu Anfang des Werkes wird es gesagt, »daß der Affe, der
Stiefel tragen wollte, darin stecken blieb, wie es auch einer lumpi-
gen Sklavin erging, die noch nie Schuhe an den Füßen getragen
hatte und doch eine Krone auf dem Kopf tragen wollte«.[42] Denn
die Rahmenerzählung des *Pentamerone* entwickelt sich ja zur
Geschichte von der falschen Braut, jener Sklavin, die sich durch
Betrug das aneignete, was der Prinzessin gehörte, und die am Ende
dafür bestraft, lebendig begraben wird. Das Wort vom »Affen, der
Stiefel tragen wollte«, meint die Sklavin, die Herrin sein wollte.
Und es meint das Volk, das zwar wie ein Affe in Stiefeln putzig und
vergnüglich sein, aber sich beileibe nicht einbilden soll, wirklich
etwas Besseres zu sein. Die grausame Bestrafung der »falschen
Braut« ist unverhohlene herrschaftliche Warnung. Das Volk ist
zwar »erzählfähig« geworden, aber es muß in Schranken gehalten
werden.

»Ein kräftiges neapolitanisches Wort ...« Dialekterzählung,
lokale Bindung, das grobianische Volk

Basiles Märchen werden im Dialekt erzählt. Nicht nur, daß dies
ein derber und drastischer Dialekt ist, unterscheidet ihn vom
späteren »volkstümlichen« Dialektgebrauch der Romantiker. Der
Dialekt ist im *Pentamerone* noch sehr viel deutlicher eine *soziale
Sprache*. Denn mit der Eroberung Neapels durch die Spanier
(1503/04) war das Spanische bei den Oberschichten eingeführt
worden. In anderthalb Jahrhunderten der Kolonialherrschaft verbreitete sich sein Gebrauch dort.[43] Spanisch war die Sprache des
Hofes, der Kanzleien, des diplomatischen Verkehrs, der Bürokra-
tie. Über Akten, Urkunden, Verträge, auch Briefsteller und Lexika
war es präsent, ja es drang auch in die Unterhaltungsformen der
Oberschichten ein (Basile selber hat spanisch gedichtet). Das Spanische war also im Neapel der Zeit eine herrschende Zweitspra-
che, und dies in einem dreifachen Sinne; »feine« Sprache, Sprache
der »Oberen«, Sprache der »Fremden«.

Der Dialekt hingegen (ein vom Hochitalienischen sehr verschiedenes Idiom) wurde in Neapel zwar nicht nur von den Untergeschichten gesprochen [44]; er war aber keine *literaturfähige* Sprache. Er wird es gegen die Herrschaft des Toskanischen erst mit den Werken Giambattista Basiles und seines Zeitgenossen Giulio Cesare Cortese. In der Einführung des Neapolitanischen in die Literatur artikuliert sich das regionale Selbstbewußtsein gegen den literatursprachlichen Kanon des Nordens. »Ein kräftiges neapolitanisches Wort ist mehr wert als das ganze Wörterbuch der Crusca«, wird es in der *Posilecheata,* der dem *Pentamerone* folgenden Dialektmärchensammlung des apulischen Bischofs Pompeo Sarnelli, heißen. [45]

Auch die Aufnahme des Dialekts und seine Verbindung mit der barocken Rhetorik waren kalkulierte Verletzungen der kulturellen Konventionen. Das Neapolitanische war in der Zeit der spanischen Kolonialherrschaft eine »mehr oder weniger unerlaubte Alternative zu den konventionelleren Sprachmustern [...] der herrschenden Klassen und ihrer Kultur«. [46] Dabei wird im zeitgenössischen Neapel durch den Import des Spanischen ein Prozeß besonders offensichtlich, der sich in Westeuropa auch innerhalb anderer Landessprachen vollzieht: die zunehmend strenger werdende Verregelung des »schicklichen« Sprachgebrauchs bei den Ober- und Mittelschichten, die Norbert Elias die »höfische Modellierung des Sprechens« genannt hat. [47] Giovanni della Casas Anstandslehre *Galateo* rät dem Mann von Stand: »Nicht will ich, daß du so niedrig zu sprechen pflegst, wie der Abschaum des gemeinen Volkes, nicht wie die Wäscherin und die Marktfrau, sondern wie feine Leute.«[48] Indem Basile die Sprache der Marktfrau und der Wäscherin aufgreift, verletzt *und* bestätigt er diese Norm des »Schicklichen«.

Die Welt des Volkes, die der *Pentamerone* zeichnet, ist nicht allein durch die Sprache regional geprägt. Lokale Bindung haben auch die Märchen selber. Basile hat seine Stoffe aus ganz unterschiedlichen Quellen geschöpft, er verschmilzt sie jedoch immer mit der heimischen Welt Neapels. »Es war einmal acht Meilen von Neapel entfernt Richtung Astroni ein Wald aus Feigen und Pappeln ...«, beginnt eine seiner Geschichten (II, 7).[49] Die Rede ist vom »Märchenwald«. Als der Prinz nach mancherlei Abenteuern zusammen mit einem Mädchen aus diesem Wald flieht, kommen sie an die

Grotte von Pozzuoli, der Prinz geht von hier allein weiter nach Neapel, denn der Palast des »Märchenprinzen« liegt natürlich in Neapel und dort wird am Ende auch die »Märchenhochzeit« gefeiert.

In einer anderen Geschichte, die das Motiv der Reise in die andere Welt, zur »Mutter der Zeit« entfaltet, bringt ein Wal die beiden Geschwister auf seinem Rücken zurück. »Sie setzten sich auf den Wal, und indem er sich von den Klippen entfernte, trug er sie, bis sie Neapels ansichtig wurden.« Wegen der Untiefen wagt er es nicht, die Kinder hier abzusetzen, und bringt sie zum Posillipo, wo »das erste Fischerboot, das vorbeikam, sie an Land brachte«. [50] Der Weg aus der Anderen Welt führt unmittelbar in die eigene, vertraute.

Die direkte lokale Verankerung unterscheidet Basiles *Pentamerone* von späteren Märchensammlungen, in denen Lokalkolorit gern vermieden wird. Daß es nicht lokal gebunden sei, wird später sogar zum Gattungsmerkmal des Märchens erklärt werden.

Auch die stark grobianischen Züge unterscheiden die Märchen des *Pentamerone* von der späteren Märchentradition. Die »andere Welt« des Volkes, die der Blick von »oben« wahrnimmt, ist hier vor allem die Welt des Derben, des Schroffen, des Ungefügen. Der Beginn des ›Tischlein-deck-dich‹-Märchens (I, 1) etwa schildert eine Mutter-Sohn-Beziehung so:

> »Man erzählt sich, daß einmal in dem Ort Marigliano eine tüchtige Frau namens Masella lebte, die außer sechs heiratsfähigen Töchtern, mager wie Stangen, noch einen Sohn hatte, der war ein solcher Tölpel, so dumm wie das Vieh, daß er nicht einmal Schneeball spielen konnte, weshalb die Mutter, wie eine Sau mit der Gebißstange im Maul wütend, wohl täglich zu ihm sagte: ›Was machst du noch hier im Haus, verfluchter Brocken, hinaus mit dir, du Flegel, Dreckstück, Makkabäer, Jammerlappen, Unglücksstaude; in der Wiege ausgetauscht haben sie dich und mir statt eines schönen kleinen Püppchens dieses nudelfressende Schwein hineingelegt ...‹«[51]

Neben Schimpf- und Fluchkanonaden, Prügelszenen und der »Ästhetik des Häßlichen« spielt im *Pentamerone* das »Unflätige« eine Rolle. Die Lust daran teilt die Sammlung mit anderen Werken der frühen Neuzeit, etwa Rabelais' *Gargantua et Pantagruel* (1532/64); auch die »Volksszenen« der zeitgenössischen niederländischen Malerei bieten sich zum Vergleich an. Während bei den Angehörigen der europäischen Oberschichten die Peinlichkeitsschwelle gegenüber körperlichen Bedürfnissen sich erhöht und die »feinen Leute«, wenn man den Anstandsbüchern Glauben schenken darf, in Gesellschaft anderer an sich halten, kompensiert die Unterhaltungsliteratur diese Selbstbezähmung mit der Inszenierung eines Volkes, das sich gehenläßt oder wenigstens frei davon erzählt. »Wer als Prinz geboren ist, darf sich nicht benehmen wie ein Straßenjunge«, lautet eine der Weisheiten des *Pentamerone*. [52] Man kann hinzufügen: um so lieber läßt er sich von Straßenjungen erzählen.

Das gilt auch für Prinzessin Zoza, das Königskind der Rahmengeschichte, die so sehr »an sich hält«, ihre Affekte und körperlichen Regungen so sehr zu kontrollieren gelernt hat, daß sie nicht einmal mehr die erlaubten hervorbringen und nicht lachen kann. Um ein Lachen, wenigstens ein Lächeln auf ihr Gesicht zu zaubern, waren bei Hofe alle Künste der Gaukler aufgeboten worden, vergebens. Etwas anderes läßt ihre »Affektsperre« schließlich zusammenbrechen: Am Fenster des Palastes stehend wird sie Zeugin einer sich steigernden Auseinandersetzung zwischen einem frechen Hofpagen und einer Alten aus der Stadt. Der Junge traktiert die Alte mit wüsten Schimpfwörtern:

»Die Alte aber, die sich solche Neuigkeit über ihre Verwandtschaft sagen lassen mußte, geriet in solche Wut, daß sie den Kompaß der Ruhe verlor und, aus dem Stall der Geduld herausstürzend, den Vorhang ihrer Hinterbühne hochzog und eine Waldszene sehen ließ, darob Silvio hätte sagen können ›Geht hin und weckt der Schläfer Augen mit dem Horne‹. Als Zoza dieses Schauspiel sah, kam ihr ein solches Lachen, daß sie fast ohnmächtig wurde.«[53]

Die Szene ist eine Schlüsselszene nicht nur für den Fortgang der Handlung, sondern zum Verständnis der Unterhaltungsfunktion des ganzen Werkes. Zoza, das Königskind, das nicht lachen kann, steht repräsentativ für das Publikum dieser Märchen; der Knabe und die Alte verkörpern die »materia popolare e infantile«, an der sich die feine Gesellschaft erlustigt. Der Ort der Begegnung ist die Grenze zwischen Palast und Stadt: das Fenster. Im Gelächter bricht die Affektsperre (vorübergehend) zusammen. Anlaß des Lachens aber ist die Begegnung mit einem »Volk«, das – sei es projektiv, sei es tatsächlich – sich, gemessen am »comment« der »gens de la court«, unschicklich und roh, »unzivilisiert« verhält. »Daß du nicht von Dingen redest, die gewöhnlich, frivol, schmutzig oder abscheulich sind und daß du unter den Worten deiner

Rede jene auszuwählen wissest, die die reinsten, die passendsten, die wohlklingendsten und von bester Bedeutung sind und daß du dessen, was häßlich, was unflätig, was niedrig ist, nicht erwähnst...« – so stand es im *Galateo*.[54] Was die Alte vor dem Palast tut, eine übliche Geste der Verhöhnung, wird von den zivilisatorischen Reglements unter das Tabu der »unschicklichen Entblößung« gestellt.

Aber das Spiel wird auch hier noch komplizierter. Denn für Zoza, die Prinzessin am Fenster, rührt das Vergnügen aus dem Anblick der Szene, für den zeitgenössischen Leser oder Hörer der Geschichte aus deren *Darstellung*. Sie schmückt das »unschickliche« Verhalten der Alten nicht nur mit barocker Rhetorik, sondern auch mit einem hochliterarischen Zitat, nämlich dem Beginn von Guarinis *Pastor fido* (»Geht hin und weckt der Schläfer Augen mit dem Horne«).[55] Indem so, mit dem *Galateo* gesprochen, »die reinsten, die passendsten, die wohlklingendsten Wörter« durchaus verwendet werden, sie jedoch in diesem Zusammenhang eine neue Qualität (auch Zweideutigkeit) gewinnen, wird der »zivilisationsgeschichtliche« Kontrast auch binnenliterarisch deutlich. Die geistreiche Stilisierung der »Unflätigkeiten« genügt der Konvention der guten Sitten und verletzt sie gleichzeitig.

»Narren und Kindern hilft das Glück.«
Die Entstehung des Familienmusters

Teil der populären Welt des *Pentamerone* sind auch die Kinder und ihre Kultur. Zur »materia infantile«, mit denen der Autor sein geistvolles Spiel treibt, zählt außer den bereits erwähnten Spielregistern eine Reihe von Kinderspielen und Kinderversen, die in den Text eingeführt oder dort metaphorisch verwendet werden. Zum Selbstverständnis des Autors und der Zeit gehört der *frivole* Umgang mit der Kinderkultur. Hintersinnige sexuelle Anspielungen machen einen »unschuldigen« Kindervers wie den bekannten »Schneckenreim«, machen ein Reiterliedchen oder ein Kinderspiel wie »Stich das Faß an!« plötzlich zweideutig.[56] Auch hier wird auf Lacheffekte spekuliert. Die Kinder und ihre Welt sind noch nicht von der Aura der »Unschuld« umgeben. Die Erwachsenen haben an ihnen ihren erotischen Spaß.

Im Kosmos der populären Welt Basiles erscheint nun zum ersten Mal deutlich ausgeprägt das, was man das »Familienmuster« des Märchens nennen könnte. Es ist in dieser Form für andere Märchentraditionen (etwa die morgenländischen Märchen oder die Erzählungen der Urgesellschaften) keineswegs selbstverständlich, wird aber in Europa die weitere Entwicklung entscheidend bestimmen.

Das Zaubermärchen ist ja in seiner allgemeinen Gestalt[57] sehr oft so strukturiert, daß der Held in einer Situation des Mangels oder mit einer schweren Aufgabe betraut aufbricht, sich auf eine längere Fahrt begibt, in der anderen Welt Gefahren bewältigt, schließlich in eine veränderte »erste Welt« zurückkommt. Im europäischen Märchen nun ist die Ausgangs- und Konfliktkonstellation dieses allgemeinen Erzählmodells häufig in einem *familiären* Ambiente situiert. (Es ist auffallend, daß die am bekanntesten gewordenen Märchenstoffe in Familien spielen bzw. dort ihren Ausgang nehmen, man denke an ›Aschenputtel‹, ›Dornröschen‹, ›Hänsel und Gretel‹.) Neben dem Zauber- setzt das Schwankmärchen in der europäischen Tradition ebenfalls oft mit dem *Familienmotiv* ein.

Möglicherweise läßt dieser Sachverhalt darauf schließen, daß unter den Quellenstoffen Basiles jene aus dem Bereich der »Unterhaltungen für die Kleinen« vorherrschten, d. h. ursprünglich Erzählungen für Kinder waren. Auf jeden Fall begegnet als Ausgangssituation vieler Märchen des *Pentamerone* eine innerfamiliäre Konfliktsituation zwischen Eltern und Heranwachsenden, die durch Aufbruch der Jungen aus dem Haus und die Abenteuer in der Fremde fortgeführt wird. Im Unterschied zu den »Familienszenen« der späteren europäischen Märchentradition (Perrault, Brüder Grimm) spiegeln Basiles Kinder und Familien noch sehr klar das Leben und die Einstellungen einer traditionalen ländlichen Kultur: Das *Kind* ist in Basiles Märchen zunächst der dringend erwünschte Nachwuchs, der zum materiellen Fortbestand, aber auch für das Ansehen der Familie nötig ist. Keine Kinder zu haben heißt, Not und Schande zu ernten.[58] Doch auch die Geborenen können der Familie Schande bringen, sofern sie unehelich sind: Wenn der Vater von der Reise nach Hause kommt und die Bescherung sieht, wird er den Töchtern die Ohren abreißen; folglich werden die Kinder heimlich beiseite geschafft.[57] Spielen

Standesunterschiede zwischen den Partnern eine bedeutende Rolle, wird es besonders prekär. Als der König erfährt, daß seine Tochter von einem bäuerlichen Tunichtgut ein Kind bekommen hat, werden Mann, Frau und die beiden kleinen Kinder in ein Faß gesteckt und auf dem Meer ausgesetzt.[60] – Wer zu viele Kinder hat, ist vom Himmel gestraft, vor allem, wenn es Mädchen sind. Der arme Bauer Ambrosio mit seinen sieben Töchtern schämt sich seiner ehelichen »Unfähigkeit« so sehr, daß er die sieben Töchter für »vier Jungen und drei Mädchen« ausgibt.[61] – Last und Plage sind die Jungen, sofern sie nur auf der faulen Haut liegen, nicht mit anpacken wollen oder sich ungeschickt anstellen: Die unnützen Fresser müssen aus dem Haus.[62] – Aber nicht einmal solche Fehler müssen die Kinder haben, um sie verhaßt zu machen. Die eingeheiratete Frau, Stiefmutter der Kinder, sieht die Familienverhältnisse nüchtern: »Bin ich denn gekommen, um die Kinder einer anderen zu lausen?«[63] Also wird das Kindergezücht im Wald ausgesetzt. Schon Perraults ›Däumling‹-Märchen wird eine Hungersnot für die Aussetzung verantwortlich machen; in Grimms ›Hänsel und Gretel‹ werden die elterlichen Skrupel noch weiter wachsen. Bei Basile genügt es, daß es die Kinder einer anderen sind. Die Sentenz des Märchens lautet: »Wehe dem Mann, der Kinder hat und hofft, ihnen mit einer Stiefmutter ein Regiment geben zu können, bringt er ihnen doch nur die Anstifterin ihres Verderbens in Haus; denn man hat noch nie eine Stiefmutter gesehen, die die Brut einer anderen mit wohlwollenden Augen betrachtet hätte.«[64] Was Wunder, wenn die »Brut« sich eines Tages rächt und, wie Basiles Cenerentola (Aschenputtel), nicht länger stumm leiden will, sonder der Stiefmutter den Kopf einschlägt.[65]

In solchen »Familienbildern« kommt etwas zum Ausdruck, das für die Einstellung gegenüber Kindern im *Pentamerone* insgesamt typisch ist: ein handfester naiver Materialismus. Kinder sind familiäre Last *und* familiäre Glücksbringer. Sie sollen »heranschaffen«: Geld, Besitz, Ansehen, Nachkommen; andernfalls sind sie überflüssig. Und in diesem Sinne entwickelt sich denn auch in einer Reihe von Märchen die Handlung: Der Taugenichts zieht aus, entfaltet in der Ferne seine wahren Qualitäten; wohlhabend oder angesehen kommt er zurück und wird jetzt natürlich mit Freuden empfangen. Als *Glücksbringer* haben die Märchenkinder ihre wichtigste Funktion. Wo die Not groß ist (und auch sonst), bedarf

es des Glücks. Und das Glück bringen im Märchen nicht nur die übernatürlichen Helfer, sondern auch die Heranwachsenden. Darin lebt die alte Vorstellung des »wunderstiftenden Kindes« fort. Eine der Sprichwortsentenzen des *Pentamerone* formuliert es sprichwörtlich »Narren und Kindern hilft das Glück«.[66]
Zum naiven Materialismus in der Einstellung gegenüber Kindern gehört also, daß man ihren Wert richtig einzuschätzen weiß. In einem Märchen Basiles erfährt der König, daß er seinen in Stein verwandelten Bruder wieder zum Leben erwecken kann, wenn er die Marmorstatue mit dem Blut seiner beiden neugeborenen Kinder bestreicht. Denn »Leben kann man nur mit anderem Leben bezahlen«. Der König wägt also zwischen dem Leben des erwachsenen Bruders und dem der neugeborenen Kinder ab: »Kinder werden gemacht! Solange nur die Preßform für die kleinen Püppchen noch da ist, kann man wieder neue machen. Dafür aber werde ich einen Bruder wiedererlangen – und davon werde ich nie wieder einen gleichen bekommen können.«[67] Folglich werden die Kinder, »zwei unschuldige Böcklein«, geopfert.
In späterer Zeit wird man darüber nicht mehr lachen wollen. Als Carlo Gozzi dieses Märchen Basiles dramatisiert (*Il Corvo*, 1761), ändert er den inzwischen anstößigen Schluß: anstatt die Neugeborenen zu opfern, tötet sich jetzt die Mutter. Genauso verfahren, Gozzi folgend, eine deutsche Kinderbuch-Bearbeitung dieses Basile-Märchens (1778) und ein Opernlibretto Hans Christian Andersens (1839).[68] Bei der Güterabwägung »Leben gegen Leben« wäre jetzt das Leben der »unschuldigen Kindlein« ein zu hoher Preis. Mit dem Märchen hat sich inzwischen auch das Bild des Kindes verändert.

3. »Eine sehr sinnreiche Moral ...« Perrault und die Feenmärchen des Absolutismus

Ein Kind als Verfasser? Perraults Verwirrspiel

Auch Perraults 1697 erschienene Märchensammlung *Histoires ou contes du temps passé, avec des moralitez* begann mit einem Verwirrspiel. Als Verfasser der Geschichten figuriert Perraults

Sohn Pierre; ihm ist auch ausdrücklich das königliche Druckprivi-
leg erteilt.[69]

Pierres Autorschaft gilt als Mystifikation; die »Verfasserfrage«
scheint zugunsten des damals 69 Jahre alten Charles Perrault, des
königlichen Beamten, Mitarbeiters Colberts und Generalinspek-
teurs der Bauten, entschieden zu sein.[70] Der Sinn der Mystifikation, wenn es denn wirklich eine war, ist jedoch aufschlußreich.
Wollte der angesehene alte Herr, Mitglied der Académie Française, mit der Veröffentlichung solcher »bagatelles«[71] vielleicht
seinen guten Ruf nicht riskieren? Sicher ist, daß mit der Behauptung, die Geschichten hätte ein Kind verfaßt, eine Tradition fortgeführt wird, die mit Basiles Berufung auf die »Unterhaltung für die
Kleinen« angefangen hatte: daß Märchen sich als Kindergeschichten rechtfertigen müssen, wenn sie sich vor die Augen gebildeter
Leser wagen wollen. Hatte Basile Geschichten *für* Kinder präsentiert, so bietet Perrault gar Geschichten *von* einem Kind. »Made-
moiselle – man wird es nicht merkwürdig finden, daß ein Kind
daran Gefallen gefunden hat, die Geschichten dieser Sammlung zu
verfassen, wohl aber mag man sich darüber verwundern, daß es
die Kühnheit gehabt hat, sie Euch zu widmen ...« – so beginnt
Perraults »Sohn« seine Vorrede an Elisabeth-Charlotte d'Orléans
(1676–1744), eine Nichte Ludwigs XIV.[72]

Auch das dem Buch beigegebene Frontispiz will auf den Charakter
der *contes* als Kindergeschichten hinweisen. Dargestellt ist eine
spinnende Frau, die Kindern am Kamin erzählt.[73] Dabei drückt
sich im »Bildprogramm« des Kupferstichs zugleich ein charakteri-
stischer Wandel in der vorgestellten Erzählsituation aus. Die Erzählerinnen des *Pentamerone* kamen aus der Stadt und erzählten
vor dem Königspaar im Palast. Jetzt wird eine (idealtypische)
Erzählsituation vorgestellt, in der *im Haus vor Kindern* erzählt
wird. Auch der Widmungstext an Charlotte d'Orléans bezieht die
contes auf den Unterricht der Kinder des Volkes und deutet – weit
über Basile hinausgehend – sogar so etwas wie Neugier der
Oberen am Leben des Volkes als Inspirationsquelle der Geschichten an:

»Es ist wahr, daß diese Geschichten ein Bild von dem geben, was in den
einfachsten Familien geschieht, wo die löbliche Ungeduld im Unterrichten der
Kinder dazu führt, daß man sich Geschichten ausdenkt, die der Vernunft
entbehren, um sich damit an eben jene Kinder anzupassen, die sie noch nicht

haben. Wem aber mag es mehr geziemen zu wissen, wie die Völker leben, als jenen Personen, die der Himmel zu ihrer Leitung bestimmt?«[74]

Aufgenommen wird in Perraults »Inszenierung« noch ein anderes »Märchenmuster«: Seine Geschichten heißen »contes du temps passé«. Dies hat allerdings weder bei Basile noch bei Perrault jenen sentimentalen Beiklang, den die Formel dann in der Zeit um 1800 annehmen wird.[75] Die »alte Zeit« gibt eher Anlaß zum Lächeln und zur Verwunderung, wie die »Großmutter-Kleidung« der aus hundertjährigem Schlaf erwachten Schönen im Wald.[76]

Unterhaltung für die Damen. Die Feminisierung des Märchens

Natürlich bleiben Perraults *contes* trotz der Berufung aufs »Kindliche« im Erwachsenenmilieu und trotz des Bezugs auf das Volk im Milieu der Oberschichten der Residenz situiert. Aber gegenüber Basile hat sich im Hinblick auf das Publikum ein deutlicher Wandel vollzogen. Zugespitzt gesagt: Basiles Märchenpublikum ist eine männliche Hofgesellschaft, Perraults Märchenpublikum eine weibliche Salongesellschaft. Auch diese Tendenz der zunehmenden »Feminisierung« der Märchen – sie wird sich bis ins 19. Jahrhundert hinein fortsetzen – kommt in der Widmung der Sammlung zum Vorschein. Bezeichnenderweise waren alle Basile-Ausgaben Männern gewidmet (die Erstausgabe einem Herzog, die weiteren Ausgaben anderen Personen von Stand), Perraults *contes* hingegen wenden sich an ein *weibliches* Mitglied der Hofgesellschaft.

Märchenerzählen war in den Damenzirkeln der Salons[77] gegen Ende des 17. Jahrhunderts zu einer beliebten Form der Geselligkeit geworden. Vom Schlage der »Geschichten, mit denen man jetzt die Damen in Versailles ergötzt« (wie Madame de Sévigné 1677 schreibt[78]), waren vermutlich auch Perraults *contes* und erst recht die Feerien der Nachfolgeproduktion. Im Streit um die klassische Ästhetik, in dem sich gegen Boileau ja Charles Perrault als Anwalt der »Modernen« hervorgetan hatte, waren die Unterhaltungsbedürfnisse des aristokratischen und großbürgerlichen Salonpublikums gleichsam der Prüfstein, an dem sich die Nützlichkeit der modernen Auffassung von Poesie erweisen konnte.[79] Das heißt nicht, daß die »contes de fées« ausschließlich unter Frauen kursier-

ten. Bekannt ist, daß Perrault sein Versmärchen ›Griseldis‹ 1691
anläßlich der Verleihung der Preise für Beredsamkeit und Poesie
in der Académie hat rezitieren lassen. Im übrigen war die Welt
der Salons durchaus keine hermetische Frauengesellschaft. Dennoch ist der Bezug auf Frauen und Mädchen Perraults Texten
inhärent, und die wesentlichen Andersartigkeiten der französischen gegenüber den neapolitanischen Märchen erklären sich
nicht zuletzt aus diesem Wandel des Publikumsbezugs. Daß Perrault Basiles Märchen gekannt haben muß, ist heute kaum noch
zu bezweifeln. Wie er jedoch von den Stoffen des *Pentamerone*
Kenntnis bekommen hat, ist unklar – eine französische Übersetzung der neapolitanischen Märchen ist nicht bekannt. Angesichts des lebhaften kulturellen Austauschs zwischen Italien und
Frankreich im 17. Jahrhundert ist jedoch die Wahrscheinlichkeit
groß, daß ein Exemplar des *Pentamerone* an den Hof von Versailles gelangt ist; die Vorstellung, daß hier ein Süditaliener daraus vorgelesen oder erzählt hat, könnte die Überwindung der
Sprachbarriere erklären (Perrault konnte wohl den neapolitanischen Dialekt nicht verstehen und eine italienische Übersetzung
existierte noch nicht). Perrault könnte die Stoffe des *Pentame-*
rone freilich ebensogut auf dem Weg der Vermittlung durch
italienische Operntruppen und Wanderkomödianten kennenge-
lernt haben, die seit 1645 in Frankreich bezeugt sind; märchenhafte Stoffe finden sich schon Mitte des 17. Jahrhunderts in
ihrem Repertoire.[80] Wie auch immer die Begegnung Perraults
mit den neapolitanischen Stoffen verlaufen sein mag – insgesamt
vier der acht »histoires« haben ihre deutliche Entsprechung bei
Basile.[81] In zweien von ihnen – ›La belle au bois dormant‹ und
›Cendrillon‹ – stehen Mädchen im Mittelpunkt, und gerade
diese beiden Stoffe lassen den Figurenwandel des »Märchenkin-
des« von Basile über Perrault zu den Brüdern Grimm besonders
klar erkennen.

Perraults Märchensammlung ist die erste in der europäischen
Tradition, in der kindliche Protagonisten, vor allem die Mädchen,
eine zentrale Rolle spielen: »Kinder-Märchen« nicht im Sinne
ihres Lesepublikums, wohl aber von den Figuren der Handlung
her. In Basiles neapolitanischen Märchen war das »Familienmuster« in die Märchenliteratur eingeführt worden; Kinder und
Heranwachsende tauchten als Handlungsträger auf. Bei Perrault

Abb. 22. Frontispiz der Erstausgabe von Perraults *Histoires ou Contes du temps passé* von 1697

setzt sich die Entwicklung fort: Kinder und Heranwachsende spielen hier nicht nur quantitativ eine dominierende Rolle; die Figurencharakteristik ist auch qualitativ eine andere.

»Hübsch, wohlgebildet und liebenswürdig.« Perraults Kinder

Während Basiles Kinderfiguren, wie gezeigt, stark dem Milieu einer traditionalen ländlichen Kultur verhaftet sind, spiegeln Perraults Kindergestalten, insbesondere die Mädchen, das Ideal der gewandten, beredten, ein wenig koketten jungen Dame des zeitgenössischen Absolutismus. »Hübsch, wohlgebildet und liebenswürdig« werden die Kinder, »besonders die jungen Mädchen«, in der *Moralité*, der Geschichte ›Le petit chaperon rouge‹ apostrophiert: die Charakterisierung eines höfischen Kinderideals, das für den Autor nicht im Widerspruch zu der Tatsache steht, daß er uns Rotkäppchen zu Beginn der Erzählung als Bauernkind vorgestellt hat.[82] Während die familiären Beziehungen zwischen Erwachsenen und Kindern bei Basile häufig durch ausgesprochene Derbheiten charakterisiert sind, ist Rotkäppchen (»das hübscheste kleine Mädchen, das man sich vorstellen kann«) Objekt einer weiblichen »Affenliebe«, die ebenfalls kaum in die bäuerliche Gesellschaft zu passen scheint: »seine Mutter war ganz in das Kind vernarrt, und noch vernarrter war seine Großmutter«[83] (die Männer spielen offenbar keine Rolle).

Besonders ausgeprägt ist die Charakterisierung eines idealen jungen Mädchens in ›La belle au bois dormant‹, Perraults ›Dornröschen‹. Der Anfang erinnert an ein schon von Basile mehrfach gebrauchtes Motiv: Es geht um das Ehepaar, das keine Kinder bekommt (es hat im unmittelbaren Vorläufer der Geschichte, Basiles Märchen ›Sole, Luna e Talia‹, keine Entsprechung). Bei Basile gibt eine solche Situation gelegentlich Anlaß zu einem derben Scherz: Der Mann bestellt zwar fleißig das Feld, doch die Fruchtbarkeit bleibt aus.[84] Bei Perrault ist die Ironie feiner gesponnen, und die Versuche des Paares, zu Kindersegen zu kommen, sind jetzt diejenigen der Leute von Stand: »Sie besuchten alle Bäder der Welt; Gelübde, Pilgerfahrten und kleinere Andachten, alles wurde ins Werk gesetzt.«[85]

Auffallend ist, daß Perraults *Belle* im Gegensatz zu Basiles *Talia* deutlich als junges Mädchen gezeichnet wird; sie ist »fünfzehn oder sechzehn Jahre« alt.[86] Natürlich ist sie wunderschön: »Man konnte sie für einen Engel halten, so schön war sie; denn ihre Ohnmacht hatte die lebhaften Farben ihres Teints nicht ausgelöscht: ihre Wangen waren rot und ihre Lippen wie Korallen.«[87] Zu ihrer Schönheit gesellen sich andere ideale Eigenschaften: Perraults *Belle* ist ein charmantes Mädchen. Sie verfügt über die Gabe der Konversation und die Kunst der Koketterie. Die wunderbare Szene, in der sie den in das Schloß eingedrungenen Prinzen begrüßt (»Seid ihr es, mein Prinz? Ihr habt lange auf euch warten lassen«[88]), zeigt sie zudem selbständig, als Herrin der Situation. Welcher Unterschied einerseits zu der gefühllosen Szene, in der bei Basile die weiterschlafende Talia von dem Eindringling »genommen« wird, und andererseits zu der gefühlvollen Keuschheit, mit der Grimms Dornröschen vom Prinzen wachgeküßt wird! Perraults Belle erwacht *von selber*: »weil das Ende des Zaubers gekommen war«, wie der Autor bemerkt[89] (das Wunderbare ist, wie häufig bei Perrault, nur eine höhere Form der Vernunft[90]), und sie tritt dem verliebten Freier mit dem ganzen Charme einer selbstbewußten jungen Frau gegenüber, die zu flirten und ihre Interessen zu verfechten versteht.

Gerade der Wandel der Erotik ist in der europäischen Märchentradition von Basile über Perrault zu den Brüdern Grimm gut zu studieren. Basiles Märchenwelt ist durchzogen von sehr deutlichen und nicht selten derben sexuellen Elementen: in der Metaphorik, im Sprichwort, auch in der Handlung selber. Sexualität ist hier noch selbstverständlicher Bestandteil einer traditionalen Lebenswelt *und* Gegenstand des höfischen Lachens: eines lauten, offenen, bisweilen gar ordinären Lachens eines männlichen Publikums. Bei Perrault sind Sexualität und Erotik ungleich mehr kultiviert – die Anspielung, das Doppelsinnige, Geistreiche dominiert. Die Reaktion beim Hörer oder Leser ist jetzt eher ein Lächeln, vielleicht ein Kichern – Reaktion eines überwiegend weiblichen Publikums, dem die Drastik eines Basile möglicherweise die Röte ins Gesicht getrieben hätte.[90a] Gerade dies aber: die Geistreicheleien, das frivole Spiel mit Worten und Situationen, die Zweideutigkeiten, wird dann in der deutschen Romantik als »märchenfremd«, als dekorative Zutat abgelehnt werden – ein »französischer Muthwillen«, wie es Achim von Arnim einmal kritisch gegen ein hintergründig erotisches Märchen der Grimmschen Sammlung formuliert hat.[91]

Auch die kleinen Kinder von Perraults *Belle,* die sie nach ihrer Hochzeit mit dem Prinzen zur Welt bringt, tragen Züge der Zeit und des sozialen Milieus von Perraults Publikum. Als der Hofmeister im Auftrag der königlichen Mutter und Menschenfresserin die kleine Aurore töten soll, heißt es von dieser: »Sie war damals vier Jahre alt, und kam hüpfend und lachend, umhalste ihn und bat ihn um Bonbons.«[92] Und von dem kleineren Jour lesen wir: »Er [der Hofmeister] traf ihn mit einem kleinen Florett in der Hand, dessen er sich bediente, um mit einem großen Affen zu fechten: und doch war er nicht älter als drei Jahre alt.«[93]

Perraults ›Belle-au-bois-dormant‹-Märchen zeichnet sich durch besondere Aufmerksamkeit für das Kind freilich nicht allein in der Charakterisierung der Figuren aus, sondern auch in der Umgestaltung des alten Stoffes selber. Bei Basile wurde nämlich die ganze erste Hälfte der (Perraultschen) Geschichte ganz kurz abgehandelt; die Motive des Kinderwunsches, der Tauffeierlichkeiten mit dem anschließenden Fluch der alten Fee und des hundertjährigen Schlafes fehlten. Erst durch Perraults Fassung ist also der Stoff zur Geschichte vom familiären Aufwachsen eines kleinen Mädchens geworden und konnte deshalb später als »Reifungsgeschichte« interpretiert werden.[94] Erst mit Perrault ist das Motiv der Heirat ins Zentrum gerückt, indem der Autor die eifersüchtige Königin des Basile-Märchens in eine böse Königs-*Mutter* verwandelte (bei Basile ist der König, der die schlafende Schöne im Wald besucht, bereits verheiratet). In der Fassung der Brüder Grimm schließlich wird die Zentrierung der Geschichte um die Figur des Mädchens abgeschlossen; hier fehlt der ganze zweite Teil der Erzählung, das »Morddrama« um die beiden kleinen Kinder der »schlafenden Schönen« – jetzt endet das Märchen mit ihrer Verheiratung.

Ein junges Mädchen steht auch im Mittelpunkt eines dritten *conte* Perraults: ›Cendrillon‹ (›Aschenputtel‹). Die *Moralité* rückt ihre Tugend ins rechte Licht: Aschenputtel ist nicht nur schön, sondern verfügt – was noch viel wichtiger sei – über »bonne grâce« (Anmut). »Ohne sie«, so schließt die *Moralité,* »vermag man nichts, mit ihr vermag man alles.«[95] Und der Autor deutet die Zaubergaben der Fee als eben diese Anmut – auch hier wieder eine »natürliche« Erklärung des Wunders. In der Geschichte selber

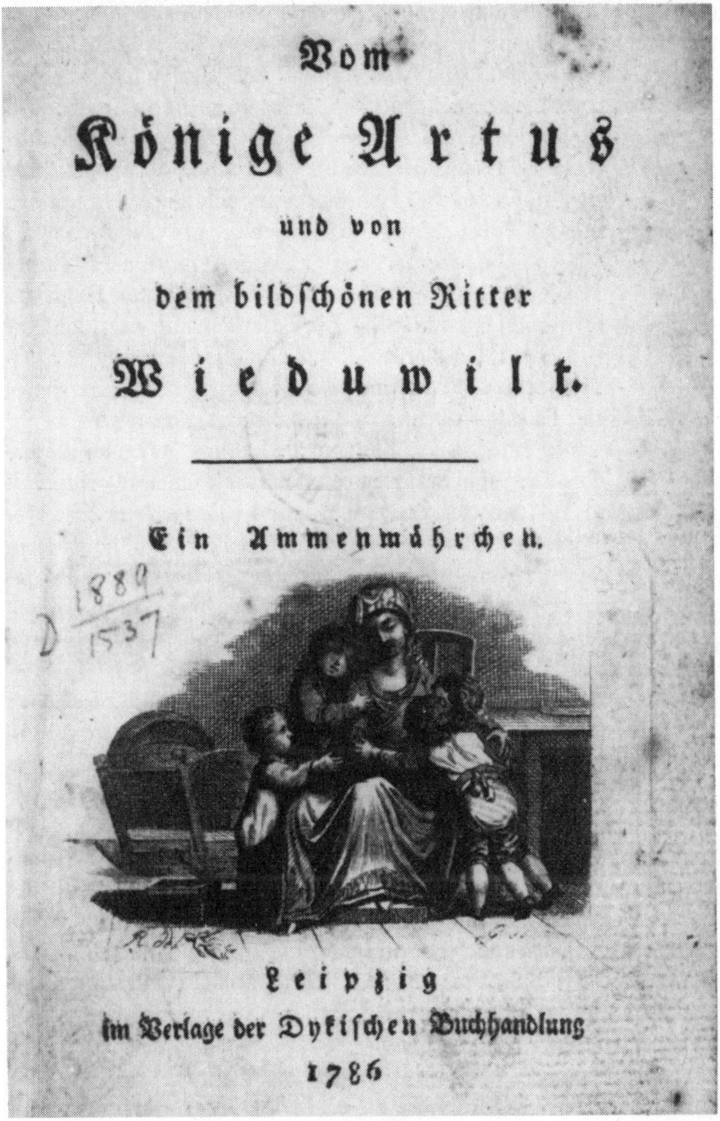
Vom
Könige Artus
und von
dem bildschönen Ritter
Wieduwilt.

Ein Ammenmährchen.

Leipzig
im Verlage der Dykischen Buchhandlung
1786

Abb. 23. Der alten Amme, die ihm einst mit ihren Märchen vergnügte Abende einer sorgenfreien Kindheit bereitete, widmet der Autor, Johann Ferdinand Roth, 1786 sein »Ammenmährchen«-Buch.

erscheint Cendrillon als geduldig und bescheiden (eher bürgerliche als höfische Tugenden) und wirkt gegenüber ihrer Vorgängerin, Basiles Gatta Cenerentola[96], wesentlich zivilisierter und in ihren Aktivitäten reduzierter. (Basiles »Aschenkatze« hatte ihrer ersten Stiefmutter mit dem Deckel einer Kleidertruhe den Kopf eingeschlagen.) In der Fassung der Brüder Grimm werden die Wesenszüge der Sittsamkeit und der Geduld dann noch deutlicher hervortreten. Und noch ein weiteres Element ist für die Geschichte des Stoffes von Basile über Perrault zu den Brüdern Grimm aufschlußreich: Bei Basile wird das Wunder an dem verstoßenen Kind von einer *Fee* im fernen Sardinien bewirkt, bei Perrault von der *Fee-Patin* des Mädchens, bei den Brüdern Grimm jedoch von der toten *Mutter* Aschenputtels. Auch hier haben wir es mit einem Beleg zunehmender Familiarisierung der Handlungsstruktur zu tun.

Das Musterbild eines Mädchens will schließlich Perraults kleines Märchen ›Les Fées‹ malen. »Douceur« und »honnêteté« (Freundlichkeit und Anstand) zeichnen hier – abgesehen von der obligatorischen Schönheit – das Mädchen aus; »belle«, »bonne et honnête« wird es genannt, und diese Tugenden beweist es, indem es der als arme Bauersfrau verkleideten Fee am Brunnen zu trinken gibt. Stolz und unfreundlich hingegen ist die böse Schwester – und sie wird dafür bestraft.[97]

Ein kleiner Junge ist der Held von Perraults ›Däumling‹-Märchen ›Le petit poucet‹. Seine Charaktereigenschaft ist »la bonté de son esprit«[98] – er ist listig und klug und rettet mit diesen Fähigkeiten sich und seine sechs älteren Brüder. Mehr als alle anderen *contes* ist diese Erzählung Perraults eine Familiengeschichte. Die Liebe der armen Holzfällersleute zu ihren Kindern wird mehrfach hervorgehoben, und sie wird zärtlich individualisiert, wenn von der Mutter gesagt wird: »Pierrot war ihr ältester Sohn; sie liebte ihn mehr als alle anderen, weil er ein wenig rothaarig war und weil auch sie ein wenig rothaarig war.«[99] Aber auch die Menschenfresserfamilie hängt in inniger Liebe an ihren sieben Töchtern, von denen es heißt: »Sie waren noch nicht sehr böse; aber sie waren sehr vielversprechend, denn sie bissen schon kleine Kinder, um ihr Blut zu lecken.«[100] In beiden Fällen ist das heitere Familienleben gestört – durch die Männer und Väter. In der Holzfällerfamilie besteht der Mann gegen die Bitten der Frau auf der Aussetzung der Kinder (In Grimms ›Hänsel und Gretel‹ werden die Rollen vertauscht sein); in der Oger-Familie wird der Mann – auch hier gegen die Frau – zum Mörder an den niedlichen kleinen Menschenfressern. Auch die *Moralité* von ›Le petit poucet‹ handelt vom Thema Kinder und Familie: »Man ist nicht traurig, wenn man viele Kinder hat, wenn sie nur alle schön, wohlgestalt und gut gebaut sind und von einem Äußeren, das sich sehen lassen kann.«[101]

Moralische Sinngebungen, Wandlungen des kulturellen Konflikts

»Avec des moralités«, mit moralischen Anwendungen sind Perraults Märchen versehen. »Sie enthalten alle eine sehr sinnreiche Moral, die sich je nach dem Grad des Scharfblicks ihrer Leser mehr oder weniger enthüllt« (Perrault).[102] Auch Basiles Märchen verstanden sich als moralische Geschichten. Jeder *cunto* wird dort ja mit einer Sentenz eröffnet, deren Wahrheit die Erzählerin mit der nachfolgenden Geschichte unter Beweis stellen will; und die Rahmenerzählung des *Pentamerone* selber gibt sich als Beglaubigung einer solchen Sentenz (»Hochmut kommt vor dem Fall«). Doch Basiles »moralisches Programm« ist ganz anders als das Perraults: Es geht um in Sprichwörter und Sentenzen gefaßte Weisheitslehren und Klugheitsregeln der Popularkultur.[103] Als solche sind sie relativ allgemein und beziehen sich nicht eigens auf Kinder oder junge Leute. In den *Moralités* der Perraultschen *contes* hingegen stehen, ebenso wie in den Erzählungen selber, Mädchen und Frauen im Mittelpunkt. Es geht, wie in jüngster Zeit betont wurde[104], bei Perrault um ein »weibliches Sozialisationsprogramm«. Man sollte damit weniger die Vorstellung direkter moralischer und pädagogischer Handlungsanweisungen verbinden (auch wenn die *Moralités* natürlich explizit so formuliert sind), als vielmehr die Tatsache, daß sich in Perraults Märchen gesellschaftliche Leitbilder dessen verdichten, was für Mädchen und Frauen als schicklich angesehen wurde. Perrault »wollte durch das Märchen einen Beitrag zur vorherrschenden Diskussion über *civilité* leisten«.[105] Daß er allerdings »von Frauen […] eine niedrige Meinung hatte«[106], ist an den Mädchen- und Frauenbildern seiner *contes* gerade nicht abzulesen. Sie sind noch weit entfernt von den

Kindheits- und Familienmustern des 19. Jahrhunderts und dem entsprechenden kleinfamilialen Frauenbild der Zeit. Daß Perrault »ein neues Kind«, nämlich »das hilflose Mädchen«, »das brave Kind des Bürgers Perrault« in den literarischen »Diskurs« eingeführt habe[107], trifft nicht einmal für die Figur des *Petit chaperon rouge* zu. Perraults Rotkäppchen läßt sich zwar auf ein Liebesspiel ein, das für das Mädchen tödlich endet; aber es begibt sich durchaus aktiv in diese Situation. Perraults ›Rotkäppchen‹-Erzählung ist nämlich – in der Tradition des volkstümlichen Schreckmärchens – nicht nur eine Geschichte, die vor der Verführung warnt, sondern – in der schillernden und fraglos ein wenig lasziven Darstellung Perraults – auch eine, die von der Lust handelt, sich verführen zu lassen. Es wäre, wie bei allen Geschichten Perraults, verkehrt, ihre Interpretation ausschließlich aus ihrer *Moralité* zu gewinnen.

Selbst Perraults härteste moralische Geschichte, seine ›Blaubart‹-Erzählung, ist ja mit ihrer expliziten Moral, der Warnung vor den schlimmen Folgen weiblicher Neugier[108], nicht einfach ein allgemeiner Ausdruck der »Rollenerwartungen«, »die in der bürgerlich-patriarchalischen Gesellschaft christlicher Prägung an die Ehefrau gerichtet werden: absoluter Gehorsam, völlige Unterwerfung unter den Willen des Ehemannes«.[109] Das ›Blaubart‹-Märchen spricht ja auch davon, daß die Frau mit der bewußten Übertretung des männlichen Gebotes das Tabu bricht, den Zauber löst – und schließlich durch ihre Brüder gerettet wird und zu Reichtümern kommt.

Das Idealbild des »zivilisierten« Mädchens, das Perraults Erzählungen explizit und mehr noch implizit vermitteln, ist selbstverständlich nicht frei von »männlichen Rollenerwartungen«. Dennoch fällt an seinen Mädchenfiguren ein hohes Maß an Selbständigkeit auf. Sie sind nicht nur schön, anmutig und geduldig, sondern ebenso geistreich, gewandt und eloquent. Sie verkörpern das Wunschbild des Mädchens von Stand aus der Salonkultur des französischen Absolutismus.

Ein ausgesprochenes »Programm-Märchen« von den idealen Eigenschaften von Frau und Mann ist Perraults Erzählung ›Riquet mit dem Schopfe‹. Sie macht, im Vergleich des schönen, aber dummen Mädchens mit der häßlichen, aber klugen Schwester, zunächst deutlich: »Obwohl die Schönheit ein großer Vorzug an einem jungen Menschen ist, stellte dennoch die Jüngere [das häßliche, aber kluge Mädchen] die Ältere auf fast allen Gesellschaften in den Schatten.«[110] Denn ihre Klugheit macht sie beredt, sie kann »tausend artige Dinge sagen«[111], und das allein macht sie anziehend. (Die Fähigkeit, ein geistreiches Gespräch führen zu können, spielt bei Perrault eine wichtige Rolle.)[112] In der Handlung selber geht es dann allerdings um den Ausgleich solcher gemeinhin »geschlechtstypisch« genannten Eigenschaften: Der Mann, Prinz Riquet, ist ebenfalls häßlich, aber klug; die für ihn bestimmte Frau ist die schöne, aber dumme Prinzessin. Die gegenseitige wunderbare Verwandlung der beiden (als Zauber und zugleich schöpferische Fähigkeit der Liebe gedeutet) schafft erst die vollkommene Frau, die nicht nur schön, sondern auch klug, und den vollkommenen Mann, der nicht nur klug, sondern auch schön ist.

Obschon es in Perraults *contes* um Probleme der *civilité* geht, auch wenn die Moral in ihnen eine wichtige Rolle spielt, sind sie doch zugleich Gegenstand höfischen Lachens und Vergnügens. Auch sie leben von der Begegnung zweier heterogener Welten: der Kultur des Volkes mit der Kultur der Eliten.[113] Aber die grellen Kontraste Basiles sind – vielleicht infolge des fortschreitenden Zivilisationsprozesses – hier gemildert. An ihre Stelle ist bei Perrault ein Changieren zwischen unterschiedlichen kulturellen Bezugssystemen getreten, und daraus speisen sich der Witz und die Raffinesse seiner *contes*.

Auffallend ist Perraults Changieren zwischen *Wunder* und *Aufklärung*. Seine Texte haben nichts gemein mit der naiven »Eindimensionalität« der Grimmschen Märchen. Das Wunder soll nicht kindlich-gläubig aufgenommen werden. Perrault deutet immer wieder »natürliche« Erklärungen an – unverhohlen am Schluß von ›Riquet à la houppe‹, wo das Wunder der Verwandlung sich mit dem Wunder der Liebe berührt. Aber auch hier bleibt er in der Schwebe: Seine Märchen sind nicht (wie zahlreiche Texte in der Tradition des 18. Jahrhunderts) rationalistische Geschichten; sie wollen das Wunderbare nicht entzaubern und damit zerstören.

Ein weiterer Spannungsbogen ist der zwischen den »temps passé« und den »temps modernes«. Anders als in Grimms ›Dornröschen‹-Märchen ist zum Beispiel in Perraults ›Belle au bois dormant‹ die

Zeit während des hundertjährigen Schlafes der Schönen nur für sie
selber stehengeblieben. Ihre Kleider jedoch sind nicht mehr à la
mode, und nach der Tafel »spielten die Violinen und Oboen alte
Stücke, die [...] schon beinahe hundert Jahre nicht mehr gespielt
wurden«.[114]

Auch zwischen Ernst und Scherz changiert Perraults Darstellung.
Die kinderfressende Königin-Mutter möchte die Kleinen »à la
Sauce Robert« verspeisen. [115] Witzig und rührend werden sogar
die Verhältnisse der Oger-Familie in ›Le petit poucet‹ gezeichnet.
Das Schreckliche und das Witzige sind noch nicht unvereinbar
geworden. Daß Ernst und Scherz nebeneinanderstehen, gilt übrigens nicht zuletzt für den Lehrcharakter der Märchen – sie sind
lehrhaft und amüsant zugleich, beispielsweise dort, wo sie die Welt
der Erwachsenen mit der Welt der Kinder konfrontieren.[116] Es
sind Kindergeschichten zur höfischen oder gelehrten Unterhaltung, und es sind höfische und lehrhafte Geschichten zur Unterhaltung der Kinder.

Feerien in Deutschland

Perrault bleibt für die weitere Entwicklung der Gattung Märchen
über einhundert Jahre lang das einflußreiche Vorbild. Die Feerien
der französischen Schriftstellerinnen (Marie-Jeanne L'Héritier de
Villandon, Marie-Catherine d'Aulnoy, Jeanne-Marie Le Prince de
Beaumont u. a.[117]) werden rasch zur literarischen Mode, die auch
nach Deutschland wirkt. Perraults *contes* und die nachfolgenden
Feenmärchen werden nicht nur übersetzt; ihre Stoffe finden gegen
Ende des Jahrhunderts auch über die Oper Verbreitung.[118] Insgesamt gibt es eine erstaunlich große Zahl deutschsprachiger Märchen des 18. Jahrhunderts, in denen neben den morgenländischen
Motiven die Feerien eine große Rolle spielen. Da sie durch die
Tradition der Grimmschen *Kinder- und Hausmärchen* verdrängt,
von den romantischen Zeitgenossen mit dem Stempel des »Unech-
ten«, zudem des »Welschen« gebrandmarkt wurden, blieben diese
vor-Grimmschen deutschen Märchen (von einigen großen Namen
wie Wieland oder Musäus abgesehen) bis heute weitgehend unbekannt; es existiert noch nicht einmal eine ausreichende bibliographische Zusammenstellung des reichen Quellenfundus. Im folgen-

den deshalb nur einige Hinweise auf die deutschsprachige Tradition des Märchens im Jahrhundert der Aufklärung.

Der deutliche Bruch, den die *Kinder- und Hausmärchen* in der europäischen Entwicklung des Genres markieren, läßt sich gerade im Vergleich mit den deutschsprachigen Vorgängern der Brüder Grimm gut erkennen. Das Märchen des 18. Jahrhunderts versteht sich als leichte, heitere Poesie mit mehr oder minder schelmischer moralischer Nutzanwendung. Daß es *Moral* vermittle, wird vom Märchen verlangt (die moralischen Züge verstärken sich bereits in der französischen Entwicklung nach Perrault). Daß es lockeres *Vergnügen* bereite, wird ihm konzediert. So entfaltet sich auch in der deutschen Märchenliteratur eine merkwürdige Spannung im Selbstverständnis der Gattung. Es finden sich galante Themen und ausgesprochen laszive erotische Geschichten, die mit einer moralischen Nutzanwendung nur recht mühsam wieder ins Gleis einer »Erziehungsgeschichte« kommen.[119] Und es gibt langatmige Erziehungsparabeln unter diesen Märchen, in denen vom Vergnüglichen nicht mehr viel zu spüren ist.[120] Das allgemeine Selbstverständnis wird im Vorwort der neunbändigen deutschen Übersetzung des *Cabinet des fées* (1761–65) so formuliert: »Die Verfasser desselben zeigen den Weg zur Tugend und Glückseligkeit, ob es gleich scheinet, als trieben sie nichts als Kleinigkeiten, wie in der That Feen-Mährchen sind.«[121]

Formal stechen zwei Merkmale im Vergleich mit den Texten der *Kinder- und Hausmärchen* hervor: Die meisten Märchen des 18. Jahrhunderts sind lang, ähneln oft kleinen Romanen (werden auch manchmal mit »Romanen« zusammen herausgegeben). Erst mit den Brüdern Grimm wird das Märchen die *kurze* Volkserzählung. Und es finden sich neben Prosatexten in den Märchen des 18. Jahrhunderts in der Tradition der »contes en vers« auch Gedicht-Märchen. (Noch Albert Ludewig Grimm bietet in seinen *Kindermährchen* von 1808 ein versifiziertes ›Schneewittchen‹.)[122]

Charakteristisch für das Märchen im 18. Jahrhundert bleibt ferner, daß es noch nicht auf ein Kinderpublikum festgelegt ist, jedoch – in Fortsetzung der alten Tradition – gern mit dem »Kindermilieu« spielt. In der Christian August Vulpius zugeschriebenen Sammlung *Ammenmärchen* (1791) schäkert der anonyme Herausgeber, er habe sich die folgenden Märchen an langen Winterabenden von seiner alten Amme erzählen lassen, die allerdings »nachdem sie mich erzogen hatte, zu Leuten von gutem Stand kam«.[123] Jedenfalls erzählt diese »Amme« dann das ausgesprochen kecke Märchen von Prinz »Löwenzagel« mit deutlichen erotischen Anspielungen. Andere Sammlungen wenden sich schon im Titel eigens an Kinder.[124] Unter ihnen spielt die in Bertuchs Industrie-Comptoir in Weimar erschienene *Blaue Bibliothek für Kinder* eine besondere Rolle. Unter dem Titel *Kinder-Moral in Feen-Mährchen* bietet sie Bearbeitungen der in Bertuchs *Blauer Bibliothek* erschienenen Märchen.[125] Die lange »Überlieferungslinie«, in deren Verlauf sehr viel ältere Geschichten jetzt eigens an die Kinder kommen, zeigt beispielhaft der Schwank vom listigen Mädchen, das, anders als seine Schwestern, seine Keuschheit gegenüber den Nachstellungen eines Prinzen zu verteidigen weiß und den verliebten Freier am Ende gar an einer Bettpuppe sich vergreifen läßt. Basile hat diese Geschichte erstmals erzählt und zum Vergnügen seines höfischen Publikums dabei mit Effekten nicht gespart.[126] Marie-Jeanne L'Héritier greift Basiles Schwankmärchen auf und »verfeinert« es für ein Damen-Publikum (›L'Adroite Princesse ou les Aventures de Finette‹, 1695); ein Jahrhundert später erscheint das Märchen in deutscher Bearbeitung für Erwachsene in Bertuchs *Blauer Bibliothek* (1790)[127]; nach dieser wiederum wird der Text 1808 mit didaktischen Einschüben neuerlich bearbeitet[128] – jetzt für die »jungen Leser und Leserinnen, die gewohnt sind, sich immer nützlich zu beschäftigen« –, genauso wie Prinzessin »Sentita, auch Sinnreich genannt«, zu deren Eigenschaften es inzwischen gehört, »nützliche, lehrreiche und angenehme Bücher zu lesen«.[129]

4. »Wie eine ausgeflogene Taube die Heimat wieder sucht.« Das Haus als Märchen-Ort der Brüder Grimm

»Den Kindern das Ihrige nicht aus den Händen reißen.« Das literarische Programm der Kunstlosigkeit

»An die Frau Elisabeth von Arnim für den kleinen Johannes Freimund« – mit dieser Widmung erschienen kurz vor Weihnachten 1812 die *Kinder- und Hausmärchen* der Brüder Grimm.[130] Der kleine Johannes Freimund war zu diesem Zeitpunkt noch nicht ein Jahr alt: »Grimms Märchen« sind das erste Märchenbuch, das einem Säugling gewidmet wurde. Schon in dieser Widmung kommt ein neues Verhältnis zum Märchen, zum Kind und zum Volk zum Ausdruck.

Auf Kinder hatten, wie gezeigt, ausdrücklich auch die Autoren früherer Märchensammlungen Bezug genommen. Basiles *Cunto de li cunti* firmierte als »Unterhaltung für die Kleinen«; Perraults *contes* gaben sich sogar als von einem Kind verfaßt aus. Aber die Autoren hatten gerade in der Berufung aufs »Kind« die artistische Distanz zur Kinderwelt deutlich hervorkehren wollen. Bei Basile waren es die kunstvolle Einkleidung und die barocke Metaphernpracht, bei Perrault Ironie, stilistisches Changieren und die den *contes* beigegebenen *moralités,* die dem Leser vor Augen führen sollten, daß hier mit dem »Kindlichen« ein geistvolles Spiel getrieben wurde. Zu den Regeln dieses Spiels gehörte es, daß der Autor der »Kindergeschichten« die eigene Kunstfertigkeit in der Komposition des Materials besonders betonte – von Basile wissen wir, daß ihn deswegen die Zeitgenossen hoch geschätzt haben. Auch in der deutschen Märchentradition des 18. Jahrhunderts ging es darum, den »künstlichen Charakter« des Märchens zu betonen: Musäus' *Volksmärchen der Deutschen* (1782) spotten über den »Kinderton« und bemühen sich bewußt um Aufputz, um die »Bearbeitung dieser rohen Massen« der mündlichen Überlieferung.[131]

Die Widmungen der »Kindergeschichten« sind Teil dieser Inszenierung; sie sollten ihnen eine Dignität geben, die der Sphäre des Kindlichen per se keineswegs zukam. Man darf die reale Bedeutung solcher Widmungen gewiß nicht überschätzen; immerhin signalisieren sie aber die Orientierung des Autors an einem »idealen Milieu«. Im 17. Jahrhundert ist dieses »ideale Milieu« für die veröffentlichten Geschichten des Volkes das gebildete höfische Publikum. Doch nun wird das »ideale Märchenpublikum« mehr und mehr das Kind. »Märchenpoesie ist [...] die Poesie der Kindheit, des poetischen Lebensalters«, heißt es schon in den *Kindermährchen* (1809) des unbekannteren Namensvetters der hessischen »Märchenbrüder«, Albert Ludewig Grimm.[132]

Jacob und Wilhelm Grimms *Kinder- und Hausmärchen* (1812, 1815) ist nicht die erste Kindermärchen-Sammlung in deutscher

Sprache, auch nicht die erste aus mündlichen Quellen veranstaltete. Sie markiert jedoch einen entscheidenden Wendepunkt in der Geschichte der gebildeten Inszenierungen der populären Stoffe. Zum ersten Mal wird der artistischen Kunstfertigkeit expressis verbis abgeschworen, tritt an deren Stelle jenes Zauberwort, mit dem zugleich die Geschichte der Volkskunde beginnt: *Treue*. In der Vorrede zum 1. Band der *Kinder- und Hausmärchen* beschreiben die Brüder Grimm ihr Verhältnis zu den Stoffen folgendermaßen:

»Kein Umstand ist hinzugedichtet oder verschönert und abgeändert worden, denn wir hätten uns gescheut, in sich selbst so reiche Sagen mit ihrer eigenen Analogie oder Reminiscenz zu vergrößern, sie sind unerfindlich. In diesem Sinne existirt noch keine Sammlung in Deutschland, man hat sie fast immer nur als Stoff benutzt, um grössere Erzählungen daraus zu machen, die, willkürlich erweitert, verändert, was sie auch sonst werth sein konnten, doch immer den Kindern das Ihrige aus den Händen rissen und ihnen nichts dafür gaben. Selbst wer an sie gedacht, konnte es doch nicht lassen, Manieren, welche die Zeitpoesie gab, hineinzumischen.«[133]

Gemäß dieser idealtypischen Programmatik der Herausgeber sollten sich auch andere Sammler verhalten. Als Wilhelm Grimm für den zweiten Band der Märchen aus dem Haxthausenschen Kreis Texte erbittet, schreibt er: »Bei der eignen schönen Art, womit Volksdichtung noch bei Ihnen lebt, bin ich auch sicher, daß sie gerade so aufgefaßt werden, wie mir am liebsten ist, nämlich treu und genau mit aller Eigentümlichkeit selbst des Dialekts, ohne Zusatz und sogenannte Verschönerung.«[134] Und als sich Jacob Grimm 1815 im Namen einer neugegründeten Gesellschaft zur Sammlung populärer Stoffe in einem Rundschreiben an eine größere Öffentlichkeit wendet, heißt es auch dort: »Es ist vor allem daran gelegen, daß diese Gegenstände getreu und wahr, ohne Schminke und Zuthat, aus dem Munde der Erzählenden, wo thunlich in und mit deren selbsteigenen Worten, auf das genaueste und umständlichste aufgefaßt werden.«[135] Daß dieser idealtypische Anspruch der Brüder Grimm eine produktive Fiktion gewesen ist, daß auch sie die Stoffe der Popularkultur redigiert, poetisch geformt haben, ist in jüngster Zeit zunehmend erkannt worden.[136] Aber auf den Grundsatz der »Treue« baut bis heute der Anspruch intellektueller Vermittler der Popularkultur. Zum ersten Mal insistieren mit den Brüdern Grimm die gebildeten Sammler

Abb. 24. Titelkupfer von Ludwig Emil Grimm zum 1. Band der Grimmschen Kinder- und Hausmärchen in der Ausgabe von 1819

der volksläufigen Stoffe auf *Authentizität*. Und sie begründen ihr Verfahren – so in der oben angeführten Vorrede – damit, den Kindern solle »das Ihrige nicht aus den Händen gerissen werden«. Für Basile bestand in der Tat der Reiz der »Kindergeschichten« gerade darin, daß sie den Kindern und dem Volk »entrissen« und im höfischen und Erwachsenen-Milieu inszeniert wurden; sie lebten dort aus dem Kontrast zweier heterogener Kulturen. Schon Perrault milderte diese »interkulturelle Spannung«, nutzte sie indes immer noch für die Stilisierung seiner Texte. Im auf »Treue« gegründeten literarischen Programm der Brüder Grimm soll diese Distanz jetzt verschwinden. An ihre Stelle tritt ein emphatisches Verhältnis zum Kind, wie es sich ähnlich in anderen zeitgenössischen Texten findet, tritt der Wunsch nach Verschmelzung. Die Märchen werden nun zur Brücke, über die die Reise in die Kindheit gehen soll. In der vermeintlichen Treue gegenüber den Stoffen und im Verzicht auf eigene Kunstfertigkeit – als »Zutat« des gebildeten Erwachsenen – spricht sich der Traum von einer Aufhebung der Generationenschranke aus, der Überwindung jener realhistorisch mit der Entwicklung der bürgerlichen Gesellschaft wachsenden Desintegration von Kindern und Erwachsenen, von »Volk« und »Gebildeten«. Nicht mehr soll, um es zugespitzt zu sagen, die Kinderwelt der gebildeten Erwachsenenwelt artistisch einverleibt werden, jetzt geht es um den Versuch der ästhetischen Aufhebung der Erwachsenenwelt und deren Reintegration in die Welt der Kinder. Hier trifft sich das auf »Treue« insistierende Programm der Brüder Grimm mit den so ganz anderen poetischen Entwürfen romantischer Märchen (Novalis, E. T. A. Hoffmann), in denen »Kind« und »Kindheit« als utopische Bilder einer besseren, ganzheitlichen, nicht-entfremdeten Lebensform des Menschen erscheinen.[137]

Der propagierte Verzicht auf »Kunstfertigkeit«, auf Bearbeitung der Texte, verbietet natürlich auch die Konstruktion einer Rahmenhandlung. Widmungen, Vorreden und Einleitungen der Brüder Grimm – in den einzelnen Ausgaben immer wieder ergänzt, umgearbeitet, erweitert und in den späteren populären Leseausgaben zumeist verschwunden – stellen jedoch eine »Einkleidung« dar, die, wie die Bearbeitungen der Texte selber, die »Inszenierung« der Märchen sichtbar macht.

Die Familiarisierung des Märchens

»Liebe Bettine, dieses Buch kehrt abermals bei Ihnen ein, wie eine ausgeflogene Taube die Heimat wieder sucht und sich da friedlich sonnt.« So beginnt in der dritten Auflage der *Kinder- und Haus-*

märchen (1837) die erweiterte Widmung[138], die in den folgenden beiden Auflagen von 1840 und 1843 noch ergänzt wird. Die Präsentation der Märchen erfolgt als Freundesgabe, die Rede ist ganz auf den vertraulichen Ton des Familialen, des Privaten gestimmt. »Vor fünf und zwanzig Jahren hat es Ihnen Arnim zuerst, grün eingebunden mit goldenem Schnitt, unter die Weihnachtsgeschenke gelegt.« (Der Weihnachtstisch im Bürgerhaus wird im 19. und 20. Jahrhundert bevorzugter Ort für das Märchenbuch werden.) Der vertraulichen Freundesbeziehung verdankten, so Wilhelm Grimm weiter, auch die Märchen ihr Erscheinen: Arnim sei es gewesen, der zur Herausgabe angespornt habe, »als er in jener Zeit einige Wochen bei uns in Cassel zubrachte. [...] Im Zimmer auf und ab gehend las er die einzelnen Blätter, während ein zahmer Kanarienvogel, in zierlicher Bewegung mit den Flügeln sich im Gleichgewicht haltend, auf seinem Kopfe saß, in dessen vollen Locken es ihm sehr behaglich zu sein schien.«

Dies, so läßt sich verallgemeinern, ist jetzt das »ideale Milieu« der Märchen: nicht mehr das gebildete höfische Publikum (wie im italienischen Barockmärchen), nicht mehr die aristokratische Salongesellschaft (wie im französischen Feenmärchen), sondern der *familiale Freundeszirkel*. Er ist noch nicht identisch mit der Familie im engeren Sinne, teilt aber mit ihr die Beziehungsstrukturen der persönlichen Vertrautheit und Häuslichkeit. In diesem Sinne entwickelt Wilhelm Grimm in den drei Widmungstexten an Bettina von Arnim das Bild eines um die Märchen gruppierten kleinen »Literaturzirkels«. Er besteht aus den Brüdern Jacob und Wilhelm, den Freunden Achim und Bettina sowie deren Kind Johannes Freimund.

»Märchenzirkel« dieser Art spielten beim Sammeln der Texte selber eine große Rolle. Der erste ist die innige Brüderbeziehung zwischen Jacob und Wilhelm:

»So nahm uns denn in den langsam schleichenden schuljahren ein bett auf und ein stübchen, da saszen wir an einem und demselben tisch arbeitend, hernach in der studentenzeit standen zwei bette und zwei tische in derselben stube, im späteren leben noch immer zwei arbeitstische in dem nemlichen zimmer, endlich bis zuletzt in zwei zimmern nebeneinander, immer unter einem dach in gänzlicher unangefochten und ungestört beibehaltener gemeinschaft unsrer habe und bücher, mit ausnahme weniger, die jedem gleich zur hand liegen musten und darum doppelt gekauft wurden. auch unsere letzten bette, hat es allen anschein, werden wieder dicht nebeneinander gemacht sein.«[139]

So erinnert sich Jacob in seiner Akademierede auf den verstorbenen Bruder. Die Selbstbiographien, vor allem diejenige Wilhelm Grimms[140], machen anschaulich, wie die Grimms *Kindheit erinnern*: als Beschlossensein im Hauskreis der Bürgerfamilie mit einer starken Beziehung insbesondere zur Mutter (der Vater war früh gestorben). »Die Liebe zu meiner Mutter ist noch jetzt, nachdem sie länger als zwanzig Jahre im Grab liegt, unvermindert in meinem Herzen, der Traum führt mich manchmal zu ihr hin, sie sitzt meist, wie in den letzten Jahren ihres Lebens, auf einem kleinen Teppich vor einem Arbeitstischchen, reicht mir die magere, aber sanfte Hand und fragt, warum ich so lange nicht bei ihr gewesen sei« (Wilhelm Grimm). [141] Vor allem Wilhelms Selbstbiographie ist stark von der Trauer über die verlorene Kindheit geprägt, eine Kindheit, die durch die Dominanz der Frauen charakterisiert war.[142] Die Vermutung liegt nahe, daß die literarische »Märchenproduktionsgemeinschaft« der Brüder Grimm ihre Energie auch aus dem Wunsch einer »Wiedervergegenständlichung« der eigenen Kindzeit zog.[143]

Ein »Märchenzirkel« in dem oben bezeichneten Sinne war auch die Freundschaft der Brüder Grimm mit Brentano und Arnim. Das Sammeln von Liedern und Märchen und der gemeinsame Austausch darüber waren Konstitutionsmoment dieser Beziehung, der Briefwechsel gibt darüber vielfältig Auskunft.[144]

Noch zwei weitere solcher Märchenzirkel sind zu nennen. Der eine ist das Haus der Apothekerfamilie Wild in Kassel mit der Mutter Wild, den beiden Töchtern Gretchen und Dortchen (Wilhelms späterer Frau), den Geschwistern Hassenpflug und anderen jungen Leuten des Kasseler Bürgertums. Das Kasseler »Märchenhaus« hat man sich als einen geselligen Kreis gebildeter junger Leute aus dem Bürgertum zu denken, in dem konversiert, gespielt, geflirtet, über Goethe, die altdeutsche Poesie und die Zeitströmungen diskutiert und eben Märchen erzählt und besprochen wurden.[145] Auch der Kreis der westfälischen Adelsfamilie von Haxthausen (zu der Jenny und Annette von Droste-Hülshoff gehörten) war eine Gruppe gebildeter junger Leute, und auch hier war das Sammeln und Erzählen von Märchen Bestandteil einer geselligen »Jugendkultur«, die sich im intimen Freundeskreis verwirklichte.

Das Haus, der kleine Platz

Der Freund Achim von Arnim mit dem zahmen Kanarienvogel auf dem Kopf – so stellt Wilhelm Grimm in der Widmung von 1837 an Bettina von Arnim den ersten Leser der Märchen vor. Die Szene spielt im damaligen Haus der Brüder in Kassel, und geschrieben ist sie aus über 25jähriger Erinnerung. Es ist auffallend, daß dieses Motiv: die Erinnerung an ein *Haus,* die drei Widmungstexte durchzieht. Der Widmungstext der vierten Ausgabe ist im September 1840 verfaßt, und er gedenkt des Hauses in Göttingen, aus dem vor drei Jahren die erste Widmung erfolgte: »Ich konnte in Göttingen aus meinem Arbeitszimmer nur ein Paar über die Dächer hinausragende Linden sehen, die Heyne hinter seinem Hause gepflanzt hatte, und die mit dem Ruhm der Universität aufgewachsen waren: ihre Blätter waren gelb und wollten abfallen, als ich am 3. October 1838 meine Wohnung verließ.« Denn inzwischen haben die Brüder das Göttinger Haus verloren, durch die Relegation von ihren Professorenstellen und Jacobs Landesverweisung, die der hannoversche König verfügt hatte (»Göttinger Sieben«). »Ich langte in der Dunkelheit hier [in Kassel] an und trat in dasselbe Haus, das ich vor acht Jahren in bitterer Kälte verlassen hatte: wie war ich überrascht, als ich Sie, liebe Bettine, fand neben den Meinigen sitzend.« Die Zerstörung der Existenz in Göttingen und der Verlust von Haus und Wohngemeinschaft dort bilden den Hintergrund einer neuerlichen Beschäftigung mit den Märchen. »Ich fühle mich in Liebe und Hass jugendlich erfrischt«, formuliert Wilhelm Grimm *in tyrannos,* »kann ich eine bessere Zeit wünschen, um mit diesen Märchen mich wieder zu beschäftigen?«[146]

Und auch der dritte Widmungstext, 1843 für die fünfte Auflage geschrieben, spricht von einem Haus. Inzwischen sind die Grimms nach Berlin gezogen: »Sie«, schreibt Wilhelm an Bettina, »haben uns ein Haus ausserhalb der Mauern ausgesucht, wo am Rande des Waldes eine neue Stadt heranwächst, von den Bäumen geschützt, von grünenden Rasen, Rosenhügeln und Blumengewinden umgeben, von dem rasselnden Lärm noch nicht erreicht.«[147] Bettina, die Freundin, wird zur Mutter des Berliner Hauses – eines Hauses, das zwar in einer »neuen Stadt« (dem Tiergartenviertel) steht, aber gleichwohl vom »rasselnden Lärm« des Neuen noch nicht erreicht ist, das zwar »ausserhalb der Mauern« liegt, aber »von Bäumen geschützt« und von »Rosenhügeln und Blumengewinden umgeben« ist.

Sehnsucht nach Begrenzung und »Behausung« drückt sich in den Widmungstexten aus; die ausgeflogene Taube, die »die Heimat wieder sucht und sich da friedlich sonnt«, steht für das Märchenbuch und zugleich für die Wünsche seines Absenders.

In Vorreden und Einleitungen[148] werden Märchen und Haus erneut zusammengebracht: »Weil sie beim Haus bleiben und forterben, werden sie auch Hausmärchen genannt«, heißt es in der Einleitung von 1819 ›Über das Wesen der Märchen‹.[149] Die »heimlichen Plätze in Wohnungen und Gärten« werden ihnen zugewiesen, oder: »die Plätze am Ofen, der Küchenherd, Bodentreppen, Feiertage, noch gefeiert, Triften und Wälder in ihrer Stille, vor allem die ungetrübte Phantasie sind die Hecken gewesen, die sie gesichert und einer Zeit aus der andern überliefert haben«.[150] Auch hier kehrt die Vorstellung von der *Umgrenztheit* der Märchenwelt wieder. »Der Umkreis dieser Welt ist bestimmt abgeschlossen«[151] heißt es, und *Abgeschlossenheit* ist ein Charakteristikum des Hauses. Immer wieder finden sich solche »Umgrenzungsbilder«, die von kleinen, geborgenen, gegen äußere Unbill abgeschirmten Räumen sprechen, so schon im ersten Satz der Vorrede, wo Märchen und ihre Überlieferung in einem Naturbild dargestellt werden: »Wir finden es wohl, wenn Sturm oder anderes Unglück, vom Himmel geschickt, eine ganze Saat zu Boden geschlagen, dass noch bei niedrigen Hecken oder Sträuchen, die am Wege stehen, ein kleiner Platz sich gesichert und einzelne Ähren aufrecht geblieben sind. Scheint dann die Sonne günstig, so wachsen sie einsam und unbeachtet fort.«[152]

Nicht nur von Abgeschlossenheit und Natur ist in diesem Märchenbild die Rede; es geht auch um das aus alter Zeit noch Übriggebliebene. »Lieber Bellarmin, [...] ich ziehe durch die Vergangenheit wie ein Ährenleser über die Stoppeläcker, wenn der Herr des Lands geerntet hat, da liest man jeden Strohhalm auf«[153] so beschreibt Hölderlins Hyperion seinen Weg in die alte Zeit.

Ein kleiner Platz – das ist die Heimat der Märchen im bürgerlichen Zeitalter geworden. Die »häusliche« hat die »höfische Inszenierung« der Popularkultur abgelöst. Das Haus ist an die Stelle getreten, die in der älteren Tradition zunächst der Palast, dann der

Abb. 25. a papa a papa wische wangen. Der 45jährige Jacob Grimm mit seinem 2jährigen Neffen Herman. Federzeichnung von Ludwig Emil Grimm, Dezember 1829.

Salon innehatte. Das Haus, im Deutschland des 19. Jahrhunderts Zentrum bürgerlicher Sozialisation und einer vom Öffentlichen abgeschnittenen Kultur des Privaten, wird zum idealen Märchenort, so wie der familiale Zirkel (der sich im Laufe des Jahrhunderts vom geselligen Freudeskreis mehr und mehr zur Kernfamilie verengt) zum idealen Märchenpublikum wird.

Die Reinheit der Kinder und der Märchen

Grimms Märchen verstehen sich nicht lediglich als Geschichten für
Kinder (das werden die Märchen in Deutschland erst mit Ludwig
Bechsteins *Deutschem Märchenbuch* von 1845 werden). Die beiden hessischen Gelehrten wollten ja »zwei Zwecke« mit ihrer
Ausgabe verbinden: »den eines Kinderbuches und einer altdeutschen Sammlung«.[154] Dennoch drückt sich in ihrem Verständnis
der Gattung jene Koinzidenz von Märchen und Kindern bzw.
Kindheit aus, die für andere Autoren der romantischen Epoche
ebenfalls gilt. »Innerlich geht durch diese Dichtungen dieselbe
Reinheit, um deretwillen uns Kinder so wunderbar und selig
erscheinen; sie haben gleichsam dieselben bläulich-weissen, makel-
losen glänzenden Augen (in die sich die kleinen Kinder selbst so
gern greifen).«[155]
Die letztere Bemerkung ist mit einer Fußnote versehen, die auf
Fischarts *Gargantua* verweist – ein für die Brüder Grimm typi-
sches Verfahren: Sie verbinden den romantischen mit dem wissenschaftlichen Blick. Ihre der zweiten Ausgabe der Märchen
vorangestellte Einleitung ›Kinderwesen und Kindersitten‹ sowie
›Kinderglauben‹ markiert den Anfang einer »kindheitsgeschicht-
lichen« Forschung: eine reichhaltige Materialsammlung über
Kinderspiele, -feste, -sprache und -sitten, zusammengestellt vornehmlich aus der altdeutschen Literatur. Die Forschungsarbeit zur
»Kinderkultur« verdankt ihre Energie eben jenem zeitgenössischen Kindheitsbild, in dem »Reinheit« und »Natur« der Kinder
gegen die Leiden an der Zivilisation reklamiert werden.
Die beiden Zwecke der Grimmschen Märchen (»Kinderbuch« und
»altdeutsche Sammlung«) konnten sich nicht ohne weiteres miteinander vertragen. In den folgenden Textredaktionen – die Brüder Grimm, vor allem Wilhelm, haben bis zur Auflage der letzten
Hand von 1857 an den Texten gearbeitet – verlagert sich das
Gewicht immer mehr zugunsten des »Kinderbuchs«. »Wir suchen
die Reinheit in der Wahrheit und geraden, nichts Unrechtes ber-
genden Erzählung. Dabei haben wir jeden für das Kinderalter
nicht passenden Ausdruck in dieser neuen Auflage sorgfältig ge-
löscht«, heißt es in der Vorrede zur zweiten, wesentlich überarbei-
teten Auflage der *Kinder- und Hausmärchen* von 1819.[156] Voraus-
gegangen war eine teilweise herbe Kritik an der mangelnden

»Kindgemäßheit« einzelner Märchen.[157] Die Brüder Grimm haben ihr in großen Teilen Rechnung getragen, wobei das romantische (und mehr noch biedermeierliche) Bild vom Unschuldswesen Kind die Textbearbeitungen der »unschuldigen Hausmärchen« (Vorrede)[158] bestimmte. In den redaktionellen Veränderungen[159] geht es um die Tilgung oder Verhüllung der (ohnehin nicht sehr häufigen) Erotika, um den teilweisen Verzicht auf drastische Züge, um die Milderung sozialer Härten und eine deutliche »Verfrömmigung« der Märchen. »Sollte man dennoch einzuwenden haben, daß Eltern eins und das andere in Verlegenheit setze, und ihnen anstößig vorkomme, so daß sie das Buch Kindern nicht geradezu in die Hände geben wollten, so mag für einzelne Fälle die Sorge recht seyn, und dann von ihnen leicht ausgewählt werden.«[160] Immerhin verbindet sich mit den *Kinder- und Hausmärchen* jetzt verstärkt der Wunsch, »daß es ein eigentliches Erziehungsbuch werde«.[161]

Auch die Kinderfiguren und Familienszenen des Buchs tragen dem neuen Kindheitsbild Rechnung. In Weiterführung der älteren Tradition (Basile, Perrault) spielt das »Familienmuster« auch in den *Kinder- und Hausmärchen* eine bedeutende Rolle. Die Zahl der kindlichen Helden in der Grimmschen Sammlung ist groß – in späteren Auswahlausgaben und der populären »Selektion« der Märchenfiguren wird sich diese Tendenz bis heute fortsetzen.[162] Entscheidend ist aber die charakteristische *Transformation*, nämlich *Verbürgerlichung* des Familienmusters. Sie zeigt sich in der stärkeren »Verkindlichung« einzelner Märchenfiguren, in der detailreicheren Schilderung kindlichen Verhaltens, in der differenzierteren psychologischen Gestaltung der Figuren und ihrer Einbindung in ein familiäres Milieu, das – mögen auch die Geschichten selber in Holzhackerhütten oder Königspalästen spielen – offenkundig dem Wunschbild der bürgerlichen Familie nachempfunden ist.

Wie stark bürgerliche Familiarität sich noch innerhalb der Entstehungs- und Auflagengeschichte der *Kinder- und Hausmärchen* entwickelt hat, sei an einem Motiv dargestellt, das sehr viel ältere Wurzeln hat: das Motiv der »Kindesaussetzung« in ›Hänsel und Gretel‹. In der handschriftlichen Aufzeichnung der Geschichte durch Wilhelm Grimm von 1810 (»Ölenberger Handschrift«) wird das soziale Elend der Familie in einfachen Worten anschaulich:

»Es war einmal ein armer Holzhacker, der wohnte vor einem großen Wald. Es
ging ihm gar jämmerlich, daß er kaum seine Frau, und seine zwei Kinder
ernähren konnte. Einsmals hatte er auch kein Brod mehr und war in großer
Angst, da sprach seine Frau Abends im Bett zu ihm: nimm die beiden Kinder
morgen früh und führ sie in den großen Wald, gib ihnen das noch übrige Brod
und mach' ihnen ein groß Feuer an und darnach geh weg und laß sie allein. Der
Mann wollte lang nicht, aber die Frau ließ ihm keine Ruh, bis er endlich
einwilligte.«[163]

Was aber in den Verhältnissen der alten Gesellschaft klar, wenn
auch nicht einfach ist (»der Mann wollte lang nicht«), muß unter
den Bedingungen neuer bürgerlicher Väterlichkeit und Mütterlich-
keit als Herzlosigkeit gegenüber den Kindern empfunden werden.
So wird in den späteren Textbearbeitungen die Entscheidung des
Mannes zum Ergebnis eines fast tragischen Konflikts, der mit
psychologischer Einfühlung in das Innenleben des Mannes expliziert wird. (»Wie er nun Abends vor Sorge sich im Bett herum-
wälzte, da sagte seine Frau zu ihm ...«, 1812[164]) Als guter Vater,
der er ist, weigert er sich zunächst, dem Rat der Frau zu folgen:
»›Nein Frau‹, sagte der Mann, ›das kann ich nicht über mein Herz
bringen, meine eigenen lieben Kinder zu den wilden Thieren zu
führen, die würden sie bald in dem Wald zerreißen.‹ ›Wenn du das
nicht thust‹, sprach die Frau, ›so müssen wir alle miteinander
Hungers sterben‹; da ließ sie ihm keine Ruhe, bis er Ja sagte.«
(1812) Die Bearbeitung von 1857 fügt noch hinzu: »›Aber die
armen Kinder dauern mich doch‹, sagte der Mann.«[165] So wird die
Aussetzung zum (zunächst) tragischen Ausgang eines unausweichlichen familiären Konflikts, der in der endgültigen Fassung der
Geschichte durch eine Motivänderung noch vertieft wird, die die
Entscheidung, die Kinder auszusetzen, in einem neuen Licht erscheinen läßt. Es ist jetzt nämlich nicht mehr die Mutter, sondern
eine *Stief*mutter, die dem Vater zur Aussetzung rät. So wird, was
sich im alten Volksmärchenmotiv als Konflikt aus den sozialen
Verhältnissen des armen Volkes entwickelte, in den *Kinder- und
Hausmärchen* zum bürgerlichen Familiendrama.
Die »Gattung Grimm«, die mit der Verbürgerlichung des Märchens auf diese Weise entstanden ist, hat in Deutschland nicht nur
den Begriff vom Märchen und vom Märchenhaften nachdrücklich
bestimmt. Erst in seiner spezifisch Grimmschen Ausprägung des
Familienmusters konnte auch »das« Märchen zum jugendliterari-

schen Schatzhaus von Entwicklungspsychologie, Psychoanalyse und Therapie werden – auch dies ein produktiver Irrtum der Rezeptionsgeschichte der Gattung Märchen.

Der Bruch mit der romanischen Tradition

Die Brüder Grimm brechen mit ihren *Kinder- und Hausmärchen* bewußt mit der romanischen Tradition. Während sie im Hinblick auf die Stoffe und Motive gerade die Internationalität des Märchens bekräftigen, distanzieren sie sich, was die sprachliche *Formung* betrifft, vom Überlieferten. Ihre Empfindlichkeit gegenüber dem Stil von Basile und Perrault und ihre Abneigung gegen die Feenmärchen des 18. Jahrhunderts[166] sind nicht nur, wie immer wieder bemerkt wurde, der Beginn eines »Nationalisierungsprozesses« des Märchens; es geht vielmehr um einen Bruch mit dem bis dahin vorherrschenden Gattungsverständnis des Märchens. Dreierlei scheint mir dabei besonders wichtig:
1. Märchen waren in der vor-Grimmschen Tradition immer *Lachgeschichten*. In ihnen lebte ein Stück der populären »Lachkultur«[167] weiter, überformt vom höfischen Lachen der Oberen über die Unteren. Jedenfalls sollten Märchen ihr Publikum zum Lachen bringen; sie hatten lustige Geschichten zu sein.
Das bis dahin konstitutive Element des Lachens verschwindet mit den Brüdern Grimm aus dem Verständnis der Gattung Märchen. Über das Volk und seine Kultur und über die Kinder und ihre Kultur wird nun nicht mehr gelacht; sie werden verehrt. »Naivität« wird zum vorherrschenden Merkmal des Bildes vom Kind und vom Volk. »Naiv und gerad«[168] haben jetzt auch die Märchen zu sein; »in ihrem reinen und milden Lichte« sollen »die ersten Gedanken und Kräfte des Herzens aufwachen und wachsen«.[169] Bezeichnend ist Wilhelm Grimms Charakterisierung des Märchens: »Nicht zu verkennen ist ein gewisser Humor, der durch viele hingeht, wenn er sich manchmal auch nur leise äussert, und den man mit der eingelegten Ironie moderner Erzähler nicht verwechseln muss. [...] Dieser Zug ist eigenthümlich deutsch und wird sich auf diese Weise in den Märchen anderer Völker nicht leicht finden.«[170] Was hier als das »Wesen« *des* Märchens beschrieben wird, ist indessen seine spezifisch Grimmsche und im

weiteren Sinne romantische Inszenierung. In Deutschland hat sie Schule gemacht, und sie prägt das Verständnis vom Märchen noch heute.

2. Mit dem Lachen verschwindet auch die spezifische »Zweideutigkeit«, die die Gattung in der älteren Tradition bestimmt hatte. Grell und bizarr bei Basile, eher zum geistreichen Spiel gemildert bei Perrault, ging es im Märchen in den älteren Zeiten doch stets um den deutlich sichtbaren Kontrast zweier kultureller Welten: der Popularkultur und der Hegemonialkultur. Erst mit den Brüdern Grimm verschwindet dieser *sichtbare* Kontrast zwischen den beiden kulturellen Systemen aus der Sprachform der Märchen. So entsteht jene »Schlichtheit«, die später zum Gattungskennzeichen des Märchens insgesamt erklärt wurde.

3. Märchen waren in der älteren Tradition *moralische* Geschichten, und zwar erklärtermaßen und in bewußter Absicht. Natürlich enthalten auch die *Kinder- und Hausmärchen* der Brüder Grimm moralische Lehren; sie vermitteln bestimmte Ideale, ein bestimmtes Bild vom Kind und vom Menschen. Dennoch sind sie keine *explizit* moralischen Geschichten. Stand die »Lehre« in der älteren Tradition *neben* den literarischen Bildern, so schlüpft sie nun in die Bilder selber. Wenn sich, wie Wilhelm Grimm sagt, »so leicht aus diesen Märchen eine gute Lehre, eine Anwendung für die Gegenwart ergiebt«, so war dies doch »weder ihr Zweck, noch sind sie, wenige ausgenommen, deshalb entstanden«; die Lehre, so weiter Wilhelm Grimm, erwachse aus den Märchen »wie eine gute Frucht aus einer gesunden Blüthe, ohne Zuthun der Menschen«.[171]

Daß Märchen geschrieben werden, bedarf jetzt nicht mehr der Rechtfertigung – so läßt sich die Tatsache des Verschwindens der expliziten Moral aus der Gattung Märchen interpretieren. Aber noch eine andere, grundlegende Entwicklung spielt mit herein: in der Kunstperiode wird die Kunst *als Kunst* selber zum Träger der Wahrheit, des Sinns, der Moral. Damit deutet sich ein Zusammenhang an, der im folgenden näher beschrieben werden soll.

B. Der romantische Blick

»Für den Flanierenden geht folgende Verwandlung mit der Straße vor sich: sie leitet ihn durch eine entschwundene Zeit. Er schlendert die Straße entlang; ihm ist eine jede abschüssig. Sie führt hinab, wenn nicht zu den Müttern so doch in eine Vergangenheit, die um so tiefer sein kann, als sie nicht seine eigene, private ist. Dennoch bleibt sie immer Vergangenheit einer Jugend. Warum aber die seines gelebten Lebens? Der Boden, über den er hingeht, der Asphalt ist hohl. Seine Schritte wecken eine erstaunliche Resonanz, das Gas, das auf die Fliesen herunterstrahlt, wirft ein zweideutiges Licht auf diesen doppelten Boden. Die Figur des Flaneurs rückt wie von einem Uhrwerk getrieben über die steinerne Straße mit dem doppelten Boden dahin. Und im Innern, wo dieses Triebwerk steckt, pocht wie bei altem Spielzeug eine Spieluhr. Die spielt das Lied ›Aus der Jugendzeit / aus der Jugendzeit / folgt ein Lied mir immerdar‹. Bei dieser Melodie erkennt er wieder, was um ihn ist; nicht als Vergangenheit aus der eigenen, der letzten Jugend, sondern eine vordem gelebte Kindheit spricht ihn an und es gilt ihm gleich: ist es die eines Ahnen, ist es die eigene.«

Walter Benjamin, *Das Passagen-Werk*, II, S. 1052.

1. Suche nach dem verlorenen Paradies

Im Vorübergehen ... Der Held und das Volk

»Soweit der Himmel reichte, nichts als Gipfel, von denen sich breite Flächen hinabzogen, und alles so still, grau, dämmernd. Es wurde ihm entsetzlich einsam; er war allein, ganz allein. Er wollte mit sich sprechen, aber er konnte nicht, er wagte kaum zu atmen; das Biegen seines Fußes tönte wie Donner unter ihm, er mußte sich niedersetzen. Es faßte ihn eine namenlose Angst in diesem Nichts: er war im Leeren! Er riß sich auf und flog den Abhang hinunter.

Es war finster geworden, Himmel und Erde verschmolzen in eins. Es war, als ginge ihm was nach und als müsse ihn was Entsetzliches erreichen, etwas, das Menschen nicht ertragen können, als jage der Wahnsinn auf Rossen hinter ihm.

Endlich hörte er Stimmen; er sah Lichter, es wurde ihm leichter. Man sagte ihm, er hätte noch eine halbe Stunde nach Waldbach.

Er ging durch das Dorf. Die Lichter schienen durch die Fenster, er sah hinein im
Vorbeigehen: Kinder am Tische, alte Weiber, Mädchen, alles ruhige, stille
Gesichter. Es war ihm, als müsse das Licht von ihnen ausstrahlen; es ward ihm
leicht, er war bald in Waldbach im Pfarrhause.«[1]

Der Wanderer im Gebirge, der vom Wahnsinn Gejagte, ist Georg
Büchners Lenz (1835). Sein fragmentarisches Leben ist ein geschei-
terter Bildungsroman, und dieser Lenz hat in der deutschen Literatur um 1800 viele Verwandte: Hölderlins Hyperion, E. T. A. Hoffmanns Medardus (aus den *Elixieren des Teufels*), Jean Pauls
Siebenkäs, Eichendorffs jungen Grafen Friedrich (in *Ahnung und
Gegenwart*) oder Chamissos Peter Schlemihl, den Mann ohne
Schatten. Ihre Lebensläufe sind, wie unterschiedlich auch immer,
nicht solche *in aufsteigender Linie,* sind nicht »Wanderung des
problematischen Individuums zu sich selbst«[2] wie die Wilhelm
Meisters oder des autobiographischen Helden in *Dichtung und
Wahrheit* oder auch die jener zahlreichen Geschichten aus der
zeitgenössischen Kinder- und Jugendliteratur, in denen kindliche
Protagonisten ein beispielhaft gelungenes Leben vorführen: durch
Wirrungen und Versuchungen hindurch zur Lauterkeit der Er-
wachsenen-Persönlichkeit.[3] Denn jene – gemessen an der biographischen Idee der entelechetischen Entwicklung – verunglückten,
fragmentarischen, nicht zu Ende gekommenen Lebensgeschichten
konterkarieren das große bürgerliche Ideal des »gelungenen Lebens« von Anfang an. Und sie stehen uns zugleich näher als die
gerundeten Bildungsgeschichten, und sei es auch nur deshalb, weil
mit ihnen die Moderne anfängt.
Gleichzeitig beginnt hier die Geschichte der neuen Entdeckung der
Kinder, des Volkes und ihrer Kultur durch die Intellektuellen.
Deren Welt erscheint dem irritierten bürgerlichen Bewußtsein in
den Sehnsuchtsbildern vom ganzen, vom heilen, vom nicht-entfremdeten Leben: Gegenbildern der eigenen Zerrissenheit. Der
einsame Lenz, der vom Gebirge herabsteigt, aus der Finsternis, in
der Himmel und Erde sich mischen, erfährt *Angst* fast wie im alten
Bild der Märchenspukgeschichte: »als ginge ihm was nach« auf
seinem Weg. Aber in Wahrheit geht ihm ja nichts nach, jedenfalls
nicht im Sinne jener alten Geschichten, in denen die Angst ihre
festen Gestalten hatte: Wiedergänger, Werwölfe, Geister, Wald-
schrate, die den Wanderer schreckten. Die Zeit des Mythos ist
vorbei. Die Frohbotschaft der Aufklärung: »Es gibt keine Gespen-

ster!«[4] hat Gebirge und Wald entvölkert von jenen Spukgestalten, die einst angst machten: Angst, die daher kam, daß man wußte, mit wem man es zu tun hatte. Lenzens Angst ist eine andere, es ist die Angst der neuen Zeit. Die Bedrohung hat jetzt keine Gesichter mehr, sie ist namenlos und bedient sich der alten Metaphern in der Sprache des *Als-ob:* »es war, als ginge ihm was nach und als müsse ihn was Entsetzliches erreichen, [...] als jage der Wahnsinn auf Rossen hinter ihm«. Die Schreckfiguren sind nur noch leere Bilder. Das aufgeklärte Bewußtsein hat die Welt entmythologisiert in dem guten Glauben, auf diese Weise die Angst aus ihr zu verbannen. Tatsächlich wurde die Angst so zur gestalt- und namenlosen, allgegenwärtigen Bedrohung. Lenzens Wahnsinn ist die Katastrophe des an seine Grenzen gekommenen bürgerlichen Bewußtseins.

Im Dorf findet der Wanderer Helligkeit. Was er sieht – »Kinder am Tische, alte Weiber, Mädchen, alles ruhige, stille Gesichter« –, erscheint als Gegenwelt zur eigenen Zerrissenheit und Einsamkeit, eine *kindlich-weibliche* Welt und eine Welt im *Haus*. Es wäre schlechte Idylle, würde der Autor den Helden dort seinen Frieden finden lassen. Lenz bleibt Voyeur: »durch die Fenster« sieht er das Volk und nur »im Vorbeigehen«. Die Geschichte zeigt in ihrem weiteren Verlauf, daß Lenz in jener Welt kein Zuhause mehr finden wird. Das Kind, zu dem er wirklich ins Haus tritt und dessen »Glieder er berührte«, ist ein »totes Kind« mit »halbgeöffneten gläsernen Augen«; er will es vom Tode erwecken, doch die Zeit der Heiligen und der Kinderwunder ist vorbei.[5]

Die Begegnung des Helden mit dem Volk und den Kindern findet sich häufig in literarischen und nicht-literarischen Lebensgeschichten des bürgerlichen Zeitalters. War das Bildungsprogramm der Aufklärer durch Distanzierung von der »Roheit« der Unterschichten und dem Naturwesen Kind bestimmt (in der aufklärerischen Erzählliteratur dienen die Begegnungen mit »armen Menschen« entweder der Abschreckung oder der Propagierung einer Mitleidshaltung gegenüber nicht selbst verschuldeter Not)[6], so erscheinen in der gegenläufigen Tradition Volk und Kinder als Bewohner des verlorenen Paradieses. Schon Goethes *Werther* richtet den Sehnsuchtsblick auf sie:

»Meinem Herzen sind die Kinder am nächsten auf der Erde. Wenn ich ihnen
zusehe und in dem kleinen Dinge die Keime aller Tugenden, aller Kräfte sehe,
die sie einmal als nötig brauchen werden; wenn ich in dem Eigensinne künftige
Standhaftigkeit und Festigkeit des Charakters, in dem Mutwillen guten Humor
und Leichtigkeit, über die Gefahren der Welt hinzuschlüpfen, erblicke, alles so
unverdorben, so ganz! – immer, immer wiederhole ich dann die goldenen
Worte des Lehrers der Menschen: ›Wenn ihr nicht werdet, wie eines von
diesen‹.«[7]

In Werthers Verständnis von *Eigensinn* und *Mutwillen* (typischen
Kinderlastern in der aufklärerischen Exempelgeschichte[8]) klingen
Kritik an der Erziehungsbewegung an und der Vor-Laut einer
»Antipädagogik«: »die wir als unsere Muster ansehen sollten,
behandeln wir als Untertanen«. Von Gott aus gesehen erscheinen
Werther gar alle Menschen als Kinder: »alte Kinder siehst du und
junge Kinder, und nichts weiter«[9] – die ideale Menschheit ist die
Kindheit. Was hier noch als unerfüllbarer Wunsch beschworen
wird: wieder Kind zu werden, das verdichtet sich am Ende von
Brentanos ›Gockel‹-Märchen zu wortwörtlich erzählter Wirklichkeit: Braut und Bräutigam, an der Schwelle des Erwachsenwer-
dens, verwandeln sich, samt der ganzen Hochzeitsgesellschaft, mit
Hilfe eines Wunschringes wieder in »lauter schöne fröhliche Kinder«.[10]

Diese Lösung freilich gibt es nur im Märchen; Werther kann sie
nicht gelingen. Die »reizenden« Bildnisse von den Kindern und
vom Volk, die den Roman vor allem in seiner ersten Hälfte
bestimmen, malen eine entschwundene Welt, die allenfalls literarisch zurückgeholt werden kann: mit der Lektüre Homers und
jenes Buches, mit dem in Europa die neue Begeisterung für die
»Volkskultur« begann, dem *Ossian*. Zuschauer bleibt Werther,
wo er dem Volk und den Kindern begegnet, den Mädchen am
Brunnen[11] und in jener Szene, die als ›Lotte, den Kindern das Brot
austeilend‹ berühmt wurde: das »reizendste Schauspiel«, wie
Werther schreibt, der es »in der Tür« stehend erlebt[12]. Unter
Lottens Kinder hat er sich dabei wahrscheinlich gewünscht, als
Mutterkind. Als er dann zum ersten Mal wirklich Kind »ist« –
»Was man ein Kind ist! Was man nach so einem Blicke geizt! Was
man ein Kind ist! [...] O, was ich ein Kind bin!«[13] –, ist er
unglücklich, ist er nicht Mutterkind, sondern Vaterkind, eifersüch-
tig, weil Lottens Blicke nicht auf ihn, nur auf andere Männer
fielen.

Abb. 26. Ferdinand Anton Krüger: Der kleine Savoyard in Paris,
12. September 1820

Ein Fremder in der Kinderwelt bleibt Werther auch in den Szenen,
wo er sich unter die Kinder zu mischen sucht. Ganz wie der
Tierfreund oder der Ethnologe stellt er Kontakte her, ein wenig
selbstgefällig und mit dem Blick aufs Publikum:

»Die Kinder sind ganz an mich gewöhnt, sie kriegen Zucker, wenn ich Kaffee
trinke, und teilen das Butterbrot und die saure Milch mit mir des Abends.
Sonntags fehlt ihnen der Kreuzer nie, und wenn ich nicht nach der Betstunde da

bin, so hat die Wirtin Ordre, ihn auszuzahlen. Sie sind vertraut, erzählen mir allerhand, und besonders ergetze ich mich an ihren Leidenschaften und simpeln Ausbrüchen des Begehrens, wenn mehr Kinder aus dem Dorfe sich versammeln. Viel Mühe hat mich's gekostet, der Mutter ihre Besorgnis zu nehmen, sie möchten den Herrn inkommodieren.«[14]

Vom Blick aufs Publikum ist auch jene Szene geprägt, die Werther noch am ehesten in einem lebendigen Austausch mit den Kindern zu zeigen scheint (sie findet sich unmittelbar vor der großen Eloge »Meinem Herzen sind die Kinder am nächsten ...«):

»Vorgestern kam der Medikus hier aus der Stadt hinaus zum Amtmann und fand mich auf der Erde unter Lottens Kindern, wie einige auf mir herumkrabbelten, andere mich neckten, und wie ich sie kitzelte und ein großes Geschrei mit ihnen erregte. Der Doktor, der eine sehr dogmatische Drahtpuppe ist, unterm Reden seine Manschetten in Falten legt und einen Kräusel ohne Ende herauszupft, fand dieses unter der Würde eines gescheiten Menschen; das merkte ich an seiner Nase. Ich ließ mich aber in nichts stören, ließ ihn sehr vernünftige Sachen abhandeln und baute den Kindern ihre Kartenhäuser wieder, die sie zerschlagen hatten. Auch ging er darauf in der Stadt herum und beklagte, des Amtmanns Kinder wären so schon ungezogen genug, der Werther verderbe sie nun völlig.«[15]

Werther, der hier mit den Kindern verbunden scheint, Kind unter Kindern, ist es doch nur, indem er sich im Bewußtsein des hinzugetretenen »strengen Erwachsenen« spiegelt. Das »antiautoritäre«, gleichsam kindliche Verhalten des erwachsenen Kinderfreundes zehrt von der Projektion seiner Wirkung auf jene, die es mißbilligen. Einzig vor dem Medikus als dem zur Karikatur verzerrten Repräsentanten der »bösen« Erwachsenen kann der »gute« Erwachsene sich als Kind profilieren. Werther *spielt Kind,* und die Szene muß in dem Augenblick zu Ende gewesen sein, in dem der Medikus das Zimmer verlassen hat (Werther wird sich dann mit einem »Jetzt aber Schluß!« vom Boden erhoben haben). Selbst die Reise in die eigene Kindheit, die »Wallfahrt nach meiner Heimat mit aller Andacht eines Pilgrims vollendet« macht Werther schließlich nur den Abstand deutlich, der ihn von der Kindheit trennt. Er besucht den Ort seiner Herkunft, die Kindheitsstätten, »wie ein Pilger im heiligen Lande« gerät seine Seele in »heilige Bewegung«.[16] Aber so wie ein Pilger findet auch er lediglich Reliquien. Er kann sich nur noch erinnernd in den einstigen Zustand versetzen, nicht mehr wieder Kind werden. Und so macht denn gerade die Konfrontation mit den Zeugnissen der eigenen Kindheit ihm schmerzlich bewußt, daß es Rückkehr nicht gibt.

Dem Volk und den Kindern begegnet der Held auch in einer anderen »gescheiterten Bildungsgeschichte«: in Ludwig Tiecks Märchen ›Der Runenberg‹ (1804). Christian hat vor geraumer Zeit den Platz seiner Kindheit verlassen, »wie mit fremder Gewalt aus dem Kreise seiner Eltern und Verwandten hinweggenommen«, und sich ins innerste Gebirge zurückgezogen. Von »irren Vorstellungen« und »unverständlichen Wünschen« getrieben, zieht er dort umher, erliegt dem nächtlichen Zauber einer schönen geheimnisvollen Frau. Er findet sich am Ende der Nacht ratlos und zerstört, dem Wahnsinn nahe. »Sein Gedächtnis war wie mit einem wüsten Nebel angefüllt, in welchem sich formlose Gestalten wild und unkenntlich durcheinanderbewegten.«[17] So steigt er, wie Lenz, aus dem Gebirge hinab. »Gegen Mittag stand er über einem Dorfe, aus dessen Hütten ein friedlicher Rauch in die Höhe stieg, Kinder spielten auf einem grünen Platze festtäglich geputzt und aus der kleinen Kirche erscholl der Orgelklang und das Singen der Gemeine. Alles ergriff ihn mit unbeschreiblich süßer Wehmut, alles rührte ihn so herzlich, daß er weinen mußte. Die engen Gärten, die kleinen Hütten mit ihren rauchenden Schornsteinen, die gerade abgeteilten Kornfelder erinnerten ihn an die Bedürftigkeit des armen Menschengeschlechts. [...] Seine Empfindungen und Wünsche der Nacht erschienen ihm ruchlos und frevelhaft, er wollte sich wieder kindlich, bedürftig und demütig an die Menschen wie an seine Brüder schließen.«[18] Christian versucht, »wieder kindlich« sich dieser Welt einzugemeinden. Er läßt sich in dem Dorf nieder, beginnt ein neues Leben, gründet eine Familie. Doch »daß er eine Heimat gefunden, der er angehöre, in die sein Herz Wurzel geschlagen habe«[19], bleibt ein frommer Wunsch. Von unwiderstehlichem Verlangen angetrieben, verläßt er eines Tages diese zweite Heimat auf der Suche nach seiner ersten und verliert sich schließlich, ein Wahnsinniger, zwischen den Steinen und Schätzen des Gebirges, betört und verwirrt von dem Locken der Waldfrau.

Eine besondere Wendung nimmt die Begegnung des Helden mit dem Volk in Eichendorffs Roman *Ahnung und Gegenwart* (1815). Friedrich, der sich nach Abschluß seiner Universitätsstudien auf einer Bildungsreise befindet, erzählt den neuen Freunden von

seiner Kindheit und wie er damals oft heimlich und allein ins
Gebirge gestiegen sei:

»Auf einem dieser Streifzüge verfehlte ich beim Heruntersteigen den rechten
Weg und konnte ihn durchaus nicht wiederfinden. Es war schon dunkel
geworden und meine Angst nahm mit jeder Minute zu. Da erblickte ich
seitwärts ein Licht; ich ging darauf los und kam an ein kleines Häuschen. Ich
guckte furchtsam durch das erleuchtete Fenster hinein und sah darin in einer
freundlichen Stube eine ganze Familie friedlich um ein lustig flackerndes
Herdfeuer gelagert. Der Vater, wie es schien, hatte ein Büchelchen in der Hand
und las vor. Mehrere sehr hübsche Kinder saßen im Kreise um ihn herum und
hörten, die Köpfchen in beide Arme aufgestützt, mit der größten Aufmerksamkeit zu, während eine junge Frau daneben spann und von Zeit zu Zeit Holz an
das Feuer legte.«[20]

Der Verirrte tritt ein, nimmt Platz und lauscht der Vorlesung des
Mannes. »Es war der gehörnte Siegfried, den er las.« In den
nächsten Tagen kommt Friedrich zurück, um sich den Leseschatz
der Bewohner des kleinen Hauses auszuleihen, »die Magelone,
Genoveva, die Heymonskinder und vieles andere«.[21] Die Bücher
nimmt der junge Friedrich mit auf das Schloß, wo er aufwächst. Er
liest sie »in dem Wipfel eines hohen Birnbaumes, der am Abhange
des Gartens stand«, an der Grenze also zwischen der vertrauten
Umgebung des eigenen Hauses und jener unendlichen Natur, die
den Knaben lockt und bedroht zugleich. Denn zwischen den
Büchern des *Volkes* und der *Natur* gibt es eine geheime Beziehung,
sie scheinen das Tor zum verlorenen Paradies zu öffnen: »Es war,
als hätten mir diese Bücher die goldenen Schlüssel zu den Wunder-
schätzen und der verborgenen Pracht der Natur gegeben. Mir war
noch nie so fromm und fröhlich zumute gewesen.«[22] Das Mär-
chen-Bild erscheint hier, wie in Büchners *Lenz,* in der Sprache des
Als-ob. Die Zeit der einfachen »Wahrheit der Märchen« ist vor-
über, auch der romantische Held steht auf dem Boden der Aufklärung. Aber wo bei Lenz mit der Zeit, in der die Märchen nicht
mehr wahr sind, die neue Angst anbricht, ist es für Friedrich die
neue *Phantasie;* ihr wird jetzt »ein frischer unendlicher Spielraum
eröffnet«[23], im Lesen der Märchen und Geschichten aus der alten
Zeit.

Erzählt wird all dies von Friedrich, dem gerade »erwachsen«
Werdenden, aus der Erinnerung an die eigene Kindheit. »Alle diese
Herrlichkeit dauerte nicht lange. Mein Hofmeister, ein aufgeklär-
ter Mann, kam hinter meine heimlichen Studien und nahm mir die

geliebten Bücher weg. Ich war untröstlich.«[24] Statt dessen bekommt der Knabe jetzt Campes *Kinderbibliothek* mit den moralischen Geschichten und Gedichten und dessen *Robinson*. Die Kindheit führt in die »pädagogische Fabrik«.[25] In der Erinnerung versucht der romantische Blick, Verlorenes zu rekonstruieren. Er wendet sich nach rückwärts: Die Träume und Kümmernisse des Volkes und der Kinder erscheinen – über den individuellen Lebensweg hinaus – als entschwundene oder im Entschwinden begriffene Welt.

Der Sammler als Retter des Alten

Schon bei Basile hießen Volks- und Kinderlieder Stücke »aus jener guten alten Zeit [...], die man leichter betrauern als wiederfinden kann«.[26] Rabelais läßt seinen Grandgousier am Kaminfeuer Frau und Familie »beaux contes du temps jadis« erzählen[27]. Und Perrault veröffentlicht seine Märchen als »contes du temps passé«. Doch erst um 1800 bildet sich jene eigentümliche sentimentale Emphase heraus, mit der sich die Sammler der Volks- und Kinderkultur als der erhaltenswerten Reste einer untergehenden Epoche annehmen, findet sich jener Gestus der Trauer über ihr Dahinschwinden. Mit einem wiederkehrenden Topos erscheint der Sammler jetzt als der »gerade noch« rechtzeitig Gekommene. »Es war vielleicht gerade Zeit, diese Märchen festzuhalten, da diejenigen, die sie bewahren sollen, immer seltener werden«, heißt es in der Vorrede zum 1. Band der *Kinder- und Hausmärchen* der Brüder Grimm.[28] Auch Arnim und Brentano sammeln in diesem Bewußtsein ihre »alten deutschen Lieder« (so der Untertitel von *Des Knaben Wunderhorn*). Als der sechsundzwanzigjährige Brentano aus Heidelberg dem Freund den Plan zu dieser Sammlung unterbreitet und ihn zu einer Rheinwanderung einlädt, um »die alten Schlösser [zu] beweinen und [zu] besingen«, schreibt er: »Stelle Dir vor, die Franzosen verkaufen die alten Schlösser am Rhein um ein Lausegeld; Krämer kaufen sie und lassen sie als Baumaterialien abbrechen; das ist unsre Zeit.«[29]
Im Plädoyer für das *Alte* klingt hier, obschon diffus und uneindeutig, eine Zeitstimmung an, die mit der Wendung gegen die *Franzosen* und die *Krämer* nationale und (mit allem Vorbehalt) antikapi-

talistische Töne annimmt. Anders als die Vätergeneration, die auf der Seite des Neuen stand, entdecken die jungen Leute das Alte, wehren sie sich gegen den Abriß alter Häuser. Mißtrauen gegen den Fortschritt steckt in diesem Bewußtsein, das als »reaktionär« nur der diffamieren wird, der die Dialektik der Aufklärung durch glatten Progressismus ersetzt. Denn im Plädoyer für das Alte drückt sich ja zugleich Einspruch gegen die Unvollkommenheiten des Neuen aus: Die romantische Bewegung ist Kritik an der heraufziehenden bürgerlichen Gesellschaft, ihrer Zeitökonomie, Tauschwertgesinnung, dem pädagogischen Omnipotenzwahn, der Deformation des Menschen zum Spezialisten.[30]

Deutlicher als die Brüder Grimm, die die »heimlichen Plätze in Wohnungen und Gärten« einer »leeren Prächtigkeit« weichen sehen[31], deutlicher auch als Brentano, der die »neue Zeit« mit den Franzosen und Krämern heraufkommen sieht, hat Heinrich Heine in der *Harzreise* den gesellschaftlichen Wandel registriert, in dem die Faszination der Bürger durch die Relikte der »alten Zeit« gründet. Auch Heine begegnet dem »Volk« – hier sind es die Bergarbeiter in Clausthal –, und der Reisende hält anläßlich der Beschreibung einer Grubenbesichtigung mit Spott über die »Untertanstreue« und »kreuzehrliche pudeldeutsche Natur« nicht zurück. Dann aber besucht er einige Bergarbeiter in ihrer »kleinen häuslichen Einrichtung«, läßt sich Märchen von ihnen erzählen und Arbeitsgebete hersagen und schreibt:

»So stillstehend ruhig auch das Leben dieser Leute erscheint, so ist es dennoch ein wahrhaftes, lebendiges Leben. Die steinalte, zitternde Frau, die, dem großen Schranke gegenüber, hinterm Ofen saß, mag dort schon ein Vierteljahrhundert lang gesessen haben, und ihr Denken und Fühlen ist gewiß innig verwachsen mit allen Ecken dieses Ofens und allen Schnitzeleien dieses Schrankes. Und Schrank und Ofen leben, denn ein Mensch hat ihnen einen Teil seiner Seele eingeflößt. Nur durch solch tiefes Anschauungsleben, durch die ›Unmittelbarkeit‹ entstand die deutsche Märchenfabel, deren Eigentümlichkeit darin besteht, daß nicht nur die Tiere und Pflanzen, sondern auch ganz leblos scheinende Gegenstände sprechen und handeln. Sinnigem, harmlosem Volke, in der stillen umfriedeten Heimlichkeit seiner niedern Berg- oder Waldhütten offenbarte sich das innere Leben solcher Gegenstände. [...] Aus demselben Grunde ist unser Leben in der Kindheit so unendlich bedeutend, in jener Zeit ist uns alles gleich wichtig, wir hören alles, wir sehen alles, bei allen Eindrücken ist Gleichmäßigkeit, statt daß wir späterhin absichtlicher werden, uns mit dem einzelnen ausschließlicher beschäftigen, das klare Gold der Anschauung für das Papiergeld der Bücherdefinitionen mühsam einwechseln und an Lebensbreite gewinnen was wir an Lebenstiefe verlieren. Jetzt sind wir ausgewachsene vornehme Leute; wir beziehen oft neue Wohnungen, die Magd räumt täglich auf, und verändert nach Gutdünken die Stellung der Möbeln, die uns wenig interessieren, da sie entweder neu sind, oder heute dem Hans, morgen dem Isaak gehören; selbst unsere Kleider bleiben uns fremd, wir wissen kaum, wie viel Knöpfe an dem Rocke sitzen, den wir eben jetzt auf dem Leibe tragen; wir wechseln ja so oft als möglich mit Kleidungsstücken, keines derselben bleibt im Zusammenhange mit unserer inneren und äußeren Geschichte; – kaum vermögen wir uns zu erinnern, wie jene braune Weste aussah, die uns einst so viel Gelächter zugezogen hat, und auf deren breiten Streifen dennoch die liebe Hand der Geliebten so lieblich ruhte.«[32]

Heine beschreibt hier sehr sensibel die neue Wahrnehmungsweise des anbrechenden industriellen Zeitalters: den *flüchtigen Blick*. In einer Gesellschaft, die Schränke wie Kleider für den »Wechsel« produziert, in der der Tauschwert über den Gebrauchswert regiert, haben die Dinge keine Geschichte mehr; sie haben ihre »Aura« eingebüßt. Sogar das Allernächste, die eigenen Kleider, sind dem Menschen fremd geworden.[33] Mag in dem, was Heine dem Volk und den Kindern zuschreibt – Unmittelbarkeit, Einfühlung, lebendige Anschauung – auch viel Projektion stecken, so bezeichnet es doch zutreffend den alternativen Wunschtraum und seine Entstehungsbedingung: die *Kritik am Konsumismus der industriellen Epoche*. (Die literarische Gattung der Reisebeschreibung ist das bevorzugte Medium dieses Wunschtraums; die bürgerliche Bildungsreise ist immer auch Reise zum Volk, Begegnung mit den »verkehrten Welten«.[34])

»Volk« und »Kindheit« werden – neben den fremden Ethnien – im bürgerlichen Zeitalter zum wichtigsten subkulturellen Symbolsystem der europäischen Zivilisationsgeschichte. Und das *Sammeln*, eine präpubertäre Kinderleidenschaft, wird zur bevorzugten Tätigkeit jener, die *gegen die Zeit* leben, gegen die *gegenwärtige* Zeit. Denn der Sammler kennt keine Gegenwart, nur Vergangenheit und Zukunft: »Das Andenken ist zugleich ein Anlaß zum Denken an jemand oder etwas, es hat ein vorsorglich in die Zukunft weisendes Element, und ist zugleich ein Symbol für ein vergangenes Erlebnis, für eine abgelebte Situation, es hat ein rückschauendes, autobiographisch in die Vergangenheit weisendes Element.«[35] Gleichzeitig hat das Sammeln symbolische Bedeutung – das unterscheidet übrigens die »alten« von den »neuen« Reliquien. Während jene als heilige Objekte ihre Wunderkraft aus sich

selber zogen, stehen diese stellvertretend für etwas Anderes. Es
sind, wie Bernfeld erläutert, »Gegenstände, die nicht um ihrer
selbst willen, nicht als geeignete Objekte des Sammeleifers, geschätzt und aufbewahrt werden, sondern um ihres Symbolwertes
willen. Die Andenken deuten auf Objekte oder Situationen, auf
Ereignisse oder Erlebnisse hin, an deren Stelle sie stehen.«[36]
Der Sammler als Retter – diese Haltung prägt die romantische
Position gegenüber dem Alten. Da die alte Zeit unwiderruflich
vergeht, sollen wenigstens Bruchstücke ihrer Kultur erhalten werden. »Das gewaltsame Vordringen neuer Zeit und ihrer Gesinnung
droht diese Nachklänge alter Kraft und Unschuld ganz mit sich
fortzureißen, [...] wir wollen [...] literarisch zu befestigen suchen,
was wir moralisch als beinahe untergegangen voraussetzen dürfen«[37], heißt es in einem von Brentano formulierten Sammler-
Aufruf zur Mithilfe beim zweiten Band des *Wunderhorn.* Trauer,
die nicht selten zur Melancholie wird – der Gestus des »Besingens
und Beweinens« (Brentano) –, bestimmt häufig das Verhältnis
zum »Vergehenden«, auch bei jenen, die, wie Arnim und Brentano, durchaus eine zukünftige »Wiederbelebung« des gesammelten Alten erhofften oder selber betreiben wollten.[38]
Tatsächlich ist von dieser Tätigkeit, dem *Sammeln,* her am ehesten
jene Bewegung zu verstehen, die, weit über die »Romantik« im
engeren Sinne hinaus, die Zeitgenossen um 1800 erfaßt hatte.
Dieses Sammeln hatte mit moderner volkskundlicher Feldfor-
schung kaum etwas gemein. Es war ein Mittel zur alternativen
Selbsterfahrung und -darstellung. Auffallend ist, wie sehr – ange-
fangen mit Goethes schwärmerischen Volkslied-Streifzügen durch
das Elsaß 1770/71 – sich im Sammeln gegenkulturelle Bewegung
nicht nur im Hinblick auf das Objekt des Sammeleifers (die
»Volkskultur«), sondern auch in der Tätigkeit selber realisierte.
Das Sammeln von alten Liedern, Geschichten und Drucken, die
Gespräche über deren Wert und mögliche Wiederbelebung, die
Versuche, sich unter die Leute zu mischen, zu »werden wie das
Volk« (oder doch wenigstens so zu empfinden) – dies alles war
Teil romantischer Geselligkeit und einer neuen Sensibilität gegen-
über sich und anderen. Der Briefwechsel zwischen Brentano und
Arnim gibt davon den genauesten Eindruck: Die Beschäftigung
mit dem »Alten« hat für die beiden Freunde weder archivalischen
noch philologischen Charakter; sie ist ein Medium der Stilisierung

des Selbst und der gegenseitigen Beziehung. Das Leben soll zum Kunstwerk werden, indem es dem Gesamtkunstwerk eingefügt wird, als welches das »Leben des Volkes« erscheint. Dem »Volk« nachempfunden sind die Kleidung, die Sprache, die Art des Reisens[39] – dem »Volk« als einer historischen Projektion natürlich. Wie er dieses Volk und in ihm sich selbst zusammen mit dem Freund erlebt, beschreibt Arnim beispielsweise in einem Brief über die gemeinsame Rheinreise:

»Wir trafen viel frohe Menschen und wurden in ihre Fröhlichkeit eingeweiht, zogen mit Schauspielern und färbten ihnen die Backen und sahn ihre Probestunden beim Kindergeschrei und hörten ihre eignen Klagen über Kindergeschrei. Dann zog ich wieder mit der Prozession nach Not Gottes und sang mit der aufbrechenden Morgenröte mit der lieblichen Wallpurgis von dem Chor herab heilige Gesänge, die langsam und herrlich duftend wie Balsam über die Menge hinströmten. Ich möchte wohl gut singen und dichten können, um mein Leben auf dem Marktschiff zwischen Frankfurt und Mainz zu versingen. Hier in dem bunten Gemische alles Volks standen anteillos drei Bänkelsänger: der eine mit der großen Gesichtsbildung des Dante, aber durch den Kot der Welt gezogen. Ein junger trunkener Schiffer sprach in göttlichem Enthusiasmus von Freiheit und Vaterland.«[40]

Aus solchen Erkundungen speist sich bei Brentano und Arnim jener für die Zukunft so folgenreiche Begriff der »Volkspoesie«; andere Kontakte mit dem »Volk« fanden auf Trödelmärkten, in Antiquariaten oder Bibliotheken statt – ein großer Teil der gesammelten Zeugnisse der Volkspoesie verdankt sich älterer schriftlicher Überlieferung. Wo man es einmal wirklich mit dem Volk aus Fleisch und Blut zu tun bekam, verlief die Begegnung ganz anders:

»Das Meckern einer Ziege führte mich in ein Gewölbe; in der Mitte stand ein Bette, eine rüstige alte Frau, die ein Nachmittagsschläfchen gemacht hatte, stand schnell auf und sprach wunderlich geschwind und leise, es war, als sei sie eine Hexe, welche den für mich unsichtbaren Freund mit der Hahnenfeder wohl sehe; sie bettelte nicht, aber sagte sehr ernsthaft und schnell: ›Mein Kind ist in der Kirch, es hat Jammer gelitten; jetzt wollt ich mein Mittagbrot essen, es war ein Stück Brot; nun kam die Ziege dazu und sah gar verdächtig drein; hier in diesem Bett hat mein verstorbner Mann vier Jahr krank gelegen. […] Fünfzehn Jahr bin ich hier oben, mein Mann war ein Schuhflicker, aber ich hab nie seit der Zeit ein Paar Schuh angehabt.‹ Ich fragte sie, ob sie keine Lieder wisse? Sie sagte: ›ich habe acht Kinder gehabt, fünf tot geboren, zwei sind gestorben, und das ich noch habe, ist ein Stumm.‹ Ich fragte sie abermals …«[41]

Brentanos Bericht ist ein Musterbeispiel dessen, was die Linguisten heute »gestörte Kommunikation« nennen; er bezeugt das Aneinander-vorbei-Reden des »Sammlers« und seiner »Gewährsperson«. Die alte Frau hat offensichtlich andere Interessen, als dem jungen Herrn Volkslieder vorzutragen; er hingegen hat offensichtlich keine anderen Interessen, als solche zu hören. So insistiert er gegen die Weigerung der Frau auf dem, was sie für ihn unter allen Umständen zu sein hat: Medium volksliterarischer Überlieferung und nichts anderes. Der »Retter« wird zum Raffer. Er hat weder Muße noch Neigung, mit den Menschen der »fremden Kultur« sich einzulassen, ihre Lebenswelt kennenzulernen. Was ihn einzig interessiert, ist ihre Poesie.[42]

Märchen – die Geschichten der Kindheit

Daß Märchen »Geschichten der Kindheit« seien – diese Auffassung ist, wie oben dargelegt, in der europäischen Märchentradition vorgebildet. In der Zeit um 1800 nimmt dieses Verständnis allerdings neue Formen an, die die Bilder von ›Kindheit‹ und ›Märchen‹ bis heute bestimmen. Es geht dabei nicht nur darum, daß Märchen jetzt mehr und mehr als Geschichten für Kinder verstanden werden; auffallend ist die häufige und emphatischsentimental formulierte *Erinnerung an die eigene, vergangene Kindheit,* die Märchen bei den Zeitgenossen in Gang setzen. »Ich bekenne, daß ich über mich selber lachen mußte, als ich fühlte, wie mein Geist wider Willen klein und niedrig wurde, um jene Kindheitsbilder zu genießen, die mich in die Zeit meiner Kindheit zurückversetzten«, heißt es bei Carlo Gozzi, der mit seinen Märchen-Dramatisierungen auch in Deutschland weitreichende Wirkungen auslöste.[43] Derber liest man es 1827 in der offenkundig auf Publikumswirkung hin formulierten Ankündigung eines Märchenbuchs (eines Raubdrucks von Brentanos ›Märchen von dem Myrtenfräulein‹) durch einen Verleger: »Man hört sich gern in das süße Ammengeschwätz der Kindheit zurück.«[44]
Heinrich Heine schreibt in der Börne-Denkschrift 1837 über den Obelisken von Luxor auf der Place de la Concorde: »Wer enträtselt diese Stimme der Vorzeit, diese uralten Hieroglyphen? Sie enthalten vielleicht keinen Fluch, sondern ein Rezept für die

Wunde unserer Zeit. [...] Es steht hier vielleicht geschrieben, wo die verborgene Quelle rieselt, woraus die Menschheit trinken muß, um geheilt zu werden, wo das geheime Wasser des Lebens, wovon uns die Amme in den alten Kindermärchen so viel erzählt hat und wonach wir jetzt schmachten als kranke Greise.«[45] Heine war, als er dies schrieb, vierzig Jahre alt, und in seinen Worten drückt sich »Altersgefühl« als Gefühl der *Distanz* gegenüber der Kindheit aus. Wie kein anderer wirft er immer wieder den Sehnsuchtsblick auf die Kindheit, die gleichzeitig mehr ist als die eigene, bloß individuelle »Vorzeit«. Im Traum ist ihm diese Vorzeit, ebenso wie in der Erinnerung, noch gegenwärtig:

»Ein Traum war über mich gekommen:
Mir war, als sei ich noch ein Kind,
Und säße still, beim Lämpchenscheine,
In Mutters frommem Kämmerleine,
Und läse Märchen wunderfeine,
Derweilen draußen Nacht und Wind ...«[46]

Aber der Traum von erinnerter Kindheit zerbricht an der Wirklichkeit, die romantische Ironie löst ihn auf in *inszenierte* Erinnerung, in Theater:

»Die Leute schlugen in die Hände
Und riefen ›Bravo!‹ ohne Ende;
Die Sängerin verneigt sich tief.«[47]

Verlorene Kindheit wird auch für Heine allenfalls *im Vorübergehen* sichtbar, so wie die Tiroler Häuschen in den *Reisebildern,* von der Postkutsche aus betrachtet:

»Wenn ich solch Häuschen im einsamen Regen liegen sah, wollte mein Herz oft aussteigen und zu den Menschen gehen, die gewiß trocken und vergnügt da drinnen saßen. Da drinnen, dacht ich, muß sichs recht lieb und innig leben lassen, und die alte Großmutter erzählt gewiß die heimlichsten Geschichten. Während der Wagen unerbittlich vorbeifuhr, schaut ich noch oft zurück, um die bläulichen Rauchsäulen aus den kleinen Schornsteinen steigen zu sehen, und es regnete dann immer stärker, außer mir und in mir, daß mir fast die Tropfen aus den Augen herauskamen.«[48]

Solche Wonne der Tränen ist die eine Seite; die andere Seite ist, daß für Heine, wie aus den Hieroglyphen des Obelisken von

Luxor, aus den alten Kindheitsmärchen die Wunschbilder des besseren Neuen aufsteigen. »Wie klingen sie lieblich, wie klingen sie süß/Die Lieder der alten Amme!« – die bekannten Verse aus *Deutschland. Ein Wintermärchen* beschwören zwar Erinnerung:

> »Und denk ich des Liedes, so denk ich auch
> Der Amme, der lieben Alten;
> Ich sehe wieder ihr braunes Gesicht,
> Mit allen Runzeln und Falten.
>
> Sie war geboren im Münsterland,
> Und wußte, in großer Menge,
> Gespenstergeschichten, grausenhaft,
> Und Märchen und Volksgesänge.«[49]

Aber diese »Märchen und Volksgesänge«, die dem Heimkehrer nach Deutschland durch den Sinn gehen, haben mit Mord und Totschlag zu tun und mit Recht, das sich gegen Gewalt Bahn bricht (»Sonne, du klagende Flamme«). In »O Falada, daß du hangest« und in dem Bild der Königstochter als Gänsemagd (*Kinder- und Hausmärchen* 89) erscheint dem Träumer die geknechtete deutsche Freiheit[50] und im Kaiser Rotbart im Kyffhäuser der wartende Rächer mit der Fahne der Revolution. Freilich, es ist ein Rächer, auf den kein Verlaß mehr ist. Denn die Kindheitsmärchen und die Vorzeit, so Heines Verständnis, lassen sich nicht einfach wiederbeleben; Revolution und Freiheit kann man zwar in alten, vertrauten Bildern imaginieren, aber verwirklicht werden müssen sie in neuen Formen:

> »Herr Rotbart – rief ich laut – du bist
> Ein altes Fabelwesen,
> Geh leg dich schlafen, wir werden uns
> Auch ohne dich erlösen.
>
> Die Republikaner lachten uns aus,
> Sehn sie an unsrer Spitze
> So ein Gespenst mit Zepter und Kron;
> Sie rissen schlechte Witze.

Auch deine Fahne gefällt mir nicht mehr,
Die altdeutschen Narren verdarben
Mir schon in der Burschenschaft die Lust
An den schwarz-rot-goldenen Farben.«[51]

Heine verschärft hier zu einer radikalen politischen Sentenz, was als Auffassung von Märchen, Kindheit und Volkspoesie unter den Zeitgenossen weit verbreitet ist. Die aus älterer europäischer Tradition bekannte Analogisierung von »Volk« und »Kindheit« gewinnt nämlich im bürgerlichen Zeitalter eine neue Qualität: Beide, »Volk« und »Kindheit«, werden zu Ausdrucksformen einer besseren *Vorzeit,* die in Gestalt der *erinnerten Kindheit* als Stück der eigenen verlorenen *Lebensgeschichte* erfahren wird.

Es gibt eine zeitgenössische Figur, in der dieses komplizierte Verhältnis anschaulich wird: die *Amme.* Denn die Amme steht für dreierlei: für das *Volk,* kommt sie doch aus den Unterschichten; für die *Vorzeit,* denn sie ist alt (merkwürdig genug, daß die Ammen, die doch junge Frauen waren, als »alt« erinnert werden)[52], und sie steht für die *eigene Kindheit.* Die Amme erscheint als »ideale Märchenfrau« – das Märchenlesen und -sammeln wird zum Weg in die eigene Kindheit.

Wir wissen, daß in den Jahrhunderten vorher die Amme in den Mittel- und Oberschichten eher als Risikofaktor der Erziehung gegolten hatte. Schon in Ratgeberschriften des späten Mittelalters und der Renaissance tauchte immer wieder die Mahnung auf, bei der Auswahl der Ammen Sorgfalt walten zu lassen.[53] Eindeutig ablehnend gegenüber den Ammen verhielten sich dann die aufgeklärten Erzieher des 18. Jahrhunderts.[54] Obwohl dort immer wieder gesundheitliche Argumente gegen die Ammen angeführt wurden, sollte noch anderes mit ihnen von der bürgerlichen Kinderstube ferngehalten werden: das »Ungebildete« und »Rohe« eines »Volkes«, das die eben so sozialisierten Kinder später in ihren Erinnerungen als bessere »Vorzeit« wiederentdecken werden. Das Wort »Ammenmärchen«, den Aufklärern noch der Inbegriff des Verächtlichen, Abergläubischen und Abgeschmackten, gewinnt jetzt zunehmend eine positive Bedeutung.[55]

Auffallend ist überhaupt, daß das Volk in der Wahrnehmungsweise seiner Verehrer um 1800 stark *weibliche Züge* trägt. Mit

Abb. 27. Francisco de Goya: Buena muger, parece
(»Eine brave Frau, wie es scheint.«)

ders weibliche Dienstboten denselben ihre Gesänge lieber hersagen«[56], schreibt Brentano in seinem Aufruf zur Sammlung alter
Volkslieder. Eine psychoanalytische Erklärung dieses »Weiblich-
keitssyndroms« bietet sich an: Die Liebe zu den Märchen ist die
libidinöse Besetzung eines symbolischen Objekts; sie steht für
die Liebe zur verlorenen Mutter. In dem »Weiblichkeitssyn-
drom« kommt jedoch, über das Individuell-Biographische hinaus, ein gesellschaftliches Wunschbild zum Ausdruck. In den
»alten Leuten, Frauen und Kindern« (so Jacob Grimm über die
Bewahrer der Volkskultur)[57] entdecken die Intellektuellen der
Zeit die Wunschfiguren einer Gegenwelt zur bürgerlich-indu-
striellen Betriebsamkeit und zu ihren mehr und mehr vom Modell *männlicher Industriosität* bestimmten Strukturen. Das Zauberwort, das diese Gegenwelt umfassend bezeichnet, heißt *Natur,* und als deren Verkörperung erscheinen Frauen, Kinder, die
Angehörigen der Unterschichten sowie deren Geschichten und
Lieder in der Epoche des beginnenden Kapitalismus.
Unter dem Stichwort »Vom Volks- zum Kindermärchen« ist wiederholt jener einschneidende und auch für die Geschichte der
Texte wichtige Prozeß beschrieben worden, in dessen Verlauf aus
einer älteren mündlichen Erzählgattung, vorwiegend der sozialen
Unterschichten, im 19. Jahrhundert Lesestoffe für die bürgerliche
Kinderstube wurden. Die Literatur, die die Bürger ihren Kindern
anbieten, ist aus der Kultur der Unterdrückten entstanden. Wird
von Märchen als »Kindergeschichten« gesprochen, so ist um 1800
allerdings noch etwas anderes mitgemeint als die altersspezifische
Zuweisung eines Lese- oder Erzählstoffs. Von »jungen Kindern«
und »alten Kindern« war schon im *Werther* die Rede gewesen –
vom »Kindlichen« als einem Wesensmerkmal, das nicht an das
Alter gebunden sei. In E. T. A. Hoffmanns *Serapions-Brüdern* wird
das Spiel um diese Begrifflichkeit weitergeführt und in den Zusammenhang einer Poetik der Kindergeschichte und des Märchens
gestellt. Nicht »Kindermärchen« solle der Erzähler seine Geschichten (›Nußknacker und Mausekönig‹, ›Das fremde Kind‹) nennen,
sondern »Märchen für große und kleine Kinder«, rät dort einer
der Freunde der Erzählrunde.[58] Wenn Märchen Kindergeschichten sind, dann also nicht die einer biologischen, sondern einer
ideellen Kindheit. Es gebe sogar, so weiter in den *Serapions-
Brüdern*, Erwachsene, »die niemals Kinder gewesen sind, wel-

ches sich bei manchen ereignet«[59] – eben diese vernünftigen Erwachsenen würden mit Märchen nichts anfangen können. Umgekehrt vermöchten phantasiereiche Kinder durchaus Zugang zu
solchen Geschichten zu finden, obwohl sie deren Kunstcharakter
– den wahrzunehmen die Bildung des Erwachsenen voraussetze
– noch nicht verstünden. Die Erzählrunde der *Serapions-Brüder*
entwickelt damit am Märchen eine Poetik der Kindergeschichte,
die sich deutlich gegen die didaktische Programmatik altersspezi-
fischer Verständlichkeit wendet; angesichts einer sich gerade eta-
blierenden eigenständigen Kinder- und Jugendliteratur zielt diese
Poetik im Grunde auf deren Aufhebung: »Kinder verlangen
wohl was Besseres und es ist zum Erstaunen, wie richtig, wie
lebendig sie manches im Geiste auffassen, das manchem grund-
gescheuten Papa gänzlich entgeht. Erfahrt es und habt Respekt.«[60]

So verschwimmen in der romantischen Theorie mit der Unterscheidung von »jungen« und »alten Kindern« die generationsspe-
zifischen Grenzlinien. Programmatisch sollte das *alte Kind*, früheren Gesellschaften als »kindischer Alter« eher eine lächerliche,
bemitleidenswerte oder gar grauenerregende Figur, im bürgerlichen Zeitalter zur positiven Gestalt werden – die Wunschvorstel-
lung der Moderne vom lebenslangen Status Kindheit kündigt sich
an.[61]

Märchen wie die Hoffmanns, Brentanos, Tiecks oder de la Motte-
Fouqués appellieren an eine »ideelle Kindlichkeit« oder, wie es in
der Zueignung der *Kinder- und Hausmärchen* an Bettina von
Arnim heißt, an die »Jugend des Herzens«[62]. Märchen wurden
nicht als *Kinder-*, sondern als *Kindheits*geschichten verstanden.
»Mährchen-Poesie ist, möchte ich sagen, die Poesie der Kindheit,
des poetischen Lebensalters.«[63] In der Zuwendung der Intellektuellen zur Märchenpoesie ging es im Grunde um den Wunschtraum, von dem Brentanos ›Gockel‹-Märchen erzählte: der ideellen Verwandlung der erwachsenen Menschheit in die Kindheit.
Wir dürfen vermuten, daß auch explizit als »Kinderliteratur«
angebotene Sammlungen wie Ludwig Bechsteins erfolgreiches
Deutsches Märchenbuch (1845) nicht vor allem deshalb Anklang
gefunden haben, weil sie, wie Bechstein im Vorwort schrieb, »den
jungen Geschlechtern ihren Kindheitsmorgen rosig verklärt und
ihren Pfad mit Sternen und Blumen bestreut, an welche die Erinne-

rung unvergeßlich bleibt durch das ganze Leben«[64], sondern weil sie, gerade in der nachträglichen Beschwörung solcher Erinnerung, auf die Wünsche ihrer *erwachsenen* Leser, den Stand der Kindheit zurückzuerlangen, geantwortet haben.

2. »Im Kind ist Freiheit allein.« Kindheit als Utopie

Warum man der menschlichen Natur in *Kindern,* in den Sitten des *Landvolks* und der *Urwelt* Liebe und rührende Achtung widme, fragt Schiller zu Beginn seiner Abhandlung *Über naive und sentimentalische Dichtung* (1795), und er antwortet: »nicht weil sie unsern Verstand oder Geschmack befriedigt (von beiden kann oft das Gegenteil stattfinden), sondern bloß weil sie Natur ist«. Er fährt fort: »Natur in dieser Betrachtungsart ist uns nichts anders als das freiwillige Dasein, das Bestehen der Dinge durch sich selbst, die Existenz nach eignen und unabänderlichen Gesetzen.«[65]
Große Worte über kleine Kinder – sie finden sich allerdings häufig im damaligen philosophischen und ästhetischen Diskurs. Die Deklaration des Kindes als *Natur* wird zu einem nachhaltigen Kindheitsmuster des bürgerlichen Zeitalters. Novalis formuliert es als Topos der Natur-Kindheit in *Heinrich von Ofterdingen* (1799/1800):

»›Ja‹, sagte Heinrich, ›wir haben von Kinderjahren angefangen zu reden, und von der Erziehung, weil wir in Eurem Garten waren und die eigentliche Offenbarung der Kindheit, die unschuldige Blumenwelt, unmerklich in unser Gedächtnis und auf unsre Lippen die Erinnerung der alten Blumenschaft brachte. Mein Vater ist auch ein großer Freund des Gartenlebens, und die glücklichsten Stunden seines Lebens bringt er unter den Blumen zu. Dies hat auch gewiß seinen Sinn für die Kinder so offen erhalten, da Blumen die Ebenbilder der Kinder sind.«[66]

Der »Sinn« dieses Kindheitsbildes, dem *Kind* gleich *Natur* ist, ist nicht eindeutig. Es impliziert nicht notwendig die Auffassung herrschaftsfreier Beziehungen zwischen Erwachsenen und Kindern; es impliziert nicht notwendig Verständnis für kindliche Eigenart oder liebevolle Zuneigung zu den kleinen »Pflänzchen«. Auch wo Kindheit als Natur begriffen wird, sind der Zivilisationsprozeß und seine Folgen nicht stillgestellt. Auch

Naturkindheit ist Erziehkindheit: daß Kindheit Natur sei, soll
ja gerade die »veredelnden« Eingriffe des Erziehers begründen
und rechtfertigen. Und mit ihrer Definition als »Naturwesen«
wird den Kindern jene Passivität zugemessen, die sie erst zum
Adressaten pädagogischer »Formung« macht. Sie werden »in
einer sadistischen Infantilisierung [...] zu den ›Tieren‹ als dem
Naturstoff, der der Erziehung vorgegeben ist, damit sie Menschen daraus formt«.[67]

Bereits Rousseaus *Émile* (1762), das klassische Buch der »Naturkindheit«, macht die Ambivalenz dieses Begriffs deutlich. Mit
dem berühmten Satz »Alles ist gut, wie es aus den Händen des
Schöpfers der Dinge hervorgeht, alles verdirbt unter den Händen
des Menschen«[68] wird von Rousseau ja keineswegs die Natur
des Kindes für sakrosankt erklärt, sondern vielmehr der »veredelnde« Eingriff legitimiert. »Man bildet Pflanzen durch Pflege,
den Menschen durch Erziehung«[69]; die jungen Bäumchen müssen angebunden werden. Insofern ist das Naturkindheitsmuster
nicht einfach der Gegenentwurf zu den pädagogischen Program-
men, in denen Kindheit zerstört und dem Zivilisationsprojekt
geopfert wird. (Auch die äußere Natur – die Landschaft, die
Tierwelt – ist ja im Kapitalismus nie Gegenstand besonderer
Schonung gewesen.) Selbst die im 18. Jahrhundert einsetzende
»Eroberung des Kindes durch die Wissenschaft« (P. Gstettner)
steht im Zeichen der Naturmythisierung des Kindes.[70] Doch ist
die »organologische« Deutung von Kindheit tatsächlich notwendigerweise mit dem System der »schwarzen Pädagogik« liiert?
Mündet sie zwangsläufig in das völkische Programm des Fa-
schismus?[71]

Die »Rührung« beim Anblick von Kindern, so Schiller weiter in
Über naive und sentimentalische Dichtung, habe folgende Ursache: »Nicht weil wir von der Höhe unserer Kraft und Vollkommenheit auf das Kind herabsehen, sondern weil wir aus der
Beschränktheit unseres Zustands, welche von der Bestimmung, die
wir einmal erlangt haben, unzertrennlich ist, zu der grenzenlosen
Bestimmbarkeit in dem Kinde und zu seiner reinen Unschuld
hinaufsehen, geraten wir in Rührung.«[72] Grenzenlose Bestimmbarkeit? Hätte der Bauernknabe Ulrich Bräker wirklich jemals
General der Schlacht bei Lobositz, hätte das Armeleutekind Karl
Philipp Moritz in der Tat je Weimarischer Theaterdirektor werden

Abb. 28. François André Vincent: Allegorie auf die Befreiung französischer und italienischer Gefangener aus Algier im Jahre 1805 durch Jérôme Bonaparte

können? Schon ihre literarischen Lebensgeschichten belehren uns über die Aussichtslosigkeit solcher Phantasien. Doch der zeitgenössisch verbreitete Topos von der *grenzenlosen Bestimmbarkeit* des Kindes enthält ein utopisches Element, das sich revolutionären Umwälzungen der bürgerlichen Gesellschaft und aus ihnen gezeugten Hoffnungen verdankt. Für die in Bewegung geratene ständisch-feudale Gesellschaft gilt nicht länger, daß Bauer ein Leben lang bleiben muß, wer als Bauernkind geboren wurde, daß der Mensch durch Herkunft *bestimmt* sei. Auch wenn realhistorisch betrachtet der Umschichtungsprozeß insgesamt anders ablief: aus Bauern dann zumeist doppelt freie Lohnarbeiter wurden, enthielt doch die aufgeklärte Kritik am feudalen Menschenbild die Hoffnung auf eine soziale Veränderung, in deren Verlauf sich Gleichheit als Gleichheit der *Bestimmbarkeit,* also der Möglichkeiten und »Chancen« herstellen werde. In der Erziehung, darin also, daß Kinder zu Besserem erzogen werden könnten als zu dem, was ihnen in die Wiege gelegt wurde, daß dem Schicksal der Geburt durch Bildung zu entgehen sei, findet diese Hoffnung ihren Aus-

druck. Und in der Rede vom Kind als dem *grenzenlos bestimm-
baren* Wesen nimmt sie Gestalt an:

> »Die jetzige Zukunft ist bedenklich – die Erdkugel ist mit Kriegpulver gefüllt –
> ähnlich der Zeit der Völkerwanderungen, rüstet sich unsere zu Geister- und
> Staatenwanderungen, und unter allen Staatgebäuden, Lehrstühlen und Tem-
> peln bebt die Erde. – Wißt ihr, ob der kleine Knabe, der neben euch Blumen
> zerreißt, nicht einst aus seinem Korsika-Eiland als ein Krieggott in einem
> stürmischen Weltteil aussteigen werde, um mit den Stürmen zu spielen, oder
> umzureißen, oder zu reinigen und zu säen? War es denn gleichgültig, ob ihr
> erziehend sein Fenelon, seine Cornelia oder sein Dubois gewesen seid?«[73]

Jean Paul argumentiert hier aus dem Bewußtsein einer welthistori-
schen Umbruchsituation: Dem kleinen Knaben auf der Wiese kann
es gelingen, einst Herr der Welt zu werden (ein solcher wie der, der
zu seinen Soldaten gesagt hat, ein jeder von ihnen trage den
Marschallstab im Tornister). Die Hoffnung auf die befreiende
Kraft der Erziehung im Gang historischer Umwälzungen und die
aufgeklärte Einsicht in die Möglichkeit der Veränderung der Verhältnisse – beide gehen in den »romantischen Blick« auf die
»bessere« Kindheit ein. So erscheint Kindheit als *unendliche Möglichkeit,* Erwachsensein hingegen als *begrenzte Wirklichkeit.* Immer wieder spielt die Phantasie der Zeitgenossen um diesen Gegensatz. Schiller formuliert ihn pathetisch in dem Distichon ›Das Kind
in der Wiege‹:

> »Glücklicher Säugling! dir ist ein unendlicher Raum
> noch die Wiege.
> Werde Mann, und dir wird eng die unendliche Welt.«[74]

Ähnlich beantwortet im selben Jahrzehnt Jean Paul die Frage
seines Aufsatzes ›Warum sind keine frohen Erinnerungen so schön
als die aus der Jugendzeit?‹ (1809):

> »Die Überschwenglichkeit der Kinderfreuden und folglich der Erinnerungen
> davon erklärt sich noch höher. So lange der Mensch sich noch aus der Knospe
> entwickelt, leiht er die Unendlichkeit, welche allein ihn befriedigt und ausfüllt,
> den fremden Gegenständen seines Genusses, an deren nahe Gränzen ihn noch
> kein längeres Leben hingeführt; und gerade weil das Kind nicht in die Zukunft
> sieht, geht es über jede hinaus.«[75]

Knapp 30 Jahre später heißt es in Eduard Mörikes Gedicht ›Ideale
Wahrheit‹ (1837):

»Gestern entschlief ich im Wald, da sah ich im Traum das
                                                         kleine
   Mädchen, mit dem ich als Kind immer am liebsten verkehrt.
   Und sie zeigte mir hoch im Gipfel der Eiche den Kuckuck,
      Wie ihn die Kindheit denkt, prächtig gefiedert und groß.
   ›Drum! dies ist der wahrhaftige Kuckuck!‹ – rief ich – ›Wer
                                                         sagte
      Mir doch neulich, er sei klein nur, unscheinbar und grau?‹«[76]

Dieses Kindheitsbild, das Kindheit als Zeit der Möglichkeit malt,
ist nicht auf die deutsche Literatur beschränkt. Als lyrisches Muster erinnerter Kindheit erscheint es in England in den Gedichten
von Lord Byron und William Wordsworth[77], in Italien bei Leopardi. Dessen großes Gedicht ›Die Erinnerungen‹ (›Le ricordanze‹,
1829) beschwört die Vision einer Kindheit, die dem Dichter bei
einem späteren Besuch in seiner Heimatstadt wieder vor Augen
tritt. Er sieht sich selber als Kind im väterlichen Garten sitzen:

»[...] und Gedanken schweiften,
Und süße Träume zogen durch mein Herz,
Schaut ich das ferne Meer, die blauen Berge,
Die heut noch winken, die ich dazumal
Zu überqueren hoffte, Wunderwelten,
Wunder des Glücks ausmalend meinem Leben.
Ich kannt mein Los nicht, wußte nicht, wie oft,
Wie gern ich dieses peinvolle, verlorne
Dasein hingeben würde für den Tod.«[78]

Hier ist der Blick auf die Kindheit als Zeit, in der die Erfüllung der
Wünsche greifbar, in der die Eroberung der »Wunderwelten«
noch möglich schien, ganz mit lebensgeschichtlicher Trauer ge-
färbt: Das Leben hat die Träume Lügen gestraft. Aber welches
Leben? Ist es wirklich nur die Erfahrung des unaufhaltsamen
Schwindens der *Quantität* der Lebenszeit, die Kindheit als unendliche Möglichkeit erscheinen läßt, und nicht auch der *Qualität*
dieser Lebenszeit?
Das Bild vom Kind als der unendlichen Möglichkeit, die der
begrenzten Wirklichkeit des Erwachsenen gegenübersteht, ist freilich nicht frei von Zügen der Resignation. Dennoch mag es die

Erinnerung daran wachhalten, daß die Wirklichkeit, so wie sie ist, gemessen an dem, was sie sein könnte, schlecht ist. Darin liegt die kritische Kraft dieses Kindheitsbildes. Im Spiegel der Kindheit als der *möglichen* Welt bekennt sich die *wirkliche* Welt der Erwachsenen als defizitär, ja entstellt: »Wenn ein Vater seinem Kind erzählt, daß dieser oder jener Mann vor Armut verschmachte, und das Kind hingeht und dem armen Mann seines Vaters Geldbörse zuträgt, so ist diese Handlung naiv; denn die gesunde Natur handelte aus dem Kinde, und in einer Welt, wo die gesunde Natur herrschte, würde es vollkommen recht gehabt haben, so zu verfahren. Es sieht bloß auf das Bedürfnis und auf das nächste Mittel, es zu befriedigen; eine solche Ausdehnung des Eigentumsrechtes, wobei ein Teil der Menschen zugrunde gehen kann, ist in der bloßen Natur nicht gegründet.« (Schiller)[79]

Im Naturkindheits-Bild drückt sich die Dialektik der bürgerlichen Revolution aus, der Konflikt zwischen der Möglichkeit der Befriedigung der Bedürfnisse und der unbegrenzten Entwicklung der menschlichen Kräfte und Fähigkeiten einerseits, und dem, was im bürgerlichen Lebensalltag davon übriggeblieben ist, andererseits: Kindheit als utopischer Ort, der das Mögliche in Aussicht stellt, das jedoch von den Verhältnissen, so wie sie nun einmal sind, weggeschnitten oder verdrängt wird. Die Erinnerung an die Fülle, die das Leben einst verhieß und dann nicht einlöste, hält dieses Versprechen, nicht nur die Versagung, fest.

So gesehen ist der Weg zurück in die Kindheit nicht lediglich Regression. Er stellt allerdings den kleinkarierten linearen Fortschritts-Optimismus des aufgeklärten Zeitalters in Frage. Polemisch formulieren es Wackenroder/Tieck: »Denn sind die Menschen nicht verdorbene, ungeratene Kinder? Sie sind nicht vorwärts- sondern zurückgegangen; das Kind ist die schöne Menschheit selbst.«[80] Deutlicher haben Schiller, Jean Paul und Novalis Natur-Kindheit als die doppelte Zeit der Utopie benannt: als Vergangenheit *und* Zukunft. »Sie sind, was wir waren; sie sind, was wir wieder werden sollen. Wir waren Natur wie sie, und unsere Kultur soll uns, auf dem Wege der Vernunft und der Freiheit, zur Natur zurückführen«, schreibt Schiller über die Gegenstände der Natur.[81] Novalis verschlüsselt dieses Programm in die Sprache des Märchens. Auch für ihn ist Natur nicht im Rückschritt auf einen früheren Zustand zu gewinnen: »Könnte die

Die Kinder Frankreichs drohen ihrer Mutter
Les enfans de france menacent leur mere

Abb. 29. Daniel Chodowiecki: Die Kinder Frankreichs drohen ihrer Mutter. Allegorie auf die Verhältnisse in Frankreich 1792 (Sturm auf die Tuilerien, Gefangennahme des Königs): Die Revolutionäre bedrohen die konstitutionelle Monarchie. Kinder erscheinen in der Malerei der Revolutionsepoche häufiger als Repräsentanten des Aufbegehrens und der Freiheit.

Natur nicht über den Anblick Gottes zu Stein geworden sein?
Oder vor Schrecken über die Ankunft des Menschen?«[82] Sein
›Klingsohr‹-Märchen erzählt von der künftigen Rettung der Welt
durch Fabel, das Kind, das »ewige Kind« aus »alten Zeiten«.[83] Es
führt die »neue Welt« herauf, wo »alle merkten, was ihnen gefehlt
habe« und wo »man in Märchen und Gedichten/erkennt die
wahren Weltgeschichten«.[84] Erlöser-Kind ist auch der Held eines
anderen romantischen Märchens: Brentanos »Fanferlieschen,
Schönefüßchen«. In einer Art Jungfrauengeburt von einem wie
Rapunzel eingesperrten Mädchen geboren, wird Ursulus, das reine
Kind, das heiligengleich mit den Tieren und der Natur im Bunde
ist, zum Retter des Landes.

Die doppelte Zeit der Utopie bezeichnet Kindheit auch im pädagogischen Diskurs. Jean Paul schreibt in *Levana:* »In der Kinderwelt
steht die ganze Nachwelt vor uns, in die wir, wie Moses ins gelobte
Land, nur schauen, nicht kommen; und zugleich erneuert sie uns
die verjüngte Vorwelt, hinter welcher wir erscheinen mußten;
denn das Kind der feinsten Hauptstadt ist ein geborener Otaheiter,
und der einjährige Sanskulotte ein erster Christ, und die letzten
Kinder der Erde kamen mit dem Paradiese der ersten Eltern auf die
Welt.«[85] Hier erscheint die Kindheit als verlorenes Paradies der
Vergangenheit und als gelobtes Land der Zukunft, oder, wie es
Novalis sagt, das »wiedergefundene Paradies« ist die »zweite
höhere Kindheit«.[86]

Wie alle Paradiesbilder ist auch das vom Paradies der Kindheit ein
politisches Bild. Der Entwurf einer besseren Vergangenheit und
Zukunft versammelt die unerfüllten Wünsche an die Gegenwart.
Ganz deutlich wird das in Hölderlins *Hyperion* (1797). Aus dem
»Totengarten« des Vaterlandes, in das er zurückgekehrt ist, entwirft er die Gegenvision, die freilich immer wieder an der Wirklichkeit des Bestehenden zerbricht. Neben das Bild der Natur tritt,
im 3. Brief, das der Kindheit (wobei in einzelnen Wendungen
Schillers Bestimmungen des »Kindlichen« wiederkehren). Hyperion zeichnet ein Kindheitsbild, in dem, in politischer Begrifflichkeit, die uneingelösten Maximen der bürgerlichen Revolution
eingeklagt werden und die Leiden an der Misere des bürgerlichen
Alltags ihren Ausdruck finden. Was für sich genommen wie eine
Mystifikation wirkt, gewinnt im Kontext des Romans seine kri-
tisch-utopische Kraft. Und als Traum vom besseren Zustand des

Lebens wird erfahrbar, was im Erwachen, also dann, wenn einzig die Begriffe zählen, nicht begreifbar ist:

»Das trieb mich auch nach Griechenland zurück, daß ich den Spielen meiner Jugend näher leben wollte. Wie der Arbeiter in den erquickenden Schlaf, sinkt oft mein angefochtenes Wesen in die Arme der unschuldigen Vergangenheit. Ruhe der Kindheit! himmlische Ruhe, wie oft steh ich stille vor dir und möchte dich denken! Aber wir haben ja nur Begriffe von dem, was einmal schlecht gewesen und wieder gut gemacht ist; von Kindheit, Unschuld haben wir keine Begriffe. Da ich noch ein stilles Kind war und von dem allem, was uns umgibt, nichts wußte, war ich da nicht mehr, als jetzt, nach all den Mühen des Herzens und all dem Sinnen und Ringen? Ja! ein göttlich Wesen ist das Kind, solang es nicht in die Chamäleonsfarbe der Menschen getaucht ist. Es ist ganz was es ist und darum ist es so schön. Der Zwang des Gesetzes und des Schicksals betastet es nicht; im Kind ist Freiheit allein. In ihm ist Frieden; es ist noch mit sich selber nicht zerfallen. Reichtum ist in ihm; es kennt sein Herz die Dürftigkeit des Lebens nicht. Es ist unsterblich, denn es weiß vom Tode nichts.«[87]

Mit der Bestimmung des Kindes als eines »ganzen«, eines »noch mit sich selber nicht zerfallenen« Wesens greift Hölderlin über Schillers Vorstellung vom Kind (»die ewige Einheit mit sich selbst«[88]) auf Rousseaus Vision vom idealen Menschen zurück: »Ein natürlicher Mensch ist etwas Ganzes für sich selbst; er ist die Einheit der Zahlgrößen, ein absolutes Ganzes, welches nur in Beziehung zu sich selbst und zu seinesgleichen steht.«[89] Der Gegensatz des Menschen ist für Rousseau der Bürger: er ist der »Spezialist«, der nur an dem einen Platz bestehen kann, den einzunehmen er erzogen worden ist. So ist Rousseaus Konzept einer Erziehung zum »Menschen« zwar den mobilen nachtraditionellen Gesellschaften adäquat[90], gleichzeitig aber rebelliert es gegen die Subsumtion des Lebens unter die Ordnung der bürgerlichen Gesellschaft und des Staates. »Leben soll er, das ist die Kunst, die ich ihm beibringen will. Geht er aus meinen Händen, so wird er, das gestehe ich, weder Richter, noch Soldat, noch Priester sein, vor allem aber wird er Mensch sein.«[91] Das Wissen vom unausweichlichen Tode geht in Rousseaus Verständnis »geglückter Erziehung« ein – nicht die Verringerung des Todesrisikos wie in der aufklärerischen Programmatik.[92] Auch Hölderlin ergreift, mit Rousseau, für den Menschen und gegen den Bürger Partei[93]; im Kind sieht Hyperion die »natürliche« Ganzheit des idealen Menschen verwirklicht.

Was das Kindheitsbild Hölderlins von demjenigen Schillers und

Abb. 30. Francisco de Goya: Guter Rat
Während der Mönch auf Totenschädel und Kreuz verweist, hält ihm der Knabe
die Hacke des Landmanns entgegen.

der Romantiker unterscheidet, ist der Zweifel gegenüber dem
eigenen visionären Entwurf. Die »zweite höhere Kindheit« (Novalis), ein Reich der Freiheit, des Friedens, eines nicht-zerstückelten,
nicht-entfremdeten Lebens, leuchtet zwar kräftig hinter dem Gold
der Erinnerung an die »erste Kindheit«. Zugleich jedoch expliziert
Hölderlins Text die Schwierigkeit, diesen Zustand zu vergegenwärtigen. Hyperion möchte Kindheit *denken,* aber: »von Kindheit
haben wir keine Begriffe«. So gerät das Gedenken nicht, wie etwa
in Wackenroder/Tiecks Kindheits-Aufsatz, zu gegenwartsvergesse-
ner Bespiegelung in der stummen Schönheit der Kinder.[94] Es
mündet nicht in die Versöhnung mit dem, was ist, sondern begründet und befeuert die Suche nach dem, was gewesen sein und dem,
was werden könnte. »Von Kindheit haben wir keine Begriffe« —
diese Einsicht knüpft an Rousseaus Satz aus der Vorrede zum
Émile an: »Man kennt die Kindheit durchaus nicht.«[95] Gleichzeitig radikalisiert Hölderlin diesen Satz. Denn während in Rousseaus Erziehungsroman nachdrücklich die Aufforderung an die
Erzieher ergeht, das Kind genauer zu beobachten[96], formuliert
Hyperions Brief die Trauer angesichts der Erfahrung, daß anhaltende Wiedervergegenwärtigung eines nicht-entfremdeten Status
Kindheit in einer entfremdeten Welt ausgeschlossen ist. Damit ist
zugleich die Unschärfe des romantischen Blicks auf die Kindheit
benannt.

Das romantische Kindheitsbild wirkt anfangs als Widerpart zum
aufgeklärten, und es versteht sich selber so. Die pädagogische
Bewegung hat im Kind den unvollkommenen Menschen gesehen,
der romantische Blick nimmt in ihm den besseren, ja den vollkommenen Menschen wahr. Zwar bezeugt das romantische Deutungs-
muster mehr Einfühlung in die kindliche Spontaneität und Triebstruktur als das der Aufklärer. Aber auch diese Deutung entwirft
sich das Kind nach eigenem Bilde, kommt ohne Vor-Urteile nicht
aus. Sie feiert *Natur,* freilich eine in spezifischer Weise gestutzte
Natur: die edle, gepflegte Natur (die das Pendant zum »edlen
Wilden« ist). Nicht zufällig tauchen hier immer wieder Vorstellungen von der *reinen* und *unschuldigen* Kindheit auf (eine Tendenz,
die sich gegen Ende des 19. Jahrhunderts hin besonders klar
ausprägt). Die Romantik beharrt, gegen die Zivilisation, auf Natürlichkeit, die sie bestimmt, indem sie die *Unnatur* ausgrenzt. Ein
Unkrautgarten, so Schiller, löse nicht die Rührung aus, die der

Naivität der natürlichen Gegenstände zukomme. Ähnlich sei es
mit den Kindern: »Ein Kind ist ungezogen, wenn es aus Begierde,
Leichtsinn, Ungestüm den Vorschriften einer guten Erziehung
entgegenhandelt, aber es ist naiv, wenn es sich von dem Manierier-
ten einer unvernünftigen Erziehung, von den steifen Stellungen des
Tanzmeisters u. dgl. aus freier und gesunder Natur dispensiert.«[97]
Es wird also zwischen »gesunder Natur« und »Unnatur« unterschieden, und die Bewertungskriterien dafür sind von denen der
pädagogischen Bewegung gar nicht so weit entfernt. Denn »Begierde«, »Leichtsinn«, »Ungestüm« (wie Schiller sagt), das waren
ja auch die Kindheitslaster, auf welche die moralische Exempelgeschichte mit Warnung, Ermahnung, Brandmarkung antwortete.[98]
Dort galten sie als »Natur«, vom Standpunkt der Zivilisation aus
betrachtet, hier erscheinen sie als »Unnatur«, von der Position der
»gesunden Natur« aus gesehen. In beiden Fällen bleibt, obschon
mit verschiedenen Begründungen, im Dunkel, was, gäbe es eine
Geschichte der Kindheit *vom Kinde aus,* jenseits einer Erwachse-
nen-Begrifflichkeit als wirklich *kindlich* zu beschreiben wäre. Es
liefe auf eine Übersetzung von Begriffen wie »Begierde«, »Leichtsinn«, »Ungestüm« hinaus.
So durchzieht denn die romantische Kindheitsvorstellung ein Widerspruch: Im Plädoyer für die Natur des Kindes soll gleichzeitig
ängstlich dem Risiko vorgebeugt werden, daß diese Natur die in
ihr schlummernden anarchischen Kräfte entfalte und sich damit
der Verregelung durch die Erwachsenen entziehe. Schon bei Herder hat die Rede vom Kindheits-Paradies eine ambivalente Bedeutung. Er preist die Zeit der Jugend als die Zeit der Ahnungen, der
Träume, als »Morgen voll schöner Bilder« und »Paradies unschul-
diger Hoffnungen und Wünsche«. Doch eben dies, so Herder,
mache die Zeit der Jugend auch gefährlich; daher sei es geboten,
»daß wir dies Paradies Gottes bauen und uns nicht in Wolken
verlieren, die bey ihrer schönen Gestalt zuletzt in fürchterliche
Ungewitter ausbrechen könnten«.[99] Wie das Paradies auszusehen
habe, ist bereits vorgedacht – ein gepflegter Garten soll es sein,
keine Wildnis.[100] Diese unaufgelöste Spannung prägt die Geschichte der Parteinahme für das Kind bis heute: Selbst wo gegen
Regelhaftigkeit und Bezähmung auf Phantasie, Spontaneität und
Natürlichkeit des Kindes gesetzt wird, unterliegen diese Kenn-
zeichnungen der Definitionsgewalt der Erwachsenen, die sie gegen

das Dunkelfeld der ungezügelten Tätigkeit, der Unordnung, der Zerstörung abgrenzen. Das Votum für die Phantasie ist stets selber an Reglementierung gekoppelt: an die Mahnung, ihrem »Mißbrauch« zu wehren.

3. Das Märchen der neuen Kindheit: E. T. A. Hoffmanns ›Das fremde Kind‹

Das serapiontische Prinzip oder Wie kann man im aufgeklärten Zeitalter noch Märchen erzählen

Der Erzähler hat es schon einmal versucht. Ein »Märchen« soll es werden, ein richtiges »Kindermärchen«. Nicht in der Art von ›Nußknacker und Mausekönig‹, nämlich »weniger in fantastischem Übermut«, dafür »frömmer« und »kindlicher«. Für die Kinder der Schwester hat er das Märchen aufgeschrieben.
Der Erzähler ist Lothar, einer der Freunde, die sich in E. T. A. Hoffmanns *Die Serapions-Brüder* (1819)[101] zum Geschichtenerzählen treffen. Das Buch nimmt die alte Form der »Geschichtengeschichte« auf: Die Kunst des Erzählens durch Einbindung einer Geschichtensammlung in einen Erzählrahmen — Ausdruck romantischer Geselligkeit — erreicht hier einen letzten Höhepunkt, neben Ludwig Tiecks *Phantasus* (1811) und den Märchen-Almanachen Wilhelm Hauffs (1826—28).
Vier Freunde — so die Rahmenhandlung —, die »jahrelang durch herzliche Liebe, durch ein gleiches schönes Streben in Kunst und Wissenschaft innig verbunden zusammenlebten«[102], finden nach langjähriger Trennung wieder zusammen. Der Abend, der die einstige Geselligkeit von neuem aufleben lassen soll, macht jedoch deutlich, daß dieses Vorhaben illusionär ist. Denn die Freunde müssen feststellen, daß sie nicht mehr dieselben sind, die sie vor zwölf Jahren einmal gewesen, daß sie »recht kindische Kinder« waren, als sie glaubten, »es werde nun gleich wieder fortgehen in derselben Melodie«. Die kindische Täuschung war nichts anderes als die Täuschung über die *Zeit*. Wo der »wilde Strudel« die Menschen »von Ereignis zu Ereignis, ja von Tat zu Tat« fortreißt, kann es Dauer im Lebenszusammenhang nicht mehr geben: »Eitles

Mühen, sich entgegenzustemmen der unbezwinglichen Macht der Zeit, die fort und fort schafft in ewigem Zerstören.« Ein »tiefer gespenstischer Philistrismus«, so die Einsicht der Freunde, wohne allen Versuchen inne, durch Gesetze und Ordnungen in Vereinen und Gesellschaften – in allem, was organisiert ist »wie ein Staat« – Dauer herstellen zu wollen; solche Organisation erinnere eher an einen »prächtigen Narrenorden«. Ein Narr auch, wer, wie zwei Königsberger Studenten, nach 20 Jahren einen Disput dort fortsetzen kann, wo er ihn einst abgebrochen hat.

Die »neue Zeit«, von der hier die Rede ist, gehört zu den wichtigsten Strukturmerkmalen der heraufkommenden bürgerlich-kapitalistischen Gesellschaft. Der Wandel des ehedem »qualitativen« zum neuen »quantitativen« Zeitkontext wird als Zerstückelung erfahren. Er ermöglicht zwar lebensgeschichtliche Veränderungen, läßt aber die Vorstellungen von Kontinuität und Tradition des Lebens, wie sie für die vorbürgerliche Gesellschaft konstitutiv waren, zur Illusion werden. (Auch der Staat selber – so eine radikale Konsequenz aus den Äußerungen der Hoffmannschen Erzählrunde –, der doch ein Produkt der bürgerlichen Umwälzung ist, verfällt jener Illusion, wenn er seine Gesetze und Strukturen für dauerhaft ausgibt.[103]) Die unbezwingliche Macht der Zeit – wie das unaufhörlich sich drehende Zeit-Rad in Wackenroders ›Märchen von einem nackten Heiligen‹ (1799)[104] – mag als »schicksallos« allenfalls den »schlafenden Säugling« (Hölderlin[105]) erscheinen lassen; ein Erwachsener, der sich dafür hielte, gliche dem »kindischen Kind«.

Wo Lebens-Zeit die Menschen trennt, wo »am Ende Erinnerung, Zeit, Gedächtnis von der fortschreitenden bürgerlichen Gesellschaft als irrationale Hypotheken liquidiert« werden (Adorno)[106], hat man sich dort noch etwas zu erzählen? Damit beginnt die Geschichtengeschichte der *Serapions-Brüder*: mit der Krise des traditionellen Lebens- und damit Erzählzusammenhangs. Schon in Tiecks *Phantasus* sagt einer der erzählenden Freunde, daß solches literarisches Geschichtenerzählen fatalerweise stets Erinnerungen an den *Decamerone* wecke.[107] Davon aber ist der romantische Erzählzyklus ebenso weit entfernt wie die romantische Geselligkeit. (Hinter der Erzählform der *Serapions-Brüder* steckt der Hoffmannsche Freundeszirkel, der sich in Berliner Weinkneipen oder Wohnungen zu treffen pflegte.[108]) Die Mitglieder der Sera-

pionsrunde sind beschäftigte bürgerliche Privatleute aus der Groß-
stadt, die sich in wöchentlichen Abständen abends in einer Wohnung zusammensetzen. Ihre Neigung gilt der Literatur, der Musik,
der Ästhetik – und dem Alkohol. Sie sind nervöse, eloquente
Mitglieder einer geistreichen intellektuellen Bruderschaft. Ihre
Kommunikation verläuft ausschließlich über die Zunge: vom Disput über die Erzählung, die Lesung, das Singen am Pianoforte bis
zum Punschtrinken. Gewandelt hat sich auch die Mitteilungsform
der Geschichten. Die Freunde sind weniger Erzähler als Vorleser:
Die 28 Märchen, Spukgeschichten, historischen Erzählungen, Kri-
minalstories und Künstlernovellen des Zyklus (von Hoffmann
bereits fast alle vorher veröffentlicht, für das Werk dann zum Teil
umgearbeitet) werden von den Freunden überwiegend aus dem
Manuskript zum besten gegeben. Aus der »Erzählrunde« der alten
vorbürgerlichen Geschichtenzyklen (die ein Jahrzehnt später von
Wilhelm Hauff als historische Kulisse wiedereingeführt wird) ist
bei Hoffmann ein bürgerlicher Schriftstellerzirkel geworden, der
sich des »Serapionsordens« als einer geistreichen Mystifikation
spielerisch bedient. Auf der Ebene der literarischen Fiktion gelingt Hoffmann hier ein Versuch, der in der Praxis der Schrift-
stellerei mißlang: Die *Serapions-Brüder* sind eine Art »Roman
en quatre«[109]. Ein Roman übrigens, der zunächst im Hinblick
auf das literarische Publikum oder, direkter, aus Gründen der
besseren Verkäuflichkeit konzipiert wurde. Als Hoffmann seine
bisher verstreut erschienenen Erzählungen gesammelt heraus-
bringen sollte, schrieb er an den Verleger Reimer: »Erlauben Sie
indessen eine Frage, deren Entscheidung ich Ihnen gänzlich
überlasse so wie Sie glauben, daß das Buch besser geht. Ist es
geratener die Sachen unter dem simplen Titel: Erzählungen
gehn zu lassen oder eine Einkleidung zu wählen nach Art des
Tieckschen Phantasus?«[110]
Die Veränderung des Lebens- und Erzählzusammenhangs im bürgerlichen Zeitalter drückt sich nicht nur in veränderten Formen
literarischer Geselligkeit, sondern auch im Modus des Erzählens
selber aus. Was die Geschichten des Zyklus miteinander verbinde,
konstatieren die Freunde im Roman, sei das *serapiontische Prinzip*. Der Begriff schließt an die erste Geschichte an, in der Cyprian
von einem Wahnsinnigen berichtet, der sich für den frühchrist-
lichen Anachoreten Serapion hält und an dem Cyprians Therapie-

versuche, die auf modernen medizinischen Einsichten beruhen, wirkungslos abprallen. Mehr noch, Cyprian muß erkennen, daß die Logik des Wahnsinnigen der seinigen standhält. Nach Belieben versammle dieser neue »Heilige Serapion« sämtliche Figuren der Weltgeschichte leibhaftig um sich; als wirklich erstünden die wunderbarsten Ereignisse und Taten unmittelbar vor seinen Augen, obschon sie »tatsächlich« weit entfernt seien. Kurzum, der Wahnsinnige setze sich über die »in Raum und Zeit bedingte Welt«[111] hinweg, und was ihn vom Dichter unterscheide, sei einzig, daß er als wirklich das schaue, was jener als Geschöpf seiner Phantasie relativiere. Oder, wie Cyprian sagt, dem Wahnsinnigen fehle die »Erkenntnis der Duplizität [...] von der eigentlich allein unser irdisches Sein bedingt ist«[112]; er könne nicht zwischen der »inneren Welt« der Phantasien und Vorstellungen und der »Außenwelt« des Materiellen unterscheiden.

Die *Duplizität* der äußeren und der inneren Welt – dies meint nun allerdings nicht eine dualistische Weltsicht voraufgeklärter Provenienz, nicht ein christliches Jenseits oder die Realexistenz einer metaphysischen Welt außerhalb der materiellen. Hoffmann (der hier mit Cyprians Mund spricht) steht, obwohl Romantiker, durchaus auf dem Boden der Aufklärung – und das ist gegen alle metaphysischen oder neomagischen Interpretationen der Romantik festzuhalten:

»Es gibt eine innere Welt, und die geistige Kraft, sie in voller Klarheit, in dem vollendetsten Glanze des regesten Lebens zu schauen, aber es ist unser irdisches Erbteil, daß eben die Außenwelt, in der wir eingeschachtet, als der Hebel wirkt, der jene Kraft in Bewegung setzt. [...] Aber du, o mein Einsiedler! statuiertest keine Außenwelt, du sahst den versteckten Hebel nicht, die auf dein Inneres einwirkende Kraft; und wenn du mit grauenhaftem Scharfsinn behauptetest, daß es nur der Geist sei, der sehe, höre, fühle, der Tat und Begebenheit fasse und daß also auch sich wirklich das begeben was er dafür anerkenne, so vergaßest du, daß die Außenwelt den in den Körper gebannten Geist zu jenen Funktionen der Wahrnehmung zwingt nach Willkür.«[113]

Dieser Satz Hoffmanns enthält (ebenso wie seine ganze Poetik) eine *Kritik* des Irrationalismus: Die Einbildungskraft, der Geist, das Bewußtsein erzeugen nicht die wirkliche Welt, sondern werden von ihr als »Hebel« erst hervorgebracht. »Das ›serapiontische Prinzip‹ mündet bei Hoffmann nicht in irreale Absurdität, sondern in die Entdeckung einer neuen inneren Realität. [...] Auch der materielle Zeitbegriff wird, mit einer außergewöhnlichen antizipa-

torischen Intuition, auf die innere Dimension, auf die psychologische Zeit hin relativiert: von der ›Romantik‹ Hoffmanns zur Moderne ist es ein kleiner Schritt.« (Claudio Magris)[114]
Freilich ist Hoffmanns Auffassung von »Phantasie« und »Einbildungskraft« nicht identisch mit derjenigen der Aufklärer. Für diese waren die Gestalten der Einbildungskraft Chimären, die kraft- und gestaltlos würden, je mehr der Mensch in Tätigkeit sich auf die »Außenwelt« besinne. Gegen dieses Verständnis der Phantasie wendet sich Hoffmanns serapiontisches Prinzip, ohne dabei den Boden der Aufklärung zu verlassen. Die *Duplizität* der Welt, von der er spricht, ist die Duplizität der *einen* Welt, die kein Jenseits kennt; doch in dieser *einen* Welt gibt es die unermeßlichen Kräfte der Phantasie, der Ängste, des Dunklen, Bizarren und Geheimnisvollen, die mit der Konzentration auf bürgerliche Tätigkeit in der »Außenwelt« gerade nicht stillgelegt, sondern erst entfesselt werden. Das serapiontische Prinzip des Erzählens besteht, so ließe sich zusammenfassen, darin, daß der Erzähler des aufgeklärten Zeitalters von seinen Gegenständen in einer nicht-rationalistischen Weise spricht.
Damit stellt sich das Problem des Märchenerzählens im bürgerlichen Zeitalter neu. Wie kann man noch Märchen erzählen, anders als die Aufklärer, denen sie Beispiele blöden Aberglaubens, bestenfalls didaktische Exempel waren, anders aber auch als die (alten oder neuen) Gläubigen, die in ihnen die »wirkliche Welt« zu erblicken meinen? Es kann dies – so lautete die Antwort nach dem serapiontischen Prinzip – nur gelingen, indem im Märchen die phantastische Welt der Einbildungskraft sich nicht verselbständigt, vielmehr mit der sie erzeugenden Außenwelt in beständiger Wechselwirkung bleibt. Hier deutet Hoffmann eine Theorie des Märchens im bürgerlichen Zeitalter an, die sich allen Versuchen einer gläubig-naiven Wiederbelebung der vorbürgerlichen Erzählform widersetzt und die wohl grundsätzliche Gültigkeit beanspruchen kann. Denn »das Märchen geht selber in der Zeit« (Ernst Bloch), und so wie es bloßes Luftgespinst auch im vorbürgerlichen Zeitalter nicht war, sondern auf vielfältige Weise mit der Daseinswirklichkeit des Volkes verbunden, gar ein Stück Aufklärung vor der Aufklärung[115], so wird das Märchen im bürgerlichen Zeitalter nur dann als »wahr« erzählt und erfahren werden können, wenn es sich mit der »wirklichen

Welt« verbunden präsentiert. Die Wahrheit des Märchens ist zwar die Wahrheit der Phantasie, aber die Phantasie ist eine Qualität des aufgeklärten Menschen.

Damit wird allerdings die Form des Märchens selber problematisch. Das große Publikum mag Einfachheit und Naivität erwarten, »eine gewisse Unschuld der Darstellung [...], die wie sanft fantasierende Musik ohne Lärm und Geräusch die Seele fesselt«.[116] Doch um diesen Preis sind Märchen nach Hoffmanns serapiontischem Prinzip nicht mehr zu haben. Nicht betört, sondern erregt werden soll das Gemüt, die Seele nicht gefesselt, sondern entbunden; das Zusammentreffen der beiden »Welten« muß als Schock erfahren werden – das strapaziert natürlich die Form. So »bleibt es ein gewagtes Unternehmen, das durchaus Fantastische ins gewöhnliche Leben hineinzuspielen und ernsthaften Leuten, Obergerichtsräten, Archivaren und Studenten tolle Zauberkappen überzuwerfen, daß sie wie fabelhafte Spukgeister am hellen lichten Tage durch die lebhaftesten Straßen der bekanntesten Städte schleichen und man irre werden kann an jedem ehrlichen Nachbar«.[117]

Kindheits-Erzählung, wie von den Zeitgenossen verstanden, ist für Hoffmann das Märchen nur insofern, als auch Kindheit nicht jene heile eine Welt der Unschuld, des Glücks, des Friedens ist, sondern ebenfalls an der »Duplizität« Anteil hat oder, in Hölderlins Worten, »in die Chamäleonsfarbe der Menschen getaucht« ist. Hoffmanns Märchen und phantastische Geschichten machen dies deutlich: Das niedliche kleine Kind in der Wiege – Hölderlins »schicksallos schlafender Säugling« – kann sich plötzlich in ein häßliches Mausemonster verwandeln (›Nußknacker und Mausekönig‹). Das unschuldige Ammenmärchen vom Sandmann wächst sich zum Kindheitstrauma aus, das vertraute bürgerliche Wohnzimmer wird dem Kind zur blutigen Hölle (›Der Sandmann‹). Der gute geschenkebringende Onkel hat es in Wahrheit auf die Vivisektion des Kindes[118] abgesehen (›Ignaz Denner‹). Schon der Tag der Geburt kann, indem er mit dem Todestag des schuldbeladenen Vaters zusammenfällt, zum Eintritt in ein grauenvolles Leben werden (›Die Elixiere des Teufels‹), ja die Zeugung selber kann als »böser Stern«, als eine Art »pränatales Trauma« den Lebensweg des Kindes zum Mörder vorherbestimmen (›Das Fräulein von Scuderi‹). Hoffmanns Kinder sind die Kinder des neuen Zeitalters, das

zwar von Unschuld und Freiheit träumt, aber einzig deshalb, weil
es beide in der Wirklichkeit nicht gibt.

Hoffmanns Märchen ›Das fremde Kind‹ (1817)[119] – neben ›Nußknacker und Mausekönig‹ das einzige des Autors, in dem Kinder
die Protagonisten sind, und im Werk selber, mit Vorbehalt, als
»Kindermärchen« bezeichnet[120] – gehört in diesen Zusammenhang. Obgleich als »frömmer« und »kindlicher« deklariert, folgt
es dem serapiontischen Prinzip und ist damit noch weit entfernt
von jenem späteren biedermeierlichen Märchen-Verständnis, wie
es etwa aus Gustav Schwabs Sätzen über Wilhelm Hauff spricht:
»Das Kindermärchen verlangt nur eine bunte, nicht eine tiefsin-
nige Erfindung. Es dringt, wie das geistige Auge des Kindes, nicht
in das innere Wesen der Dinge, es bleibt auf der Oberfläche der
Begebenheit wie der Person haften.«[121] Hoffmanns Märchen ›Das
fremde Kind‹ ist ein Märchen vom neuen Schicksal der Kindheit.
Wie kein anderes zeitgenössisches Märchen ist es Auseinandersetzung mit unterschiedlichen Kindheitsbildern, von deren Darstellung ich im folgenden ausgehe.

›Natur‹-Kindheit und ›Kunst‹-Kindheit

Die Geschichte beginnt mit der Beschreibung eines Hauses, an
ihrem Ende werden es die Kinder verlassen müssen. Felix und
Christlieb leben dort mit ihren Eltern, der Vater ist der Edelmann
Herr Thaddäus von Brakel, doch ein Edelmann ist er nur von
Geburt. Auch sein Schloß ist kein Schloß, sondern ein Haus, ein
»niedriges Häuschen mit wenigen kleinen Fenstern«, mit Weinlaub bekleidet, von »lustig zwitschernden Schwalben« beflogen,
»und der alte Storch schaute ernst und klug vom Rauchfange
herab«. Dem Wanderer, der sich dem Häuschen nähert, mag es
scheinen, »als riefen holde Stimmen aus den spiegelhellen Fenstern
[…] ›Komm doch nur herein, komm doch nur herein, du lieber
müder Wanderer, hier ist es gar hübsch und gastlich!‹«[122]

Es ist die perfekte Idylle, die hier gemalt wird: das Haus als Ort
einer begrenzten, umhegten, einer glücklichen Kindheit, eingebunden in eine traute Natur; ein Haus wie später die Häuser Ludwig
Richters und der biedermeierlichen deutschen Kindergeschichte.
Der imaginäre Wanderer, der im Vorübergehen den Lockruf des

Hauses vernimmt, die Botschaft des »Du fändest Ruhe dort« der Schubertschen ›Winterreise‹, dieser Wanderer mag das Haus gekannt haben, in seiner eigenen Kindheit.

Auffallend ist, daß diese Kindheitsidylle einen *sozialen Ort* nicht kennt. Der Edelmann Thaddäus kleidet sich, wenn es nicht gerade Sonntag ist, wie die Bauern des Dörfchens, und seine Frau bäckt eigenhändig Rosinenkuchen, wie eine bürgerliche Hausfrau. Nur daß das Haus kein Schloß ist, ist wichtig, eines, wo man beim Eintritt »angestarrt [wird] von den toten Augen der seltsamen Steinbilder die wie grauliche Wächter sich an die Mauer lehnen«.[123] Dieses Kindheitshaus weist nicht ab, sondern lädt ein – darin ist das einfache Haus dem Schloß überlegen.

Mit diesem Kindheitsmuster verbindet sich das Bild einer sozialen Indifferenz, gleichsam einer klassenlosen Kindheit in Haus und Natur – unter Ausgrenzung der (Hoch-)Aristokratie. Eine der Maximen der bürgerlichen Revolution: die der Gleichheit aller Menschen, scheint in dieser Kindheit ausgedrückt. Sind sie denn nicht allesamt einfach *Kinder,* also nicht Bauernkinder, Bürgerkinder, Edelmannskinder? Auf diese Formel ließe sich der ideologische Entwurf bringen. Der Begriff der Kindheit trifft sich hier mit dem der »Menschheit«.

Aus der Welt, der der Vater von Geburt an zugehört, aus der *feudalen Welt,* bricht über die Kindheits-Idylle des Brakelschen Hauses nun die Katastrophe herein. Familienbesuch hat sich angesagt. Es sind »der gnädige Herr Onkel« mit Gattin und den Kindern Herrmann und Adelgunde aus der nicht-verarmten Hauptlinie des von Brakelschen Geschlechts. Felix und Christlieb müssen heute feine Sachen anziehen, damit der gräfliche Onkel nicht zu ihnen sagt: »Was sind das für häßliche Bauernkinder?«[124], mit anderen Worten, damit er sie statt als Kinder als *Standes*kinder erkenne. Felix und Christlieb wollen lieber in den Wald zum Spielen, doch da kommen schon die feinen Verwandten, und in Erscheinung tritt eine andere Kindheit, die Kindheit der Aristokratie:

»Der Knabe trug lange Pumphosen und ein Jäckchen von scharlachroten Tuch über und über mit goldenen Schnüren und Tressen besetzt und einen kleinen blanken Säbel an der Seite, auf dem Kopf aber eine seltsame rote Mütze mit einer weißen Feder, unter der er mit seinem blaßgelben Gesichtchen und den trüben schläfrigen Augen blöd und scheu hervorkuckte.«[125]

Der Erzähler hat es sich natürlich ein wenig leicht gemacht. Hätte er dem Knaben nicht gerade ein blaßgelbes Gesichtchen und trübe schläfrige Augen gegeben, vielleicht hätte dieser mit seinem schmucken Putz Felix doch mehr beeindruckt. Präsentiert wird Herrmann wie ein aristokratisches Knabenporträt, in einer Kleidung, die seinen Stand hervorhebt und die der Erwachsenenkleidung bei Hofe nachgebildet ist (und die um 1817 von Grafenkindern bei Ausflügen vermutlich schon nicht mehr getragen wurde). Auch mit ihrer sonstigen Aufführung werden Herrmann und Adelgunde als Angehörige der feudalen Welt karikiert – sie sprechen französisch, sie siezen und sie essen Zwieback.[126] Wobei der Gegensatz zu dieser aristokratischen Standeskindheit eben nicht bäuerliche oder bürgerliche Kindheit ist, sondern das klassenindifferente Ideal eines »natürlichen«, »ungekünstelten« Wesens. Und da der Erzähler alles tut, um zu zeigen, wo seine Sympathien liegen, und Herrmann sogleich hysterisch reagiert, als Felix seinen kleinen Spielzeugsäbel aus der Nähe ansehen will, ist es den Naturkindern Felix und Christlieb und mit ihnen dem Leser recht schnell klar: die spinnen, die Aristokraten.

Aber so leicht lassen sich die Schloßkinder von den Haus- und Naturkindern nicht aus dem Felde schlagen. Sie haben Geschenke mitgebracht. Felix und Christlieb werden große Tüten mit Zuckerwerk, dem aristokratischen Genußmittel[127], in die Hände gedrückt. Felix wehrt die Verführung erfolgreich ab. Indem er die Zuckerbonbons kaut anstatt sie zu lutschen, gibt er prätentiös zu erkennen: Ich weiß nicht, wie man mit so etwas umgeht. Wie die erwachsenen Angehörigen der nicht-feudalen Welt gebraucht er die feudalen Genußmittel ohne das dazugehörende Zeremoniell. Damit gibt er den überkandidelten Verwandten Gelegenheit zu kleinen spitzen Jubelschreien: »O süße liebe Natur! o ländliche Unschuld! [...] O liebliche Naivität!«[128] Die feinen Leute haben, wieder einmal, ihre kleinen Wilden gefunden.

Bis hierher stellt das Märchen zwei Kindheitsbilder einander gegenüber, die sich sozialgeschichtlich als Karikatur einer gekünstelten aristokratischen Standeskindheit einerseits, als Ideal einer natürlichen Allgemeinkindheit andererseits identifizieren lassen. Die Sympathien des Autors sind klar verteilt, und so mag die Parteinahme für Felix/Christlieb und gegen Herrmann/Adelgunde gar als ein Signal antifeudalen Bewußtseins verbucht wer-

den. Freilich haben die Schloßkinder noch andere Verführungsmittel in petto.

Die neuen Spielsachen. Kinderkulturkindheit

Abermals werden Schachteln ausgepackt, und jetzt wendet sich
der Erzähler direkt an das Publikum:

»Nun, o meine vielgeliebten Leser! Euch allen ist es gewiß schon so gut
geworden zur Zeit des fröhlichen Jahrmarkts oder doch gewiß zu Weihnachten
von den Eltern oder andern lieben Freunden mit allerlei schmucken Sachen
reichlich beschenkt zu werden. Denkt euch, wie ihr vor Freude jauchztet, als
blanke Soldaten, Männchen mit Drehorgeln, schön geputzte Puppen, zierliche
Gerätschaften, herrliche bunte Bilderbücher u. a. m. um euch lagen und standen. Solche große Freude wie ihr damals, hatten jetzt Felix und Christlieb, denn
eine ganze reiche Bescherung der niedlichsten glänzendsten Sachen ging aus
den Schachteln hervor.«[129]

Die großen und kleinen Leser des Märchens werden den Hinweis
verstanden haben. Weihnachten, das alte Christfest, ist in der
Bürgerfamilie seit dem 18. Jahrhundert zum jährlichen *Kind*fest
geworden; im Mittelpunkt steht die Weihnachtsbescherung, die
allmählich die ältere Sitte des Nikolaus- oder Neujahrsschenkens
abgelöst hat.[130] Zahlreiche Schilderungen aus dem 19. Jahrhundert zeichnen ein trautes Bild von der häuslichen Weihnacht, in der
die Intimität der ums Kind versammelten Bürgerfamilie ihren
bündigen Ausdruck zu finden scheint. Allerdings verbindet sich
mit dieser in der Geschichte des Festes relativ neuen Tendenz der
Familiarisierung und *Intimisierung* des weihnachtlichen Feierns
ein anderes, ebenfalls neues Phänomen: Das bürgerliche Weihnachtszimmer wird jetzt zum Tummelplatz der *Spielwarenindu-
strie*. In jener eigentümlichen Mischung von Sakralraum und
Warenumschlagplatz spiegelt das Weihnachtszimmer zwei kon-
stituierende Elemente bürgerlicher Kindheit: Sie ist *Familien*kindheit und sie ist *Kinderkultur-* oder »Medienkindheit«[131]. Beide
Erscheinungsformen der »neuen« Kindheit hängen eng miteinander zusammen. Die seit Anfang des 19. Jahrhunderts expandie-
rende industrielle Fertigung von Kinderunterhaltungsmitteln (einschließlich der Bilder- und sonstiger Kinderbuchproduktion) reagiert auf die phantastischen Bedürfnisse, die aus der Reduktion

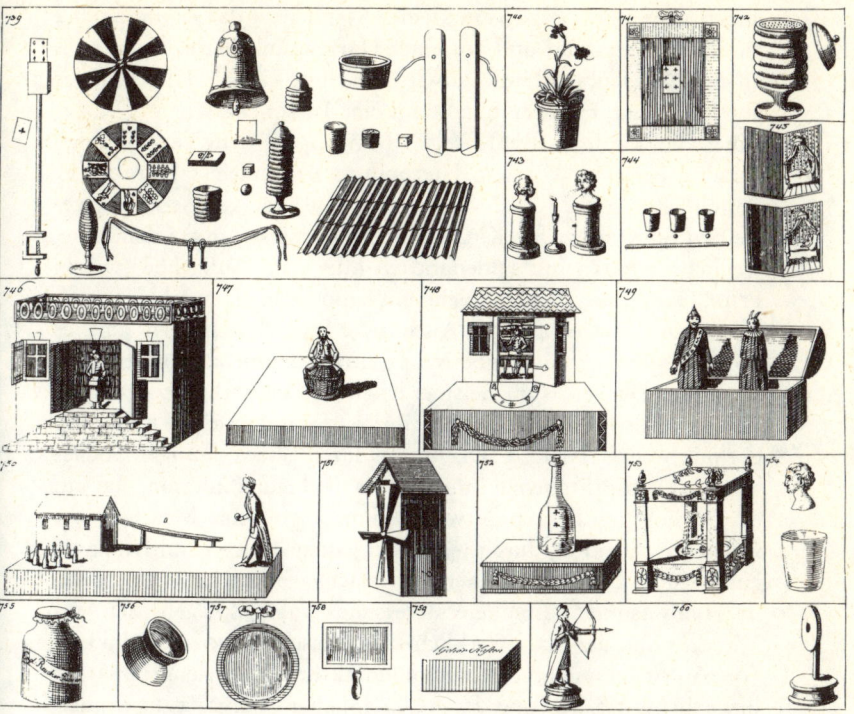

Abb. 31. Angebot aus Georg Hieronimus Bestelmeiers Spielwarenkatalog (1803) mit dem bei E. T. A. Hoffmann beschriebenen Scheibenschütz (Nr. 760)

von unmittelbarer Erfahrung und Tätigkeit einerseits, der zunehmend abstrakter werdenden Form des Lernens andererseits resultieren.[132] Im 19. Jahrhundert noch auf die Bürgerfamilie und andere wohlhabende Kreise beschränkt, wird Kinderkultur nur mehr und mehr zum Signum der Kindheit des industriellen Zeitalters.[133]

Unter den Geschenken der Schloßkinder hat es Felix, wie vielen seiner Zeitgenossen, vor allem *eine* Sorte von Spielwaren angetan: das mechanische Spielzeug, die Automaten für die Kinderstube: »Ein stattlicher Jägersmann, der, wenn man ein kleines Fädchen das hinten unter seiner Jacke hervorragte, anzog, die Büchse anlegte und in ein Ziel schoß, das drei Spannen weit vor ihm

angebracht war«, dazu »ein kleines Männchen, das Komplimente
zu machen verstand und auf einer Harfe quinkelierte, wenn man
an einer Schraube drehte«, sowie eine Flinte und ein Hirschfänger
aus Holz, eine Husarenmütze und eine Patronentasche.[134]

Die Schloßkinder hätten ihre Mitbringsel aus dem Versandhaus-
Katalog bestellen können. Hieronimus Bestelmeiers Nürnberger
Bestell-Liste von 1803[135] verzeichnet Tausende von seriell herge-
stellten Spielwaren für Kinder und Erwachsene, unter denen be-
wegliche Figuren mit Fadenantrieb oder zum Aufziehen (wie in
Felix' Geschenken), oder solche mit Sand- oder Uhrwerkmechanik
eine große Rolle spielen. Auch den Scheibenschützen gibt es
dort[136], Musikanten[137], überhaupt ein erstaunliches Angebot beweglicher Figuren, zum Beispiel einen Bologneserhund, der bellt,
den Kopf dreht und Pfötchen gibt; einen elektrischen Kanonier,
der mit brennbarer Luft schießt; ein durch Uhrwerk angetriebenes
selbstgehendes Frauenzimmer; eine sprechende Sultanin, die auf
alle vorgelegten Fragen antwortet, und sogar »eine Maschine zur
Geistererscheinung, durch welche in jedem Zimmer, im Dunkeln,
ein Geist in Lebensgröße hervorgebracht werden kann«.[138] Kurz,
in Hieronismus Bestelmeiers Versandkatalog spiegelt sich der
Wandel von der handwerklich-künstlerischen Einzelproduktion
von Automatenmenschen zur manufakturellen Serienproduktion
beweglicher Figuren und deren allmählicher Übergang zur Kinder-
beschäftigung.[139] Der Aufschwung der Pädagogik in der zweiten
Hälfte des 18. Jahrhunderts hat der Kinderwarenindustrie erhebliche Impulse gegeben. Die Philanthropen beispielsweise empfah-
len »Modelle« oder verkleinerte Nachbildungen von Maschinen
als didaktisches Material einer auf »Anschaulichkeit« gegründeten
Erziehung.[140] Dergleichen findet sich massenhaft im Katalog Bestelmeiers, der im übrigen nicht müde wird, das »Lehrreiche« und
»Nützliche« seines Angebots hervorzukehren; ungeachtet solcher
verkaufsfördernder programmatischer Erklärungen wird es von
den Kindern und Erwachsenen in erster Linie zur Unterhaltung
benutzt worden sein.

Kein Wunder, daß diese Geschenke der Schloßkinder auf Felix und
Christlieb ihre Wirkung nicht verfehlen. »Die Kinder vergaßen
Wald und Flur und ergötzten sich an den Spielsachen bis in den
späten Abend hinein.« Und: »Tages darauf fingen die Kinder es
wieder da an, wo sie es abends vorher gelassen hatten: das heißt,

sie holten die Schachteln herbei, kramten ihre Spielsachen aus und ergötzten sich daran auf mancherlei Weise.«[141] Der Zeitrhythmus der Spielwarenkindheit könnte so weitergehen, allerdings nur, wenn immer wieder neue Warenreize an die Stelle der alten träten. So weit ist es in diesem Märchen noch nicht, im Gegenteil: »Wald und Flur« sollen sich bald wieder als der Spielwarenkindheit überlegen erweisen. Die Kinder nehmen die »neuen Spielsachen« mit in den Wald. In der Natur merken sie, daß es *künstliche* Figuren sind, die immer den gleichen einfachen Handgriff ausführen. Die Vögel machen schönere Musik als das mechanische Harfenmännlein, bald geht die Mechanik zu Bruch, schließlich die ganze Figur. Der künstliche Jäger soll statt auf die Scheibe ins Freie schießen, doch mit abgebrochener Zielscheibe funktioniert auch dieses Spielzeug nicht mehr. Und Christliebs feine Puppe ist, wie sich herausstellt, kein lebendiges Kind, sondern geht beim Toben kaputt. So werden die kleinen Automaten ins Gebüsch und in den Teich geworfen.[142]

Die Spielwarenkindheit des neuen industriellen Zeitalters – die im Gegensatz zum geschlechtsindifferenten Ideal der Naturkindheit deutlich geschlechtsrollenspezifisch geprägt ist[143] – erweist sich gerade im Nachbildungscharakter der Gegenstände als Täuschung. Die Dinge sind nicht das, was sie zu sein vorgeben. »Es rauschte im Röhricht, da legte stracks Felix seine hölzerne Flinte an, setzte sie aber in demselben Augenblick wieder ab, und schaute nachdenklich vor sich hin. ›Bin ich denn nicht auch selbst ein törichter Junge‹, fing er dann leise an, ›gehört denn nicht zum Schießen Pulver und Blei und habe ich denn beides? – Kann ich denn wohl auch Pulver in eine hölzerne Flinte laden? – Wozu ist überhaupt das dumme hölzerne Ding? – Und der Hirschfänger? – Auch von Holz! – der schneidet und sticht nicht ...‹«[144] Felix' Einsicht markiert ein »Ende der Täuschung« auch in anderer Hinsicht: Er kann die Dinge nicht mehr für Symbole nehmen, kann also nicht mehr spielen wie ein Kind. Freilich sind die fortgeworfenen Spielsachen damit noch nicht von der Bildfläche verschwunden.

Magister Tinte. Pädagogische Kindheit, gestörte Idylle

Der Familienbesuch der von Brakelschen Verwandten hat zunächst noch eine andere Konsequenz für Felix und Christlieb. Sie
bekommen einen Hauslehrer. Denn in Herrmann und Adelgunde
stehen Felix und Christlieb nicht nur Standeskinder, sondern
erzogene Kinder gegenüber. »›Ja lieber Herr Vetter, die Erziehung
unserer lieben Kinder liegt uns mehr als alles am Herzen‹«, formuliert die Gräfin im kleinen Brakelschen Haus einen goldenen Satz
des 18. Jahrhunderts, und auf ihren Wink hin exerziert Graf
Cyprianus an Herrmann und Adelgunde ein Schauspiel, das an
den Philanthropinen sein Vorbild hat: die öffentliche Prüfung.[145]
Auch die Prüfungsgegenstände verdanken sich der neuen Realien-
kunde des 18. Jahrhunderts: »Da war von vielen Städten, Flüssen
und Bergen die Rede, die viele tausend Meilen ins Land hinein
liegen sollten und die seltsamsten Namen trugen. Ebenso wußten
beide genau zu beschreiben, wie die Tiere aussähen, die in wilden
Gegenden der entferntesten Himmelsstriche wohnen sollten. Dann
sprachen sie von fremden Gebüschen, Bäumen und Früchten, als
ob sie sie selbst gesehn, ja wohl die Früchte selbst gekostet hätten.«
Felix wird darüber ganz bange, aber er wird belehrt: »Das sind die
Wissenschaften.«[146]
Die Kritik des Erzählers versteckt sich hier in der Ironie. Die
wissenschaftlich erzogenen Kinder leben nicht in der Natur (wie
Felix und Christlieb), sondern sie lesen von ihr. Und die Lehrge-
genstände der »pädagogischen Kindheit« haben mit den Spielwaren der »Kinderkulturkindheit« gemeinsam, daß sie Täuschung
sind, Ersatzobjekte gemessen an der Unmittelbarkeit von Anschauung und Erlebnis. In Hoffmanns Märchen drückt sich eine
frühe Form der Erziehungskritik und der »Antipädagogik« aus.
Die Grafenkinder geraten zu Mustern lebensuntüchtiger *Wunderkinder:* Herrmann hat Angst vor Felix' Hund, obgleich er doch
schon die schrecklichsten Tiere »gesehen« hat. Mit dieser Kritik
am »gelehrten Kinde« steht Hoffmann übrigens nicht im Gegensatz zur zeitgenössischen Erziehungsbewegung.[147]
Obwohl die Aussicht, am Ende dergestalt erzogene Kinder zu
haben, nicht gerade verlockend ist, akzeptiert die Brakelsche Familie ein weiteres Geschenk der feinen Verwandten: den Hofmeister,
der die Kinder die Wissenschaften lehren soll. Er ist ein untersetz-

ter Mann mit dünnen Beinen, einer langen spitzen Nase und hervorstehenden Glasaugen, von Kopf bis Fuß pechschwarz gekleidet. So ähnelt Magister Tinte eher einem häßlichen Insekt, die Kinder haben Angst vor ihm und müssen von der Mutter ermahnt werden, dem Herrn Hofmeister ordentlich die Hand zu geben. »Die Kinder ermannten sich und taten, was die Mutter befohlen, sprangen aber, als der Magister ihre Hände faßte, mit dem lauten Schrei: ›O weh o weh!‹ zurück. Der Magister lachte hell auf und zeigte eine heimlich in der Hand versteckte Nadel vor, womit er die Kinder, als sie ihm die Hände reichten, gestochen.«[148] Ist der Magister ein Sadist? Oder spielt er Stechfliege? Oder hat er vielleicht nur Ehlers' Aufsatz von 1780 über die ideale Schulbank gelesen?[149] Jedenfalls ähnelt sein Verhältnis zur Natur dem der erzogenen Grafenkinder: Den »wilden Wald« mag er nicht. Dort aber hat sich inzwischen ereignet, was für die Kindheitsbilder dieses Märchens entscheidend werden soll: die Erscheinung des »fremden Kindes«.

Wunderkindheit, die Anderswelt

Mit der Figur des »fremden Kindes« und seiner Welt greift Hoffmann eine Struktur auf, die noch andere seiner Geschichten bestimmt: die Wirklichkeit »hinter« der Wirklichkeit. So wie die Kinder im alten Volksmärchen gehen Felix und Christlieb in den Wald und treffen dort auf das Wunder. So wie die Kinder des alten Volksmärchens sind sie dabei in Bedrängnis. Sie resultiert hier aus den zwei neuen Erfahrungen, die Felix und Christlieb irritieren: Die »fremdartigen Spielsachen« haben sie »verwirrt und beängstigt«, und durch die Begegnung mit den Grafenkindern sind sie zu der eher komisch formulierten Einsicht gelangt: »Wir armen Kinder wir haben keine Wissenschaften.«[150] Die durch Natur, Naivität und soziale Indifferenz bestimmte Kindheit in der Idylle des kleinen Hauses ist nachhaltig gestört, und am Schluß des Märchens wird sie so gut wie erloschen sein. Denn mit den *Spielwaren* und den *Wissenschaften* sind die Realien zweier anderer »Kindheiten« auf den Plan getreten: der »Kinderkulturkindheit« und der »Schulkindheit«. Der Erzähler erzählt (auch den Kindern) eine Geschichte vom Großwerden, vom »Schicksal der Kindheit«, und

aus den Bildern des Märchens treten uns die historischen Erfah-
rungen entgegen, die in der Zeit um 1800 – zunächst in Aristokra-
tie und Bürgertum – die neuen Erscheinungsformen des sozialen
Status Kindheit bestimmten. Mit E. T. A. Hoffmanns ›Das fremde
Kind‹ wird zum ersten Mal in der Märchenform des Es-war-
einmal *Kindheit als Märchen* erzählt, als Zustand des »anderen«
Wahrnehmens und Begreifens. In dieser Form wird fortan von
Kindheit häufiger die Rede sein.[151]

Die Welt des »fremden Kindes« ist *Kindheitswelt,* die hier im
Märchen zum ersten Mal ihren Zauber entfaltet, als Felix' und
Christliebs bisherige Kindheitsidylle gefährdet ist. Das fremde
Kind erscheint ihnen im Wald, es ist Naturerfahrung, allerdings
die Erfahrung einer Natur, die – anders als das »natürliche«
Ambiente des Brakelschen Hauses (mit Weinlaub, Storch und
Schwalben) – in Bildern sinnlicher Verführung ausgemalt wird:

> »Aus dem tiefsten Schatten des dunkeln Gebüsches, das den Kindern gegenüber
> lag, blickte ein wundersamer Schein, der wie sanfter Mondesstrahl über die vor
> Wonne zitternden Blätter gaukelte und durch das Säuseln des Waldes ging ein
> süßes Getön, wie wenn der Wind über Harfen hinstreift und im Liebkosen die
> schlummernden Akkorde weckt. Den Kindern wurde ganz seltsam zumute,
> aller Gram war von ihnen gewichen, aber die Tränen standen ihnen in den
> Augen vor süßem nie gekanntem Weh.«[152]

Das fremde Kind, das keinen Namen hat und Felix wie ein Junge,
Christlieb wie ein Mädchen vorkommt und von dem die Kinder
meinen, sie hätten es eigentlich schon lange gekannt, verwandelt
die Natur in die herrlichste Spiel-Welt, in der aus Grashalmen die
schönsten Puppen und aus Ästchen kleine Jäger werden, die
lebendig sind und wieder verschwinden und, »wenn ihr nur
wollt«, jederzeit zu Gebote stehen.[153] Das fremde Kind erzählt die
Märchen des Bachs, singt das Lied des Waldes und fliegt mit den
Kindern »im leichten Fluge durch Wald und Flur, und die bunten
Vögel flatterten laut singend und jubilierend um sie her«.[154] Es
geht »hoch – hoch in die Lüfte«, und am Ende ist das fremde Kind
verschwunden. Die Kinder indes »wußten nicht, wie ihnen geschehen, denn solch innere Lust hatten sie nie empfunden«.[155] Am
nächsten Tag treffen es die Kinder abermals im Wald, es bringt die
Bäume, Gebüsche, Blumen und den Bach zum Sprechen, zeigt im
Fliegen den Kindern von ferne seine »Luftschlösser«, »und Felix
und Christlieb waren wie im Traume und wußten selbst nicht wie

es geschah, daß sie unversehens sich zu Hause bei Vater und Mutter befanden«.[156]

Als die Kinder den Eltern von dem fremden Kind erzählen wollen, gelingt es ihnen nicht, das wunderbare Wesen zu beschreiben. Der Mutter dünkt die Geschichte eine »Narrheit«, der Vater will ihr nicht weiter nachforschen, denn »es ist mir so, als könnte ich den Kindern dadurch eine große Freude verderben«.[157] Das fremde Kind ist die Angelegenheit der Kinder. Nur sie haben Zugang zu einer Welt, die nur ein paar Schritte entfernt ist, wie in Ludwig Tiecks Märchen ›Die Elfen‹ (1811), wo die kleine Marie im Tannengrund hinter dem Dorf den buntesten Blumengarten findet, und als sie nach dem kurzen Wettlauf aus dem Reich der Elfen zurückkommt, inzwischen sieben Jahre verstrichen sind.[158]

Felix' und Christliebs Fragen, »wo du zu Hause bist, wer deine Eltern sind und hauptsächlich, wie du denn eigentlich heißest«[159], werden von dem fremden Kind nicht oder nur mit Geschichten beantwortet. Wie Rumpelstilzchen bewahrt es seine Identität im Geheimnis des Namens, aber anders als jenes kann es im Grunde viele Namen haben. Die Suche nach seiner Heimat müßte die Kinder wie den alten Volksmärchenhelden zum Aufbruch in fernste Fernen führen: »Ich könnte euch sagen, daß ich dort hinter den blauen Bergen, die wie krauses zackiges Nebelgewölk anzusehen sind, zu Hause bin, aber wenn ihr tagelang und immer fort und fort laufen wolltet, bis ihr auf den Bergen stündet, so würdet ihr wieder ebenso fern ein neues Gebürge schauen, hinter dem ihr meine Heimat suchen müßtet, und wenn ihr auch dieses Gebürge erreicht hättet, würdet ihr wiederum ein neues erblicken, und so würde es euch immer fort und fort gehen und ihr würdet niemals meine Heimat erreichen.«[160] Und dennoch ist dieses ferne Land, wenn man sich nur einmal dorthin aufgemacht hat, schon so gut wie erreicht. Die Reise in die Anderswelt (verbreitetes Motiv des Volksmärchens) wird zur Reise in das Wunderland einer in Natur, Poesie und Phantasie getauchten Kindheit. Dieses romantische Kindheitsbild Hoffmanns hat in seiner Überdimensionalität, Offenheit und Grenzenlosigkeit freilich nichts gemein mit der biedermeierlichen Idylle des späteren 19. Jahrhunderts, in der »Natur« zum Kleinleben der Tiere wird, »Poesie« zum kindlichen Zeitvertreib und »Phantasie« zur Einfühlung. ›Das fremde Kind‹ – dieser

Märchentitel steht nicht zuletzt für eine Kindheit, die weder »heimelig« noch »gemütlich« ist, sondern unvertraut und befremdlich. Es ist »andere Welt«, die zur langen gefährlichen Reise verführt.

Wie in vielen Volksmärchen lebt in dieser Anderswelt, der Heimat des fremden Kindes, eine Frau. Es ist die Mutter des fremden Kindes, von der viele Menschen nichts wissen wollen und die vor allem die Kinder liebt.[161] Sie ist Königin eines Hofstaates von Elementargeistern, und die schönsten Veranstaltungen ihres Hoflebens sind bunte Kinderfeste, die den Kindern tausend Genüsse bieten, so abenteuerlich, daß sie darüber manchmal sogar zu Tode kommen.[162]

Aber die Herrschaft der großen königlichen Mutter war bedroht. Mit dem Gnomenkönig Pepser, der sich für einen Gelehrten ausgibt, die Feste der Kinder verdirbt und alles »mit einem ekelhaften schwarzen Saft« überzieht, weil er es be-schreiben will, nimmt Hoffmann eine Figur aus Novalis' ›Klingsohr‹-Märchen auf: den Schreiber, der dort dem Kind Fabel feind ist und die Verschwörung anzettelt. Während bei Novalis die Herrschaft des Schreibers in der zukünftigen Weltzeit zu Ende gehen wird, ist er bei Hoffmann im Reich der Mutter des fremden Kindes zwar besiegt, er bedroht aber noch immer das fremde Kind und seine Freunde auf ihren Wegen. Als Magister Tinte, der die Kinder jetzt die Wissenschaften lehren soll, ist er zu Felix und Christlieb gekommen. Und so wie der Gnomenkönig Pepser ist der Magister der Natur feindlich gesinnt. Er zerstört die Welt der Kinder im Wald und verjagt das fremde Kind. Schließlich verwandelt er sich vor Felix und Christlieb in eine »große scheußliche Fliege«[163], die in den Milchnapf der Brakelschen Familie taumelt und schließlich vom Vater mit der Fliegenklatsche verjagt wird. »In der Tat kam Magister Tinte den Birkengang herauf, aber ganz verwildert mit funkelnden Augen, zerzauster Perücke im abscheulichen Sumsen und Brummen sprang er von einer Seite zur andern hoch auf und prallte mit dem Kopf gegen die Bäume an, daß man es krachen hörte. So herangekommen, stürzte er sich sofort in den Napf, daß die Milch überströmte die er einschlürfte mit widrigem Rauschen.«[164]

Der aufgeklärte Magister, der »einen vernünftigen Garten mit Buchsbaum und Staketen am Hause« dem »wilden Wald« vor-

zog[165], ist nun selber »verwildert«. Die verdrängte Natur kehrt in
Monstergestalt zurück, »der Schlaf der Vernunft gebiert Unge-
heuer« (Goya). In der wildgewordenen Riesenfliege ist die Sinnes-
tätigkeit des Magisters auf ein einziges Organ konzentriert und ins
Gespenstische gesteigert: den Mund. Mit Gier nach Zucker hält er
sich schadlos für die Versagungen, die er seiner Natur angetan hat.
Daß er »ein Naschmaul ist, alle Süßigkeiten beschnuppert«[166], war
schon vorher an ihm beobachtet worden. Als Fliegenmonster ist er
zu einem überdimensionalen »Näscherknaben«[167] geworden, der
mit seinem Süßhunger sich nicht mehr auf die Heimlichkeiten der
Speisekammer beschränkt, sondern zum Angriff auf das ganze
Haus ansetzt.

Die Vertreibung aus dem Paradies

Mit der Vertreibung des pädagogischen Ekels aus der Kindheit von
Felix und Christlieb könnte die Geschichte zu Ende sein. Doch
Hoffmanns Märchen nimmt nicht die »märchenhafte« Wendung
zur Wiederherstellung des ursprünglichen oder eines höheren
(Kindheits-)Glücks, wie Novalis' ›Klingsohr‹- oder Brentanos
›Gockel‹-Märchen. Die Geschichte enthält zwar deutlich die ro-
mantische Kritik am aufgeklärten Muster der Erziehkindheit, läßt
aber die Herrschaft des Schreibers nicht durch den Exorzismus mit
der Fliegenklatsche enden. Das fremde Kind bleibt verschwunden.
Auch die Natur hat sich nach der Begegnung der Kinder mit dem
Fliegenmonster für Felix und Christlieb verändert: Der vertraute
Wald wird ihnen unheimlich, ein Unwetter zieht auf, die Kinder
finden nicht mehr zurück. Zum Aufstand der Natur, die sich jetzt
in das Gegenteil dessen verkehrt hat, was sie für die Kinder einst
war, kommt die Revolte der Waren: Die weggeworfenen Spielsachen werden lebendig, die Automaten bedrohen die Kinder. »Felix
schaute sich um und es wurde ihm ganz unheimlich zumute, wie er
den Jäger und den Harfenmann erblickte, die sich aus dem Ge-
strüpp, wo er sie hineingeworfen, erhoben, ihn mit toten Augen
anstarrten und mit den kleinen Händchen herumfochten und
hantierten.«[168] Am Teich verstellt Christliebs ertränktes Puppen-
kind den Kindern den Weg. Sie brechen in Angst und Erschöpfung
zusammen.

So wie der Spielwarenspuk der lebendig gewordenen Figuren in
›Nußknacker und Mausekönig‹ (der die kleine Marie in eine
schwere Fieberkrankheit stürzt), wie die Puppe Olimpia in ›Der
Sandmann‹ (die Nathanael zum Wahnsinnigen macht), so sind
auch hier die mechanischen Gliederfiguren und die Puppe die
Geister, die dem alten Frieden ein Ende bereiten. Die Kinder
werden nicht mehr in den Wald gehen. Schließlich müssen sie
sogar das Kindheits-Haus verlassen. Der Vater stirbt. Vor seinem
Tod, in den lebhafter werdenden Erinnerungen an seine Kindheit,
wird ihm noch klar, daß auch er damals das fremde Kind gekannt
hatte. Jetzt wird »dieselbe Sehnsucht, von der ihr [Kinder] ergrif-
fen, mir das Herz zerreißen«.[169] Die reichen Verwandten nehmen
das Haus zum Pfand. Felix und Christlieb müssen es arm mit der
Mutter verlassen. Bei der Brücke über den Waldbach wird immerhin die Stimme des fremden Kindes noch einmal hörbar. So wie in
der Kindheit, das ist seine Botschaft, wird es im »Leben«, in das sie
jetzt hinausgehen, den Kindern nie wieder gegenwärtig sein. Nie
wieder werden sie es »mit leiblichen Augen« sehen können.[170]
Aber in anderer Gestalt wird es, unsichtbar, sie begleiten und
behüten: in der *Erinnerung,* im *Traum,* im *Spiel.* Und im *Märchen,*
beispielsweise dem, das gerade erzählt wird. »Ich weiß nicht,
warum ich heute an euer Märchen glauben muß«, rätselt die
Mutter.[171]

4. Kleiner Muck. Vom Kind, das nicht groß wird

Wozu eigentlich groß werden wollen in einer Welt, in der es
schon die Kleinen schwer haben, so viel Liebe und so viele
Abenteuer zu finden, wie sie nun einmal nötig sind zum guten
Leben? Wozu groß werden wollen, wenn »groß« sein heißt,
vernünftig zu sein, das Haus zu verlassen und Vater und Mutter
nicht mehr zu haben? Was ist der Prozeß der Entstehung eines
»Status Kindheit« in den neuzeitlichen Gesellschaften anderes
als die Ausbildung eines »Status Erwachsener«? Der Erwachsene
muß, was das Kind auch muß; aber er darf nicht mehr, was das
Kind noch darf.
Der Wunsch, dem »fremden Kind« ein Leben lang nahe zu blei-

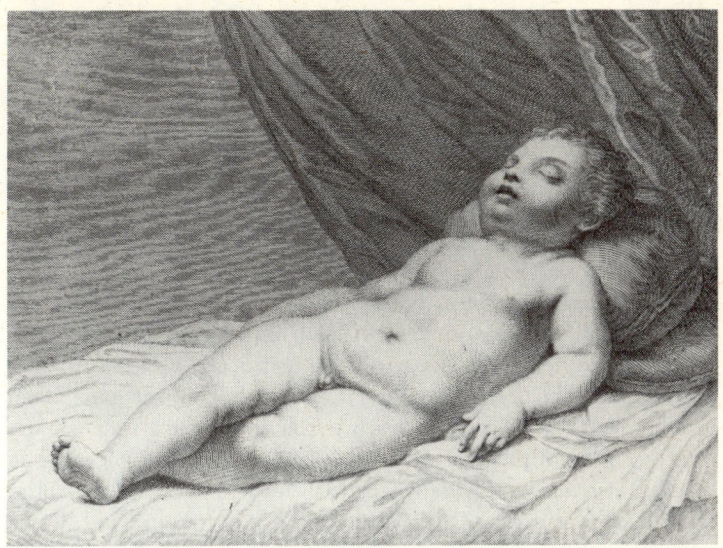

Abb. 32. E. Sirani/F. Bartoluzzi: Ansicht eines Kindes (Kupferstich, 18. Jh.)

ben, verdichtet sich im romantischen Bild des ewigen Kindes[172]. Sein ungeschlachter Zwillingsbruder ist das Kind, das nicht groß wird.

Das Urbild des Kindes, das nicht groß wird, ist Wilhelm Hauffs Kleiner Muck[173] (1825). Zwischen die Altersgrenzen, ins Niemandsland der Generationen geraten, ist er als großer Kleiner der Außenseiter in einer Welt, in der man entweder klein oder groß zu sein hat. Schon seine Kleidung charakterisiert ihn als Un-Figur. Er hat sie vom Vater übernommen, ohne doch in sie hineingewachsen zu sein. So hat er sie zwar in der Länge seinem Maß angepaßt, indem er einfach abgeschnitten hat, was überstand; in der Breite jedoch hat sie noch immer das Erwachsenenmaß des Vaters, der »ein großer starker Mann gewesen«[174]. Weder mit Erbkleidung noch mit Kinderkleidung angetan, ist er deshalb im Längenmaß der kleine Große, im Breitenmaß der große Kleine.

Auch der Körper des Kleinen Muck – an dem nicht einmal der Name stimmt, da er doch »eigentlich Mukrah heißt«[175] – offenbart die Un-Gestalt des Nicht-Kindes und des Nicht-Erwachsenen.

Auf dem »Körperlein« eines Kindes sitzt der »große Kopf« eines
Erwachsenen, überdimensionales »Köpflein wie ein Berg«[176], und
beide, Kopf und Körper, behindern sich gegenseitig. Der Kleine
Muck ist nicht die geglückte Figur des »jung gebliebenen Alten«,
der seinen Part im Alters-Rollenspiel der bürgerlichen Gesellschaft
beherrscht, indem er, wiewohl körperlich alternd, sich die »Kindlichkeit des Herzens« bewahrt hat; dem Kleinen Muck blieb statt
dessen die hinderliche Kindlichkeit des Körpers. Einige Generationen früher hätte er als Zwerg einer fürstlichen Hofhaltung oder
einer Jahrmarktsgruppe sein Auskommen gefunden; heute wäre er
ein Pflegefall, ein »Behinderter«. Wilhelm Hauffs Kleiner Muck
hingegen lebt im Hause, als wäre er Bürger unter Bürgern. Doch er
praktiziert nicht deren Verhaltensweisen: »Er wohnte ganz allein
in einem großen Haus und kochte sich sogar selbst; auch hätte
man in der Stadt nicht gewußt, ob er lebe oder gestorben sei, denn
er ging nur alle vier Wochen einmal aus.«[177] Außenseiter unter
erwachsenen Bürgern, ist er aber auch Kindern kein Kind. Ihnen
wird er, sobald er, um Ernsthaftigkeit bemüht, sein Haus verläßt,
zum Gegenstand tollen Spottes. So paßt denn nicht einmal die
Rolle des leicht verrückten Kinderfreundes auf ihn, wie sie etwa
E. T. A. Hoffmanns spleeniger Rat Krespel[178] verkörpert. Weil er
kein Alter hat, hat der Kleine Muck keine soziale Rolle. Einzig zur
Figur einer Märchen-Geschichte taugt er, die dem Kind, das ihm
einmal übel mitgespielt hat, vom Vater aus erziehlichen Gründen
erzählt wird. Wie viele Geschichten, die als Kinderlektüre erfolgreich wurden, handelt auch sie vom Nicht-groß-werden-Wollen.
Denn der Kleine Muck – damit beginnt Hauffs Geschichte in der
Geschichte in der Geschichte[179] – enttäuscht die Erwartung des
Vaters, der zufolge aus Kindern große Leute zu werden haben.
»Der kleine Muck war noch in seinem sechzehnten Jahr ein
lustiges Kind, und der Vater, ein ernster Mann, tadelte ihn immer,
daß er, der schon längst die Kinderschuhe zertreten haben sollte,
noch so dumm und läppisch sei.«[180] Nach dem Tod des Vaters
zieht er aus, »um sein Glück zu suchen«[181]. Er gleicht dabei ein
wenig dem Däumling des alten Volksmärchens, aber der ist er
nicht, ebensowenig wie das putzige Hänschenklein. Denn der
Däumling ist trotz seiner Winzigkeit rasch und ohne Leiden auf
dem Weg zu seinem Glück; der Kleine Muck hingegen hat große
Schwierigkeiten mit seiner Kleinheit. Die Märchenreise von drei

Tagen wird ihm zum Leidensweg, er muß alle seine Kräfte zusammennehmen, weil sein kleiner Körper vor den Dimensionen der großen Welt fast den Dienst versagt.

Was er dann am dritten Tag in der Glücksstadt findet, ist – nach dem Tod des Vaters – eine Mutter: die Katzenmutter, die große Versorgerin mit ihrem »Herbei, herbei! / Gekocht ist der Brei, / Den Tisch ließ ich decken, / Drum laßt es euch schmecken! / Ihr Nachbarn, herbei! / Gekocht ist der Brei.«[182] Unter die Brei-Kinder, denen der Lockruf der großen Mutter gilt, mischt sich, Tischgenosse der Katzen, der Kleine Muck. Das Märchenglück, das er auf seiner Reise in die Welt gefunden hat, ist das Glück, als ein Kind von der Mutter versorgt zu werden, eine zweite Kindheit gewonnen zu haben. Sie kann freilich nicht auf Dauer glücklich sein, weil Muck nicht »richtiges« Kind, sondern klein und groß zugleich ist. So muß er, von der alten Frau in Dienst genommen, die Katzen und Hunde warten – ein *großer Bruder* der Kleinen, der ebenso wie sie *essen* darf, anders als sie dafür jedoch *arbeiten* muß. Dieser ihm zugedachten Rolle des Heranwachsenden vermag er nicht gerecht zu werden. Zu sehr selber noch Kleiner, ist er den Kleinen keine Autorität; also treiben es die Katzen mit dem Kleinen Muck wie die Schüler mit dem guten Lehrer. Am Ende zerbricht er, ein ungeschicktes Kind, ein Kristallgeschirr der Mutter-Frau. Damit ist seines Bleibens im Haus nicht länger. Er muß wie das Vater-Haus nun auch das Mutter-Haus verlassen.

Die Zauberrequisiten, die er aus dem Kindheitshaus mitgenommen hat (zunächst ohne ihre Wirkung zu kennen), stehen für die Fähigkeit, in der bürgerlichen Welt als Erwachsener leben zu können. Die »mächtig großen« Siebenmeilenpantoffeln, die er gegen seine kleinen »Töffelein« eingetauscht hat, garantieren ihm *Beweglichkeit*. Jetzt endlich bietet sich ihm die Chance, den traumatischen Satz des Vaters über die »nicht zertretenen Kinderschuhe« Lügen zu strafen: »denn hatte er diese am Fuß, so mußten ihm hoffentlich alle Leute ansehen, daß er die Kinderschuhe vertreten habe.«[183] Das Zauberstöckchen schließlich verleiht ihm die Kraft, sich *Gold und Silber zu verschaffen*. Mit diesen beiden Erwachsenen-Fähigkeiten ausgerüstet, gelingt es ihm nun auch, das zu finden, was den »richtigen« Erwachsenen ausmacht: einen *Beruf*. Er wird, nachdem er die Einstellungsvoraussetzungen er-

füllt hat, festangestellter königlicher Leibläufer mit regelmäßigem
Einkommen.

Freilich funktionieren die Zauberrequisiten ein wenig anders als
im »richtigen« Märchen. Der kleine Kerl hat zunächst Schwierigkeiten, sich in den Pantoffeln dreimal umzudrehen, ohne sogleich
auf die Nase zu fallen. Und das Zauberstöckchen zeigt ihm zwar,
wo Gold und Silber vergraben sind, aber die ausgemachten
Schätze zu heben, kostet Muck Schweiß und Mühe. Das Leben
unter den Erwachsenen macht Arbeit, und es verstrickt in Intrigen.
Bei alledem ist der Kleine Muck durchaus mit Erwachsenen-
Fähigkeiten begabt, ein richtiger Erwachsener ist er jedoch nicht
geworden. Das liegt nicht nur an seiner Körpergestalt. Die Schwierigkeiten, in die er jetzt kommt, rühren daher, daß er zwar rein
technisch über die Fähigkeit verfügt, sich Gold und Silber zu
verschaffen, daß er aber mit dem Erworbenen »falsch« umgeht –
»falsch«, wenn »richtig« das Grundgesetz des Geld-Ware-Geld-
Kreislaufs ist, wonach Geld in Kapital zu verwandeln ist. Ein
reicher und angesehener Handelsmann zu werden – das wäre eine
Märchenperspektive für einen Mukrah, der von seinem Wünschel-
rutenstöckchen einen klugen Gebrauch machte. Oder auch nur ein
unermeßlich reicher Mukrah, der die gefundenen Schätze einfach
aufhäufte. Doch der Kleine Muck »akkumuliert« nicht, und er
»legt nicht an«. Er kann nicht mit Geld umgehen. Er verschenkt es,
er teilt es »mit vollen Händen«[184] aus. Kurz, er verhält sich wie ein
Kind – wie Schillers »naives Kind«[185], das den gefüllten Geldbeu-
tel dem gibt, der weniger hat, sich damit über das Grundgesetz des
Kapitalismus hinwegsetzend. Der Kleine Muck ist die Gegenfigur
zu jenen im Leben so erfolgreichen Geschäftsleuten, die in Hauffs
Märchen ›Das kalte Herz‹ dem Holländer-Michel ihr lebendiges
fühlendes Herz gegen immerwährenden Reichtum vermacht haben. Der Kleine Muck, der sich Freunde schaffen will, indem er
das Gold mit vollen Händen austeilt, erweist sich gerade darin als
Kind, und der Erzähler hebt dies ausdrücklich hervor: »Daran
konnte man erkennen, daß der gute Muck keine gar sorgfältige
Erziehung genossen haben mußte.«[186]

Damit nun, mit solchem kindlichen Gebaren, fällt er selbstverständlich in einer Umgebung auf, in der erwachsene Goldverschen-
ker Narren sind. Er wird des Diebstahls bezichtigt und kann nur
um den Preis der Zauberrequisiten sein Leben retten. Die Rache,

die er anschließend am König und dem ganzen Hofstaat nimmt, ist die typische Rache des Kleinen. Mit den magischen Feigen verpaßt er ihnen lange Eselsohren und unförmige Nasen. Er, der Kleine, läßt an den Großen wachsen, was sie am liebsten klein haben: Ohren und Nasen. Und mit dem, was sie ihm voraus haben, gibt er die »Normalen« der Lächerlichkeit preis: mit der Größe. Schließlich führt er sich, in der Rolle des helfenden Arztes, als jemand ein, der das Große wieder klein machen kann. »Seitdem lebt der kleine Muck hier in großem Wohlstand, aber einsam; denn er verachtet die Menschen. Er ist durch Erfahrung ein weiser Mann geworden, welcher, wenn auch sein Äußeres etwas Auffallendes haben mag, deine Bewunderung mehr als deinen Spott verdient.«[187] Damit endet die Lebensgeschichte des Kleinen Muck. Von Pantoffeln und Zauberstöckchen, die er am Königshof wieder erbeutet hat, ist nicht mehr die Rede. Vielleicht hat er inzwischen gelernt, sie »richtig« zu gebrauchen. Vielleicht hat er auch, durch die schlechten Erfahrungen gewitzigt, endgültig auf ihre Anwendung verzichtet. Er hätte dann gelernt, daß es gefährlich ist und nichts nützt, über die Fähigkeiten der Erwachsenen zu verfügen, wenn man doch kein richtiger Erwachsener ist.

So lebt der große Kleine Muck am Ende in der Stadt des Erzählers als angepaßter Außenseiter. Er ist gescheitert ebenso in dem Versuch, Kind zu bleiben, wie bei dem Unterfangen, ein Erwachsener zu werden. Vielleicht gebührt ihm, wie der Erzähler sagt, die Bewunderung mehr als der Spott auch dafür, daß er versucht hat, um eben jene »schmähliche Alternative« (Adorno)[188] herumzukommen.

Anmerkungen

zu: A. Wandlungen des europäischen Märchens

1 Peter Burke, *Helden, Schurken und Narren. Europäische Volkskultur in der frühen Neuzeit (Popular Culture in Early Modern Europe, 1978).* Hrsg. v. Rudolf Schenda, Übersetzung Susanne Schenda, Stuttgart 1981, S. 36.

2 In seiner mikrohistorischen Untersuchung der »Welt eines Müllers um 1600« registriert Carlo Ginzburg ganz ähnlich »unterhalb der tiefgreifenden sprachlichen Differenzen überraschende Analogien zwischen den Grundtendenzen der bäuerlichen Kultur, die wir zu rekonstruieren suchten und denen der fortgeschrittenen Bereiche der Hochkultur des 16. Jahrhunderts«. Sie zeigen »einen fruchtbaren unterirdischen Austausch in beiden Richtungen zwischen Hochkultur und Volkskultur. [...] Der darauf folgende Zeitabschnitt dagegen wurde gekennzeichnet durch eine immer strengere Unterscheidung zwischen der Kultur der herrschenden Klassen und der handwerklichen und bäuerlichen Kultur sowie durch eine einseitige Indoktrinierung der Volksmassen«. (Ginzburg, *Der Käse und die Würmer. Die Welt eines Müllers um 1600*, Frankfurt 1979, S. 173.)

3 Norbert Elias, *Über den Begriff der Zivilisation. Soziogenetische und psychogenetische Untersuchungen* (1969), 2 Bde., Frankfurt 1979.

4 Philippe Ariès, *L'enfant et la vie familiale sous l'Ancien Régime*, Paris, 2. Aufl. 1973 (dt. *Geschichte der Kindheit*, München/Wien 1975).

5 *Jenaische Allgemeine Literaturzeitung* vom 21./22. Januar 1806. Nach: A. v. Arnim/C. Brentano, *Des Knaben Wunderhorn. Alte deutsche Lieder*, Bd. 3, Meersburg 1928, S. 431.

6 In der christlichen Tradition des Mittelalters war *Wahrheit* die geoffenbarte Heilswahrheit; die Lehre vom »mehrfachen Schriftsinn« war der hermeneutische Schlüssel zum Verständnis der Wahrheit der Texte, die Tradition ihre wichtigste Stütze. Auch in der ritterlichen Dichtung war *Wahrheit* wesentlich durch Tradition (des Stoffes, der Vorlage) verbürgt und auch hier gibt es qualitativ unterschiedliche »Wahrheiten«. Das Wahrheits-Paradigma der Neuzeit entwickelt sich hingegen in Auseinandersetzung mit Empirie, Beweisbarkeit, Kausalität. Die Wahrheit von Texten ist dann entweder eine Frage der »Faktizität« einerseits, der »poetischen Wahrheit« andererseits. Erstere wird von der »Sachprosa« gefordert, letztere der »Dichtung« konzediert. Zum Wahrheitsbegriff des Mittelalters vgl. F. Ohly, ›Vom geistigen Sinn des Wortes im Mittelalter‹, in: *Zeitschrift für deutsches Altertum* 89 (1958), S. 1 ff; W. Dittmann, ›*Dune hâst niht wâr, Hartman*!‹ Zum Begriff der *wârheit* in Hartmanns

›Iwein‹, in: *Festgabe für Ulrich Pretzel*, hrsg. v. W. Simon u. a., Berlin 1963, S. 150 ff.

7 Zur Entwicklung des neuzeitlichen Wahrheitsverständnisses in der Poesie vgl. W. Kayser, *Die Wahrheit der Dichter. Wandlungen eines Begriffes in der deutschen Literatur*, Hamburg 1959. Die zitierte Unterscheidung findet sich in der deutschen Übersetzung (1569) des spanischen Amadis-Romans (nach W. Kayser, a.a.O., S. 11). »Ertichtet« ist im Sprachgebrauch des 16. Jahrhunderts nicht selten gleichbedeutend mit »erlogen, falsch«, vgl. z. B. Luther, *Weimarer Ausgabe* 38, S. 150. Zur Wortgeschichte vgl. *Deutsches Wörterbuch*, Bd. III, S. 771 f.

8 Auf diesen dreifachen Nenner (Fabulöses als Sache der Dummen = der Unterschichten und der Kinder; als »ineffektiv« im Sinne frühbürgerlicher Industriosität und als unchristlich, unmoralisch) lassen sich die zahlreichen Invektiven gegen »Tandmären«, »alter Weiber Tand«, »Kunkelmären«, »Narreteien« etc. bringen, die im 16./17. Jahrhundert von den Intellektuellen gegen krude fabulöse Stoffe geführt werden. Aufgenommen wurden dabei Begriffe antiker Autoren, so »Altweibergeschichten« (*fabulae aniles*), die vor allem durch das Neue Testament bekannt gewesen sein dürften (1. Timotheus 4, 7 – Luther übersetzt »altvettelsche fabeln«, revidierter Luther-Text von 1952 »Altweiberfabeln«); ferner: »Ammenmärchen« (*fabulae nutricularum*, Quintilian). Vgl. dazu Bolte-Polívka, *Anmerkungen zu den Kinder- und Hausmärchen der Brüder Grimm*, Bd. IV, Leipzig 1932, S. 41 ff.; Artikel ›Tandmäre‹ (*Deutsches Wörterbuch* XI, 1, 1, S. 107 f.); ›Ammenmärchen‹ (*Enzyklopädie des Märchens* I, Sp. 463 f.) und ›Märchen‹ (*Deutsches Wörterbuch* VI, S. 1618 ff.).

9 Vgl. E. Moser-Rath, *Predigtmärlein der Barockzeit. Exempel, Sage, Schwank und Fabel in geistlichen Quellen des oberdeutschen Raumes*, Berlin 1964; E. H. Rehermann, *Das Predigtexempel bei protestantischen Theologen des 16. und 17. Jahrhunderts*, Göttingen 1977. Zur Didaktisierung eines Stoffes vgl. Dieter Richter, *Schlaraffenland. Geschichte einer populären Phantasie*, Köln 1984, S. 90–94. Schon in den Predigten des Franziskaners Berthold von Regensburg (13. Jahrhundert) wird Fabulöses entweder entlarvt (so die durch Hans Sachs' Schwank später bekannt gewordene Geschichte von der »Botschaft aus der Hölle« (II, 18, 13 ff.; 34, 18 ff.) oder mit Lehrabsicht eingeführt (I, 572, 13 ff. *Unde dâ von wil ich iu ein mærlîn sagen* ... Berthold von Regensburg, Vollständige Ausgabe seiner Predigten, hrsg. v. F. Pfeiffer und J. Strobl, 2 Bände, Wien 1862, 1880, neu hrsg. v. K. Ruh, Berlin 1965).

10 J. G. Schummel, *Kinderspiele und Gespräche*, 2. Theil, Leipzig 1777, S. 270. Abdruck und Anmerkungen bei A. Wesselski, *Deutsche Märchen vor Grimm*, Brünn/Leipzig 1938, S. 11–16 und 309–314.

11 E. Leyde, *Sittenlehre der Kinderstube*, Berlin 1839, S. 117–123. (»Du sollst keusch und züchtig leben in Worten und Werken!«) Die Wärterin erzählt »die allbekannten Märchen vom Pfefferkuchenhäuschen, vom

gestiefelten Kater, von dem dummen Hans und dergleichen mehr. [...] Da konnte aber nichts toll und bunt genug sein. [...] Da die Wärterin von niederem Stande war, sprach sie am liebsten plattdeutsch ...« (S. 117−118).

12 Vgl. Q. Gerstl, *Der erzieherische Gehalt der ›Kinder- und Hausmärchen‹*, Diss. München 1963, S. 34 ff.; U. Bastian, *Die ›Kinder- und Hausmärchen‹ der Brüder Grimm in der literaturpädagogischen Diskussion des 19. und 20. Jahrhunderts*, Frankfurt 1981; D. Richter/J. Merkel, *Märchen, Phantasie und soziales Lernen*, Berlin 1974, S. 18−53.

13 Vgl. Anmerkung 1, ferner R. Muchembled, *Culture populaire et culture des élites dans la France moderne. XVᵉ−XVIIIᵉ siècles*, Paris 1978 (dt. *Kultur des Volkes, Kultur der Eliten. Die Geschichte einer erfolgreichen Verdrängung*, Stuttgart 1982).

14 Ich verweise nur auf Linda Degh, *Märchen, Erzähler und Erzählgemeinschaft*, Berlin 1962; Aurora Milillo, *Narrativa di tradizione orale*, Roma 1977; Felix Karlinger, ›Märchenerzähler und Nacherzähler in der Romania‹, in: *Festschrift G. Rohlfs*, Tübingen 1968, S. 257−268; Ulrich Tolksdorf, *Eine ostpreußische Volkserzählerin*, Marburg 1980; Rainer Wehse (Hrsg.), *Märchenerzähler-Erzählgemeinschaft*, Kassel 1983; Elfriede Moser-Rath, ›Gedanken zur historischen Erzählforschung‹, in: *Zeitschrift für Volkskunde* 69 (1973), S. 61−81; Christa Federspiel, *Vom Volksmärchen zum Kindermärchen*, Wien 1968.

15 L. Degh, a.a.O., S. 73 und 99.

16 L. Degh, a.a.O., S. 97; Chr. Federspiel, a.a.O., S. 58 und 93−97.

17 L. Degh, a.a.O., S. 109.

18 Vgl. dazu L. Degh, a.a.O., S. 97 ff.; F. Karlinger (wie Anmerkung 14); ferner: ders., *Italienische Volksmärchen*, Düsseldorf 1973, S. 266 (»Einen starken Anteil von den Erzählern stellte die Gruppe der Bettler, Hausierer, Landstreicher bis zu Asozialen, also Volk, das ebenso wie die Wanderhirten viel herumkommt. Stellt man sich diesen Typus eines Erzählers vor Augen, so muß man ganz mit jenem Bild der erzählenden Großmutter brechen, wie es uns seit der Erstausgabe der Märchen von Charles Perrault aus dem Jahre 1697 vertraut ist. Ein Blick in die neuere Erzählforschung zeigt zudem, daß das männliche Element im Bereich der Erzählpraxis überwiegt«. Es folgen Angaben zu Rumänien und Portugal.). Vgl. auch S. Lo Nigro, *Tradizione e invenzione nel racconto popolare*, Firenze 1964. Auch der niederdeutsche Sammler W. Wisser formuliert kritisch gegenüber einem verbreiteten Mythos: »Daß also die Frauen die Schatzhüterinnen des Märchens sind, ist nur ein schöner Gedanke.« (*Plattdeutsche Volksmärchen*, Jena 1927, S. XXVI).

19 L. Degh, a.a.O., S. 97.

20 Angelo Poliziano illustriert seine Auffassung, daß Geschichten (*fabellae*), »auch solche die für altweiberhaft gelten« gelegentlich sogar »ein Werkzeug der Philosophie« sein können, mit der Geschichte, die die Großmutter ihm als Kind (*puerulo*) von den Lamien erzählt habe, die weinende

Kinder fräßen. »Wie groß war da meine Angst vor der Lamia, wie groß
der Schrecken.« (nach Bolte-Polivka, a.a.O., IV, S. 56; vgl. auch ebd. IV,
S. 64, Nr. 101). Distanziert erinnert sich auch Hans Wilhelm Kirchhof
(*Wendunmut*, hrsg. v. H. Österley, Bd. I, Stuttgart 1869, S. 218): »Darvon
merckt dise fabel, welch ich in mein kindischen jaren die spinnenden
meidlin deß abendts hab hören sagen.«

21 H. Bausinger, *Formen der »Volkspoesie«*, Berlin 1968, S. 10, 14.

22 G. Cocchiara, *Storia del folklore in Europa*, Torino ²1972, S. 255.

23 C. Ginzburg, *Der Käse und die Würmer*, a.a.O., S. 11 f.

24 G. Basile, *Lo cunto de li cunti*, a cura di Mario Petrini, Roma 1976, S. 14.

25 Lo cunto, a.a.O., S. 126.

26 *Der Pentamerone oder Das Märchen aller Märchen*, aus dem Neapolitanischen übertragen von F. Liebrecht, Bd. 1, Breslau 1846 (Nachdruck
Hildesheim 1973), S. VI.

27 Brüder Grimm, *Kinder- und Hausmärchen*, hrsg. v. H. Rölleke, Bd. 1,
Stuttgart 1980, S. 17.

28 Vgl. auch K. A. Mayer, ›Eine neapolitanische Märchensammlung aus der
1. Hälfte des 17. Jahrhunderts‹, in: *Herrigs Archiv* 24 (1869), S. 14: »Es
scheint also, dass dieses Buch seiner Zeit auch zur Ergötzlichkeit der
Kinder diente, was uns billig verwundern muss, wenn auch die italienische
Jugend viel früher als die unsre mit den geschlechtlichen Verhältnissen
bekannt wird.« Von den »italiänischen *Kinder*märchen« hatte auch Bren-
tano im Brief vom 23. 12. 1805 an Arnim gesprochen (C. Brentano,
Briefe, hrsg. v. F. Seebaß, Bd. 1, Nürnberg 1951, S. 291); ebenso Arnim im
Brief vom 3. 6. 1820 an J. Grimm (R. Steig, *C. Brentano und die Brüder
Grimm*, Stuttgart 1914, S. 229: »das italienische Kindermärchenbuch«).
Felix Liebrecht, der deutsche Übersetzer, stellt hingegen klar, daß die
Märchen »in ihrer vorliegenden Gestalt keineswegs für Kinder bestimmt
sind« (*Der Pentamerone*, a.a.O., I, 396).

29 So J. Grimm, in: *Der Pentamerone*, a.a.O., S. VII (»ein [...] für ihre
einfachheit ungeeigneter schwulst des vortrags«). Bemerkenswert ist auch,
daß Jacob Grimm und Friedrich Heinrich von der Hagen, die ein bzw.
drei Märchen Basiles deutsch herausbrachten, auf die sprachliche Form
des barocken Originals dabei keinen Wert legten, die Märchen Basiles
also auch in diesem Sinne ver-deutschten (J. Grimm, *Taschenbuch für
Freunde altdeutscher Zeit und Kunst auf das Jahr 1816*, S. 321 ff.; auch
Kleinere Schriften, Bd. 6, Berlin 1882, S. 226 ff.; F. H. von der Hagen,
Erzählungen und Märchen, Prenzlau 1825, 2. Auflage 1838, S. 209 ff.).

30 G. Basile, *Il Pentamerone*, tradotto dall' antico dialetto napoletano da
B. Croce, Bari 1925, XVII.

31 Vgl. dazu Mario Santoro, ›Letteratura e società nell' età aragonese‹, in:
Storia di Napoli IV/2, Napoli 1974, S. 317 ff., und Michele Rak, ›La
tradizione letteraria popolare-dialettale napoletana tra la conquista spa-
gnola e le rivoluzioni del 1647–48‹, ibid., S. 573 ff.

32 Lo cunto, a.a.O., S. 171.

33 M. Rak, ›La tradizione letteraria popolare-dialettale‹, a.a.O., S. 654.
34 *Lo cunto*, a.a.O., S. III (Vorrede).
35 Vgl. F. Karlinger, ›Witz und Ironie im Neapel des Seicento‹, in: *Italienische Studien* 1 (1978), S. 19−28.
36 *Lo cunto*, a.a.O., S. 13.
37 Der ins Groteske verzerrte Typ der häßlichen Alten aus dem Volk taucht im *Pentamerone* öfter auf, vgl. I, 10; II, 7. Von brutaler Häßlichkeit ist auch der bäuerliche Held des etwa gleichzeitig entstandenen und weit verbreiteten »Volksbuches« *Bertoldo* von Giulio Cesare Croce (G. C. Croce, *Bertoldo e Bertoldino*, a cura di G. Dossena, Milano ²1981, S. 4). − Daß, wer sozial unten auch häßlich ist, diese Auffassung liegt auch einer Schmeichelei in Straparolas Schwank ›Simplicio di Rossi‹ zugrunde, wo von einer jungen Frau gesagt wird, daß sie »für eine Dörflerin als sehr schön galt«. Auch im *Decamerone* heißt es von dem jungen Klostergärtner Masetto, er sei »für einen Dörfler von hübschem Aussehen«. Vgl. ferner M. Bachtin, *Rabelais and His World*, Cambridge/Mass. 1968, S. 303 ff. (›The Grotesque Image of the Body and Its Sources‹).
38 *Lo cunto*, a.a.O., S. 13.
39 Nach Anfängen in der höfischen Epik finden sich umfangreiche Spielregister in Meister Altswerts Lehrgedicht ›Der Tugend Schatz‹ (Elsaß um 1380), in Rabelais' *Gargantua et Pantagruel* (1532/64) sowie in Fischarts *Gargantua* (1578). Auch Brueghels bekanntes »Kinderspiele«-Bild (1560) gehört in den Zusammenhang der »Spielregister«. Im *Pentamerone* werden zu Beginn des vierten Erzähltages weitere 14 Spiele aufgeführt. Penzer verweist auf einen weiteren Spielkatalog Basiles in den »Briefen« sowie ein Spielregister bei einem anderen neapolitanischen Autor der Zeit (N. Penzer, *The Pentamerone*, vol. I, London 1932, p. 131, A. 2). Auch die einzelnen Spiele sind bei Penzer erläutert (I, 132−34; II, 1).
40 *Lo cunto*, a.a.O., S. 493.
41 G. Boccaccio, *Opere*, a cura di C. Segre, Milano 1966, p. 32. (Darin, daß es allen Vergnügen bringt, so Pampinea, sei das Geschichtenerzählen dem Spiel überlegen.)
42 *Lo cunto*, a.a.O., S. 7. Vgl. dazu auch M. Rak, ›Fonti e lettori nel ›Cunto de li cunti‹ di G. B. Basile‹, in: *Tutto è fiaba*, Milano 1980, S. 81 ff.
43 Vgl. zum folgenden M. Rak, ›La tradizione letteraria popolare-dialettale‹, a.a.O., S. 575−79.
44 Die sprachliche Situation war also die: die Unterschichten sprachen *nur*, die Oberschichten *auch* neapolitanisch, letzteres umgangssprachlich auch bei Hofe und in den Familien.
45 Pompeo Sarnelli, *Posilecheata*, hrsg. v. J. Pögl, Salzburg 1982, S. 2 (Texte romanischer Volksbücher, 8).
46 M. Rak, ›La tradizione letteraria‹, a.a.O., S. 575.
47 N. Elias, *Über den Prozeß der Zivilisation*, Bd. I, Frankfurt 1978, S. 145.
48 G. della Casa, *Galateo ovvero de' costumi*, Milano 1950, S. 67 (cap. 23).
49 *Lo cunto*, a.a.O., S. 162. Der deutsche Übersetzer enträumlicht: »Es war

einmal *ungefähr* acht Meilen von Neapel in der Nähe der *Sümpfe* ...«
(Liebrecht, *Der Pentamerone*, a.a.O., S. 219).

50 *Lo cunto*, a.a.O., S. 348 (IV, 8).

51 *Lo cunto*, a.a.O., S. 16.

52 *Lo cunto*, a.a.O., S. 162 (II, 7).

53 *Lo cunto*, a.a.O., S. 8.

54 G. della Casa, *Galateo*, a.a.O., S. 67.

55 Ähnlich wird im *Pentamerone* III, 5 eine nächtliche Diarrhoe mit Petrarca-Zitaten stilisiert.

56 Vgl. D. Richter: ›Heraus, heraus die Hörner streck ...‹ Über einen Kinderreim in einem Märchen des »Pentamerone« und seinen erotischen Sinn‹, in: *Kindheit* 4 (1982), S. 249–252. – Ferner: *Lo cunto*, a.a.O., S. 221 und 222 (III, 3) und öfter.

57 Vgl. W. Propp, *Le radici storiche dei racconti di magia*, Roma 1977.

58 Z. B. *Lo cunto*, a.a.O., I, 2; II, 5.

59 *Lo cunto*, a.a.O., III, 4.

60 *Lo cunto*, a.a.O., I, 3.

61 *Lo cunto*, a.a.O., III, 6.

62 Z. B. *Lo cunto*, a.a.O., I, 1; III, 5.

63 *Lo cunto*, a.a.O., S. 422 (= V, 8).

64 *Lo cunto*, a.a.O., S. 421.

65 *Lo cunto*, a.a.O., I, 6.

66 *Lo cunto*, a.a.O., S. 22.

67 *Lo cunto*, a.a.O., S. 357 (IV, 9). – Die Hochschätzung des erwachsenen Bruders vor den kleinen Kindern wird schon an klassischem Ort formuliert: Sophokles, *Antigone*, 909–12.

68 Basiles Märchen ›Il corvo‹ (IV, 9) ist auf dem Weg über Gozzis Drama in die deutsche Kinderliteratur gekommen: es ist das erste Märchen des *Pentamerone* im deutschen Sprachraum. (J. G. Schummel, *Kinderspiele und Gespräche*, Bd. III, Leipzig 1778. Abdruck: A. Wesselski: *Deutsche Märchen vor Grimm*, Brünn/Leipzig 1938, S. 184–193). Zur Oper: *Ravnen, Trylle-opera i III acter af H. C. Andersen. Musiken af J. P. E. Hartmann*, Kjöbnhavn 1839.

69 Ch. Perrault, *Contes*, ed. G. Rouger, Paris 1967, LXVIII.

70 Perraults Sohn war zum Zeitpunkt des Erscheinens der Sammlung 19 Jahre alt und königlicher Offizier; er starb drei Jahre später. Im Vorwort spricht er von sich als »*enfant*« (vgl. Ch. Perrault, a.a.O., XVII). Zum strittigen Verfasserproblem vgl. P. Bonnefon, ›Les dernières années de Charles Perrault‹, in: *Révue d'Histoire Littéraire de la France* 1906; J. Funck-Brentano, ›De qui sont les *Contes* de Perrault?‹, in: *Révue des Deux Mondes* 1934, S. 650–659; P. Delarue, ›L'œuvre d'un enfant de Paris‹, in: *Bulletin folkloristique d'Île de France* XIII (1951), S. 195–201, 221–228, 251–260, 289–291; XIV (1951) 348–357. Der Streit um die Verfasserfrage hält bis in die jüngste Zeit an. Vgl. Ch. Perrault, ed. Rouger, a.a.O., XIII–XVIII (für die Verfasserschaft des Sohnes); T. di

Scanno, *Les Contes de Fées a l'epoque classique*, Napoli 1975, S. 31–34
(für die Verfasserschaft des Vaters).

71 Ch. Perrault, a.a.O., S. 89 (Vorwort).

72 Ch. Perrault, a.a.O., S. 89.

73 Abb. hier S. 203

74 Ch. Perrault, a.a.O., S. 89.

75 Vgl. unten Kap. 4.

76 Ch. Perrault, a.a.O., S. 103.

77 Vgl. M.-E. Storer, *La mode des Contes de Fées*, Paris 1928; H. Krüger,
    Die Märchen von Charles Perrault und ihre Leser, Diss. Kiel 1969.

78 F. Karlinger, *Einführung in die romanische Volksliteratur*, München
    1969, S. 163.

79 Auf diesen Zusammenhang weist Helga Krüger (a.a.O., S. 147–151) hin.

80 Vgl. Evariste Gherardi, *Le théatre italien*, Paris 1700. Dort ist z. B. für die
    Zeit um 1700 die Aufführung eines Stücks *Fées ou les Contes de ma mere
    l'oye, Comédie en un acte* bezeugt.

81 ›La Belle au Bois Dormant‹ (vgl. *Pentamerone* V, 5); ›Le Maître Chat ou
    Le Chat Botté‹ (vgl. *Pentamerone* II, 4); ›Cendrillon‹ (vgl. *Pentamerone* I,
    6); ›Le Petit Poucet‹ (vgl. *Pentamerone* I, 4 und III, 8).

82 Ch. Perrault, a.a.O., S. 115 und 113.

83 Ch. Perrault, a.a.O., S. 113.

84 Basile, Lo cunto, a.a.O., II, 5.

85 Ch. Perrault, a.a.O., S. 97.

86 Ebd., S. 98.

87 Ebd., S. 99.

88 Ebd., S. 102.

89 Ebd., S. 102.

90 Vgl. F. Apel, *Die Zaubergärten der Phantasie*, Heidelberg 1978, S. 42.

90a Zur Verfeinerung der Sitten bei Perrault gegenüber Basile vgl. jetzt auch
     Volker Klotz, *Das europäische Kunstmärchen*, Stuttgart 1985, S. 68–70.

91 Es geht um das Märchen ›Die Hochzeit der Frau Füchsin‹ (*Kinder- und
    Hausmärchen* 38). Arnims Kritik nach H. Rölleke (Hrsg.), *Kinder- und
    Hausmärchen*, Bd. III, Stuttgart 1980, S. 458.

92 Ch. Perrault, a.a.O., S. 104.

93 Ebd., S. 105.

94 Vgl. W. Scherf, *Lexikon der Zaubermärchen*, Stuttgart 1982, S. 54.

95 Ch. Perrault, a.a.O., S. 164.

96 G. Basile, Lo cunto, a.a.O., I, 6.

97 Ch. Perrault, a.a.O., S. 147–49.

98 Ebd., S. 187.

99 Ebd., S. 190.

100 Ebd., S. 193.

101 Ebd., S. 197.

102 Ebd., S. 89.

103 Vgl. C. Speroni, ›Proverbs and Proverbial Phrases in Basile's »Pentame-

ron«‹, in: *University of California Publications in Modern Philology* 24/2, S. 181–288.

104 L. Mourey, *Introduction aux contes de Grimm et Perrault*, Paris 1978; J. Zipes, *Rotkäppchens Lust und Leid, Biographie eines europäischen Märchens*, Köln 1982, S. 22–31; H. Suhrbier, *Blaubarts Geheimnis*, Köln 1984, S. 21–24.

105 J. Zipes, a.a.O., S. 26.

106 Ebd., S. 22.

107 Ebd., S. 24 und 22.

108 Ch. Perrault, a.a.O., S. 128.

109 H. Suhrbier, a.a.O., S. 22.

110 Ch. Perrault, a.a.O., S. 174.

111 Ebd., S. 175.

112 Vgl. F. Apel, a.a.O., S. 43–44 (»Der geistreiche Dialog ist überhaupt eines der konstitutiven Elemente der Feenmärchen«).

113 Vgl. M. Soriano, *Les Contes de Perrault. Culture savante et traditions populaires*, Paris 1968.

114 Ch. Perrault, a.a.O., S. 103.

115 Ebd., S. 104. – Die »Sauce Robert«, eine Weinessigsoße, war eine aktuelle kulinarische Kreation; ein Koch Ludwigs XIV. war ihr Erfinder (a.a.O., S. 299).

116 Vgl. M. Soriano, a.a.O., S. 340.

117 Vgl. M. E. Storer (wie Anmerkung 77); J. Barchilon, *Le conte merveilleux français de 1690 à 1790*, Paris 1975; H. Hillmann, ›Wunderbares in der Dichtung der Aufklärung, Untersuchungen zum französischen und deutschen Feenmärchen‹, in: *Deutsche Vierteljahrsschrift* 43 (1969), S. 76–113; F. Roche-Mazon, *Autour des contes de fées*, Paris 1968; F. Apel, a.a.O., (wie Anm. 90), S. 47 ff.; V. Klotz, a.a.O. (wie Anm. 90a), S. 79 ff.

118 Die Bedeutung der Oper für die Weitergabe von Märchenstoffen ist bisher kaum erforscht. Lediglich Bruchstücke aus dem reichen Märchenopernfundus sind verzeichnet bei Leopold Schmidt, *Die Geschichte der Märchenoper*, Diss. Rostock 1896, und J. G. Danzinger, *Sage und Märchen im Musikdrama*, Prag 1916.

119 Hierher gehört z. B. die Sammlung *Märchen für junge Damen, oder Beyträge zur Mädchen-Philosophie*, Bern 1774.

120 Z. B. *Neue Feen- und Geister-Mährchen, von Verfassern der Abendstunden*, Leipzig 1768.

121 *Das Cabinet der Feen oder gesammelte Feen-Märchen in neun Theilen.* 1. Bd., 2. Aufl., Nürnberg 1820, Vorbericht.

122 A. L. Grimm, *Kindermährchen*, 2. Aufl., Heidelberg 1817, S. 1–104.

123 *Ammenmärchen*, Weimar 1791, S. 2 (Vorerinnerung). – Zum Titel vgl. auch: *Mährchen einer Amme*, o. O., 1764.

124 [F. W. Zachariae:] *Zwey schöne neue Mährlein als I. von der schönen Melusinen, einer Meerfey, II. von einer untreuen Braut, die der Teufel*

hohlen sollen. Der lieben Jugend und dem ehrsamen Frauenzimmer zu beliebiger Kurzweil in Reime verfasset, Leipzig 1772; [C. W. Guenther:] *Kindermährchen, aus mündlichen Erzählungen gesammlet,* Erfurt 1787; *Mährchen und Erzählungen für Kinder und Nichtkinder,* Riga 1796; J. G. Müchler, *Das goldene Büchelchen für Kinder von 3 bis 6 Jahren,* Königsberg 1799; K. A. Eschke, *Kindermärchen,* 3. Aufl., Berlin 1805; A. S. Gerber, *Märchen und Erzählungen für Kinder und junge Leute,* Riga 1809; *Neue Mährchen für reifere Knaben und Mädchen,* Leipzig 1812.

125 *Kinder-Moral in Feen-Mährchen,* 4 Bände, Weimar 1808.

126 *Lo cunto* III, 4 (Sapia Liccarda).

127 F. J. Bertuch, *Die Blaue Bibliothek aller Nationen,* Bd. 1, Gotha 1790, S. 87–126. Gekürzte Wiedergabe in: F. Apel/N. Miller (Hrsg.), *Das Kabinett der Feen. Französische Märchen des 17. und 18. Jahrhunderts,* München 1984, S. 111–133.

128 *Kinder-Moral in Feen-Mährchen,* Bd. 2, Weimar 1808, S. 93–184 (= *Blaue Bibliothek für Kinder,* 2).

129 Ebd., S. 106 und 107.

130 *Kinder- und Hausmärchen, gesammelt durch die Brüder Grimm,* Berlin 1812.

131 J. K. A. Musäus, *Volksmärchen der Deutschen,* Stuttgart 1974, S. 12.

132 A. L. Grimm, *Kindermährchen* (1809), 2. Aufl., Heidelberg 1817, S. IV.

133 Vorrede 1812, nach: Wilhelm Grimm, *Kleinere Schriften,* hrsg. v. G. Hinrichs, Bd. I, Berlin 1881, S. 327. In diesem Zusammenhang tadeln die Brüder Grimm den ansonsten sehr geschätzten Basile gerade wegen seiner poetischen Kunstfertigkeit: »Welch ein viel besseres Märchenbuch als das unsrige hätte dieser mit der damaligen Sprache und mit seinem bewunderungswürdigen Gedächtnis aufschreiben können, wenn er anders den Werth einer getreuen ungefälschten Aufzeichnung erkannt hätte.« (S. 326, Anm. 1).

134 Brief an Ludowine von Haxthausen vom 21.1. 1813, in: *Die Brüder Grimm, ihr Leben und Werk. Selbstzeugnisse, Aufzeichnungen und Briefe,* Ebenhausen 1952, S. 63.

135 J. Grimm, *Circular wegen Aufsammlung der Volkspoesie,* Wien 1815. Facsimile, mit einem Nachwort von K. Ranke, hrsg. v. L. Denecke, Kassel 1968.

136 Ich verweise nur auf die zusammenfassenden Darstellungen von Heinz Rölleke (Hrsg.), *Brüder Grimm, Kinder- und Hausmärchen,* Bd. III, Stuttgart 1980, S. 597–600, und ders., *Die Märchen der Brüder Grimm,* München/Zürich 1985, S. 86 ff.

137 Siehe dazu Teil 3, 2.

138 Hier und im folgenden nach Wilhelm Grimm, *Kleinere Schriften,* a.a.O., S. 317–319.

139 ›Rede auf Wilhelm Grimm‹ (1860), in: J. Grimm, *Kleinere Schriften,* Bd. I, Berlin 1864, S. 166 f.

140 Jacob Grimm, ›Selbstbiographie‹ (1831), in: *Kleinere Schriften,* Bd. I,

a.a.O., S. 1 ff.; Wilhelm Grimm, ›Selbstbiographie‹ (1831), in: *Kleinere Schriften*, Bd. I, a.a.O., S. 3 ff. Es ist auffallend, wie sehr die beiden für ein Gelehrtenlexikon abgefaßten biographischen Texte »innere« Lebensgeschichte sind und Privates mitteilen.

141 W. Grimm, ›Selbstbiographie‹, a.a.O., S. 8.

142 Nach dem frühen Tod des Vaters rackert sich die Mutter für die fünf Kinder ab, unterstützt durch die resoluten Tanten Schlemmer und Zimmer; die letztere ermöglichte Jacob und Wilhelm den Besuch des Gymnasiums in Kassel und vermittelte ihnen einen Freitisch. Nach dem Tod der Mutter führt die 15jährige Schwester Lotte den Haushalt; Jacob hat schon seit dem Tod des Vaters eine Art Vaterrolle übernommen, hält die Familie zusammen. Aus dem Zwang zur Sparsamkeit entwickelt er eine harte Doktrin, unter der vor allem die beiden »Taugenichtse« Carl und Ferdinand zu leiden haben. Drei der fünf Brüder Grimm blieben zeitlebens unverheiratet. Zur Lebensgeschichte vgl. jetzt Gabriele Seitz, *Die Brüder Grimm. Leben, Werk, Zeit*, München 1984; Irma Hildebrandt, *Es waren ihrer fünf. Die Brüder Grimm und ihre Familie*, Köln 1984; Dieter Henning/Bernhard Lauer (Hrsg.), *Die Brüder Grimm. Dokumente ihres Lebens und Wirkens*, Kassel 1985 (Katalog *200 Jahre Brüder Grimm*, 1).

143 Erinnerung an Geschichtenerzählen in der Kindheit taucht bei Jacob Grimm anläßlich des Märchens ›Die Hochzeit der Frau Füchsin‹ (*Kinder- und Hausmärchen* 38/1) auf. An Savigny schreibt er darüber: »Mir eins der liebsten und sehr poetisch, vielleicht weil es mir von Jugend auf erzählt worden ist.« (*Briefe der Brüder Grimm an Savigny*, hrsg. v. W. Schoof, Berlin 1953, S. 423 f.).

144 Vgl. Reinhold Steig (Hrsg.), *Achim von Arnim und Jacob und Wilhelm Grimm*, Stuttgart/Berlin 1904; ders., *Clemens Brentano und die Brüder Grimm*, Stuttgart/Berlin 1914.

145 Vgl. dazu Heinz Rölleke (Hrsg.), *Kinder- und Hausmärchen*, Bd. III, a.a.O., S. 598–602; ders., *Die Märchen der Brüder Grimm*, a.a.O., S. 70–85.

146 W. Grimm, *Kleinere Schriften*, a.a.O., S. 318.

147 Ebd., S. 319.

148 In der Erstausgabe folgte der Widmung eine – in den folgenden Ausgaben mehrfach veränderte und heutigen Lesern zumeist aus der Fassung von 1857 bekannte – Vorrede. Auch der 2. Band (1815) der Erstausgabe begann mit einer erneuten Vorrede. Den jeweiligen Vorreden folgten dann mit der 2. Auflage von 1819 eine Einleitung ›Über das Wesen der Märchen‹ (1. Band) sowie eine Einleitung ›Kinderwesen und Kindersitten‹ und ›Kinderglauben‹ – Alle Texte in W. Grimm, *Kleinere Schriften*, Bd. I, a.a.O., S. 317 ff.

149 W. Grimm, *Kleinere Schriften*, a.a.O., S. 333.

150 Ebd., S. 321 und 320.

151 Ebd., S. 335.

152 Ebd., S. 320. Das Bild von der armen »Nachlese der Ähren« findet sich

auch in Brentanos Widmungsgedicht ›Was reif in diesen Zeilen steht ...‹
(*Werke* I, München 1978, S. 619).

153 Hölderlin, *Sämtliche Werke*, hrsg. v. F. Beißner, Bd. 3, Stuttgart 1958,
S. 15.

154 Brief von Jacob an Wilhelm Grimm, 2. 10. 1814. Nach H. Rölleke
(Hrsg.), *Brüder Grimm, Kinder- und Hausmärchen*, Köln 1982, Bd. II,
S. 539.

155 W. Grimm, *Kleinere Schriften*, a. a. O., S. 322.

156 *Kinder- und Hausmärchen, gesammelt durch die Brüder Grimm*, 2.
vermehrte und verbesserte Auflage, Band 1, Berlin 1819, S. VIII.

157 Vgl. dazu H. Rölleke, a. a. O. (1982), S. 573 ff.; ders., a. a. O. (1985),
S. 86 ff.; D. Richter: ›Wie Kinder Schlachtens miteinander gespielt haben.
Von Schonung und Verschonung der Kinder in und vor einem Märchen
der Brüder Grimm‹, in: *Fabula* 27/1986, S. 1–11.

158 *Kinder- und Hausmärchen*, 2. Auflage, a. a. O., S. VI.

159 Vgl. H. Rölleke (wie Anm. 157); U. Bastian, *Die »Kinder- und Hausmärchen« der Brüder Grimm in der literaturpädagogischen Diskussion des
19. und 20. Jahrhunderts*, Frankfurt 1981, S. 31–38; Isa Benning, *Das
deutsche Märchen als Kinderliteratur*, Halle 1975.

160 Brüder Grimm, ›Vorrede‹ zur 2. Auflage, a. a. O., S. VIII.

161 Ebd., S. VIII.

162 Vgl. Ursula Bühler/Klaus Doderer, ›Das bedrückende Leben der Kindergestalten in den Grimmschen Märchen‹, in: K. Doderer (Hrsg.), *Klassische
Kinder- und Jugendbücher*, Weinheim 1969, S. 140. Danach tauchen in
51 von 200 Märchen Kinderfiguren auf, in 20 Texten erfüllen sie eine für
das Geschehen zentrale Funktion. – Dem Bereich der Märchen mit
Kinder-Helden gehören auch so gut wie alle heute in Deutschland »populären« Märchen an. Das gleiche gilt für die »Selektion« der Grimmschen
Märchenfiguren in den USA; vgl. dazu Linda Degh, ›Zur Rezeption der
Grimmschen Märchen in den USA‹, in: K. Doderer (Hrsg.), *Über Märchen
für Kinder von heute*, Weinheim 1983, S. 116–128 (dort S. 123).

163 H. Rölleke (Hrsg.), *Die älteste Märchensammlung der Brüder Grimm*,
Cologny-Genève 1975, S. 70.

164 Ebd., S. 71.

165 H. Rölleke (Hrsg.), a. a. O. (1980), I, S. 100.

166 Zu Basile vgl. oben S. 182. Perrault schätzten die Brüder Grimm: er habe
wirkliche »Kindermärchen« erzählt und »nichts hinzugesetzt und die
Sachen an sich, Kleinigkeiten abgerechnet, unverändert gelassen«; sie
tadeln jedoch Perraults Texte dafür, daß sie »manchmal unnötig gedehnt
und breit seien« (Vorrede zum 1. Band der *Kinder- und Hausmärchen*,
1812, in: W. Grimm, *Kleinere Schriften*, a. a. O., I, S. 326). Die Empfindlichkeit der Brüder Grimm gegenüber Perrault kommt auch darin zum
Ausdruck, daß sie aus der 2. Auflage der *Kinder- und Hausmärchen* die zu
deutlich an Perrault erinnernden Texte eliminiert haben (vgl. H. Rölleke
a. a. O., [1982], S. 565). Zum Verhältnis der Brüder Grimm gegenüber der

Feenmärchentradition des 18. Jahrhunderts vgl. Rölleke, a.a.O. (1980), Bd. III, S. 302 ff. Vgl. auch R. Hagen, ›Perraults Märchen und die Brüder Grimm‹, in: *Zeitschrift für deutsche Philologie* 74 (1955), S. 392−410.

167 Vgl. M. Bachtin, *L'œuvre de François Rabelais e la culture populaire au moyen âge et sous la Renaissance*, Paris 1970.

168 Brüder Grimm, ›Vorrede‹ zum 1. Band, a.a.O., S. 326.

169 W. Grimm, ›Über das Wesen der Märchen‹, in: W. Grimm, *Kleinere Schriften*, a.a.O., S. 333.

170 Ebd., S. 336.

171 Ebd., S. 335 f.

Anmerkungen

zu: B. Der romantische Blick

1 Georg Büchner, ›Lenz‹, in: *Werke in einem Band,* hrsg. v. H. Poschmann, Berlin/Weimar 1974, S. 108 f.
2 G. Lukács, *Die Theorie des Romans. Ein geschichtsphilosophischer Versuch über die Formen der großen Epik* (1916), Neuwied 1963, S. 79.
3 Die »biographische Idee« des durch Tugend gelungenen Lebens liegt zahlreichen Kindergeschichten des 18. und 19. Jahrhunderts zugrunde; die Kehrseite der Medaille sind die ebenso zahlreichen Geschichten vom durch Untugend mißlungenen Lebenslauf. In beiden Fällen realisiert sich die »biographische Idee« mit unaufhaltsamer Konsequenz nach dem Muster *Jung gewohnt – Alt getan.* Beispiele dazu bei M. L. Könneker, *Kinderschaukel. Ein Lesebuch zur Geschichte der Kindheit,* Bd. 1, Darmstadt 1976, S. 193 ff. Ferner z. B.: *Kinderbiographien bis an die Jahre ihres Bestimmungsstandes,* Altenburg 1783; *Aus dem Leben frommer Kinder,* Nürtingen o. J. (um 1800); A. F. Freville, *Lebensbeschreibungen merkwürdiger Kinder oder Muster der Nachahmung für das jugendliche Alter,* 3 Bände, Leipzig 1799; C. L. M. Müller, *Lebensbeschreibungen merkwürdiger Kinder,* Leipzig 1798; J. H. Campe, ›Kinderbibliothek‹, in: *Sämmtliche Kinder- und Jugendschriften,* Braunschweig 1830, Bd. 2, S. 173 ff. (›Folgen der Ordnung und der Unordnung‹); Bd. 3, S. 121 f. (›Whittington‹), S. 145 ff. (›Zwei ungleiche Brüder‹); Franz Otto (d. i. Otto Spamer), *Das Buch merkwürdiger Kinder,* Leipzig 1884. Ursprünglich in stark belehrendem Ton gehalten, nimmt die biographische Kindergeschichte im Laufe des 19. Jahrhunderts eine stärkere Wendung zum Unterhaltsamen, so etwa in den vielgelesenen Jugendschriften von Gustav Nieritz. Neben den Lebensbildern von Kindern in der Kinder- und Jugendliteratur gibt es schon früh auch für jugendliche Leser bearbeitete Biographien oder biographische Skizzen historischer Persönlichkeiten. Vgl. Johann Friedrich Franz, *Neuer Tugendspiegel oder Anecdoten und Charakterzüge aus dem Jugendleben denkwürdiger Personen alter und neuer Zeit,* Chur ²1830; Christoph Christian Sturm, *Jugendgeschichte berühmter Männer. Ein Lesebuch für die Jugend von reiferm Alter,* Halle 1777 (weltgeschichtliche Beispiele von Tugenden und Lastern nach Sachgruppen wie »Leichtsinn« etc. geordnet); *Frauenwürde oder Sammlung schöner weiblicher Charaktere und nachahmenswürdiger Beispiele weiblicher Tugend,* Magdeburg 1811 (22 Lebensbilder tugendhafter Frauen); Amalie Winter, *Deutsche Lebensbilder,* Leipzig 1838. Interessant ist in diesem Zusammenhang eine Knigge-Jugendbuchbearbeitung: Adolph Freiherr von

Knigge, *Über den Umgang mit Menschen, im Auszuge für die Jugend,* mit einer durchgängigen Beispielsammlung, von J. G. Gruber, 1. Th., Leipzig 1804. Der Bearbeiter zitiert dort (S. 117 ff.) ausführlich aus dem *Anton Reiser* – deutlich irritiert, daß der tugendhafte Hofrat Moritz eine solche Kindheit gehabt haben soll. (Zu Gruber vgl. J.-D. Kogel, ›Über den Umgang mit Kindern. Wie Knigge in die Kinder- und Jugendliteratur einging‹, in: *Die Schiefertafel* 4/1981, S. 63 ff.) Auch an »Substitutfiguren« wird die biographische Idee in der Kinder- und Jugendliteratur gern dargestellt; hierher gehört z. B. die Gattung der Puppenlebensläufe (A. Winter, *Memoiren einer Berliner Puppe,* 1840). Der ganze Komplex der »Biographik für Kinder« bedarf noch der Bearbeitung.

4 Vgl. dazu Teil 1, B.

5 G. Büchner, a.a.O., S. 125.

6 Chr. G. Salzmann, *Moralisches Elementarbuch,* Leipzig 1785, S. 78 f., 161 ff.; Campe, ›Kinderbibliothek‹, a.a.O., I, S. 109 f. (›Der arme Mann‹), II, S. 32 ff. (›Was ist Mitleid?‹). F. E. von Rochow, *Der Kinderfreund,* Bremen, o. J., I, S. 23 f. (›Das wohltätige Kind‹). M. L. Könneker, *Kinderschaukel,* a.a.O., I, S. 140 ff.

7 J. W. von Goethe, ›Die Leiden des jungen Werthers‹, in: *Werke,* Bd. VI, Hamburg [4]1960, S. 30 (Brief vom 29. Junius). Zum ursprünglichen Sinn des Bildwortes Jesu vgl. J. Jeremias, *Die Gleichnisse Jesu,* Göttingen [7]1965, S. 189 f.; H. Herter, ›Das unschuldige Kind‹, in: *Jahrbuch für Antike und Christentum* 4 (1961), S. 146–62 (dort S. 158–62); A. Lindemann, ›Die Kinder und die Gottesherrschaft‹, in: *Jahrbuch der Kirchlichen Hochschule Bethel,* N. F. 17 (1983), S. 77–104 (dort S. 91–95).

8 *Eigensinn:* Salzmann, *Moralisches Elementarbuch,* a.a.O., S. 122 f.; Campe, ›Kinderbibliothek‹, a.a.O., I, S. 99 (›Zwei Kinder, die sich selbst regieren wollen‹); Rochow, *Kinderfreund,* a.a.O., II, S. 32 (›Der Eigensinnige‹); F. Baratier, *Sittliche Gemälde guter und böser Kinder,* Nürnberg 1796, S. 7 f. (›Das eigensinnige Kind‹). *Mutwillen:* Campe, ›Kinderbibliothek‹, a.a.O., I, S. 83 (›Auf ein ander Mal bedächtiger‹), S. 117 (›Der Waghals‹); F. Baratier, *Sittliche Gemälde,* a.a.O., S. 47 f. (›Der verwegene Roland‹); F. Hoffmann, *150 moralische Erzählungen,* Stuttgart 1845, S. 167 (›Der Wildfang‹).

9 Goethe, *Werke,* a.a.O., S. 30.

10 C. Brentano, *Werke* 3, München [2]1978, S. 565. Zum Thema vgl. G. Schaub, *Le Génie Enfant. Die Kategorie des Kindlichen bei Brentano,* Berlin 1973.

11 Goethe, *Werke,* a.a.O., S. 10 (I, 12. Mai).

12 Ebd., S. 21 (I, 16. Junius).

13 Ebd., S. 37 (I, 8. Julius).

14 Ebd., S. 16 f. (I, 27. Mai).

15 Ebd., S. 30 (I, 29. Junius).

16 Ebd., S. 72 f. (II, 9. Mai).

17 L. Tieck, *Die Märchen aus dem Phantasus,* Darmstadt 1978, S. 69.
18 Ebd., S. 69.
19 Ebd., S. 72.
20 J. von Eichendorff, *Ahnung und Gegenwart,* hrsg. v. Reinhold Schneider, Vaduz 1947, S. 65 (I, 5).
21 Ebd., S. 65 f.
22 Ebd., S. 66.
23 Ebd., S. 67.
24 Ebd., S. 67.
25 Ebd., S. 67.
26 *Lo cunto,* a.a.O., p. 284 f.
27 *Gargantua et Pantagruel,* a.a.O., I, S. 28.
28 *Kinder- und Hausmärchen,* Vorrede von 1812, nach: Wilhelm Grimm, *Kleinere Schriften,* a.a.O., Bd. 1, S. 321.
29 C. Brentano, *Briefe,* hrsg. von F. Seebaß, Bd. I, Nürnberg 1951, S. 272. (Seebaß: ›Krämer verkaufen ...‹).
30 Marx' Kritik der Entfremdung ist in der romantischen Bewegung vorgeformt, z. B. in der Forderung nach allseitiger, nicht-spezialisierter künstlerischer Tätigkeit. Daß es in einer künftigen Gesellschaft »keine Maler, sondern höchstens Menschen, die unter Anderm auch malen« geben solle (Marx/Engels *Werke* 3, S. 378 f.), ist schon eine romantische Forderung gewesen (vgl. Arnims Brief an Brentano vom 4. April 1803, in: *Briefe,* a.a.O., S. 289). Auch der romantische Begriff vom »schöpferischen Volk« ist Kritik an der Professionalisierung der künstlerischen Tätigkeit als Folge der gesellschaftlichen Arbeitsteilung.
31 W. Grimm, a.a.O., S. 321.
32 *Sämtliche Schriften,* hrsg. v. K. Briegleb, Bd. II, hrsg. v. G. Häntzschel, München 1976, S. 118 f.
33 Von einem noch präkonsumistischen Verhältnis zur Kleidung ist Heinrich Lees Mutter (in Kellers *Grünem Heinrich*) bestimmt, als sie dem scheidenden Sohn die Hemden einpackt (1. Kapitel).
34 Vgl. Fritz Kramer, *Verkehrte Welten. Zur imaginären Ethnographie des 19. Jahrhunderts,* Frankfurt 1981.
35 Vgl. Siegfried Bernfeld, *Trieb und Tradition im Jugendalter. Kulturpsychologische Studien an Tagebüchern,* Leipzig 1931 (Neudruck Frankfurt 1978), S. 17.
36 Ebd., S. 17.
37 *Dichter über ihre Dichtungen: C. Brentano,* hrsg. v. W. Vordtriede, München 1970, S. 122.
38 Arnim träumte von der Einrichtung einer »Druckerei für das Volk« und einer »Schule für Bänkelsänger« samt angeschlossenen »Sängerherbergen in den Städten« sowie einer »allgemeinen Volksbücherei für ganz Deutschland« (Briefe an Brentano vom 9. Juli 1802 und 4. April 1803, in: *Briefe deutscher Romantiker,* hrsg. v. W. A. Koch, Wiesbaden o. J., S. 276 ff. und 288 ff.); Brentano von der Belebung des »geistlichen Kunst-

und Bilderhandels« (Brief an Joseph Görres vom 1. März 1828, in: F. Seebaß (Hrsg.), *C. Brentanos Briefe,* Nürnberg 1951, S. 311).

39 Die »Bürgerschreck-Kleidung« der beiden beschreibt Bettina in einem Brief an den Bruder (B. von Arnim, *Clemens Brentanos Frühlingskranz,* hrsg. v. H. Amelung, Leipzig 1921, S. 212 f.). Die Freunde benutzen in ihrer Korrespondenz gern Dialektales, Veraltetes oder Wendungen gemeinsamer alter Lesestoffe; der Briefwechsel bekommt so stellenweise fast den Charakter des »Privatsprachlichen«. – Mit dem »Wanderer« (und seiner Idealisierung) verherrlichen die Romantiker natürlich die Verkehrsform vor dem Linienverkehr des frühbürgerlichen Zeitalters, der Postkutsche.

40 Brief an die Gräfin Schlitz vom Juli 1802, in: *Briefe deutscher Romantiker,* a.a.O., S. 274–75.

41 Brentano an Arnim, 1. Juni 1806, in: *Briefe,* a.a.O., S. 316.

42 Der romantische Volkskultursammler gleicht damit den ethnologischen Reisenden des 19. Jahrhunderts: »Wie die Händler, die Siedler und Beamten in den Kolonien waren die ethnologischen Reisenden des 19. Jahrhunderts eigentlich nicht darauf aus, andere Kulturen kennenzulernen. In Wahrheit haben sie die Kunstwerke aller Völker der Erde zusammengerafft und nach Europa entführt, um sie in den ethnographischen Museen der Metropolen nach ihren eigenen Prinzipien zu ordnen. Der ethnologische Reisende war Sammler, und die Selbsterkenntnis, die er suchte, erwartete er nicht aus der Kommunikation mit den Angehörigen eines anderen Volkes – aus den abgestorbenen Dingen des *Museums* sollte sie ihm entgegentreten.« (F. Kramer, *Verkehrte Welten,* a.a.O., S. 70).

43 C. Gozzi, *Fiabe,* ed. Masi, Bologna 1885, vol. I, S. 27.

44 Nach C. Brentano, *Werke,* hrsg. v. W. Frühwald und F. Kemp, Bd. 3, München [2]1978, S. 1075.

45 *Sämtliche Schriften,* a.a.O., Bd. 4, S. 140.

46 Heinrich Heine, *Sämtliche Schriften,* a.a.O., Bd. I, S. 60 (›Buch der Lieder‹). Vgl. auch I, S. 181: »Mir war, als hört ich verschollne Sagen, / Uralte liebliche Märchen, / die ich einst, als Knabe, / Von Nachbarskindern vernahm, / Wenn wir am Sommerabend, / Auf den Treppensteinen der Haustür, / Zum stillen Erzählen niederkauerten ...« (›Die Nordsee‹). Ferner ›Bimini‹, ebd., IV, 1, S. 243 ff.

47 Ebd., S. 60.

48 Heinrich Heine, *Sämtliche Schriften,* a.a.O., II, S. 339.

49 Heinrich Heine, *Sämtliche Schriften,* a.a.O., IV, S. 607.

50 Ebd., S. 607.

51 Ebd., S. 615.

52 Eine Ausnahme ist die Amme Ginnistan in Novalis' ›Klingsohr‹-Märchen; sie ist jung und sexuell aktiv – auch gegenüber ihrem (groß gewordenen) Säugling.

53 Vgl. James B. Ross, ›Das Bürgerkind in den italienischen Stadtkulturen

zwischen dem 14. und dem frühen 16. Jahrhundert‹, in: Lloyd de Mause (Hrsg.), *Hört ihr die Kinder weinen,* a.a.O., S. 263 ff.

54 Vgl. z. B. *Allgemeine Revision des gesammten Schul- und Erziehungswesens,* a.a.O., Bd. 8, S. 303 ff. (die Ammen geben Näschereien und spielen mit den Geschlechtsteilen der Kinder).

55 Vgl. oben III, A.

56 *Dichter über ihre Dichtungen: C. Brentano,* a.a.O., S. 123.

57 Circularbrief, a.a.O., S. 1.

58 E. T. A. Hoffmann, *Die Serapionsbrüder,* Darmstadt 1963, S. 511.

59 Ebd., S. 253.

60 Ebd., S. 253.

61 Vgl. dazu jetzt D. Lenzen, *Mythologie der Kindheit,* Reinbek 1985, S. 346 ff.

62 W. Grimm, *Kleinere Schriften,* a.a.O., S. 318. Auf das »Herz aus den Tagen der goldenen Kindheit« setzt auch Albert Ludwig Grimm in der Widmung seiner *Kindermährchen* (1809) an eine »glückliche Mutter acht blühender Kinder« (A. L. Grimm, *Kindermährchen,* 2. Aufl., Heidelberg 1817, S. IV).

63 A. L. Grimm, *Kindermährchen,* a.a.O., S. IV.

64 *Ludwig Bechsteins Märchenbuch,* 12. Aufl., Leipzig 1853 (Nachdruck Düsseldorf 1977), S. XII.

65 *Sämtliche Werke,* hrsg. v. G. Fricke und H. Göpfert, Bd. 5, München 1962, S. 694.

66 Novalis, *Werke und Briefe,* hrsg. v. A. Kelletat, München 1962, S. 287.

67 Katharina Rutschky (Hrsg.), *Schwarze Pädagogik. Quellen zur Naturgeschichte der bürgerlichen Erziehung,* Frankfurt 1977, S. XXV.

68 J. J. Rousseau, *Émile ou de l'éducation,* in: *Oeuvres,* t. VIII, Paris 1826, p. 8; dt. von J. H. Heusinger, Stuttgart/Berlin o. J., S. 9 (*Rousseaus ausgewählte Werke,* Bd. 4).

69 Ebd., S. 10.

70 P. Gstettner, *Die Eroberung des Kindes durch die Wissenschaft. Aus der Geschichte der Disziplinierung,* Reinbek 1981, S. 89.

71 So Gstettner, a.a.O., S. 86.

72 Schiller, a.a.O., S. 697.

73 Jean Paul, *Levana oder Erziehlehre,* in: *Werke,* hrsg. v. N. Miller, Bd. 9, München 1975, S. 534.

74 *Werke,* hrsg. v. L. Bellermann, Bd. 1, Leipzig/Wien ²1922, S. 98.

75 Jean Paul, *Sämtliche Werke,* Weimar 1938, I, 16, S. 78. Zu Jean Pauls ›Erinnerungs‹-Aufsatz vgl. Teil 4 dieser Arbeit.

76 *Sämtliche Werke,* Bd. 1, München 1976, S. 725.

77 Vgl. Lord Byron, *The Complete Poetical Work,* Oxford 1980, vol. I, no. 93 (›Childish Recollections‹). William Wordsworth, *Poetical Works,* London 1969, S. 62 ff. (Poems referring to the period of childhood). Bei Wordsworth findet sich beispielsweise die Bestimmung »The Child is father of the Man« (S. 62); an Hölderlins »... denn es weiß vom Tode

nichts« (vgl. unten) erinnert das Landmädchen-Gedicht »A simple child / That lightly draws its breath / And feels its life in every limb, / What should it know of death? ...« (S. 66). Vgl. zu Wordsworths Kindheitsbildern und dem »romantischen Kind« P. Coveney, *The Image of Childhood,* London 1967, S. 68 ff., und R. Pattison, *The Child Figure in English Literature,* Athens 1978, S. 47 ff. In der amerikanischen Literatur des 19. Jahrhunderts knüpft dann Henry W. Longfellow an die romantischen Kindheitsmuster an, vgl. *Longfellows Poetical Works,* London 1891, S. 548 (›My lost youth‹), S. 554 (›Children‹).

78 Giacomo Leopardi, *Canti,* Torino 1962, S. 177–185; deutsch nach: *Gedichte und Prosa,* ausgewählt von L. Wolde, Frankfurt 1979, S. 62.

79 Schiller, a.a.O., S. 703. – Die Geschichte einer Erwachsenen, die ähnlich dem »naiven Kind« dem Bedürftigen vom eigenen Geld gibt, erzählt Achim von Arnim in der Novelle ›Frau von Salern‹. Die Menschliche endet im Irrenhaus.

80 ›Über die Kinderfiguren auf den Raffaelschen Bildern‹, in: *Phantasien über die Kunst, für Freunde der Kunst* (1799), in: W. H. Wackenroder, *Werke und Briefe,* Heidelberg 1967, S. 179.

81 Schiller, a.a.O., S. 695.

82 ›Die Lehrlinge zu Sais‹ (1802), in: *Werke und Briefe,* a.a.O., S. 129.

83 »›Was suchst du?‹, sagte die Sphinx. ›Mein Eigentum‹, erwiderte Fabel. – ›Wo kommst du her?‹ – ›Aus alten Zeiten.‹ – ›Du bist noch ein Kind‹ – ›Und werde ewig ein Kind sein‹.« (*Heinrich von Ofterdingen,* in: *Werke,* a.a.O., S. 247 ff.).

84 Ebd., S. 271 und 295.

85 Jean Paul, *Levana,* in: *Werke,* Bd. 9, a.a.O., S. 533. Zum »Paradies der Kindheit« vgl. W. Pape, *Das literarische Kinderbuch,* Berlin/New York 1981, S. 97 ff.

86 *Heinrich von Ofterdingen,* a.a.O., S. 288.

87 *Sämtliche Werke,* hrsg. v. F. Beißner, Bd. 3, Stuttgart 1957, S. 10. – Zum Bild des Kindes bei Hölderlin Einzelnes bei H.-H. Schottmann, *Metapher und Vergleich in der Sprache F. Hölderlins,* Diss. Bonn 1959, S. 184 f.

88 Schiller, *Werke,* a.a.O., S. 696.

89 Rousseau, *Émile,* a.a.O., S. 13.

90 »Würden die Menschen angeheftet an den Schollen ihres Landes geboren, hätten wir im ganzen Jahre nur eine einzige Jahreszeit, wäre jeder so weit Herr seiner Glücksgüter, daß sich hier gar nichts ändern könnte, so wäre die gewöhnliche Erziehung, in gewissem Betrachte, gut; ein Kind, welches für seinen Stand erzogen wäre und diesen nie verließe, würde den Beschwerden eines anderen Standes niemals ausgesetzt sein.« (A.a.O., S. 17).

91 Rousseau; *Émile,* a.a.O., S. 16.

92 »Ihr wendet vergebens Maßregeln an, daß es (das Kind) nicht sterben soll; es muß einmal sterben, und wenn sein Tod nicht das Werk eurer Sorgfalt wäre, so würde man von dieser nicht gut denken. Es ist weit unwichtiger,

es vor dem Sterben zu behüten, als es wichtig ist, daß es zu leben verstehe. [...] Der Mensch, welcher am meisten gelebt hat, ist nicht derjenige, welcher die meisten Jahre gezählt hat, sondern derjenige, der am meisten gewußt hat, daß er lebt.« (A.a.O., S. 18). Im Gegensatz dazu vgl. oben Teil 1, B.

93 Vgl. Hyperions bekannten Brief über die Deutschen (*Sämtliche Werke,* a.a.O., S. 159 f.). Der Gegensatz Mensch – Bürger findet sich auch beim jungen Brentano. In einem Brief vom Dezember 1798 schreibt er: »In der jetzigen Welt kann man nur unter zwei Dingen wählen, man kann entweder ein Mensch oder Bürger werden, und man sieht nur, was man vermeiden, nicht aber, was man umarmen soll. Die Bürger haben die ganze Zeitlichkeit besetzt, und die Menschen haben nichts für sich selbst als sich selbst.« (*Briefe,* a.a.O., S. 18).

94 »Wenn wir der Kinder holdseliges Angesicht betrachten, so vergessen wir gern und leicht die Verwickelungen der Welt, das Auge vertieft sich in den wunderbaren reinen Zügen, und wie Propheten einer schönen Zukunft, wie zarte Pflanzen, die unerklärlich aus der längst entflohenen goldenen Zeit zurückgekommen sind, stehn die Kinder um uns. Wir wissen uns nicht darin zu finden, daß diese Gestalten mit uns um den Bronn des Lebens sitzen, und noch nichts tun, als sich selber darin beschauen.« (›Über die Kinderfiguren auf den Raffaelschen Bildern‹, a.a.O., S. 178).

95 Rousseau, *Émile,* a.a.O., S. 4.

96 »Fangt also damit an, euren Zögling besser zu studieren; ich versichere euch, ihr kennt ihn *noch* nicht.« (ebd.).

97 Schiller, *Werke,* a.a.O., S. 699.

98 Vgl. Teil 1.

99 *Palmblätter. Erlesene morgenländische Erzählungen für die Jugend,* Jena 1786, S. V f.

100 Das Bild vom *gefährlichen* Paradies findet sich auch in einer Märchenallegorie von Albert Ludwig Grimm: ›Der Wundergarten‹ (1820), der Einleitung zu Grimms Sammlung *Mährchen-Bibliothek für Kinder, aus den Mährchen aller Zeiten und Völker ausgewählt,* Bände 1–5: ›Mährchen der Tausend und Einen Nacht‹, Frankfurt 1820–23 (dort I, S. VIII ff.). ›Der Wundergarten‹ erzählt die Geschichte von einem vor langer Zeit im Morgenland angelegten prachtvollen Königsgarten, der sich auch in späterer Zeit bei Hoch und Niedrig noch großer Beliebtheit erfreute, jedoch mit seiner barocken Architektur, mit Fontänen, Muschelgrotten und Lusthäusern doch ein wenig veraltet war. Vor allem aber: »Er war nicht gefahrlos für Kinder, die in demselben spielten oder lustwandelten. Denn nicht selten war es geschehen, daß eines von dem jähen Felsen hinab in den Wasserfall stürzte und zerschmetterte, ein anderes sprang wohl, von seiner Lust an den bunten Fischlein gelockt, über den Rand eines Sees, und ward von den krystallhellen Wellen rettungslos verschlungen. Oft auch geschah es, daß sich die Kinder in ihrem Spiele an einer Stelle lagerten, an der sich Skorpionen aufhielten, und von ihrem giftigen Stiche

starben. Am verderblichsten aber war eine Blume, und zumal eine der
schönsten des ganzen Gartens, die häufig in demselben blühete. Großen,
erwachsenen Leuten war sie nicht schädlich; denn ihre Dünste betäubten
nur Kinder. Wenn aber ein Kind sie pflückte, so war es meist rettungslos
verloren; es welkte allmählig, wie eine Blume, und starb eines langsamen
und doch zu frühen Todes.«

Der Wundergarten, so wird im Lauf der Erzählung deutlich, ist nichts
anderes als die Märchenwelt selber, speziell die Märchenwelt der Geschichten aus 1001 Nacht. Sie erscheint Grimm in ihrer alten, ursprünglichen Form jetzt als gefährlicher Aufenthaltsort für Kinder, wobei die
Verderben bringende »Blume« auf die Gefahren der Sexualität anspielt.
Schließlich erscheint in Grimms Erzählung »ein einfacher Meister in der
Gartenkunst« (die Metaphorik spielt auf den Pädagogen als Gärtner an),
den die Kinder dauern. Er »grub [...] alle die giftigen Blumen aus, und
pflanzte andere an ihre Stelle«; dann versperrte er den gefährlichen Weg
zum Felsabsturz mit »einem dichten Haag von dornichten Rosen«,
führte um den See ein »hohes festes Geländer« und vertilgte auch die
Skorpione. »Und als der Mann so alle Gefahren abgewandt hatte, öffnete
er die lange verschlossenen Pforten des Gartens wieder, und rief aus und
ließ ausrufen: ›Ihr Kindlein kommt! der Garten enthält keine Gefahr mehr
für euch! kommt, die Pforten sind euch wieder geöffnet‹.« (XIII).

101 E. T. A. Hoffmann, *Die Serapions-Brüder,* hrsg. v. W. Müller-Seidel,
Darmstadt 1963, S. 472–511 (dort S. 472).

102 Ebd., S. 9. Die folgenden Zitate ebd., S. 9–16.

103 Ebd., S. 13.

104 W. Wackenroder, ›Ein wunderbares morgenländisches Märchen von einem nackten Heiligen‹ (aus: *Phantasien über die Kunst*), in: *Werke und
Briefe,* Heidelberg, 1967, S. 197 ff.

105 Hölderlin, ›Hyperions Schicksalslied‹, in: *Sämtliche Werke,* hrsg. v.
F. Beissner, Bd. 1, Stuttgart 1943, S. 265.

106 M. Horkheimer/Th. W. Adorno, *Sociologica II,* Frankfurt 1962, S. 234.

107 *Phantasus,* in: L. Tieck, *Schriften,* Bd. IV, Berlin 1828, S. 104 f.

108 Vgl. R. Safranski, *E. T. A. Hoffmann, Das Leben eines skeptischen Phan-
tasten,* München 1984, S. 377 ff.

109 Hoffmann versuchte sich zusammen mit Chamisso, Hitzig bzw. Fouqué
und Contessa 1815 in der Produktion eines Kollektivromans, den er im
Tagebuch vom 13. 1. 1815 einen »Roman *en quatre*« nennt (nach *Dichter
über ihre Dichtungen,* hrsg. v. F. Schnapp, München o. J., S. 140). Vgl.
dazu auch die Stelle in den *Serapions-Brüdern,* a.a.O., S. 103 f.

110 Schnapp, a.a.O., S. 193.

111 *Die Serapions-Brüder,* a.a.O., S. 26.

112 Ebd., S. 54.

113 Ebd., S. 54 f.

114 C. Magris, *Die andere Vernunft. E. T. A. Hoffmann,* Meisenheim 1980,
S. 86.

115 Zur aufklärerischen Funktion des Volksmärchens vgl. vor allem E. Bloch, ›Das Märchen geht selber in der Zeit‹, in: *Gesamtausgabe,* Bd. 9: *Literarische Aufsätze,* Frankfurt 1965, S. 199 ff.; ders., *Das Prinzip Hoffnung,* Bd. I, Frankfurt 1973, S. 411 ff.; W. Benjamin, ›Der Erzähler‹, in: *Gesammelte Schriften,* hrsg. v. R. Tiedemann und H. Schweppenhäuser, Bd. II, 2, Frankfurt 1977, S. 457 f.

116 *Die Serapions-Brüder,* a.a.O., S. 254.

117 Die Stelle spielt unmittelbar an auf Hoffmanns Märchen ›Der goldene Topf‹, aber die Verwandlung der Person als Schock-Erfahrung findet sich auch in seinen anderen Märchen. *Daß man irre werden kann an jedem ehrlichen Nachbar* – darin drückt sich die Erfahrung der neuen bürgerlichen Lebenszusammenhänge aus.

118 Das Motiv der *Vivisektion des Kindes* auch in de Sades *Justine.* Dort ist, ähnlich wie bei Hoffmann, die »Grausamkeit« gegenüber dem Kind szientifischer Fanatismus. Um vielen anderen helfen zu können, muß – so die beiden Wissenschaftler, die ein 12jähriges Mädchen vivisezieren wollen – dieses Opfer gebracht werden. Hier spricht nicht »Sadismus«, sondern die Rationalität der Moderne. Auch Hoffmanns Ignaz Denner »braucht« das Kind zum Zweck der Herstellung einer Medizin. In Ludwig Tiecks *Phantasus*-Märchen ›Liebeszauber‹ wird ein siebenjähriges Waisenkind Opfer einer magischen Praktik.

119 Erstveröffentlichung 1817 in: *Kinder-Mährchen.* Von E. W. Contessa, Friedrich Baron von der Motte Fouqué und E. T. A. Hoffmann, 2. Bändchen, Berlin 1817. (Zusammen mit Contessas ›Das Schwert und die Schlangen‹ und Fouqués ›Die Kuckkasten‹.)

120 *Die Serapions-Brüder,* a.a.O., S. 472. Vgl. auch S. 510. Ähnlich äußert sich Hoffmann selber über das Märchen in einem Brief an Fouqué: »Dagegen wundere ich mich selbst diesmahl über meine Unschuld und Frömmigkeit«. (Schnapp, a.a.O., S. 168, vgl. auch S. 170)

121 Nach *Hauffs Werke,* hrsg. v. M. Drescher, Bd. I, Berlin/Leipzig o. J., S. 48.

122 *Die Serapions-Brüder,* a.a.O., S. 473.

123 Ebd., S. 472.

124 Ebd., S. 474.

125 Ebd., S. 474 f.

126 Ebd., S. 476 und 479.

127 Vgl. W. Schivelbusch, *Das Paradies, der Geschmack und die Vernunft. Eine Geschichte der Genußmittel.* München 1980. Zur Rolle des Zuckerwerks in der Kindheit, vgl. hier Teil 1, B.

128 *Die Serapions-Brüder,* a.a.O., S. 477.

129 Ebd., S. 480.

130 Vgl. I. Weber-Kellermann, *Die Familie,* Frankfurt 1976, S. 300 ff. (›Die deutsche Bürgerfamilie und ihre weihnachtlichen Verhaltensmuster‹); dies., ›Über den Brauch des Schenkens. Ein Beitrag zur Geschichte der Kinderbescherung‹, in: *Volksüberlieferung,* Göttingen 1968, S. 1 ff.

131 In der Eingangsszene von ›Nußknacker und Mausekönig‹ wird dieses

Ineinander von ›Familienkindheit‹ und ›Kinderkulturkindheit‹ dargestellt.

132 Vgl. J. Merkel, ›Kinderunterhaltungsmedien, Annäherung an einen undeutlichen Begriff‹, in: *Ästhetik und Kommunikation* 27/1977, S. 5 ff.

133 Vgl. Karl W. Bauer/Heinz Hengst, *Wirklichkeit aus zweiter Hand. Kindheit in der Erfahrungswelt von Spielwaren und Medienprodukten*, Reinbek 1980; K. D. Lenzen, *Kinderkultur. Die sanfte Anpassung*, Frankfurt
1978.

134 *Die Serapions-Brüder*, a.a.O., S. 481.

135 *Magazin von verschiedenen Kunst- und andern nüzlichen Sachen, zur
lehrreichen und angenehmen Unterhaltung der Jugend, als auch für
Liebhaber der Künste und Wissenschaften, welche Stücke meistens vorrä-
thig zu finden bei Georg Hieronimus Bestelmeier in Nürnberg*, 1803 ff.
(Nachdruck Zürich 1979).

136 Ebd., Nr. 760 (ein Bogenschütze); Nr. 278 (ein Jäger mit Büchse).

137 Ebd., Nr. 1027. 1030.

138 Ebd., Nr. 407. 868. 316. 555. 528.

139 Vgl. P. Hildebrandt, *Das Spielzeug im Leben des Kindes*, Berlin 1904,
S. 124 ff. Zum Übergang von der handwerklichen Spielwarenherstellung
zur manufakturellen Produktion in Nürnberg vgl. Fr. Nicolai, *Beschreibung einer Reise durch Deutschland und die Schweiz im Jahre 1781*,
Bd. 1, Berlin 1783, S. 257. Zu den Automaten bei Hoffmann vgl. D. Müller, ›Zeit der Automaten. Zum Automaten-Problem bei E. T. A. Hoffmann‹, *Mitteilungen der E. T. A. Hoffmann-Gesellschaft* 12/1966; P.
v. Matt, *Die Augen des Automaten*, Tübingen 1971. – Vielleicht spielt ja
auch der Name des Paten *Droßelmeier* in ›Nußknacker und Mausekönig‹
auf den des Nürnberger Versandhändlers *Bestelmeier* an.

140 So J. Stuve in ›Über die Nothwendigkeit, Kindern zu anschauender und
lebendiger Erkenntnis zu verhelfen‹ (in: *Allgemeines Revision des gesammten Schul- und Erziehungswesens*, Bd. 10, Hamburg 1785,
S. 287 f.): »Zur Veranschaulichung gewisser körperlicher Gegenstände,
z. B. von Maschinen, Kunstwerken, großen Gebäuden, haben die sogenannten Modelle einen vorzüglichen Werth. Man darf nicht erst zeigen,
wie viel sie vor den bloßen Zeichnungen und Gemälden voraus haben –
Man kann behaupten, daß sie unter gewissen Umständen und in einigem
Betracht vor den Dingen selbst, die sie abbilden, zu dem Zweck, wovon
hier die Rede ist, vorzüglicher sind. Ein Modell kann man z. B. leichter
ganz übersehen, es auseinander nehmen, es wieder zusammensetzen, es
verändern, und von einem Orte zum andern bringen. [...] Bei kleinen
Kindern kann man von diesen Dingen auch auf die Art Gebrauch machen,
daß man es ihnen als Spielzeug giebt. Man findet unter den sogenannten
Nürnberger Waaren bisweilen recht artige, und zu diesem Zweck pas-
sende Sachen, z. B. Mühlen, Feuersprützen u.s.w.«

141 *Die Serapions-Brüder*, a.a.O., S. 481.

142 Ebd., S. 483.

143 Felix sind Jägersmann, Harfenspieler, Flinte, Hirschfänger, Patronentasche und Husarenmütze zugewiesen, Christlieb die Puppe und ein »saube-
rer vollständiger Hausrat« (481). Demgegenüber werden die Kinder bei
ihren Spielen im Wald nicht als Geschlechtswesen differenziert.

144 *Die Serapions-Brüder,* a.a.O., S. 483 f.

145 Ebd., S. 478. Eine ausführliche Beschreibung einer philanthropischen
Kinderprüfung findet sich z. B. in dem Kinderbuch von J. G. Schummel,
Fritzens Reise nach Dessau, Leipzig 1776.

146 *Die Serapions-Brüder,* a.a.O., S. 478.

147 Vgl. z. B. *Allgemeine Revision,* a.a.O., Bd. 10, S. 231, wo ein Typus von
Kind kritisiert wird, der mit den Gräflich Brakelschen Kindern Ähnlich-
keit hat: »Da verirret sich z. B. der schulgelehrte Knabe, der auf seiner
Karte so gut Bescheid weiß und die Provinzen und Hauptstädte von allen
Ländern hersagen kann, in einem Walde, oder auf einer großen Ebene und
weiß nicht, sich zu orientiren, oder nach dem Stande der Sonne zu richten.
Er weiß, wie das Pferd auf Lateinisch und Französisch heißt, kennt
Alexanders Bucephal und mehr berühmte Pferde, weiß wol gar das Pferd
nach dem Linné zu classificiren, aber ob er auf der rechten oder linken
Seite aufsteigen, in welche Hand er Zaum und Zügel nehmen muß u.s.w.,
von allen diesen Dingen weiß er nichts.«

148 *Die Serapions-Brüder,* a.a.O., S. 498.

149 Vgl. E. Trapp/M. Ehlers, ›Das Ideal einer Schulbank‹, in: K. Rutschky
(Hrsg.), *Schwarze Pädagogik. Quellen zur Naturgeschichte der bürger-*
lichen Erziehung, Frankfurt 1977, S. 500 ff. Ehlers empfiehlt dort eine
Schulbank, deren Tisch mit Ausnahme des Platzes, auf dem das Kind
schreibt, mit spitzen Nadeln gespickt ist, die mit grünem Tuch überzogen
sind.

150 Die Serapions-Brüder, a. a. O., S. 484 und 485.

151 Vgl. z. B. Wilhelm Hauffs ›Märchen als Almanach‹ (1826) oder, aus
unserem Jahrhundert, Hermann Hesses ›Kindheit des Zauberers‹ (1923).

152 *Die Serapions-Brüder,* a.a.O., S. 485.

153 Ebd., S. 485.

154 Ebd., S. 487.

155 Ebd., S. 488.

156 Ebd., S. 491.

157 Ebd., S. 499.

158 L. Tieck, *Die Märchen aus dem Phantasus,* Darmstadt 1978, S. 163 ff.
Tieck greift hier das alte »Siebenschläfer«-Motiv von der »stillstehenden
Zeit« auf: im Erleben des Kindes, so Tiecks Märchen, gilt die »quanti-
tative Zeit« nicht.

159 *Die Serapions-Brüder,* a.a.O., S. 491.

160 Ebd., S. 492.

161 W. Hauff nimmt 1826 in ›Märchen als Almanach‹ dieses Motiv allegori-
sierend auf: die königliche Mutter ist die »Phantasie«, ihre Tochter »das
Märchen«.

162 *Die Serapions-Brüder,* a.a.O., S. 493 f.

163 Ebd., S. 501.

164 Ebd., S. 504.

165 Ebd., S. 499.

166 Ebd., S. 503.

167 Vgl. Teil I, A.

168 *Die Serapions-Brüder,* a.a.O., S. 506.

169 Ebd., S. 509.

170 Ebd., S. 510.

171 Ebd., S. 510.

172 Vgl. J. Kunstmann, *Ewige Kinder,* Ettal 1962; G. Schaub, *Le Génie Enfant, Die Kategorie des Kindlichen bei Brentano,* Berlin 1973. Zum Thema jetzt auch H.-H. Ewers, ›Kinder, die nicht erwachsen werden. Die Genius-Gestalt des ewigen Kindes bei Goethe, Tieck, E. T. A. Hoffmann, J. M. Barrie, Ende und Nöstlinger‹, in: *Kinderwelten, Kinder und Kindheit in der neueren Literatur. Festschrift für Klaus Doderer,* Weinheim 1985, S. 42–70.

173 *Hauffs Werke* in 6 Teilen, hrsg. v. M. Drescher, Bd. 1, Berlin/Leipzig o. J., S. 118 ff. Die Geschichte ist Teil des Ersten Märchenalmanachs von W. Hauff, *Die Karawane.*

174 Ebd., S. 119.

175 Ebd., S. 119.

176 Ebd., S. 118.

177 Ebd., S. 118.

178 E. T. A. Hoffmann, *Die Serapions-Brüder,* a.a.O., S. 31 ff.

179 Wilhelm Hauff ist einer der letzten Meister in der Kunst der Rahmenerzählung. Die Lebensgeschichte des Kleinen Muck erzählt der Vater dem Sohn; dieser erzählt später als Karawanenreisender die ganze Geschichte seinen Gefährten; der Erzähler Wilhelm Hauff wiederum erzählt ›Die Karawane‹.

180 ›Die Karawane‹, a.a.O., S. 119.

181 Ebd., S. 120.

182 Ebd., S. 121.

183 Ebd., S. 123.

184 Ebd., S. 127.

185 Vgl. oben, S. 254.

186 Ebd., S. 127.

187 Ebd., S. 133.

188 Th. W. Adorno, *Minima Moralia,* Frankfurt 1980, S. 149.

VIERTER TEIL

Erinnertes Kind
Jean Pauls Fragment einer ›Selberlebensbeschreibung‹ und das Freuden-Gedächtnis der Kindheit

Kindheit: die andere Zeit

Jean Paul, 55 Jahre alt, ein »alter Mann«[1], erinnert sich 1818 im Fragment einer ›Selberlebensbeschreibung‹ an die Kindheitslektüre des kleinen Paul im oberfränkischen Schwarzenbach an der Saale:

»Unter allen Geschichten auf Bücherbrettern [...] goß keine ein solches Freudenöl und Nektaröl durch alle Adern seines Wesens – bis sogar zu körperlichem Verzücken – als der alte Robinson Crusoe –; er weiß noch Stunden und Platz, wo die Entzückungen vorfielen; es war abends an dem Fenster gegen die Brücke zu; und nur später ein zweiter Roman, Veit Rosenstock von Otto, – vom Vater gelesen und verboten – wiederholte die Hälfte jener Begeisterung. Nur als Plagiar und Bücherdieb genoß er ihn aus der väterlichen Studierstube so lange bis der Vater wiederkam – einmal las er ihn unter einer Wochenpredigt des Vaters in einer unbesuchten Empor auf dem Bauche liegend.«

Und der Kindheits-Erzähler fährt fort:

»Jetzige Kinder beneid' ich wenig, welchen der erste Eindruck des kindlichen und kindischen Robinson entzogen und vergütet wird durch die neuern Umarbeiter des Mannes, welche die stille Insel in einen Hörsaal oder in ein abgedrucktes Schnepfental verwandeln und den schiffbrüchigen Robinson überall mit einem Lehrbuche in der Hand und eigenen dictatis im Maule herumschicken, damit er jeden Winkel zu einer Winkelschule stifte, obgleich der Mann mit sich selber so viel zu tun hat, damit er sich nur notdürftig beim Leben erhält.«[2]

Jean Pauls Spott gilt einem Buch, das genau in jenen Jahren geschrieben wurde, die der autobiographische Bericht erinnert: Joachim Heinrich Campes Defoe-Bearbeitung *Robinson der Jüngere* (1779)[3]. Denn während in der erinnerten Lebenszeit der kleine Paul in Schwarzenbach, am Fenster zur Brücke, den Entzückungen des alten Robinsonbuches, des kindlichen und kindischen erliegt, befindet, Anwalt einer neuen Zeit, der Reformerzieher Campe in seinem Hamburger Erziehungsinstitut, daß »diese veraltete Dichtung« Defoes »wünschenswerthe Eigenschaften eines guten Kinderbuches« durchaus vermissen lasse.[4] Seine pädagogische Bearbeitung zum ›Lesebuch für Kinder‹ (so der Untertitel seit der vierten Auflage von 1789) will hier Abhilfe schaffen. Sie verbindet den alten Abenteuerstoff mit jenen durchgreifenden und selbstbewußten bürgerlichen Reformideen, die, in den Worten von Jean Paul, in »Hörsaal« und »Schnepfental«[5] ihre Heimstätten haben, also in einer neuen, wissenschaftlichen Einstellung zur Natur und einem neuen, durch das System Erziehung[6] bestimmten Erwachsenen-Kind-Verhältnis. Damit wird Campes *Robinson der Jüngere*, von den aufgeklärten Zeitgenossen hoch gerühmt und bis zum Ende des 19. Jahrhunderts weit verbreitet, gleichsam zum Musterbuch einer neuen Kindheit.[7]

In dieser neuen aufgeklärten Kindheit soll es das nicht mehr geben, was Jean Pauls Autobiographie in der Erinnerung festhält. Für Lesekinder: keine heimliche Lektüre mehr, kein körperliches Ver-zücken beim Lesen, keine »Erwachsenenbücher«.[8] Auch soll die Bewunderung für Adelsrang und Hofleben jetzt aufhören, die das Joditzer Dorfkind empfand, wenn die »prächtige Kutsche« der Patronatsherrschaft aus Gut Zedtwitz vor dem Pfarrhaus vor-fuhr.[9] Und auch die Angst vor Gespenstern soll es bei den Kindern der neuen Zeit nicht mehr geben, von der Jean Paul erzählt, wie sie damals den Knaben allabendlich schüttelte, wenn er allein im Bett lag und auf den Vater wartete oder, tagsüber, wenn er vor einem Begräbnis durch die leere Kirche gehen und die Bibel aus der Sakristei holen mußte. »Wenn einer sichs schildert, wer lacht nicht?«[10]

Was einer sich hier schildert, ist ihm allerdings erinnerungswürdig gerade dadurch, daß es »zurück ist«. Erinnerung hängt einer *unzeitgemäßen Kindheit* nach. Was in besonders komplexer Weise für Jean Pauls Kindheitsbilder gilt, gehört zur Grundstruktur von autobiographischer und poetischer Erinnerungsarbeit im bürger-lichen Zeitalter. Der Blick auf die »hohen fernen Kindheits-alpen«[11] ist der Blick in eine andere Zeit. Erinnerung gilt dem fremden Kind.

Was in späteren Kindheits-Büchern oft zur sentimentalen Aus-der-Jugendzeit-Nostalgie gerät, wird in Jean Pauls ›Selberlebensbe-schreibung‹ noch als Erfahrung von *Diskontinuität der Zeit* in vielfältigen Brechungen reflektiert. »Ich kehre aber zu unserer Geschichte zurück und begebe mich unter die Toten; denn alles ist aus der Welt, was mich auf sie kommen sah.«[12] Denn »aus einer Zeit in die andere gehen« muß der Held seines Lebens-Stücks; wer die Kindheit erinnert, verletzt »die Einheit der Zeit« (so in Anspielung auf die klassische Dramentheorie).[13]

Auch die literarische Erzählform der Jean Paulschen ›Selberlebensbeschreibung‹ drückt die Diskontinuität der eigenen Lebenszeit aus, macht die Schwierigkeiten beim Reden über die eigene Kindheit deutlich. Denn der Ich-Erzähler ist nicht identisch mit dem Kind, von dem er erzählt. Die Distanz des sich erinnernden Autobiographen zu der lebensgeschichtlichen Person gehört zwar zum Formcharakter von Lebensbeschreibungen der Epoche um 1800: Johann Heinrich Jung-Stilling erzählt *Henrich Stillings Jugend, eine wahrhafte Geschichte* in der dritten Person (1777), Karl Philipp Moritz fungiert als Herausgeber von *Anton Reiser, ein psychologischer Roman* (1785–1794), Goethes *Aus meinem Leben* trägt den Untertitel ›Dichtung und Wahrheit‹ (1811). Aber schwerer als Jean Paul hat es sich wohl niemand mit dem Eingedenken gemacht. Der Autor tritt in der Rolle eines »Professors der eigenen Geschichte« auf, der den kleinen Paul, der auch Hans Paul heißen kann – »denn so wollen wir ihn eine Zeit lang nennen, jedoch immer mit andern Namen abwechseln«[14] –, zum Gegenstand einer akademischen Vorlesungsreihe macht und der überdies das erinnerte Kind in der Ich-Form, gleichsam zitatweise, aus dem Mund des »selbhistorischen Professors« sprechen läßt. Das alles ist nicht nur »Parodie der Form«.[15] Im Stil der Vorlesung äußert sich, bei aller ironischen Brechung, vielmehr ein neues wissenschaftliches Interesse an der eigenen Kindheit; zugleich wird in der Verdreifachung der eigenen Person die Distanz deutlich, die das einstige Kind vom heutigen Erwachsenen trennt. Hier kann einer, der Kindheit erinnert, nicht einfach über »sich« reden; das Kind, das er erinnert, ist ein *anderes* Wesen.

Denn die Kindheitsbilder, die die Erinnerung hervorbringt, sind Erwachsenen-Bilder. So wie Erinnerung grundsätzlich erst entsteht aus der Erfahrung der Distanz zwischen »Einst« und »Jetzt«, der aufgesprengten Kontinuität der Zeit, so erinnerte Kindheit erst als Erfahrung eines irreversiblen Bruchs zwischen »Kindsein« und »Erwachsensein«. Nur in einer Gesellschaft, in der Kinder keine kleinen Erwachsenen mehr, Erwachsene keine großen Kinder sind, in einer Gesellschaft also, in der, wer Mensch werden will, als Kind verschwinden muß, wird Kindheit erinnerungsfähig und erinnerungswürdig. Erst in einer Gesellschaft, die »den Menschen« als aufgeklärt, vernünftig, zivilisiert und erzogen, das heißt als *Erwachsenen* (oder vielmehr: dessen Wunschbild) definiert, entsteht erinnerte Kindheit als dessen Gegen-Bild. Wo hingegen – in den Worten von Jean Pauls autobiographischem Text – Erwachsene und Kinder in gleicher Weise vor Gespenstern Angst hätten (oder auch nicht), in gleicher Weise prächtige Kutschen als Wunder erlebten (oder auch nicht), dort wäre jenen Kindheitserinnerungen der Boden entzogen.

Erinnerte Kindheit als die lebensgeschichtliche Erfahrung des gesellschaftlich produzierten Bruchs zwischen »Kindsein« und »Erwachsensein« ist also ein Begründungsmoment »modernen«, nachtraditionellen Bewußtseins ebenso wie der Literatur im bürgerlichen Zeitalter. Und »erinnerte Kindheit« ist, selbst innerhalb dieses Zeitraums, durchaus eine schichtenspezifisch geprägte Erfahrung; denn der Bruch zwischen Kindsein und Erwachsensein macht sich zeitlich und in der Art seiner Verarbeitung bei Angehörigen verschiedener sozialer Schichten unterschiedlich bemerkbar. Wenn der siebzehnjährige Jean Paul in einem empfindsamen Brief an den Herzensfreund schreibt: »Ach! die Tage der Kindheit sind hin –«[16], ist dies die Erfahrung eines Pfarrerssohns, der soeben die Lateinschule verläßt, um sich auf die Universität zu begeben; für ihn ist dieser Übergang in den Institutionen der Ausbildung der Schritt zum Erwachsensein. Wenn Jean-Jacques Rousseau in seinen *Confessions* (1782) das Ende seiner Kindheit mit der Erinnerung an eine Situation verbindet, in der er schuldlos geschlagen wurde, und fortfährt: »Von diesem Augenblick an genoß ich keines ungemischten Glückes mehr, und ich fühle es jetzt noch, daß das Andenken an den Reiz der Kindheit hier aufhört«[17], dann ist auch dies die Erinnerung eines Kindes aus stadtbürgerlichem Milieu; für ihn markiert der Einbruch roher Gewalt das Ende der Kindheit. Die neue Sensibilität gegenüber den Zäsuren des Lebens entsteht aus dem sozialen Vorrecht, eine Kindheit haben zu dürfen.

So verstärkt sich mit dem *Zwang* auch die *Lust* des Sich-Erinnerns. Seit der Autobiographik der Renaissance war das Interesse an der eigenen Kindheitsphase mehr und mehr gewachsen. Aber bis in die Zeit um 1800 war dies im wesentlichen das Interesse gewesen, in der Kindheit die Frühgeschichte des ganzen Lebens zu finden. Vor allem die klassische bürgerliche Autobiographik hatte sich um dieses Erkenntnisinteresse entwickelt. Rückblickend wurden in der Kindheit die Leitlinien des künftigen Lebens sichtbar: seiner Führungen (Jung-Stilling), seiner Leiden (Moritz), seiner Anlagen (Goethe).

Mit Jean Pauls ›Selberlebensbeschreibung‹ entsteht nun etwas Neues: Sie ist die erste separate Kindheitsautobiographie in deutscher Sprache. Kindheit wird jetzt *als Kindheit* bedeutsam, als die Zeit eines vergangenen Lebens – im historischen und im lebensgeschichtlichen Sinne. Im 19. Jahrhundert wird die neue Gattung der Kindheits- und Jugenderinnerungen aufblühen: mit Bogumil Goltz' *Buch der Kindheit* (1847), Friedrich Hebbels *Aus meiner Jugend* (1854), Wilhelm von Kügelgens *Jugenderinnerungen eines alten Mannes* (1870) oder Theodor Fontanes *Meine Kinderjahre* (1892/93). Goltz und vor allem Kügelgen sollten damit zu Bestsellerautoren des bürgerlichen Lesepublikums werden. In den zwanziger und dreißiger Jahren des 20. Jahrhunderts – wieder kommt zum lebensgeschichtlichen der historische Zeitenbruch – werden dann Kindheitserinnerungen von neuem faszinieren: Hermann Hesses *Kindheit eines Zauberers* (1923), Hans Carossas *Eine Kindheit* (1923) oder Walter Benjamins *Berliner Kindheit um 1900* (1930). Und auch heute, nach der neuen »Zeitenwende« der sechziger und siebziger Jahre, werden sie wieder geschrieben.[18] Selbst dort, wo sie unter dem Motto stehen »Die Erinnerung ist eine unglückselige Erfindung« (Horst Ulbricht)[19], kreisen sie um Erinnerungszwang und -lust angesichts der »verlorenen Zeit«.

»Noch erinnert er sich.«

»Auf dem Nachtisch stand nun – außer mehren Konfekttellern und Eistassen mit Volksmärchen wie der Aschenbrödel – die von der Magd selber erzeugte Ananas von Geschichte eines Schäfers und seiner Tiergefechte mit Wölfen, wie zur einen Zeit die Gefahr immer größer wurde, und zur andern seine Verproviantierung. Noch fühl ich das Glücksteigen des Schäfers als ein eignes nach ...«[20]

»Noch erinnert er sich eines Sommertages, wo ihn, da er auf der Rückkehr gegen zwei Uhr die sonnigen beglänzten Anhöhen und die ziehenden Wogen auf den Ährenfeldern und die Laufschatten der Wolken überblickte, ein noch unerlebtes gegenstandloses Sehnen überfiel, das fast aus lauter Pein und wenig Lust gemischt und ein Wünschen ohne Erinnern war ...«[21]

»Noch jetzo sieht er im Nachsommer durch die halbdurchsichtigen Bäume fern im andern Jahre Blütenschneegebirge stehen und begeht sie wie eine Biene honigtrunken, die in der Nähe unter den Händen zerrinnen ...«[22]

»Noch« ist eines der Lieblingswörter Jean Paulscher Kindheitserinnerung – und, bis zur Banalität, von Erinnerung überhaupt. Jean Paul verwendet dieses »noch«, wenn er von erinnerten Situationen besonders stark angerührt scheint. »Noch fühle ich ...«, »noch erinnere ich ...«, »noch sehe ich ...« – in solchen Vergewisserungen des Autors scheint Kindheit »in seinen Gehirnkammern erhalten und aufbewahrt«, unverrückbar wie der »Muskatellerbirnbaum im Pfarrhofe«[23]. Aber dieses »noch« ist ja ein doppelsinniges Wort; es drückt nicht nur das Haben, sondern zugleich die Möglichkeit des Verlierens aus. Verlustangst kennzeichnet die Erinnerung. Denn dort, wo es den Bruch zwischen »Kindsein« und »Erwachsensein« gegeben hat, ist Kindheit lebensgeschichtlich unwiederbringlich dahin. Alle Rekonstruktionsversuche außerhalb der Erinnerung können erinnerte Kindheit zwar zu einer großen lebensgeschichtlichen Kraft machen, den Faktor Zeit aber nicht eliminieren. Niemandem wird eine zweite Kindheit geschenkt. So ist denn erinnerte Kindheit autobiographisch immer *verlorene* Kindheit, – »verloren mir und [...] nur im Traum geblieben« (Lord Byron)[24]. Erinnerung wird zur *Trauerarbeit*. Und wie diese vom »Nachtrauern« und von Melancholie ja durchaus verschieden, vielmehr eine Fähigkeit der kritischen Ich-Instanz ist, »die Bindung [des Ich] an das vernichtete Objekt zu lösen«, um dadurch wieder freier und handlungsfähiger zu werden[25], so kann auch Erinnerung an Kindheit etwas anderes sein als bloß nachtrauernde Sentimentalität.

Jean Pauls Kindheitserinnerung ist auch Spurensuche, ein geschichtliches Experiment gegenüber dem verlorenen Kindheits-Ich (»selbhistorisch«, sagt Jean Paul). Verschüttetes wird freigelegt. Erinnerung wird zur Archäologie der Lebensgeschichte. Sie stößt auf Bruchstücke und Fragmente, das »tief Hinunterreichende« wird aufschlußreich. Die allerfrüheste Erinnerung »aus meinem zwölf-, wenigstens vierzehnmonatlichen Alter, [...] gleichsam das erste geistige Schneeglöckchen aus dem dunkeln Erdboden der Kindheit«[26] wird ausgegraben. Und dies »Meine allerfrüheste Erinnerung« wird sich als Topos erinnerter Kindheit in ganz unterschiedlichen autobiographischen und literarischen Texten bis in die Gegenwart finden.

Es ist, sogar wo schmerzhaft erinnert wird, doch immer die Lust dabei, selber eine lange Geschichte zu haben. Jean Pauls ›Selberlebensbeschreibung‹ markiert dabei einen Grenzpunkt der bürgerlichen Autobiographie des Zeitalters. Das »selbhistorische« Verfahren der Kindheits-Spurensuche bezeichnet eine Haltung, die später zur Grundlage der Psychoanalyse werden wird und darüber hinaus zu einem grundlegenden Erkenntnismuster der Moderne: der »Fähigkeit zur retrospektiven Wahrsagung« (Ginzburg)[27]. Die undurchsichtige Realität, hier: die des eigenen und einzigartigen Lebens, soll aus den Spuren des Vergangenen entziffert werden, die es in der Erinnerung hinterlassen hat. Gleichzeitig rückt bei Jean Paul die Erinnerungsfähigkeit selber in den Rang eines Mittels der Lebensbewältigung auf. Spurensuche wird zum Genuß.

»Tief hinunterreichende Erinnerungen aus den Kindjahren erfreuen, ja erheben den bodenlosen Menschen, der sich in diesem Wellendasein überall festklammern will, unbeschreiblich und weit mehr als das Gedächtnis seiner spätern Schwungzeiten; vielleicht aus den zwei Gründen, daß er durch dieses Rückentsinnen sich näher an die von Nächten und Geistern bewachten Pforten seines Lebens zurückzudrängen meint und daß er zweitens in der geistigen Kraft eines frühen Bewußtseins gleichsam eine Unabhängigkeit vom verächtlichen kleinen Menschkörperchen zu finden glaubt.«[28]

Indem das Erwachsenen-Ich in erinnerter Kindheit nach Lebensspuren forscht, arbeitet es an der Rekonstruktion des »vernichteten« (Freud) Kindheits-Ich. Erinnerte Kindheit wird zum Medium der Selbstvergewisserung und Ichfindung. Die Geburt des Ich aus erinnerter Kindheit beschreibt Jean Paul an einer Stelle, die ganz der mystisch-pietistischen Bildsprache der »Erleuchtung« verpflichtet ist:

»Nie vergeß ich die noch keinem erzählte Erscheinung in mir, wo ich bei der Geburt meines Selbstbewußtseins stand, von der ich Ort und Zeit anzugeben weiß. An einem Vormittag stand ich als ein sehr junges Kind unter der Haustüre und sah links nach der Holzlege, als auf einmal das innere Gesicht ›ich bin ein Ich‹ wie ein Blitzstrahl vom Himmel vor mich fuhr und seitdem leuchtend stehen blieb: da hatte mein Ich zum ersten Mal sich selber gesehen und auf ewig.«[29]

Doch der Ton solcher selbst-sicheren Gewißheit wird bei Jean Paul begleitet von anderen Tönen. Denn Erinnerungsarbeit ist nur dadurch Selbstvergewisserung, daß um Verlorenes getrauert wird. So changiert die erinnernde Phantasie bei Jean Paul ständig zwischen Vergegenwärtigung und Distanzierung; Rührung wird mit Ironie gepaart, Anspielungen machen Einsichtiges fremd, die Ambivalenz von Nähe und Ferne bestimmt die Bildsprache. Klänge und Gerüche, jene diffusesten und zugleich am schwierigsten zu vergegenwärtigenden sinnlichen Eindrücke, bezeichnen sie am genauesten. So berichtet der Autor vom Jahrmarkt in Hof und wie dabei die Musik in der Dämmerung durch die Straßen zog:

»Am meisten griff in mich die Querpfeife durch einen melodischen Gang in die Höhe ein. Wie oft sucht ich nicht diesen Gang vor dem Einschlafen, wo die Phantasie das Griffbrett oder die Tastatur verklungner Töne am leichtesten handhaben kann, wieder zu hören und wie bin ich dann so selig, wenn ich ihn wieder höre, so innig-selig als ob die alte Kindheit wie ein Tithon unsterblich geworden bloß mit dem Tone und damit spräche zu mir.«[30]

Das »Als ob« verweist die Verschmelzungswünsche hier in die Schranken, und die mythologische Anspielung konterkariert die Idylle. Denn Tithon, für den Eos bei den Göttern um Unsterblichkeit gebeten hatte, ohne gleichzeitig um ewige Jugend zu bitten, schrumpfte bis zur Unkenntlichkeit zusammen, so daß er am Ende nur noch Stimme war und in eine Zikade verwandelt wurde. Die »alte Kindheit« mag dem Erwachsenen als unsterblich, unverlierbar erscheinen; sie wäre dies freilich einzig um den Preis ihrer wiedererkennbaren Gestalt.

Deshalb kann am Ende mit der verschwundenen Kindheit sogar die Erinnerung an sie verschwinden. Nachdem der Autor von seiner ersten Kindheitserinnerung erzählt hat, schreibt er: »Dies Morgensternchen frühester Erinnerung stand in den Knabenjahren noch ziemlich hell in seinem niedrigen Himmel, erblaßte aber immer mehr je höher das Licht des Tages stieg; – und eigentlich erinnere ich mich jetzo nur dies klar, daß ich mich früher von allem heller erinnert.«[31]

Wo auf die Erinnerung kein Verlaß mehr ist, da kann sie Identität nur gebrochen stiften. »Jean Paul weiß, daß er sich nicht so genau kennt, wie er möchte und weniger von sich vermittelt als man erwartet. Übertrieben ausgedrückt könnte man behaupten, der große Erzähler kapituliert vor der Darstellung des eigenen Lebens und der eigenen inneren Entwicklung, die dieses Leben erst wichtig macht.«[32] Das unterscheidet ihn von der generösen Selbstsicherheit, mit der Goethe, nachdem er »sich in sich selbst historisch bespiegelt«[33], sein Leben als gelungenes Ganzes beschreibt. Für Jean Paul fügen sich die Mosaiksteine nicht zum geschlossenen Kindheitsbild, die Widersprüche und Brüche bleiben bestehen, die Erinnerung stößt nur auf Trümmer. Während Goethe in *Dichtung und Wahrheit* Zusammenhang und organische Entwicklung seines Lebens vom Tag der Geburt an darzustellen weiß, bleibt Jean Paul skeptisch, warnt gar die künftigen Biographen: Denkmäler sind Täuschungen. »In der Tat äußerst lächerlich würde mir jeder künftige Geschichtsforscher des gegenwärtigen Geschichtsforschers sein, der aus aufgelesenen Bruchstücken, wie sie in jeder andern Kindheit umhergestreuet sind, etwas besonderes zusammenlesen wollte; der närrische Mann würde mir bloß wie jener Pariser Balbier vorkommen, der mit Beistand eines Jesuiten mehre Elefantenknochen zusammenstellte und sie für das wahre Gerippe des deutschen Riesen Teutobachs verkaufte.«[34]

Verlorene Kindheit muß erinnert werden; aber so »wie sie einmal war«, wird die Erinnerung sie nicht wiederherstellen können. Das ist die Crux jeder Erinnerungsarbeit. Ralph-Rainer Wuthenow benennt das daraus entstehende literarische Problem: »Es kann nicht wieder in der Form erzählt werden, in der seinerseits erlebt wurde; jeder Versuch zu einer derartigen Wiederherstellung muß sich im Ansatz bereits als gebrochen erweisen. Man könnte in einem solchen Zusammenhange von einem spezifisch literarischen, produktiven Wiederentdecken sprechen, für das in der Moderne einerseits Marcel Proust mit seinem gewaltigen Romanzyklus, andererseits Walter Benjamin mit seiner ›Berliner Kindheit um 1900‹ ein Beispiel abgeben.«[35]

Jean Pauls Suche nach der verlorenen Zeit bleibt Stückwerk. Damit markiert seine ›Selberlebensbeschreibung‹ in besonderer Weise Tendenzen der Moderne. Sein »selbhistorisches« Verfahren ähnelt dem des Erzählers seines Romans *Leben Fibels*. Der erfährt bei den Recherchen über seinen Helden von der Existenz einer vierzigbändigen Biographie über ihn; durchreisende Marodeure haben jedoch die Bücher zerschnitten und aus dem Fenster fliegen lassen. Was einmal ein Lebens-Werk war, ist jetzt nur noch eine unübersichtliche Fülle von Bogen und Blättern, von Schnipseln und Zetteln, von den Findern zu Tüten, Kinderdrachen, Fidibussen, Fensterpapier verarbeitet.

»Jetzt war wohl für mich fibelschen Lebensbeschreiber nichts in der Welt wichtiger, als mit meinen Trümmern von historischen Quellen in der Tasche schleunigst nach dem Geburtsdorfe Fibels abzureisen und mich da ein wenig anzusetzen, um wenigstens noch so viele aufzutreiben, als etwa nötig wären, um aus allen biographischen Papierschnitzeln geschickt jenen Luftballon zusammenzuleimen, welcher, sobald ich mein Feuer dazufüge, aufgeblasen und rund genug wird, um den unten darangehängten Helden Fibel [...] von der Erde in die Höhe und in den Himmel zu tragen.«[36]

Kindheits-Kanaan. Glück hinter Mauern

Daß, je größer der Abstand zur eigenen Kindheit wird, diese als die andere Zeit des Lebens wahrgenommen werden muß, dies bedingt auch jene für die Geschichte der Kindheitsbilder im bürgerlichen Zeitalter typische *Verklärung* in der Erinnerung. Das Fremde wird zum Gegenstand der Devotion. Kindheitskult bedeutet jetzt nicht nur Kult des Status Kindheit, sondern auch Kult der eigenen lebensgeschichtlichen Kindheit.

Kindheit, das ist das Paradies vor dem Sündenfall – mit diesem Erinnerungsmuster greift Rousseau die religiöse Bildsprache auf; die eigene Kindheit wird heiliggesprochen.[37] Dabei war Rousseaus eigene Kindheit keineswegs problemlos. Aber dies gehört durchaus zum Muster der Kindheitssehnsucht, daß sie auch von den Leiden der Kindheit nicht aufgehalten werden kann:

> »un van desio
>   del passato, ancor tristo, e il dire: io fui«

(»ein nichtiges Sehnen nach dem Vergangenen, ob es gleich traurig war und die Rede: ich war«), wie es Leopardi in seinem Altersgedicht ›Die Erinnerungen‹ (1829) sagen wird.[38]

Niemand hat dem »Freuden-Gedächtnis«[39] der Kindheit mehr gehuldigt als Jean Paul – und niemand erinnert zugleich schmerzlicher. »Reliquien« sind ihm die Kindheitserinnerungen[40], verehrungswürdig also, aber zugleich totes Gebein. Oder umgekehrt, auch wenn ihm das eigene Kindheits-Leben fragmentarisch bleibt, wird dennoch, was an einzelnen Stimmen und Klängen verworren an sein Ohr dringt, fast immer als *Wohllaut* wahrgenommen. (Im Grunde liegt darin die »Einheitlichkeit« dieser so uneinheitlichen Lebensgeschichte.) Auch für Jean Pauls eigene Erinnerung gilt, was der Autor in einem 1809 erschienenen Aufsatz mit dem Titel

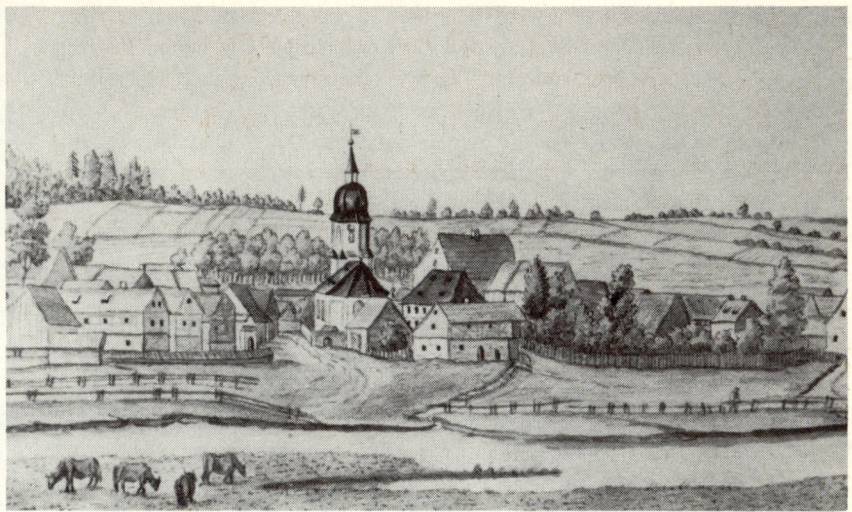

Abb. 33. Joditz um 1800

›Warum sind keine frohen Erinnerungen so schön als die aus der
Kinderzeit?‹ folgendermaßen beschrieben hat: »Haydn setzte ein
Kinderkonzert, worin die Kindertrommel, Kindertrompete, die
Schnarre und die Wachtel zum erstenmal ihre Noten fanden und
mitspielten, und welches Erwachsene erfreute. Die Erinnerung
komponiert wie Haydn.«[41]
Am ärgsten mit dem Kult der Kindheitserinnerung treibt es eine
von Jean Pauls literarischen Figuren, das Schulmeisterlein Maria
Wutz in Auenthal (1791), von dem der Autor sagt: »Schon in der
Kindheit war er ein wenig kindisch.«[42] Wutz phantasiert sich aus
der Misere seines bedrückten Lebens durch geradezu planmäßig
inszenierte »Retourfuhren«[43] in die Kindheit. An den Dezember-
abenden läßt er sich das Licht eine Stunde später bringen und
rekapituliert dann die Tage seiner Kindheit, »jeden Tag nahm er
einen andern Tag vor«[44], und so alle Jahre. Auch in Jean Pauls
Autobiographie-Fragment läßt der »selbhistorische« Professor die
Kindheit des kleinen Paul durch die vier Jahreszeiten hindurch »als
einen ganzen Idyllenjahrgang vorüberziehen«, nur den Schulunter-
richt nimmt er als »Nebelwetter« davon aus.[45]

Jean Pauls Kindheits-Idyllen sind *Idyllen hinter Mauern*. Ihre
Szenerie ist der Pfarrhof, den die Kinder ohne elterlichen Auftrag
nicht verlassen dürfen. Der Vater erscheint, wenngleich scherzhaft,
in der Erinnerung als »Kerkermeister«, der die »in den Pfarrhof
eingeschloßnen Kinder« wie Gefangene hält.[46] Die Abgrenzung
von der Außenwelt bedeutet zugleich die Intimisierung der Innen-
welt. Das Haus ist Kerker und Refugium zugleich:

»Die Fensterladen wurden zugeschlossen und eingeriegelt und das Kind fühlte
nun hinter diesen Fensterbasteien und Brustwehren sich traulich eingehegt und
hinlänglich gedeckt gegen die verdammten Spitzbuben, und auch gegen den
Knecht Ruprecht, der draußen nicht hereinkann, sondern nur vergeblich
brummt.«[47]

Hinter solchen Mauern entfaltet sich dann das Szenario familialer
Kinderwelt: »Draußen deckte zwar der Himmel alles mit Stille zu,
den Bach durch Eis, das Dorf mit Schnee; aber in der Wohnstube
war Leben.«[48] Eingeschlossen in die Haus-Welt füllt das Kind,
»ein häusliches Schaltier«[49], die Dinge selber mit Leben; sie rücken
ihm nahe und werden ihm groß. Sich einfühlend schafft die
Phantasie Haus-Welten im kleinen. Im Spiel baut sich das Kind

»ein vollständiges Fliegenhaus aus Ton, eigentlich einen Palast [...] so lang und
so breit wie eine Männerfaust und um etwas höher; es war aber das ganze
Speisehaus rot angestrichen und mit Dinte in Ziegelquader abgeteilt, innen mit
zwei Stockwerken, vielen Treppen mit Geländern und Kammern, einem geräu-
migen Dachboden versehen, außen aber mit Erkern und Vorsprüngen und
sogar mit einem Rauchfange versorgt. [...] Wenn nun Paul so die unzähligen
Fliegen in diesem weiten Lustschloß treppauf treppnieder in alle großen
Zimmer und dann gar in die niedlichen Erkerchen laufen sah: so macht er sich
eine Vorstellung von ihrer häuslichen Glückseligkeit. [...] Wie unbedeutend
und klein mußt ihm dagegen das Pfarrhaus vorkommen.«[50]

Mit dem letzten Satz ist bereits die Gegenbewegung angedeutet:

»Er [der kleine Paul] ist ein häusliches Schaltier, das sich recht behaglich in die
engsten Windungen des Gehäuses zurückschiebt und verliebt, nur daß es
jedesmal die Schneckenschale breit offen haben will, um dann die vier Fühlfä-
den nicht etwa so weit als vier Schmetterlingsflügel in die Lüfte zu erheben,
sondern noch zehnmal weiter bis an den Himmel hinauf zu strecken, wenigstens mit jedem Fühlfaden an einen der vier Trabanten Jupiters.«[51]

So entsteht gerade aus der ummauerten Kindheit die Sehnsucht
nach Welt. Die Grenzen zwischen »drinnen« und »draußen«
werden wichtig: die Löcher in der Wand, durch die man in der
schwülen Stube frische Luft atmen kann[52]; die Mauern, die man

erklettert, wenn draußen die »fremden Musikanten« vorbeiziehen[53]; das Gattertor, durch dessen Spalte man der Liebsten eine Hand hinausstreckt – »mehr vom Körper durfte nicht von den Kindern aus dem Hofe«.[54] Und natürlich gibt es die *Bücher*, jene durchlässigste Grenze zwischen »drinnen« und »draußen«, über die, oft verbotenerweise, der kleine Paul den ummauerten Pfarrhof immer wieder verläßt.

Die Umrisse solcher Kindheitsbilder »hinter Mauern« finden sich auch in anderen Autobiographien der Zeit um 1800. Ihr sozialer Ort ist der Binnenraum familialer Intimität – das *Haus* wird in den bürgerlichen Kindheitsbeschreibungen des 19. und 20. Jahrhunderts stets eine zentrale Rolle spielen. Das Haus zieht dem Bürgerkind freilich auch Grenzen, und die Erinnerung weiß davon. Kindheit erscheint als *überwacht* und *beschützt* zugleich. Solche manchmal unsichtbaren Grenzen, die das »Drinnen« vom »Draußen« trennen, können sogar den Erfahrungsraum der Natur zerschneiden, wie Jung-Stilling in seiner Autobiographie bemerkt:

»Am Nachmittag von zwo bis drei Uhr, oder auch etwas länger, lies ihn Wilhelm [der Vater] in den Baumhof und Geisenberger Wald spatzieren; er hatte ihm daselbst einen Distrikt angewiesen, den er sich zu seinen Belustigungen zueignen, aber über welchen er nicht weiter ohne Gesellschaft seines Vaters hinausgehen durfte. Diese Gegend war nicht größer, als Wilhelm aus seinem Fenster übersehen konnte, damit er ihn nie aus den Augen verlieren möchte. War denn die gesetzte Zeit um, oder wenn sich auch ein Nachbarskind Henrichen von weitem näherte, so pfif Wilhelm, und auf dieses Zeichen war er den Augenblick wieder bei seinem Vater.«[55]

Auch dieser Vater trägt Züge eines freundlichen Kerkermeisters, und auch dieses Kind baut in der Phantasie den begrenzten in einen unbegrenzten Raum um, wobei wiederum die Bücher wichtig sind:

»Diese Gegend, Stillings Baumhof und ein Strich Waldes, der an den Hof gränzte, wurde von unserm jungen Knaben also täglich bei gutem Wetter besucht, und zu lauter idealischen Landschaften gemacht. Da war eine egyptische Wüste, in welcher er einen Strauch zur Höle umbildete, in welche er sich verbarg und den heiligen Antonius vorstellte, betete auch wohl in diesem Enthusiasmus recht herzlich. In einer andern Gegend war der Brunn der Melusine, dort war die Türkei ...«[56]

Jean Pauls eigene Kindheit war noch nicht die der erst für das spätere 19. Jahrhundert typischen Kleinfamilie. Im Joditzer Pfarrhaus gab es Schweine und Rinder, die Pfarre hatte Weiderecht und

Fron, während der Ernte arbeitete die Familie auf dem Feld, und
der Unterricht lag, nach einer kurzen »Schulepisode«, in den
Händen des Vaters.[57] Aber in den allmählich verschwindenden
Strukturen einer »alten« Kindheit entwickeln sich schon die Umrisse der neuen familiären Binnenbeziehung, wobei – in der Erinnerung – für Jean Paul der Vater und nicht die Mutter die zentrale
Figur ist.

Was im Rückblick – hier und anderswo – als »Glück hinter
Mauern« erscheint, war, historisch gesehen, höchst ambivalent,
war Schutz und Einschluß zugleich. Auch hinter den Sehnsuchtsbildern Jean Paulscher Kindheitsidyllik leuchten immer wieder
dunkle Farben auf: der Vater als »Kerkermeister«, der Pfarrhof als
»Gefängnis«, die Kindheit als »Saharawüste«[58] – in solchen Metaphern ist bürgerliche Haus-Kindheit auch als System von Ein-
schnürung und Verödung erfaßt. Gerade diese Leiden wird die
nachfolgende »Erinnerungsliteratur« nur zu leicht vergessen.

Worin besteht die gesellschaftliche Funktion solcher Kindheitserinnerungen, worin könnte sie bestehen? Ist das »Freuden-Gedächtnis« der Kindheit nicht lediglich schaler Trost für die Not am
Gegenwärtigen? Ist es nicht einfach resignative Flucht in die
Vergangenheit, Selbstaufzehrung des Menschen, wo »ein Alter in
seiner Winterhöhle an den Tatzen der Erinnerung saugt« (Ernst
Bloch)[59]? »Indem der Wind seine Fenster mit Schneevorhängen
verfinsterte und indem ihn aus den Ofen-Fugen das Feuer an-
blinkte: drückte er die Augen zu und ließ auf die gefrornen Wiesen
den längst vermoderten Frühling niedertauen«[60] – in solchen
kleinen Fluchten steckt, historisch gesehen, sicher auch der Schatten der »deutschen Misere«, in der gegen das Winter-Eis der
Verhältnisse zwar tausend Frühlingsblumen blühen, aber nur vor
dem Ofen in der Stube und in den Kammern des Gedächtnisses.[61]

Dennoch ist die ideologische Auflösung der Kindheitsträume bloß
die halbe Wahrheit. Es fällt auf, wie oft Jean Paul sich, neben der
Metaphorik des Frühlings, der mythologischen Bildsprache der
besseren Weltzeit bedient, wenn er von Kindheit spricht. Kindheit
ist ihm das »goldne Jahrhundert des Menschen«[62], das »Paradies«[63], das »gelobte Land«[64], das »Kindheits-Kanaan«[65]. Die
utopische Metaphorik verweist sowohl auf verlorene bessere Vergangenheit als auch auf erträumte bessere Zukunft.

Für Jean Paul jedenfalls wird die Erinnerung an seine eigene und

ganz und gar andere Kindheit, wird seine Besinnung auf das
»fremde Kind« zum wichtigen Impuls gesellschaftlicher Kritik: Er
mißtraut nicht nur der neuen wissenschaftlichen Pädagogik; er ist
skeptisch gegenüber allen Versuchen der Erwachsenen, aus Kindheitsbildern Programme zu schmieden. Er wendet sich gegen die
Zumutung, denen Kinder wie selbstverständlich von allen Seiten
ausgesetzt werden. Er polemisiert gegen ihre Verplanung durch die
Erwachsenen, die, natürlich mit den besten Absichten, immer
genau wissen, was für Kinder gut ist. Ob es wirklich gut war, wird
sich zeigen – in der Erinnerung. Die Erinnerung an die Erinnerung
mag das lehren:

»Kürzet das schöne helldunkle Kindersein nicht durch voreiliges Hineinleuch-
ten ab, sondern gönnet den Freuden, deren Erinnerungen das Leben so schön
erleuchten, ein langes Entstehen und Bestehen; je länger der Morgenthau in den
Blüten und Blumen hängen bleibt, desto schöner wird nach den Wetterregeln
der Tag; – und so sauge kein vorzeitiger Stral den Thauschimmer aus den
Menschen-Blumen. So bereitet denn, Eltern, zum Danke für die Spätrosen,
welche eure Kindheit in euere Jahre wirft, auch eueren Kindern das Himmel-
reich ähnlicher Erinnerungen vor! Kennst du denn die Krankenwochen, die
Regenjahre, welche sie sich einmal vielleicht durch den Blick auf den blitzenden
Morgenthau sonniger Kindheit erhellen müssen? – Kennst du die Träume, in
welchen gewöhnlich nur die Kindheit wieder spielt und willst du die künftigen
Greisenträume deines Kindes wie ein Trauerzimmer schwarz ausschlagen? [...]
Deiner schönsten Erinnerungen daher erinnere dich, wenn dich deine Kinder
umhüpfen, und pflanze in diesen lieber jene als deine Kenntnisse fort.«[66]

So wird Erinnerung an das fremde Kind zur Musik der Zukunft,
wird der Traum vom Alten zum geheimen Signal des Neuen.

Anmerkungen

zu: Erinnertes Kind

1 Jean Paul, ›Selberlebensbeschreibung‹, in: *Werke in 12 Bänden*, hrsg. v. Norbert Miller, Bd. 12, München 1975, S. 1048.

2 Ebd., S. 1092.

3 J. H. Campe, *Robinson der Jüngere. Ein Lesebuch für Kinder*, 1779/80. Neu hrsg. v. J. Merkel u. D. Richter, München 1977 (Sammlung alter Kinderbücher, 1). Vgl. auch Elke Liebs, *Die pädagogische Insel. Studien zur Rezeption des ›Robinson Crusoe‹ in deutschen Jugendbearbeitungen*, Stuttgart 1977.

4 So Campe im Vorbericht zu *Robinson der Jüngere*, a.a.O., S. X.

5 Christian Gotthilf Salzmanns 1785 eröffnete Erziehungsanstalt auf Gut Schnepfental in Thüringen gehörte neben Basedows Dessauer Philanthropin und Campes Internat in Hamburg-Billwerder zu den neuen pädagogischen Musterfarmen.

6 Vgl. Katharina Rutschky, *Schwarze Pädagogik. Quellen zur Naturgeschichte der bürgerlichen Erziehung*, Frankfurt 1977, S. XL f.

7 Vgl. J. Merkel/D. Richter, Nachwort zu *Robinson der Jüngere*, a.a.O., S. 432 ff.

8 Zur aufgeklärten Lesedidaktik vgl. Dieter Richter, ›Die Leser und die Lehrer. Bilder aus der Geschichte der literarischen Sozialisation‹, in: D. Larcher/Chr. Spiess (Hrsg.), *Lesebilder*, Reinbek 1980, S. 210 ff.

9 Jean Paul, ›Selberlebensbeschreibung‹, a.a.O., S. 1076 f.

10 Ebd., S. 1066.

11 Ebd., S. 1069.

12 Ebd., S. 1040.

13 Ebd., S. 1049.

14 Ebd., S. 1061.

15 R.-R. Wuthenow, *Das erinnerte Ich. Europäische Autobiographie und Selbstdarstellung im 18. Jahrhundert*, München 1974, S. 204.

16 »Ach! die Tage der Kindheit sind hin – die Tage des Schülers bei beiden auch bald volendet – bald's ganze Leben – –«. Brief an Adam Lorenz von Oerthel in Hof, Okt. 1780, in: *Jean Pauls Sämtliche Werke*, hrsg. v. E. Berend, III, 1, Berlin 1965, S. 1.

17 Jean-Jacques Rousseau, *Les Confessions*, Paris 1964, S. 20−21, dt.: *Bekenntnisse*, hrsg. v. O. Fischer, München 1912, S. 26 (I, 6).

18 Zur Kindheitsautobiographik der Gegenwart vgl. W. Brettschneider, ›Kindheitsmuster‹. *Kindheit als Thema autobiographischer Dichtung*, Berlin 1982.

19 Horst Ulbricht, *Kinderlitzchen*. Roman, Reinbek 1978, S. 69.

20 Jean Paul, ›Selberlebensbeschreibung‹, a.a.O., S. 1064.

21 Ebd., S. 1077.

22 Ebd., S. 1080.

23 Ebd., S. 1083.

24 »[...] lost to me, for aye, except in dreams«. Aus: ›Childish Recollections‹, in: Lord Byron, *The Complete Poetical Work*, Oxford 1980, vol. I, no. 93, dt.: Lord Byron, *Sämtliche Werke*, Bd. II, München 1977, S. 584.

25 Sigmund Freud, ›Trauer und Melancholie‹ (1917), in: *Studienausgabe* Bd. III, Frankfurt 1969, S. 209.

26 Jean Paul, a.a.O., S. 1048.

27 C. Ginzburg, *Spurensicherungen. Über verborgene Geschichte, Kunst und soziales Gedächtnis*, Berlin 1983, S. 84.

28 Jean Paul, a.a.O., S. 1048.

29 Ebd., S. 1061.

30 Ebd., S. 1079.

31 Ebd., S. 1048 – An anderer Stelle schreibt Jean Paul: »Die Erinnerungen früherer Zeiten nehmen von Jahrzehnd zu Jahrzehnd eine andere Gestalt und Wirkung für uns an.« (*Sämtliche Werke*, hrsg. v. E. Berend, II, 5, S. 465).

32 Ralph-Rainer Wuthenow, a.a.O., S. 205 f.

33 Vgl. Goethes Brief an Chr. Heinrich Schlosser vom 25.11.1814: »Diese Zeit benutzte ich, um mich in mir selbst historisch zu bespiegeln.« (*Goethes Briefe*, Bd. III, Hamburg 1967, S. 284).

34 Jean Paul, a.a.O., S. 1059.

35 R.-R. Wuthenow, a.a.O., S. 19.

36 Jean Paul, *Leben Fibels*, in: *Werke in 12 Bänden*, München 1975, Bd. 11, S. 375.

37 Vgl. J. J. Rousseau, *Les Confessions*, a.a.O., 21. – Zum »Kindheitsparadies« vor allem in der Literatur des 19. und 20. Jahrhunderts vgl. R. Kuhn, *Corruption in Paradise. The Child in Western Literature*, Hanover/London 1982, S. 106–121 und 135–160.

38 ›Le ricordanze‹ V. 59–60, in: *Canti*, Torino 1962, S. 180, dt. in: G. Leopardi, *Gedichte und Prosa*, Frankfurt 1979, S. 63.

39 ›Warum sind keine frohen Erinnerungen so schön als die aus der Kinderzeit?‹ in: Jean Paul, *Sämtliche Werke* I, Bd. 16, Weimar 1938, S. 76.

40 ›Selberlebensbeschreibung‹, a.a.O., S. 1049.

41 ›Warum sind keine frohen Erinnerungen ...‹, a.a.O., S. 76 f.

42 *Leben des vergnügten Schulmeisterleins Maria Wutz in Auenthal. Eine Art Idylle*, in: *Werke*, a.a.O., Bd. 1, S. 422.

43 Ebd., S. 425.

44 Ebd., S. 423.

45 ›Selberlebensbeschreibung‹, a.a.O., S. 1052.

46 Ebd., S. 1067 f.

47 Ebd., S. 1063.

48 Ebd., S. 1062.
49 Ebd., S. 1080.
50 Ebd., S. 1081.
51 Ebd., S. 1080 f.
52 Ebd., S. 1053.
53 Ebd., S. 1060.
54 Ebd., S. 1068.
55 Johann Heinrich Jung-Stilling, *Lebensgeschichte*, hrsg. v. G. A. Benrath, Darmstadt 1976, S. 46 f.
56 Ebd., S. 47.
57 Vgl. G. d. Bruyn, *Das Leben des Jean Paul Friedrich Richter*, Stuttgart 1976, S. 16 ff.
58 ›Selberlebensbeschreibung‹, a.a.O., S. 1067 f.
59 Ernst Bloch, *Das Prinzip Hoffnung*, Bd. I, Frankfurt 1973, S. 40.
60 *Leben des vergnügten Schulmeisterlein Maria Wutz in Auenthal*, in: *Werke*, a.a.O., Bd. 1, S. 423.
61 Vgl. O. Negt, ›Der Wolf und die sieben jungen Geißlein‹, in: *Freibeuter 5* (1980), S. 121. Negt interpretiert das Märchen als eine Art Schlüssel-Geschichte für den deutschen Sozialcharakter: »treibhausmäßige Entfaltung der Eigenschaften, welche den feingliedrigen strukturellen Aufbau und den symbolischen Differenzierungsreichtum des Innen, des Hauses, betreffen, und disproportionale Unterentwicklung oder gar Brachlegung aller Fähigkeiten, die auf Neugierde und Aufmerksamkeit nach außen, zum Staat, zur Gesellschaft, zum Politischen hin verweisen.«
62 *Leben Fibels*, in *Werke*, a.a.O., Bd. 11, S. 378.
63 ›Selberlebensbeschreibung‹, a.a.O., S. 1099; *Levana oder Erziehlehre*, in: *Werke*, a.a.O., Bd. 9, S. 533.
64 *Levana*, a.a.O., S. 533.
65 *Schulmeisterlein Maria Wutz*, a.a.O., S. 425.
66 ›Warum sind keine frohen Erinnerungen …‹, a.a.O., S. 79 f.

ANHANG

Literatur

Alt, Robert, *Bilderatlas zur Schul- und Erziehungsgeschichte*, 2 Bände, Berlin 1966, 1971.

Apel, Friedmar, *Die Zaubergärten der Phantasie. Zur Theorie und Geschichte des Kunstmärchens*, Heidelberg 1978.

Ariès, Philippe, *L'enfant et la vie familiale sous L'Ancien Régime*, Paris 1960 (2. Aufl. 1973), dt. *Geschichte der Kindheit*, München/Wien 1975.

Arnold, Friedrich Carl, *Das Kind in der deutschen Literatur des 11.–15. Jahrhunderts*, Diss. Greifswald 1905.

Arnold, Klaus, *Kind und Gesellschaft in Mittelalter und Renaissance. Beiträge und Texte zur Geschichte der Kindheit*, Paderborn 1980.

Battaglia, Eliseo, *Piccoli Santi*. XVa ediz., Firenze 1939.

Benjamin, Walter, *Berliner Kindheit um 1900*, in: *Gesammelte Schriften*, Bd. IV, 1. Frankfurt 1972, 235–304.

ders., *Über Kinder, Jugend und Erziehung*, Frankfurt 1969.

Benz, Richard, *Märchen-Dichtung der Romantiker. Mit einer Vorgeschichte*, 2. Aufl., Gotha 1926.

Biraben, Jean-Noël, ›La médecine et l'enfant au Moyen Âge‹, in: *Annales de démographie historique* 1973, 73–75.

ders., ›La médecine et l'enfant au XVIIIᵉ siècle‹, in: *Annales de démographie historique* 1973, 215–223.

Bitterli, Urs, *Die ›Wilden‹ und die ›Zivilisierten‹. Grundzüge einer Geistes- und Kulturgeschichte der europäisch-überseeischen Begegnung*, München 1976.

Boas, George: *The Cult of Childhood*, London 1966 (= Studies of the Warburg Institute, 29).

Boesch, Hans, *Kinderleben in der deutschen Vergangenheit*, Leipzig 1900 (Monographien zur deutschen Kulturgeschichte, 5), Neudruck Düsseldorf/Köln 1979.

Bourelly, G. M., *Cento biografie di fanciulli illustri italiani. Con brevi cenni sulla storia d'Italia dal 1000 al 1867*, Milano 1867.

Bricot, Wilhelm [d. i. Sattler, Dietrich E.], *Die Häschenschule*, Bremen 1985.

Calvet, Jean, *L'enfant dans la littérature française. Des origines à 1870*, Paris 1930.

Chombart de Lauwe, Marie-José, ›La représentation de l'enfant dans la littérature d'enfant et de jeunesse‹, in: D. Escarpit (ed.), *The Portrayel of the Child in Children's Literature*, München/New York 1985, 5–21.

dies., *Un monde autre: l'enfance. De ses représentations a son mythe*, Paris, 2. Aufl. 1979.

Coveney, Peter, *The Image of Childhood. The Individual and Society: a Study of the Theme in English Literature*. Rev. edition (Penguin Books) 1967.

Dahrendorf, Malte, ›The ›naughty child‹ in past and contemporary children's literature‹, in: D. Escarpit (ed.), *The Portrayel of the Child in Children's Literature*, München/New York 1985, 43–58.

de Mause Lloyd (ed.), *The History of Childhood*, New York 1974/1975 (dt.: *Hört ihr die Kinder weinen? Eine psychogenetische Geschichte der Kindheit*, Frankfurt 1977).

Di Scanno, Teresa, *Les contes de fées a l'époque classique. 1680–1715*, Napoli 1975.

Doppler, Bernhard (Hrsg.), *Kindheit – Kinderlektüre*, Wien 1984.

Dornheim, Alfred, ›Goethes *Mignon* und Thomas Manns *Echo*. Zwei Formen des »göttlichen Kindes« im Roman‹, in: *Euphorion* 46 (1951), 315–347.

Downer, Marion, *Children in the World's Art*, New York 1970.

Durzak, Manfred, ›Zur utopischen Funktion des Kindheitsbildes in Kleists Erzählungen‹, in: *Colloquia Germanica* 3 (1969), 111–129.

Eichbaum, Gerda, *Die Krise der modernen Jugend im Spiegel der Dichtung. Zur Problemgeschichte des Jugendalters*, Erfurt 1930.

Elias, Norbert, *Über den Begriff der Zivilisation. Soziogenetische und psychogenetische Untersuchungen*. Bd. I: *Wandlungen des Verhaltens in den weltlichen Oberschichten des Abendlandes*. Bd. II: *Entwurf zu einer Theorie der Zivilisation*, Bern 1969. 6. Aufl., Frankfurt 1979.

Elschenbroich, Donata, *Kinder werden nicht geboren. Studien zur Entstehung der Kindheit*, Frankfurt 1977 (Diss. phil. Bremen 1976).

dies., ›Ist uns die kleine Meret desertiret... Eine Erziehungs-Parabel im ›Grünen Heinrich‹, in: *Kindheit* 2 (1980) H. 1, 61–75.

Ende, Aurel, ›Geschichte der Kindheit. Über den gegenwärtigen Stand der Psychohistorie‹, in: *Kindheit* 2 (1980), H. 2, 135–145.

Enfant et Sociétés. Annales de démographie historique 1973.

Erikson, Erik H., *Childhood and Society*, New York 1963 (dt.: *Kindheit und Gesellschaft*, Stuttgart 1965).

Escarpit, Denise (ed.), *The Portrayel of the Child in Children's Literature. Proceedings of the 6th Conference of the International Research Society for Children's Literature*, Bordeaux 1983, München/New York 1985.

Ewers, Hans-Heino, ›Kinder, die nicht erwachsen werden. Die Geniusgestalten des ewigen Kindes bei Goethe, E. T. A. Hoffmann, J. M. Barrie, Ende und Nöstlinger‹, in: Dierks, Margarete (Hrsg.), *Kinderwelten. Festschrift für Klaus Doderer*, Frankfurt 1985, 42–70.

Feaver, William, *Les images de notre enfance. Deux siècles d'illustration de livres d'enfants*, Chêne 1976.

Feilzer, Heinrich, *Jugend in der mittelalterlichen Ständegesellschaft. Ein Beitrag zum Problem der Generationen*, Wien 1971 (Wiener Beiträge zur Theologie, 36).

Fellinger, Ferdinand, *Das Kind in der altfranzösischen Literatur*, Göttingen 1908.

Flandrin, Jean-Louis, ›L'attitude à l'égard du petit enfant et les conduites sexuelles dans la civilisation occidentale: structures anciennes et évolution‹, in: *Annales de démographie historique* 1973, 143–205.

Flashar, Dorothee, *Goethes Mignongestalt. Bedeutung, Entwicklung und literarische Nachwirkung*, Berlin 1929 (Germanische Studien, 65).

Flitner, Andreas/Hornstein, Walter, ›Kindheit und Jugend in geschichtlicher Betrachtung‹, in: *Zeitschrift für Pädagogik* 10 (1964), 311–339.

Gallwitz, Klaus (Hrsg.), *Kinder und Erwachsene im Bildnis. Eine Ausstellung.* Städtische Galerie im Städelschen Kunstinstitut, Frankfurt, 24.1.–12.3. 1978. Katalog. Frankfurt 1978.

Geering, Agnes, *Die Figur des Kindes in der mittelhochdeutschen Dichtung*, Diss. Zürich 1899.

Giesen, Josef, *Europäische Kinderbilder. Die soziale Stellung des Kindes im Wandel der Zeit*, München 1966.

Ginzburg, Carlo, *Il formaggio e i vermi. Il cosmo di un mugnaio del '500*, Torino 1976 (dt.: *Der Käse und die Würmer. Die Welt eines Müllers um 1600*, Frankfurt 1979).

Goldschmit-Jenter, Rudolf K., *Die Jugend großer Deutscher. Von ihnen selbst erzählt*, Leipzig 1941.

Gruntz-Stoll, Johannes, ›Schreiliesel, Eispeter und Gaukel-Linchen. Abschreckende Beispiele kindlichen Ungehorsams in der Kinderliteratur des 19. Jahrhunderts‹, in: *Kindheit 5* (1983), H.1, 2–16.

Grylls, David, *Guardians und Angels. Parents and Children in Nineteenth-Century Literature*, London 1978.

Gstettner, Peter, *Die Eroberung des Kindes durch die Wissenschaft. Aus der Geschichte der Disziplinierung*, Reinbek 1981.

Haferkamp, Bertel, *Das Kind in der anglo-amerikanischen Literatur. Von Bret Harte zu William Golding*, Duisburg 1985 (Duisburger Studien. Geistes- und Gesellschaftswissenschaften, 11).

Hardach-Pinke, Irene, *Kinderalltag. Aspekte von Kontinuität und Wandel der Kindheit in autobiographischen Zeugnissen 1700 bis 1900*, Frankfurt/New York 1981.

Hardach-Pinke, Irene/Hardach, Gerd (Hrsg.), *Deutsche Kindheiten. Autobiographische Zeugnisse 1700 bis 1900*, Kronberg 1978.

Haufe, Günter, ›Das Kind im Neuen Testament‹, in: *Theologische Literaturzeitung* 104 (1979), 626–638.

Hazard, Paul (Hrsg.), *Le visage d'enfance*, Paris 1937.

Heinsohn, Gunnar, ›Das a priori von Kindheit. Die Herbeiführung der Generationsbeziehungen von der Stammesgesellschaft zum Kibbuz‹, in: *Kindheit 2* (1980), H.3, 301–323.

Heinsohn Gunnar/Steiger, Otto, *Die Vernichtung der weisen Frauen. Beiträge zur Theorie und Geschichte von Bevölkerung und Kindheit*, Herbstein 1985.

Hengst, Heinz/Köhler, Michael u. a., *Kindheit als Fiktion*, Frankfurt 1981.

Herlihy, David, ›Medieval Children‹, in: B. K. Lackner (Hrsg.), *Essays on Medieval Civilisation*, Austin 1978, 109–141.

Herrmann, Max, ›Bilder aus dem Kinderleben des 16. Jahrhunderts‹, in: *Mitteilungen der Gesellschaft für deutsche Erziehungs- und Schulgeschichte* 20 (1910), 125–145.

Herter, Hans, ›Das unschuldige Kind‹, in: *Jahrbuch für Antike und Christentum* 4 (1961), 146–162.

Hildick, Wallace, *Children and Fiction. A critical study in depth of the artistic and psychological factors involved in writing fiction for and about children*, London 1970.

Holmes, U. T., ›Medieval Children‹, in: *Journal of Social History* 2 (1968/69), 164–172.

Horkheimer, Max/Adorno, Theodor W., *Dialektik der Aufklärung. Philosophische Fragmente*, Frankfurt 1969.

Hornstein, Walter, *Jugend in ihrer Zeit. Geschichte und Lebensformen des jungen Menschen in der europäischen Welt*, Hamburg 1966.

ders., *Vom ›jungen Herrn‹ zum ›hoffnungsvollen Jüngling‹. Wandlungen des Jugendlebens im 18. Jahrhundert*, Heidelberg 1965.

Internationales Design Zentrum Berlin (Hrsg.), *Spielzeug – und wozu es gebraucht wird. Beiträge zu einer Ausstellung im IDZ Berlin*, Berlin 1975.

Johansen, Erna M., *Betrogene Kinder. Eine Sozialgeschichte der Kindheit*, Frankfurt 1978.

Jung, C. G./Kerényi, K., *Einführung in das Wesen der Mythologie. Das göttliche Kind. Das göttliche Mädchen*, Hildesheim 1980.

Karst, Theodor/Overbeck, Renate/Tabbert, Reinbert, *Kindheit in der modernen Literatur. Interpretations- und Unterrichtsmodelle zur deutsch-, englisch- und französischsprachigen Prosa*, 2 Bände, Kronberg 1976.

Kassel, R., *Quomodo quibus locis apud veteres scriptores Graecos infantes atque parvuli pueri inducantur describantur commemorentur*, Diss. Mainz 1951 (masch.).

Kind, Hansgeorg, *Das Kind in der Ideologie und der Dichtung der deutschen Romantik*, Diss. phil. Leipzig 1936.

Kinderwelten. Kinder und Kindheit in der neueren Literatur. Festschrift für Klaus Doderer. Herausgegeben vom Freundeskreis des Instituts für Jugendbuchforschung Frankfurt, Weinheim/Basel 1985.

Klapisch, Christiane, ›L'enfance en Toscane au debut du XVe siècle‹, in: *Annales de démographie historique* 1973, 99–122.

dies., ›Attitudes devant l'enfant‹, in: *Annales de démographie historique* 1973, 63–67.

Klotz, Volker, *Das europäische Kunstmärchen. Fünfundzwanzig Kapitel seiner Geschichte von der Renaissance bis zur Moderne*, Stuttgart 1985.

Könneker, Marie Luise, *Kinderschaukel. Ein Lesebuch zur Geschichte der Kindheit in Deutschland*, 2 Bände, Darmstadt/Neuwied 1976.

dies., *Dr. Heinrich Hoffmanns »Struwwelpeter«. Untersuchungen zur Entstehungs- und Funktionsgeschichte eines bürgerlichen Bilderbuchs*, Stuttgart 1977.

dies., *Mädchenjahre. Ihre Geschichte in Bildern und Texten*, Darmstadt/Neuwied 1978.

Kreis, Rudolf, *Die verborgene Geschichte des Kindes in der deutschen Literatur. Deutschunterricht als Psychohistorie*, Stuttgart 1980.

Kuhn, Reinhard, *Corruption in Paradise. The Child in Western Literature*, Hanover/London 1982.

Kunstmann, Josef, *Ewige Kinder*, Ettal 1962.

Le Goff, Jacques, ›Petits enfants dans la littérature des XIIᵉ–XIIIᵉ siècles‹, in: *Annales de démographie historique* 1973, 129−132.

Leipoldt, Johannes, ›Vom Kinde in der alten Welt‹, in: *Reich Gottes und Wirklichkeit. Festschrift für Alfred D. Müller*, Heidelberg 1961, 343−351.

Lenzen, Klaus-Dieter, *Kinderkultur, die sanfte Anpassung*, Frankfurt 1978.

Le Roy Ladurie, Emmanuel, *Montaillou, village occitan de 1294 à 1324*, Paris 1975 (dt.: *Montaillou. Ein Dorf vor dem Inquisitor 1294 bis 1324*, Frankfurt/Berlin/Wien 1980).

Lepman, Jella (Hrsg.), *Kindheit. Kindergestalten aus der Weltliteratur*, München/Zürich 1961.

Liebs, Elke, *Die pädagogische Insel. Studien zur Rezeption des »Robinson Crusoe« in deutschen Jugendbearbeitungen*, Stuttgart 1977.

dies., *Kindheit und Tod. Der Rattenfänger-Mythos als Beitrag zu einer Kulturgeschichte der Kindheit*, München 1986.

Lindemann, Andreas, ›Die Kinder und die Gottesherrschaft. Markus 10, 13−16 und die Stellung der Kinder in der späthellenistischen Gesellschaft und im Urchristentum‹, in: *Wort und Dienst. Jahrbuch der Kirchlichen Hochschule Bethel*, N. F. 17 (1983), 77−104.

Lindner, Burkhardt, ›Das Interesse an der Kindheit‹, in: *Literaturmagazin* 14 (1981), 112−132.

Marcus, Leah S., *Childhood and Cultural Despair. A Theme and Variations in Seventeenth-Century Literature*, Pittsburgh 1978.

Masser, Achim, *Bibel, Apokryphen und Legenden. Geburt und Kindheit Jesu in der religiösen Epik des deutschen Mittelalters*, Berlin 1969.

Merkel, Johannes/Richter, Dieter (Hrsg.), *Johann Friedrich Oest, Belehrung und Warnung für Jünglinge und Knaben, die schon zu einigem Nachdenken gewöhnt sind* (1787). Mit einem Anhang neu herausgegeben. München 1977 (Sammlung alter Kinderbücher, 2).

dies., *Joachim Heinrich Campe, Robinson der Jüngere* (1779). Mit einem Anhang neu herausgegeben. München 1977 (Sammlung alter Kinderbücher, 1).

Minckwitz, Friedrich/Kiepenheuer, Noa, *Das Reich der Kindheit. Aus deutschen Lebenserinnerungen und Dichtungen des XVIII. und XIX. Jahrhunderts*, Weimar 1966.

Möller, Helmut, *Die kleinbürgerliche Familie im 18. Jahrhundert. Verhalten und Gruppenstruktur*, Berlin 1968.

Moser, Manfred, ›Über den Umgang mit Kindheitserinnerungen‹, in: D. Larcher/Chr. Spiess (Hrsg.), *Lesebilder*, Reinbek 1980, 180–191.

Muchembled, Robert, *Culture populaire et culture des élites dans la France moderne. XVe–XVIIIe siècles*, Paris 1978. (dt.: *Kultur des Volkes, Kultur der Eliten. Die Geschichte einer erfolgreichen Verdrängung*, Stuttgart 1982.)

Mühlmann, Wilhelm, ›Kindheit und Jugend in traditionalen und progressiven Gesellschaften‹, in: *Jugend in der Gesellschaft*, München 1975, 79–97.

Neue Gesellschaft für Bildende Kunst/Staatliche Kunsthalle Berlin (Hrsg.), *Die gesellschaftliche Wirklichkeit der Kinder in der Bildenden Kunst*, Berlin 1979.

Neuhaus, Beate, *Kindergeschichten zwischen Erwachsenen und Kindern. Untersuchungen zur gesellschaftlichen Funktion von Kinderliteratur im Spannungsfeld zwischen Erwachsenen und Kindern*, Frankfurt 1984 (Diss. phil. Bremen 1983).

Norden, Eduard, *Die Geburt des Kindes. Geschichte einer religiösen Idee*, Leipzig/Berlin 1924.

Nyssen, Friedhelm, ›Zur Geschichte der Kindheit. Erkennen und Erinnern‹, in: *Kindheit* 1 (1979), 251 ff.

ders., ›Subjektives und Objektives in der Geschichte der Kindheit‹, in: *Kindheit* 3 (1981), H. 4, 51–77.

Pape, Walter, *Das literarische Kinderbuch. Studien zur Entstehung und Typologie*, Berlin/New York 1981.

Pattison, Robert, *The Child Figure in English Literature*, Athen 1978.

Pestalozzi et son temps. L'enfant à l'aube du XIXe siècle, Katalog, Yverdon 1977.

Planta, Urs. O. von, *E. T. A. Hoffmanns Märchen »Das fremde Kind«*, Diss. phil. Zürich 1958.

Plessen, Marie-Louise/Zahn, Peter von, *Zwei Jahrtausende Kindheit*, Köln 1979.

Postman, Neil, *The Disappearance of Childhood*, New York 1982 (dt.: *Das Verschwinden der Kindheit*, Frankfurt 1983).

Rauber, A., *Homo sapiens ferus oder Die Zustände der Verwilderten und ihre Bedeutung für Wissenschaft, Politik und Schule. Biologische Untersuchung*, Leipzig 1885.

Riché, Pierre, ›L'enfant dans le haut Moyen Âge‹, in: *Annales de démographie historique* 1973, 95–98.

Richter, Dieter, ›Til Eulenspiegel – Der asoziale Held und die Erzieher‹, in: *Ästhetik und Kommunikation* 27 (1977), 36–53.

ders., ›Die Leser und die Lehrer. Bilder aus der Geschichte der literarischen Sozialisation‹, in: D. Larcher/Chr. Spiess (Hrsg.), *Lesebilder*, Reinbek 1980, 201−222.

ders., *Schlaraffenland. Geschichte einer populären Phantasie*, Köln 1984.

Richter, Dieter/Merkel, Johannes, *Märchen, Phantasie und soziales Lernen*, Berlin 1974.

Rochefort, Christiane, *Kinder*, München 1977.

Rühfel, Hilde, *Das Kind in der griechischen Kunst. Von der minoisch-mykenischen Zeit bis zum Hellenismus*, Mainz 1984.

Rutschky, Katharina, *Schwarze Pädagogik. Quellen zur Naturgeschichte der bürgerlichen Erziehung*, Frankfurt/Berlin/Wien 1977.

dies., *Deutsche Kinder-Chronik. Wunsch- und Schreckensbilder aus vier Jahrhunderten*, Köln 1983.

Schaub, Gerhard, *Le Génie Enfant.Die Kategorie des Kindlichen bei Brentano*, Berlin 1973.

Schérer, René, *Das dressierte Kind. Sexualität und Erziehung: Über die Einführung der Unschuld*, Berlin 1973.

Schérer, René/Hocquenghem, Guy, *Co-ire. Kindheitsmythen*, München 1977.

Schmidt, Joachim, *Volksdichtung und Kinderlektüre in der ersten Hälfte des 19. Jahrhunderts*, Berlin 1977.

Schmitt, Jean-Claude, *Le Saint Lévrier, Guinefort, guerisseur d'enfants depuis le XIIIe siècle*, Paris 1979 (dt.: *Der heilige Windhund. Die Geschichte eines unheiligen Kults*, Stuttgart 1982.)

Schnapp, Friedrich, ›Die Heimat des fremden Kindes‹, in: *Mitteilungen der E. T. A. Hoffmann-Gesellschaft* 21 (1975), 38−41.

Schreiber, Georg, *Mutter und Kind in der Kultur der Kirche*, Freiburg i. Br. 1918.

Soriano, Marc, *Les Contes de Perrault. Culture savante et traditions populaires*, Paris 1968.

Theopold, Wilhelm, *Das Kind in der Votivmalerei*, München 1981.

Tiedemann, Hilde, *Das Kind in der literarischen Darstellung der deutschen Dichtung des 12. und 13. Jahrhunderts*, Diss. Heidelberg 1957.

Ueding, Gert, ›Verstoßen in ein fremdes Land. Kinderbilder in der deutschen Literatur‹, in: *Neue Sammlung* 1977, H. 4, 344−356.

Unger, Frank, ›Geschichte der Kindheit. Bemerkungen zu einem neuen Wissenschaftszweig‹, in: Neue Gesellschaft für Bildende Kunst/Staatliche Kunsthalle Berlin (Hrsg.), *Die gesellschaftliche Wirklichkeit der Kinder in der Bildenden Kunst*, Berlin 1979, 65−95.

van Ussel, Jos, *Sexualunterdrückung. Geschichte der Sexualfeindschaft*, Gießen 1977.

Voß, Ursula (Hrsg.), *Kindheiten*. Mit einem Vorwort von Gabriel Laub, Köln 1974.

dies. (Hrsg.), *Die unbequemen Jahre. Jugend im Selbstporträt.* Mit einem
  Vorwort von Gabriel Laub, Köln 1977.

Wackernagel, Wilhelm, *Die Lebensalter. Ein Beitrag zur vergleichenden Sitten-
  und Rechtsgeschichte*, Basel 1862.

Wahl, Viktor, *Die Gestaltung des Kindes in der deutschen Dichtung*, Diss. phil.
  Freiburg 1922.

Waldmann, Emil, *Das Bild des Kindes in der Malerei*, Berlin 1940.

Weber-Kellermann, Ingeborg, *Die deutsche Familie. Versuch einer Sozialgeschichte*, Frankfurt 1974.

dies., *Die Familie. Geschichte, Geschichten und Bilder*, Frankfurt 1976.

dies., *Die Kindheit. Kleidung und Wohnen, Arbeit und Spiel. Eine Kulturgeschichte*, Frankfurt 1979.

Wilkending, Gisela, *Volksbildung und Pädagogik ›vom Kinde aus‹. Eine
  Untersuchung zur Geschichte der Literaturpädagogik in den Anfängen der
  Kunsterziehungsbewegung*, Weinheim 1980.

Winterholer, Hans, *Eltern und Kinder in der Literatur des 18. Jahrhunderts*,
  Gießen 1924 (Gießener Beiträge, 11).

Wucherpfennig, Wolf, *Kindheitskult und Irrationalismus in der Literatur um
  1900. Friedrich Huch und seine Zeit*, München 1980.

Zahn, Susanne, *Töchterleben. Studien zur Sozialgeschichte der Mädchenlitera-
  tur*, Frankfurt 1983 (Diss. Bremen 1982).

Nachweis der Abbildungen

Abb. 1: San Gimignano, Dom. – *Abb. 2:* Rom, S. Maria d'Aracoeli. – *Abb. 3:* Florenz, Uffizien. – *Abb. 4:* Chr. G. Salzmann, Konrad Kiefers Bilderbüchlein, Schnepfenthal 1803. Für das Bild danke ich Alfred Messerli, Zürich. – *Abb. 5:* J. B. Strobl, Unglücksgeschichten zur Warnung für die unerfahrene Jugend, o. O., 1790, S. 90 (Institut für Jugendbuchforschung, Frankfurt). – *Abb. 6:* Maurits de Meyer, De volks- en kinderprent in de Nederlanden van de 15e tot de 20e eeuw, Antwerpen/Amsterdam 1962, S. 11, 58, 84, 99. – *Abb. 7:* Bildpostkarte Sammlung D. Richter. – *Abb. 8:* Siena, Museo dell'Opera del Duomo. – *Abb. 9:* Florenz, S. Trinita. – *Abb. 10:* Wien, Kunsthistorisches Museum. – *Abb. 11:* Franz Hoffmann, Geschichtenbuch für die Kinderstube, Stuttgart, 2. Aufl. 1850 (Univ.-Bibliothek Braunschweig). – *Abb. 12:* Neues Spruchbüchlein mit Bildern von Fr. Pocci. München (1844). Nach: Franz Graf von Pocci, Die gesamte Druckgraphik, hrsg. v. M. Bernhard, München 1974. – *Abb. 13:* Maria Taferl, Niederösterreich. Photo Nicolas Richter. – *Abb. 14:* R. Frei, Kinder, das ist gefährlich, Bern 1920 (Johanna-Spyri-Institut Zürich). Für den Hinweis auf das Buch danke ich Verena Rutschmann und Rosmarie Tschirky. – *Abb. 15:* Kunstsammlungen Veste Coburg, Kupferstichkabinett. Nach: Die gesellschaftliche Wirklichkeit der Kinder in der bildenden Kunst, Katalog, Berlin 1979, S. 340. – *Abb. 16:* Lausanne, Musée des Beaux-Arts. – *Abb. 17:* Madrid, Museo del Prado. Für den Hinweis danke ich Johannes Merkel. – *Abb. 18:* Christian von Schönaich, Leben, Thaten, Reisen und Tod eines sehr klugen und sehr artigen 4jährigen Kindes, Christian Henrich Heineken, Göttingen 1779. – *Abb. 19:* Kupferstich von Iacobus Pecini, Venedig 1641. Nach: Giambattista Basile, Archivio di letteratura popolare III (1885), no. 3, p. 1 (Rom, Biblioteca Nazionale). – *Abb. 20:* Tübingen, Univ.-Bibliothek. – *Abb. 21:* Mailand, Raccolta Bertarelli, Cart. 2–74. – *Abb. 22:* Paris, Bibliothèque Sorbonne, Fonds Victor Cousin. Für die Besorgung des Bildes danke ich Konrad Elmshäuser, Paris. – *Abb. 23:* Donaueschingen, Fürstlich Fürstenbergische Hofbibliothek. – *Abb. 24:* Göttingen, Niedersächsische Staats- und Univ.-Bibliothek. – *Abb. 25:* Gabriele Seitz, Die Brüder Grimm, Leben – Werk – Zeit, München 1984, S. 23. – *Abb. 26:* Bremen, Kunsthalle, Kupferstichkabinett, inv. 22/22. – *Abb. 27* u. *Abb. 30:* Goya, Das Zeitalter der Revolutionen, Katalog, München 1980, S. 157 u. 167. – *Abb. 28:* Kassel, Staatliche Kunstsammlungen, Neue Galerie. Nach: Goya, Das Zeitalter der Revolutionen, a. a. O., S. 407. – *Abb. 29:* Hamburg, Kunsthalle, Kupferstichkabinett, inv. 53848. – *Abb. 31:* G. H. Bestelmeier, Magazin von verschiedenen Kunst- und andern nüzlichen Sachen ... Nachdruck Zürich 1979, Nr. VI, Tafel VII. – *Abb. 32:* Rom, Accademia Nazionale dei Lincei, Gabinetto disegni e stampe, F. N. 19683. – *Abb. 33:* Bayreuth, Historischer Verein für Oberfranken. Für die Besorgung des Bildes danke ich Elisabeth Heinze, Hof.

Register

Jean Starobinski

Porträt des Künstlers als Gaukler

Drei Essays. 168 Seiten, 47 schwarz-weiß Abb.
und 11 farbige Abb. Leinen

Hanswurst, Harlekin, Gaukler, Clown – seit dem
Mittelalter geistern sie durch die Träume und die Phantasien nicht nur der Kinder, sondern auch der Erwachsenen. Sie machen uns staunen und lachen. Ihre Geschicklichkeit besticht und fasziniert uns, an ihren Sprüngen,
Späßen und Grimassen stillen wir eine unserer unaustilgbaren Sehnsüchte: die nach beherzter, rettender,
vollständiger *Verwandlung*.
In drei großen Essays spürt Jean Starobinski diesen bald
sarkastischen, bald verzweifelten Spiegelungen nach,
von Gautier und Baudelaire zu Picasso. An ihnen
erkennt und entziffert er die Botschaften der neuzeitlichen Ästhetik, die Selbstauskunft der Moderne, die Leiterfahrungen der schöpferischen Einbildungs- und
Widerspruchskraft im Zeitalter ihrer schleichenden
Entmachtung: »Wenn sich die soziale Ordnung auflöst,
verschwindet der Clown allmählich von der Bühne und
von der Leinwand des Malers. Dann freilich tritt er
auf die Straße hinaus: Er ist jeder von uns. Es gibt keine
Schranken mehr, also auch keinen Sprung über sie
hinweg. Was bleibt, ist die Lächerlichkeit.«

»Ein Thema vor Augen führen: Das Buch ist ein Glücksfall;
die bemerkenswerte Übersetzung von Markus Jakob trägt
dazu bei.«
Neue Zürcher Zeitung

S. Fischer

Roberto Mangabeira Unger
Leidenschaft

Ein Essay über Persönlichkeit
302 Seiten. Leinen

Seit der Aufklärung und der Romantik beschäftigen zunehmend Fragen nach den Möglichkeiten menschlicher Selbstverwirklichung und nach ihren gesellschaftlichen, ethischen, kulturellen Schranken insbesondere die Philosophie und die Humanwissenschaften. Der allmähliche Aufstieg der Psychologie zu einem einflußreichen öffentlichen Erklärungs- und Interpretationsbetrieb ist dafür ein Beleg unter anderen. Und selbst in Literatur und Kunst verschaffen sich diese Fragen nachhaltig Ausdruck. Sie sind, ganz unverkennbar, ein Thema, das die Neuzeit und die sie ebenso prägenden wie quälenden Formen der Selbstreflexion charakterisiert: das »Drama von Sehnsucht und Angst«, von Selbstbehauptung und Gesellung, von Gemeinschaftsverlangen und Einsamkeitserfahrung, kurz: das Problem, menschlicher Identität in einer Welt rapiden materiellen und ideellen Wandels.
Roberto Mangabeira Unger antwortet mit seinem Buch auf dieses Problem. Er untersucht die Geschichte der Persönlichkeitsbilder und der in ihnen festgeschriebenen Verhaltens- und Erfahrungsstile, und er schlägt eine neuartige Deutung sozialen Handelns und individueller Selbstvergewisserung vor, welche die Spannung zwischen Eigennutz und Solidarität, Unabhängigkeitsbegehren und Engagement nicht einseitig auflöst, sondern sie vielmehr als die entscheidende Produktivkraft menschlicher Identitätsbildung wachhält.

S. Fischer